W9-CIH-046

日米戦後関係史（パートナーシップ）

1951
|
2001

PARTNERSHIP

パートナーシップ
日米戦後関係史

1951 2001

入江昭
ロバート・A・ワンプラー 編

細谷千博
有賀貞 監訳

講談社インターナショナル
Tokyo・New York・London

A50事業は、日本の民間の発案によるもので、1998年5月に正式に発足した。その目的は、サンフランシスコ平和条約締結50周年を契機に、日本の戦後復興に寛大な支援と協力を寄せてくれた米国に感謝を表明することにある。

A50のAは「感謝(appreciation)」「アメリカ」、さらには「ありがとう」のAである。また50には、平和条約締結50周年、アメリカ50州、また次なる50年に日米がさらに密接な絆を築くようにという意味がこめられている。A50は、日本とアメリカの間の相互信頼と友好を強化し新たにすることを目的としたプロジェクトを実施しており、本書の刊行もそのようなプロジェクトの一つである。

目次

経済関係

文化における相互関係

序

日本のA50実行委員会の依頼に応じて、私たちはアメリカにおける日米関係の第一線の研究者たちに、第二次世界大戦後の両国関係について様々な見地から論文を寄稿してもらえないかとお願いをした。論文の著者たちは専門領域もそれぞれ異なっており、過去、現在、そして将来の日米関係についても各々意見を異にしている。にもかかわらず、著者全員が、サンフランシスコ講和会議後の五〇年は現代の国際関係の歴史において画期的なものであった、ということには同意している。

多くの日本人にとって、A50のAは感謝（appreciation）を意味するものであろう。戦後の日米関係がそれに先立つ半世紀の両国関係と比べて、はるかに良好なものであったことに対して、心から感謝の気持ちを表しているのである。その点では、この著作の姉妹本の著者たちも同じであろう。この本に論文を寄せたアメリカ人の著者たちには、A50のAは評価（appraisal）とか評定（assessment）のAであるように思われると言うほうが適切であろう。アメリカ人の著者たちは、次のような見解で一致している。平和条約締結五〇周年記念を機に、戦後日米関係において成功した点のみならず問題となった点も、変化ばかりでなく継続したものも、じっくりと考え直してみるのもよいと。

本書の著者たちは、様々な観点からそうしているのである。何本かの論文は、主として太平洋を挟んで起こった政治的な出来事を取り上げている。マイク・モチヅキの論文は、この五〇年の両国関係史の概説として格好のものとなっている。この論文は、東アジアと太平洋地域に現れた地域機構を日米がどう見てきたかということに焦点を置いている。これに続くのが、マイケル・シャラーの論文である。この論文では、常に魅惑的で錯綜とした中国、米国、日本の三国の関係が分析されている。続く二つの章は、とくに戦後の駐日アメリカ大使らを取り上げている。ナサニエル・セイヤーは、ダグラス・マッカーサー元帥時代の大使（政治顧問）からアレクシス・ジョンソン大使までを扱っている。ドン・オーバードーファーは、マイク・マンスフィールド、マイケル・H・アーマコスト、ウォルター・F・モンデールの三人の大物大使について論じている。彼らは七〇年代の終わりから九〇年代半ばまでの決定的に重要な時期に、日米両国政府の関係を整えるのに大いに尽力した。ダニエル・ボブは、最近までウィリアム・ロス上院議員のスタッフとして働いており、ロス議員の活動を通して、米国議会が日米関係の様々な出来事においてどのような役割を果たしてきたかを明らかにしている。

一九五一年に成立した「サンフランシスコ体制」は、戦後の日米関係を規定する枠組みとなったが、その重要な部分がその年に調印された日米安全保障条約であったことは言うまでもない。マーク・ガリッチオとマイケル・グリーンの論文は、この安全保障体制の起源と機能を注意深く歴史的に辿っている。ガリッチオの論文は一九五〇年代から六〇年代を中心とし、グリーンの論文は八〇年代から九〇年代に焦点を当てている。どちらの論文も七〇年代を詳しく扱ってはいない。しかし、マイケル・チンワースによる章とシーラ・スミスによる章では、七〇年代に重大事へと発展した安全保障関係における二つの重要な点がそれぞれ取り上げられている。軍事技術移転と、一九七二年の返還後も保持されている沖縄の米軍基地である。両論文とも、両国間の安全保障取り決めがアジア地域の安定の強化に果たした役割を確認するとともに、両国の利害が一致しない部分があり、この安定が損なわれる可能性があることを指摘している。

安定した日米関係に深刻な疑念が向けられてきた分野があるとすれば、経済分野に他ならない。この分野では、両国間の貿易「摩擦」が、太平洋をまたぐパートナーシップを損ねる恐れがしばしばあった。本書では二つの章が、その歴史を系譜的にたどっている。マイケル・バーンハートの論文では、七〇年代半ばの米国の対日経済政策が論じられている。トマス・ザイラーは、それ以降の対日経済政策を論じている。刺々しさを増すばかりであった日米政府間の貿易紛争は、経済大国として日本が台頭し、戦後の米国の覇権に挑戦するかのように思えたことを反映していた。一九八〇年代、多くのアメリカ人は日本を次の超大国として見るようになった。ロバート・ワンプラーは「ナンバーワン」としての日本イメージを吟味し、その論文のなかで、そのようなイメージがいかにして生み出され、アメリカ人の日本認識にどのような影響を与え、日本経済が停滞した九〇年代にどんなふうに色あせて行ったかを明らかにしている。

このような移ろいやすい日本イメージは、日米関係の重要な一面であり続けている。ジョン・ダワーは、多くの風刺漫画において日本がどのように描写されたかを解説し、アメリカ人の日本に対する見方には連綿と変わらないものがあることを実例を示して明らかにしている。戦争の時にも平和な時にも、米国のマスメディアにおいては、どちらかと言えば極度に単純化された日本イメージが優位を占める傾向がある。同様のことが、日本人のアメリカ理解にも当てはまることは言うまでもない。フランク・ギブニーが個人的な経験に基づいて明らかにしているように、日米関係を含む国内や海外の出来事を紋切り型で描写する点では日本のメディアも特異なのである。しかし、ギブニーが書いているように、異なる文化的背景と不幸な対立と紛争の歴史をもつにもかかわらず、両国民は共に生き、お互いに相手に感謝することさえ、とにもかくにもできるようになったのである。これは重要なことである。

本書の論文は全体としては、第二次大戦後の日米関係の様々な面——政治、安全保障、経済や文化上の色々な出来事——がいかに相互に関連しているかを明らかにするのに役立つ。二、三の例をあげてみよう。モチヅキ、バーンハート、ザイラーの論文を読めば、ワンプラーやダワーが描いた様々な日本イメージが、どういう理由から発展し、どうして両国関係において、厄介であることも多々ある重要部分を占めるようになったかが理解できる。同様に、ガリッチオ、シャラー、グリーン、チンワースの論文をまとめて読めば、地域的な関係と二国間関係がいかに交差したかを知ることができる。また、もちろん、セイヤー、オーバードーファー、ボブ、ギブニーの論文は、国際問題において個々人が決定的に重要な役割を果たすということを思い出させてくれる点で重要である。大部分の読者は同意してくれるであろうが、アメリカと日本の個々人のおかげで、戦後の日米関係の特質の大部分が形作られてきたのであり、そのような個人にはこの本で名前があげられた人々のみならず、ほかにも多くの人々が含まれるのである。

この本の出版それ自体が、まさにこのことを実証している。編者である私たちが十数名の専門家に執筆を依頼したところ、全員が引き受けてくれたのである。このことは、こんにちの日米関係の広がりと深さを示している。米国には、日本の安全保障政策に対する深刻な疑念や、日本の経済戦略への批判や、日本文化を上っ面しか理解しないといった問題がある。にもかかわらず、米国には日米間の出来事の様々な面を知っており、関心を寄せる何百、いや何千もの人々がいるのである。以下に続く論文は、A五〇のAが何を意味するのであれ、この五〇年で両国関係の本質が根底から変わったこと、両国関係がお互いに相手を認め合う方向へと転換したことを、十分に証拠として示しているのである。

入江　昭
ロバート・ワンプラー

脚注

＊　サンフランシスコ平和条約締結五〇周年記念A五〇事業実行委員会。Aはアメリカと感謝（Appreciation）のAである。

†　細谷千博監修『日本とアメリカ』（ジャパンタイムズ社、二〇〇一年）

POLITICAL AFFAIRS
政治関係

アジア太平洋地域における日米関係

マイク・モチズキ

一九五一年のサンフランシスコ平和会議の後に現れた、アジア太平洋の地域秩序の基調は良く知られている。米国は、太平洋を挟んで海洋を円弧状に非共産主義国と安全保障同盟のネットワークを確立した。一方、大陸の共産主義諸国は、中ソ同盟を中心としてこれに対抗したのである。そして、冷戦の敵対関係ゆえに、韓国と北朝鮮、南北ベトナム、そして中国と台湾の、三つの国は分裂し、対立状態を強いられたのである。また、幾つかのアジア諸国は中立を維持していた。

日米関係は、この冷戦秩序に密接に組み込まれていたが、この中で両国は異なった認識と利益を有していた。アジアにおいて、米国は包括的な封じ込め政策を採用し、アジアの共産主義と対決する上で日本が軍事と経済の両面で、積極的な同盟国として行動することを期待していた。日本は、米国の封じ込め政策から安全保障と経済の両面で利益を得ることを期待したが、その戦略に直接的に協力することには抵抗を示してきた。そして、消極的な同盟国に留まりつつ、経済的に統合され、軍事化されていない地域秩序を推進するため、日本は封じ込め政策の境界を探ってきた。当初の冷戦秩序は、長期的な経済トレンドと急激に行われた米国の政策調整の結果崩壊したが、日本は自身の構想する地域統合と組織化を追求する道を模索してきた。その安全と経済を米国に大きく依存した状態で、日本が自律性を発揮することができたのは驚くべきことである。サンフランシスコ会議から五〇年後の今日、米国主導の単極的な世界がしきりに喧伝されているが、日本の地域問題に対する関与は弱まるのではなく、むしろ強化されたのである。

封じ込めの限界――一九五一―一九六八年

日米両国が、平和及び安全保障条約について交渉を重ねていた一九五一年には、両国の東アジア・太平洋地域に対する認識は異なっており、それぞれは異なった利益と政策を追求していた。日米両国の相違は、両国が政策において経済と安全保障の側面を連関させる方法に、最もよく反映されている。

米国は、北朝鮮による一九五〇年六月の朝鮮半島共産化を目的とする軍事攻撃を、共産主義拡張のために計画された世界戦略の一部と受け止めた。それゆえ、米国の政策決定者たちは、経済と軍事政策を同時並行で実施し、東アジアにおいて共産主義を封じ込めるための包括的な対抗戦略の観点からこの戦争を見ていた。この政策では、米国は日本の経済再建を積極的に支援するだけではなく、朝鮮半島で紛争が生起した場合には米軍を支援できるよう、日本の再軍備も強く求めたのである。また、米国政府は中国の共産主義政権を経済的、及び、外交的に孤立化させることで封じ込めるため、中国の国民党政権を支持していた。東アジアにおける封じ込め政策は、共産主義国と非共産主義国との間に明確な線引きを行うことであった。日本は言うまでもなく後者に属していた。すなわち、米国が日本に期待したのは、共産主義に抵抗するだけの強い経済を持つことと、この地域における封じ込め政策で、米国に外交的、軍事的に同盟国として積極的に協力することであった。

日本は、日本経済を再生させるという米国の試みに感謝したが、再軍備に関しては歓迎しなかった。特に吉田茂首相は、軍備再建に資源を廻すだけの余力を、日本経済は保有していないと考えていた。吉田首相は、日本が再軍備を受け入れると、朝鮮半島における作戦行動に参加することを求める米国の圧力に抗し切れなくなることを恐れていたのである。彼は共産主義に嫌悪の念を抱いていたが、米国は日本の軍事的支援がなくても、朝鮮半島の共産化を阻止することは可能であると考えていたようである。実際、吉田首相が朝鮮半島の共産化以上に恐れていたことは、日本の経済状況の悪化であった。日本経済の悪化により、国内で社会主義や共産主義勢力の運動を受け入れる土壌が生まれる危険性は、中ソ同盟が日本に直接軍事的脅威を及ぼす以上に問題であると考えていたのである。さらに、日本人は東アジアが共産主義と非共産主義に明確に分割されるのを望んでいなかった。なぜならば、そのような分割状況は、日本が経済再生のためにアジア市場を活用する能力を阻害することにつながるためである。吉田首相自身、共産主義勢力が中国で基盤を確立することには懐疑的であった。彼は、北京政府を孤立させるのではなく、中国との貿易を拡大することが、共産主義の挑戦に対抗するために最善の手段であると考えていたのである。

しかし、経済復興を成し遂げ、共産主義に対抗する上で、日本が伝統的な安全保障を考慮せず、経済を最優先させたということではない。日本は、米国がアジア地域に軍事的関与を継続することが、日本を外部の脅威から守ることにつながることを認識していた。さらに、米軍による朝鮮戦争の物資の調達は、日本経済再建のペースを上昇させるために必要であった。

このように、日米両国の認識には相違があったため、第二次世界大戦の解決は妥協の上に成立していた。日本は、米軍の基地を受け入れ、限定的な再軍備を行い、北京政府ではなく台湾の国民党政権を中国の正当な政府として認めることに合意した。米国は日本防衛を、暗黙的に保障すると共に、日本が東アジアにおいて外交、軍事の両面で消極的な同盟国に留まることを受け入れた。日本を軍事的な庇護の下に置くことで、米国は日本が経済再建と拡張に集中することを可能にしたのである。また、米国政府は日本が中国市場を失ったことに理解を示し、東南アジアを中国に替わる日本の市場と見るようになったのである。

サンフランシスコ平和会議の数年後に、アイゼンハワー政権は、フランスによるベトナムの共産主義運動を抑制する試みが崩壊しつつあったことを受け、アジアにおける封じ込め政策を促進しようとした。米国政府当局者は、日本と東南アジアとの重要なつながりを繰り返し強調している。それによれば、仮にインドシナ半島が共産主義の手に落ちるのであれば、その他の東南アジア諸国もこれに続き、日本と米国の戦略的な関係は危機に陥るとするものであった。日本は、共産主義中国との貿易を開始するか、米国に対して輸出を拡大せざるを得なくなる。もし日本が前者の政策を選択するのであれば、東アジアにおいて共産主義と非共産主義を政治的、経済的に分離するという、米国の封じ込め政策は損なわれることになる。しかし、日本の後者の選択肢も、米国にとって魅力的なものではなかった。なぜなら、日本は米国市場で成功する輸出製品を持っていないと考えられており、米国の一部には、安価な日本製品が米国市場に参入することで競争が激化することへの懸念があったためである。一九五三年の朝鮮戦争停戦により、米軍の調達の減少で、日本経済は非常に不安定になると考えられていた。

この予測を基に考案された一つの対処法が、日本の戦後賠償を東南アジアとの商業的な結びつきを再活性化することであった。国務長官のジョン・フォスター・ダレスは、日本は貿易によって賠償のコストを取り戻すことができると主張した。一九五一年の平和条約の交渉において、米国はフィリピンの反対をなだめるために、講和条約調印国に対する賠償条項の導入を決めていた。しかし、ただ単にアジアへの補償を日本の軍国主義の犠牲者に対するものとするのではなく、米国政府は日本の賠償を封じ込め政策の重要な一部とみなすようになっていた。米国の強力な支援を受けて、日本は非共産主義の東アジア諸国への賠償問題を徐々に解決しつつあった。一九七四年までに、ビルマ、インドネシア、フィリピン、南ベトナム、カンボジア、ラオス、ミクロネシア、そして韓国などが、日本から直接賠償として総額で一〇億ドルに加え、経済援助と技術支援として五億ドルを受け取ったのである。これら支払われた賠償の多くは、日本からの消費物資の輸入や主要なインフラ整備計画を日本企業と契約することで費やされ、事実上日本の通商に大きく貢献したのである。[1]

しかし、日本はその他の東アジア諸国との貿易関係を大きく発展させるために、賠償では不十分であると感じていた。東南アジア諸国の多くは、その保有する天然資源を開発するための資本と技術に欠けており、各国民が日本の製造物資の多くを購入するには経済的に貧し過ぎたのである。吉田茂は率直に、「貿易をするためには、豊かな国民とする必要がある。乞食と貿易はできない」としている。このため、日本政府は米国が日本の賠償を補完するために、「アジア版マーシャル計画」のような大規模な地域援助計画を実施することを望んだのである。アイゼンハワー政権は、この考えに同情的ではあったが、議会はそのような大規模な援助計画には反対していた。議会の反対により、米国の東南アジアに対する援助は控えめなものにとどまった。フランス軍がインドシナ半島から撤退した後、米国の東南アジアに対する援助の多くは半島の三つの非共産主義国に向けられ、その一部は日本の南ベトナムに対する輸出の資金調達に使用された[2]。

日本は大規模な援助計画に対する議会の反対を乗り越えるために、もともと国務省高官が提唱した案を主張した。この計画では、日本が東南アジアにおける経済開発計画に資金提供を行い、それを米国の日本に対する占領地域救済政府資金(ガリオア資金)の返済総額から差し引くというものであった。結果的に米国は、東南アジア地域に対する援助と日本のガリオア資金返済をリンクさせる案を拒否した。にもかかわらず、日本政府は一九六一年に、ガリオア資金の返済を二〇億ドルから五億ドルに減額することに成功している。

日本は米国に「アジア版マーシャル計画」を説得することに失敗し、東南アジアが日本の市場として発展するのには更に時間が必要であったが、米国との貿易で、経済的苦境から脱出することができた。日本のガット加盟により、対日関税が下がったため、日本の対米輸出は急増した。これに加え、朝鮮戦争後の軍需調達は一九六〇年代初頭まで高いレベルで継続した。安価な日本の輸出製品が米国に流入したため、米国では必然的に保護主義の動きが、特に日本の繊維貿易の影響を受けた南部諸州で発生した。アイゼンハワー政権は、日本に「輸出自主規制」を求めると同時に、国内では冷戦を理由に保護主義の動きを牽制した。すなわち、東南アジアが日本の経済進出に適した市場へと発展するまでの間、日本の米国市場へのアクセスを維持することは、日本を「赤い中国」に依存するような状況を防止することになると主張したのである[3]。

しかし、米国との貿易が拡大しても、日本が中国本土との経済関係を発展させる欲求を弱めることはできなかった。吉田は「中国が赤であろうと緑であろうと問題ではない。中国は元来市場なのである」と述べている[4]。しかし、日本の中国に対する関心は、単純に国家の経済的計算から生じたものではなかった。吉田とその後継者たちは、米国の対中政策が戦略的に誤っているとの認識を持っていた。日本は、中国を経済的に孤立化させることで中ソ同盟に楔を打つのではなく、経済的な関係を拡大することで中国をソ連から離反させることが、もっと有効的な手段であると考えていたのである。アイゼンハワー大統領自身は、中ソ間を離反させるために「ソフト」な手段を用いることを支持していたが、政権の重要なメンバーや議会の多くは強硬な「経済的封じ込め」路線を支持していた[5]。

中国との外交関係について、日本では台湾の国民党政権を支持する勢力と、中国本土の共産党政権を支持する勢力とに分裂していた。しかし、通商関係においては、強硬な親台派と親中派を含め、ほぼ全てが中国本土との貿易を支持していた。それゆえ、一九五二年から五八年の間、日本は政経分離路線をとり、それを背景に「民間部門」が中国との間で四つの通商協定を結んでいる。これは、米国の冷戦の闘士たちには驚愕をもって受け止められた。熱烈な反共産主義者である岸信介首相の下でも、日本は一九五七年にいわゆる「チャイナ・ディファレンシャル（ソ連に対するよりさらに厳しい）」に拘束されないと宣言し、米国の政策から離反した。

親台湾である岸首相に対する嫌悪から、北京政府は一九五八年までに二国間貿易を中止することになるが、日中間の貿易は、一九六〇年に岸首相を継いだ池田勇人首相の下で再開され、拡大した。そして、これと軌を一にするように中ソ関係は悪化している。池田首相は、ケネディ大統領に対し、日本は中華人民共和国を承認することも、中国が国連に加入することを支持しないと約束している。ケネディはこれに対し、米国市場から日本製品を閉鎖しないことを約束し、日本が中国に通商的に深入りすることを抑えようとした。ケネディ政権は、日中貿易が拡大することを認めていたが、中国への化学繊維工場輸出の際、日本政府が輸出入銀行の融資を決定したことに対して不快感を表明している。日本が中国に援助を供与することは、「経済的封じ込め」の概念に対する直接的な挑戦と考えられ、潜在的に日米関係を大きく揺るがしかねない問題であったが、中国が文化大革命のもとで自発的に孤立の道を選んだために、主要な争点に発展することもなかった[6]。

日本が米国の経済的封じ込め戦略を乗り越えることを試みた例は、中国だけに限られない。たとえば、インドネシアのスカルノが非同盟運動を積極的に推進し、アジアの共産主義諸国(中国、北朝鮮、北ベトナム)と友好関係を深めた際、日本は米国に同調して経済制裁を行うことに消極的であった[7]。また、米国のベトナム戦争への軍事的関与が拡大した一九六〇年代においても、日本は民間団体や第三国の仲介で北ベトナムとの貿易を維持し続けた[8]。

日本は、米国の軍事的封じ込め戦略に対しても消極的な態度をとった。近年の歴史研究の成果により、マッカーサーの北朝鮮への反攻を支援するために、日本が機雷除去作戦に極秘に参加していたことが明らかになったが、当時の日本の指導者たちは、朝鮮戦争への関与を最小限に留めるためにあらゆる努力を払っている。米国が直接戦闘を支援するよう要請することに対する懸念から、吉田首相は米国の再軍備の圧力に応じることを故意に遅らせたのである。吉田首相は、米国が軍事関連物資の調達のために援助を与え、農産物を買い上げ、日本の対米輸出を資金的に支援することに同意した後の一九五四年に、ようやく防衛庁・自衛隊を設立することを決めている[9]。

ベトナム戦争が拡大したリンドン・ジョンソン大統領の下の一九六〇年代においても、日本は米国に直接軍事貢献することを再び拒み、米国の政府関係者を失望させた。しかしこの度は、一九五〇年代とは異なり、日本政府は経済的な弱さを言い訳とすることはできなかった。このような対応から、日本が米国の主張する「ドミノ理論」に疑念を抱いており、アジアにおける共産主義の伸張を軍事的手段で封じ込めることに否定的であることが明らかになったのである。日本の保守的な政治家でさえも、中国の拡張主義を抑制するためにベトナムに軍事介入するという米国の理屈に対して懐疑的であった。さらに、彼らは日本が強力な軍事力を保有しないことが、日本とアジア近隣諸国との友好関係を促進すると主張したのである[10]。

しかし、日本政府は彼らの究極的な安全保障者が日本に対して冷淡になることは望んでいなかった。佐藤栄作首相は、日本製品が米国市場から締め出されないようにすると同時に、沖縄返還問題を進展させるために、米国のベトナム政策に言辞上の支持を与え、ジョンソン政権を懐柔しようとした。しかし、国内にベトナム戦争への強い反対が存在したため、佐藤首相は実際的な支援に踏み込むことはできなかった。彼の政権は、戦闘命令は日本の領域を離れた後に与えられるという条件で、米軍がベトナム戦争の作戦行動で日本の基地を使用することを許している。しかし、戦争自体に対する日本の直接援助は、それよりもはるかにささやかなものにとどまった。日本政府は、ラジオと医療器具を送り、日本の民間船員がベトナムへの軍事物資輸送に従事することを許可した[11]。

朝鮮戦争の際と同様に、日本はベトナム戦争から利益を得るのに躊躇しなかった。日本の資料によれば、日本はベトナム戦争による物資とサーヴィスの「追加」販売で、約七〇億ドルを獲得したとされている。この数字は、日本経済が当時の六倍に成長していたことを考慮すると、GNP比にすると朝鮮戦争と比較してきわめて低いものであるが、それでもそのポジティブな影響は非常に大きいものであった[12]。

ワシントンが共産主義の封じ込めを軍事的手段で行うことに集中していたのに対し、日本は地域の経済発展を重視していた。日本は、米国を東南アジアに対する共同援助計画に協力させることに幾度か失敗した後、この役割分担の考えに落ち着いていった。米国の政府関係者が地域発展について考えたとしても、それを「自由なアジア社会」と共産主義との間の競争という観点から、共産主義に抵抗力のある国家の建設を助けるための軍事援助の文脈で考えていた。しかし、池田首相自身が述べたように、日本のアプローチにはイデオロギー的色彩は薄かった。彼は、「(東南アジア諸国に対する) 日米の協力と援助は、共産主義の浸透を防止するという冷戦思考に基づいているものではなく、日本が国家の近代化を成し遂げる過程で得た経験を、アジアの一員として彼らと共有したい」としている[13]。

アジア諸国には、日本による侵略の記憶が残存していたので、日本政府がたとえ経済面であっても地域的なリーダーシップを発揮することに当初抵抗を示した。しかし、日本が各国と二国間戦後賠償協定を締結した後、アジア諸国は日本のイニシアチブを受け入れるようになった。岸首相は注目が集まる中、一九五七年に二度にわたってアジア・太平洋地域の一四ヵ国を訪問し、これらの諸国と外交的な基盤を築いた。岸のアジアを基軸とした外交政策には、アジア開発基金設立の提案を盛り込んだ東南アジア開発計画が含まれていた。後継の池田首相は、自身アジアを訪問し、これらの提案をフォローアップしている[14]。

日本政府のこれらの努力は、一九六六年に初めて国際会議のホスト国になること、すなわち東南アジア経済開発閣僚会議の主催という形で実を結んだ。この会議において、日本は東南アジアに対する援助を大幅に拡大することを約束し、その後参加国は持ち回りで年次会議を開催することになった。これらの試みから生まれたものとして、東南アジア農業開発会議がある。日本の主導の下、会議において特別な農業開発基金と漁業センターが設立されることになった。当時の日本外交の成果の中で、おそらく最高のものとしては、アジア開発銀行の設立がある。アジア開発銀行は、世界銀行がアジアに関心をあまり向けていないことを補うために設立された。日本は、アジア開発銀行の地域本部を東京に置くことはできなかったが（代わりにマニラに本部が置かれた）、総裁は慣習的に日本から選出されることになっている[15]。

日本はイデオロギー色のある地域協力に、正面から反対しなかったものの、消極的な対応をしている。これは、日本のアジア太平洋協議会（ＡＳＰＡＣ）への消極的な対応に表れている。韓国大統領朴正正の発案で一九六六年に生まれたＡＳＰＡＣは、米国のベトナムへの軍事介入を支持する反共産主義国の集合体であった[16]。日本政府はＡＳＰＡＣの反共産主義的な色彩を緩和するために、地域経済協力を優先課題として提案し、共産中国との平和共存を訴え、インドネシアをＡＳＰＡＣに関与させようとした。しかし、ＡＳＰＡＣは軍事面を強調した反共産主義の姿勢を変えなかったため、日本はＡＳＰＡＣが一九七三年に解体するまで大きな役割を果たそうとしなかった。日本はＡＳＰＡＣよりも、一九六七年にインドネシア、マレーシア、フィリピン、シンガポール、タイが冷戦体制からの集団的な自立性を促進することを目的に設立した東南アジア諸国連合の方を好意的に受け止めたのである[17]。

地政学的勢力均衡の挑戦——一九六九—一九八五年

ニクソン政権期から始まった米国の政策変更は、アジア太平洋地域において日米関係を規定してきた基本的な前提の多くを変えていった。第一に、ベトナム戦争への軍事的な直接関与から米国を撤退させるため、リチャード・ニクソン大統領は一九六九年の中頃に、訪問中のグアムでいわゆるニクソン・ドクトリンを発表している。このドクトリンによれば、米軍はアジア太平洋地域において防衛同盟上のコミットメントを維持し、同盟国への核攻撃に対する抑止を約束していたが、アジア各国はそれぞれが自国の防衛に一義的な責任を負うものとし、それを支援するため米国は軍事的、経済的な援助を行うとしていた。歴史学者のウォーター・ラフィーバーは、アジア諸国に混乱をもたらしたニクソン・ドクトリンは、「米国がアジアから撤退するのではなく、安上がりにアジアの共産主義を封じ込めようとした」ものであると評している[18]。

しかし、このドクトリンが日本にもたらす影響は明瞭であった。すなわち、米国は日本に日米安全保障関係で貢献を増加することを求めたのである。ニクソン・ドクトリンは、二国間同盟に対する日本の認識を劇的に変化させた。それ以前は、日本は米国の封じ込め政策に同調することで、軍事的紛争に巻き込まれるのを恐れていたが、ニクソン・ドクトリン以後は、ワシントンが繰り返し保証しても、軍事的に米国に見捨てられる可能性を憂慮することとなった。ジミー・カーターが大統領に選出された後に在韓米軍の撤退を提案した際、特に日本の防衛政策担当者たちは動揺を示した。これは、在韓米軍の撤退が北朝鮮に対する抑止体制を弱体化するだけでなく、米国がアジアへの関与を停止するとの発表が続くのではないかと懸念したためである[19]。

第二に、ニクソンとキッシンジャーが、日本政府に事前に協議することなく、一九七一年に中国訪問を発表したことは、日本に衝撃を与え、佐藤政権を崩壊に導いた。米国が中ソの離反を利用したことは、二つの異なるイデオロギー陣営同士の競争という冷戦思考を破壊し、冷徹な地政学的な計算を導入するものであった。このニクソン・ショックはまた、日本が中国との関係正常化を進める環境を作った。そして、これこそ多くの日本人が長く望んでいたものであった。しかし、ニクソン・ショックにより日本は、米国がソ連と中国の間で地政学的な駆け引きを行うにとどまらず、日本と中国との間でも行うのではないかとの懸念を持つことになった[20]。

ニクソンがウォーターゲート事件で失脚したため、米国が試みた三角外交は実を結ばなかったが、地政学的な駆け引きを行うとのアイディアは消えなかった。一九七九年のソ連のアフガニスタン侵攻により米ソのデタントは崩壊したが、カーター政権は安全保障担当補佐官ズビグニュー・ブレジンスキーの下、アジア太平洋地域でソ連を封じ込めるために、中国と日本を大同盟の一員として活用しようとしたのである。

第三に、ニクソンは拡大しつつある米国の貿易赤字とベトナム戦争の戦費調達の重荷を軽減するために、一九七一年に固定相場制を基本とするブレトン・ウッズ体制からの離脱を宣言し、新たな国際通貨システムを導入した。そして、新たなシステムの下で日本の円の価格は補正された。そして、日本はこれ以後、安い円と固定相場性を利用し、特に米国市場を中心に外国市場に参入することは難しくなったのである。ニクソン政権を境として、日米間の最優先の政策課題は貿易問題となっていった。さらに、一九七三年にアラブ諸国とイスラエルの間で勃発した第四次中東戦争において、アラブ諸国の石油戦略で原油価格が高騰したことは、日本において、日本が多く利益を獲得してきた第二次世界大戦後の国際経済秩序に亀裂が生じつつあるとの印象を生むことになった。

これら全ての事象により、日本はアジア太平洋地域に対する政策を調整することが迫られたのである。新たな国際環境における安全保障課題に取り組む上で、日本は米国との安全保障協力を徐々に高めていった。米ソのデタントと米中の関係改善という国際環境の下で、日米安全保障協力を高めるために、まず日本の防衛政策担当者たちは一九七六年に策定された防衛計画の大綱の中で専守防衛の原則を明確に規定し、自衛隊と日米安保体制に対する国民の政治的コンセンサスを高めようとした。その二年後、日米両国は、両国が日本防衛にあたる際の具体的な協力内容を定めた二国間防衛協力のガイドラインを初めて策定した[21]。

米ソ間の緊張が再び高まった一九七〇年代の後半、米国からの防衛上の負担の共有に対する圧力に応える形で、日本は駐留米軍に対するホスト・ネーション・サポートを増加した。ソ連の極東地域における軍備拡張と、ソ連が統一ベトナムとの同盟関係を構築したことに危機感を持った日本は、軍事的な役割と任務分担面での協力を求める米国に積極的に応えるようになっていった。このとき日本は、一〇〇〇海里までのシーレーン防衛を約束している。中曽根康弘首相の下で、防衛政策の規制の一部を緩和し、米ソ対立の下では日米両国の安全保障利益が密接不可分の関係にあることを強調した。日本は未だに本土防衛の原則と、集団的自衛権行使の規制にこだわり続けていたが、防衛庁関係者は、米軍の艦船が日本防衛の任務で派遣されていた場合、自衛隊はそれらの艦船の護衛にあたることができると言及している。日本の周辺の海峡は、ソ連の太平洋艦隊が外洋に出る際の水路であったため、日本の防衛自体が地域のみならず、グローバルなレベルで西側の安全保障体制に貢献することになったのである。

日米同盟を強化しようとするこれらの動きにもかかわらず、日本は米国の構想する地政学的な計算を完全に受け入れていたわけではない。たとえば、佐藤首相はニクソン大統領と共に、韓国の安全保障は日本にとって重要であるとするコミュニケを発表したが、デタントの流れの中でこの「コリア条項」から後退している。木村俊夫外相は一九七五年に、日本の安全保障にとって重要なのは「朝鮮半島」の安全保障であり、「韓国」のみを指しているのではないと発言している。木村外相は、「冷戦ドクトリンの非常に狭い問題」に囚われることに明確に反対している[22]。

日本が地政学的な計算において、もっとも受け入れ難かったのは、中国とソ連に関するものである。ニクソンとキッシンジャーが試みたように、これら二国を相互に競わせて均衡を計るのではなく、日本の政策決定者は「多方面」もしくは「全方位」外交をより好んだ。それゆえ、日中平和友好条約を締結する際、中国政府が日本を反ソ連同盟の中に組み込むために「反覇権」条項を条約に挿入しようとしたことに対して、日本は抵抗を示している。ブレジンスキーはこの条約を、彼が構想していたソ連を封じ込める大同盟に対して、日本が支持の意思表示を行ったものと解釈した。しかし、実際は、日本は日中条約の追記に「この条約は締約国と第三国との関係に影響しないものとする」とする条項も盛り込んでおり、「全方位外交」を維持しようと努力していたのである。[23]

しかし、これらの努力にかかわらず、結果的にソ連は日中平和友好条約を敵対的なものと解釈し、特に日本が固有の領土と主張する「北方領土」にソ連が軍を配備して以降、日ソ関係は悪化した。一九八〇年代を通じ、北方地域に対するソ連の攻撃に対処することに重点を置く日本の防衛政策は変化しなかった。しかし、米国がソ連に対する米中安全保障協力を高めるために、中国に軍事技術を供与する意思が明らかになった時、日本はこれを深刻に受け止めている。日本の観点からすると、地政学的な勢力均衡に対する考慮に基づいて中国の軍事近代化を支援すると、それが将来のある時点で日本に対する脅威に変わりかねない。この問題は、日本にとって幸運なことに、米国内で中国に対する軍事技術売却に対する反対があったのと同時に、中国も自力で能力を高める戦略を進めることを確認したため、米中の軍事パートナーシップがこれ以上進展することはなかった。

日本にすると、地域の地政学的な環境の変化は問題だけではなく、同時に外交上の機会も提供するものであった。米軍がベトナムから撤退したために、日本の東南アジアにおける行動の余地は拡大した。しかし、一九七四年初冬に田中角栄首相が東南アジアを訪問した際、各地で反日デモに遭遇したことから明らかなように、日本はまずこの地域において、謝罪をしない侵略者であり、なおかつ経済的帝国主義者という、自国のイメージを改善しなければならなかった。一九七七年八月のマニラ訪問の際、福田首相は東南アジア地域に対する日本の新たな政策を発表した。「福田ドクトリン」として知られるこの政策は、三つの柱からなるものであった。それらは、（一）軍事大国の役割を拒否しつつ、東南アジアの平和と繁栄に貢献する、（二）「心と心」の理解を通じて相互信頼と理解を確立し、関係を強化する、（三）日本はASEANおよびその加盟国と対等のパートナーとして、インドシナ半島の国家と相互理解でもって友好関係を確立することを目指す、という内容であった[24]。

日本の政策の重要な目的の一つは、ベトナム戦争後のASEANとインドシナ半島諸国の橋渡しをすることであった。そうすることによって、日本はソ連とベトナムとの関係の進展を監視できるのに加え、東南アジア市場におけるシェアを拡大することが期待できた。しかし、ベトナムがカンボジアを侵攻したため、日本はASEAN諸国と共に、ベトナムに対する非難を表明せざるを得なかった。にもかかわらず、福田ドクトリン発表以後は、ASEANが日本のアジア太平洋地域に対する政策の中心的な位置を占めた。ASEANに関連した様々なフォーラムにおいて、日本はこの地域の産業開発計画を進め、技術支援を行い、そして交渉を通じた貿易障壁の削減に取り組むことを繰り返し表明している。これらの努力は実を結び、ASEAN諸国は日本の通商拡大を受け入れるようになり、また、日本を自身の経済発展のモデルと見なすようになった[25]。円の価値の高騰により、日本は競争力に欠ける産業を整理すると共に、数次にわたるオイル・ショックによって原材料の供給源を分散化することの必要性が認識されたことも加わり、東南アジア経済との統合が日本の繁栄を維持するためにさらに重要になったのである。

地域主義の台頭——一九八五—一九九七年

一九八〇年代の後半において、経済と安全保障の両分野における変化が、アジア太平洋地域における冷戦の分断を乗り越える試みを加速化させた。しかし、この動きは一九七〇年代や八〇年代前半のように地政学的な考慮に基づいたものではなく、東アジア経済の急速な成長と米ソの競争の終焉へ向けた動きの中で、相互のネットワークと組織化を志向する地域主義として台頭していったのである。日本はこの動きに対して重要な役割を果たしている。日米関係において、二国間の経済と安全保障の問題は重要な課題であり続けたが、両国は次第に好ましい地域主義の形を模索し始めたのである。

米国企業は、米国の高いドルによって、製品価格が特に日本製のものに対して高く付けられたことから外国市場への参入が妨げられたと非難していた。そして、この状態を補正するために、一九八五年にＧ５の蔵相が秘密裏に会合を持ち、ドルと円の価格を相互に修正するため、国際金融市場に協調介入することを決めた。この「プラザ合意」により、日本企業の行動と日本の対外経済政策は非常に大きな影響を受けることとなった。円の価値が上昇したため、日本企業は価格競争力のある製品を日本で製造することが困難になった。米国の保護主義圧力を緩和し、これを防止するために、日本の投資は米国に向かうと共に、現地の安価な人件費に引かれ、生産拠点の多くを東アジアに移転する日本企業も出てきた。

日本政府は、子会社を含めた生産基盤を近隣諸国に複製しようとする産業界の動きを、補助金や特恵融資、さらには投資保証などによって支援した。日本企業は、海外の生産拠点と付加価値生産に特化した国内工場をネットワーク化することで、外国為替レートの混乱と円高の影響を緩和しようとしたのである。東アジアにおける生産は、日本市場における需要に対応するだけでなく、北米市場に廉価な製品を輸出するためにも活用された。同時に、このような生産ネットワークを活用し、東アジアから日本への製品輸出を調整することで、地域の経済発展が日本国内の構造転換圧力になるのを最小限に抑制することができたのである。[26]

日本は、このような通商戦略を「雁行」発展モデルと呼んだ。この理論によると、先進国から発展途上国に生産基盤と技術を移転すると、序列構造の下ではあるが、全ての国家の利益になるような地域内生産機能の分担化という形の経済ダイナミズムが生起する。東アジアの現実は、必ずしもこの理論に従ったものではなかったが、日本の投資と援助を受け入れるアジア各国は、全体的には良好に発展した。このアジアの成功物語において、重要な鍵となるのが米国市場へのアクセスであった。先導する「雁」として、日本は東アジアの輸出主導型生産構造の拡張を支援してきたが、その生産に匹敵する市場を用意できなかった。すなわち、東アジア経済の奇跡的成長は、米国が域内の余剰生産を引き受ける意思と能力に大きく依存していたのである。

この現実を前にして、日本は北米自由貿易協定（ＮＡＦＴＡ）の締結を神経質に受け止めた。日本にとっての悪夢は、ＮＡＦＴＡが、特に日本と東アジアなど外部からの貿易に対して障壁を設けることであった。太平洋上に経済的な分割線が引かれるのを防止するために、日本は太平洋の両岸を包含したアジア太平洋経済協力会議（ＡＰＥＣ）を推進したのである。このコンセプトの起源は、過去数十年に亘り日本の知識人と政治指導者たちが提唱してきた各種の「太平洋共同体」構想に辿ることができる。欧州単一市場とＮＡＦＴＡに直面した日本は、アジア太平洋地域で「開かれた地域主義」の概念を前面に打ち出すことにより、排他的な地域的経済ブロックが形成されるのを防止しようとした[27]。

日本は一国主義を抑えるために、組織構築を重視するアプローチを採用し、まず産業界の指導者や学者などを中心とした非政府交流の場である太平洋経済協力会議（ＰＥＣＣ）を発足させた。また、日本が悪名高い「大東亜共栄圏」を復活させることを警戒するアジア諸国の懸念を抑えるために、オーストラリアを能動的な協力者として迎え、域内各国との対話を積極的に重ねた。日本の対アジア政策におけるＡＳＥＡＮの重要性から、日本はＡＳＥＡＮに対し、アジア太平洋地域の経済機構の構築が日本のＡＳＥＡＮへの利益の減少につながるわけではないことを、各国に納得させることに神経を使ったのである。そして、ＡＰＥＣの設立を一九八九年に宣言した際、日本は主導的な役割をオーストラリアに譲り、「背後から指導性」を発揮することとしたのである。

米国政府はＡＰＥＣの設立を歓迎したが、ＡＰＥＣが真剣な交渉を行うのではなくコンセンサス構築方式で全会一致性を主張し、明確な合意と約束の履行ではなく、合意の履行については自発性を重視したので、この組織の機能については懐疑的であった。これに対し日本政府は、日本と米国、中国、台湾、そしてＡＳ

EANが参加し、ソ連さえも参加に関心を抱くような多国間の経済フォーラムが設立されたことを、純粋に歓迎した。すなわち、日本はAPECにおいて、冷戦による経済的な分断を克服し、各国の利益に反するような経済的地域主義を排除し、貿易問題で米国の一国主義を抑制したのである。

クリントン政権が誕生するまで、米国はあまりAPECに熱意を示していない。クリントン大統領は、成長しつつあるアジア市場と日本に対するアクセスを改善する上で、APECは潜在的に大きな力があると考えた。クリントンは、一九九三年のAPECでイニシアチブを発揮し、会合を参加国の政治指導者が集まる場とすると同時に、一定の期間を決めて域内の貿易と投資の完全自由化を目標とするよう主張した。しかし、日本は、APECにおいて明確な期限を決めて自由化を急速に推進することを主張する米国に同調しなかった。米国企業とは異なり、日本政府の支援を受けた日本の企業は、アジア各国の貿易と投資の障壁を交渉で解決していたのである。したがって、日本にとって、APECでは成長しつつある東アジア諸国の貿易と投資の自由化を進めるより、米国の保護主義を抑制することに優先順位があったのである。このため、日本が貿易と投資の自由化を主導するのではなく、これらを促進するための技術支援を行う方により積極的であったのは当然のことであった。米国政府はこの事実に不満であった。

日米関係において、安全保障分野における地域的多国間主義も課題となった。日本にとって、ソ連の崩壊はこのための機会を提供すると同時に問題も引き起こした。米国が日本を厳しい地域環境に残して東アジアへの関与を止め日本が自衛の道を歩まざるを得なくなるのではないかとする懸念がある一方、この可能性を減ずるために、米国との安全保障同盟を強化して、両国の共通の安全保障利益を防衛する、信頼できるパートナーとなるべきであるとの意見があった。米国には、日本政府が一九九〇―九一年の湾岸戦争の際に対応できなかったことに失望する意見があった。このため、朝鮮半島危機において、日本が軍事的支援を行うことができなければ、同盟にとって致命的と考えられたのである。しかし、日本が米国の期待に沿って地域的な安全保障上の役割を拡張することに対し、アジア各国は日本の軍事力の拡大に対する懸念を表明した。[28]

しかし、その一方、冷戦の終焉は、東アジア地域において、危険な地政学的な対立を緩和し、さらにはそれを最小限に抑えるため、協調的な安全保障共同体を創出する機会ももたらした。日本にとって、米国の軍事的な撤退の可能性に備え、地域的な軍事対立の危険性を抑えるために、この機会を捕らえるのは不可避の行動であった。

これらの要素を考慮し、一九九〇年代初頭の日本の政治指導者は、日米同盟の補完的役割を果たすものとして、地域的多国間安全保障フォーラムを構築したのである。安全保障における多国間主義を推進することで、日本は近隣諸国が日本の軍事的役割拡大に懸念を持たないよう確証し、同時に、軍事的な透明性を改善すると共に、軍備管理の促進を制度化する枠組みを構築した。地域的多国間安全保障フォーラムを構築するコンセプトは、日本の外務省幹部（特に佐藤行雄）とＡＳＥＡＮの戦略・国際問題研究所の幹部との議論を通じて醸成されたものである。一九九一年七月に中山太郎外相は、ＡＳＥＡＮ拡大外相会議を発展的に拡大した、多国間安全保障対話枠組みの構築を提言している。

米国は、当初日本のこの提案を懐疑的に受け止めた。国防総省は伝統的に、アジア太平洋地域における多国間安全保障枠組みの構築については、米軍の作戦能力を阻害するものと考えてきた。また、国務長官のジェームス・ベーカーは、多国間安全保障対話枠組みは、太平洋地域における同盟ネットワークを弱体化させるものとし、既存のハブ・アンド・スポーク式の二国間同盟を支持することを表明している。このように、米国は多国間安全保障対話枠組みに対して消極的な態度を示してきたが、日本はＡＳＥＡＮ諸国と密接に協力し、相互が受け入れ可能な方法を模索し続けてきた。この努力は、一九九三年七月にＡＳＥＡＮ地域フォーラム（ＡＲＦ）として結実した。このときまでに、米国はクリントン政権の下で考えを変え、日米同盟と多国間安全保障対話枠組みは相互補完的なものであり、対立的なものではないとする日本の説明を受け入れるようになっていたのである。

多国間主義の主張を行っている時も、日本は北朝鮮問題のような安全保障上複雑な課題において、日米同盟が死活的に重要であることは理解していた。それゆえ、日本の防衛政策担当者たちは米国側と協力し、日本の周辺地域において米軍が緊急事態に対処する際の日本の協力内容を規定した、二国間防衛協力のガイドラインを一九九七年に改定している。ここにおいても、防衛強力は二国間にとどまらなかった。日米両国が同盟を強化した同時期に、日韓両国も安全保障分野での協力関係の強化を開始し、日米韓三国の関係を「仮想同盟」と呼ばれるまでに発展させている[29]。

地域統合か、新たな冷戦か？——一九九七—二〇〇〇年

一九九七年のアジア通貨危機の際、米国は地域主義をそれほど受け入れていないことが明らかになった。日米両国には、通貨危機の原因から危機の解決法にまで意見の不一致があった。日本政府は、通貨危機の原因を、短期流動金融資本の存在とアジア各国の通貨が米国のドルとペッグされていることにあるとしたのに対し、米国の金融政策担当者は「資本主義の未成熟」が危機の主たる原因であるとした。日本の金融当局は、タイ救援のための国際的なコンソーシアムの構築に成功した後、米国がこの国の苦境に対して比較的無関心であるのを見て、アジア通貨基金の設立を提案した。これは、国際金融市場の攻撃にさらされた現地通貨を保護するために、融資を行うことを目的とした基金である。米国財務長官のロバート・ルービンは、この構想に猛烈に反対し、アジア通貨基金は国際通貨基金の能力を阻害することにつながると警告を発すると共に、「モラル・ハザード」問題を引き起こすと批判した。

日本政府はアジア通貨基金構想を取り下げたが、米国の影響力の強いＩＭＦが、インドネシアに不適当な緊縮路線を強要したために信用危機を招き、それがアジア通貨危機を悪化させたことについて不快感を隠さなかった。日本企業の生産ネットワークの危機を救うために、日本政府は宮沢イニシアチブを発表し、それに基づいて日本は二国間を基本として、危機に瀕した国向けに資金を提供したほか、特恵融資や政府保証を

行った。金融危機がアジア外のロシアやブラジルに波及してから、米国ははじめて急激な金融危機に対応するために緊急の基金を構築する考えの有用性を理解したのである。

日米間で見られた上記の意見の不一致から、アジアの地域主義への動きが再興した。特に宮沢喜一蔵相は、米国ドルと欧州ユーロ、そしてアジアの通貨による三極国際通貨システムを構築する利点を広く主張し始めた。アジア通貨危機後に達成された最も大きな成果は、ＡＳＥＡＮ＋スリー（日本・韓国・中国）で首脳会議と閣僚会議を開催するようになったことであろう。かつて一九九〇年代初期に、マレーシアが提案し米国が強硬に反対した東アジア経済協議体（ＥＡＥＣ）と同様に、ＡＳＥＡＮ＋スリーは東アジアの国のみがメンバーになっており、米国は除外されている。この新たなプロセスでは、政治と安全保障問題のみならず、経済問題に対応することを意図している。このプロセスが最初にあげた成果は、域内の通貨を安定させるための多国間通貨交換制度の構築であった。米国の反対にもかかわらず、日本は地域の通貨構造にとって適切と考える政策を着実に推進しているのである。

米国のアジア通貨危機に対する対応は稚拙なものであったが、安全保障分野における米国の対応は的確なものであった。韓国の金大中大統領が北朝鮮への関与政策を開始した後、一九九八年八月に北朝鮮はテポドン・ミサイルを日本を越えて発射し、日米韓三国の協力を脅かした。ペリー前国防長官の助言に従って、クリントン政権は三国政策調整監視グループ（ＴＣＯＧ）を設立し、北朝鮮に対する三国の多様な利害を話し合い、政策を調整する場を設けた。日本が、米国と韓国に比べて北朝鮮との関係正常化で遅れている状態で、ＴＣＯＧが効果的に機能するかどうかは不明である。朝鮮半島の和解自体は歓迎されるべきものであるが、これがアジア太平洋の文脈で日米関係に難しい課題を投げかけることになるであろう。

近年進められてきた日米同盟を強化し、日本が地域的な役割を拡張する動きは、北朝鮮の脅威の存在を理由として進められてきた。もし、朝鮮半島が和解の方向に進むのであれば、日米両国はいつの時点かにおいて、同盟の隠された動機を顕在化させる必要が出てくるであろう。すなわち、中国の台頭への対処である。

台湾問題の軍事問題化の進展と、米国のミサイル防衛計画の推進などに見られるように、米中は新たな冷戦に突入しつつあるように見える。過去一〇年間で、日本人の中国への見方は厳しいものとなったが、依然として多くの日本人は、特に台湾問題における軍事衝突など、米中間の紛争に巻き込まれることを望んでいない。しかし、日本はこのような悪夢を回避する手段を保有しているのだろうか。また、一九五〇年以降日本が非常に苦労をしながら進めてきた地域統合と多国間組織構築がさらに進展すれば、米中関係を安定化させ、新たな冷戦を回避させることができるのであろうか。それとも、かつて日本がサンフランシスコ平和条約を調印した五〇年前と同様に、日本は再び米国の封じ込め政策の消極的なパートナーとなることを強いられるのであろうか。

脚注

1 Michael Schaller, *Altered States: The United States and Japan Since the Occupation* (New York: Oxford University Press, 1997), pp.96 – 102.

2 Schaller, *Altered States*, pp.103 – 106; Masaya Shiraishi, *Japanese Relations with Vietnam: 1951 – 1987* (Ithaca, N.Y.: Cornell University Southeast Asia Program, 1990), p.22.

3 Schaller, *Altered States*, pp.105 – 112.

4 Walter LaFeber, *The Clash: U.S.-Japanese Relations Throughout History* (New York: W.W. Norton, 1997), p.280.

5 John W. Dower, *Japan in War and Peace* (New York: New Press, 1993), pp.232 – 233; and Schaller, *Altered States*, pp.78 – 79.

6 Schaller, *Altered States*, pp.77 – 78, 89 – 95; and F.C. Langdon, *Japan's Foreign Policy* (Vancouver: University of British Columbia Press, 1973), pp.96 – 99, 173 – 177.

7 Langon, *Japan's Foreign Policy*, p.80; and Masashi Nishihara, *The Japanese and Sukarno's Indonesia: Tokyo-Jakarta Relations, 1951 – 1966* (Honolulu: The University Press of Hawaii, 1976), pp.11 – 14.

8 Shiraishi, *Japanese Relations with Vietnam: 1951 – 1987*, pp.38 – 39; and Lafeber, *The Clash*, p.338.

9 Jon Halliday and Bruce Cumings, *Korea: The Unknown War* (New York, 1988), pp.115, 165; and LaFeber, *The Clash*, pp.298 – 299.

10 Schaller, *Altered States*, pp.185 – 186; and LaFeber, *The Clash*, pp.339, 341 – 342.

11 Thomas R. H. Havens, *Fire Across the Sea: The Vietnam War and Japan 1965 – 1975* (Princeton: Princeton University Press, 1987), pp.84 – 90; and Schaller, *Altered States*, pp.187 – 195; and LaFeber, *The Clash*, pp.343 – 344.

12 Havens, *Fire Across the Sea*, pp.92 – 97; and Schaller, *Altered States*, pp.198 – 202.

13 Dennis T. Yasutomo, *Japan and the Asian Development Bank* (New York: Praeger, 1983), p.27; and Schaller, *Altered States*, pp.106, 170, 183, and 186.

14 山影進「アジア太平洋と日本」、渡辺昭夫編『戦後日本の対外政策』（有斐閣、一九八五年）、一三六—一四二頁; and Yasutomo, *Japan and the Asian Development Bank*, pp.26 – 27.

15 山影進「アジア太平洋と日本」、一四五—一四七頁; and Yasutomo, *Japan and the Asian Development Bank*, pp.28 – 87.

16 参加国は、オーストラリア、ニュージーランド、フィリピン、タイ、南ベトナム、マレーシア、台湾、韓国、そして日本である。

17 山影進「アジア太平洋と日本」、一五三—一五四頁; and Havens, *Fire Across the Sea*, pp.113 – 114.

18 Lafeber, *The Clash*, pp.349－350.

19 Victor D. Cha, *Alignment Despite Antagonism: The U.S.-Korea-Japan Security Triangle* (Stanford: Stanford University Press, 1999), pp.152－54.

20 Schaller, *Altered States*, pp.225－31.

21 村田晃嗣「防衛政策の展開」、日本政治学会編『年報政治学—危機の日本外交、七〇年代』（岩波書店、一九九七年）、七九—九五頁。

22 Cha, *Alignment Despite Antagonism*, pp.51, 115－17.

23 Sadako Ogata, *Normalization with China: A Comparative Study of U.S. and Japanese Processes* (Berkeley: University of California, Institute of East Asian Studies, 1988), pp.91－97.

24 Sueo Sudo, "Japan-ASEAN Relations: New Directions in Japanese Foreign Policy," *Asian Survey* Vol.28, No.5 (May 1988), pp.511－12.

25 Sudo, "Japan-ASEAN Relations," pp.512－22.

26 Walter Hatch and Kozo Yamamura, *Asia in Japan's Embrace: Building a Regional Production Alliance* (New York: Cambridge University Press, 1996).

27 Yoichi Funabashi, *Asia-Pacific Fusion: Japan's Role in APEC* (Washington D.C.: Institute for International

Economics, 1995); and Ellis S. Krauss, "Japan, the U.S., and the emergence of multilateralism in Asia," *The Pacific Review* Vol.13, No.3 (2000), pp.473–94.

28 Paul Midford, "Japan's leadership role in East Asian security multilateralism: the Nakayama proposals and the logic of reassurance," *The Pacific Review* Vol.13, No.3 (2000), pp.374–79.

29 Ralph A. Cossa (ed.), *U.S.-Korea-Japan Relations: Building Toward a "Virtual Alliance"* (Washington D.C.: Center for Strategic and International Studies, 1999).

日米中関係、この五〇年

マイケル・シャラー

一九五一年九月に日米間で講和条約と安保条約が締結されてから五〇年がたつ。両条約は驚くほど耐久力のある支柱として太平洋におけるこの同盟関係を支え続けている。アジアにおける冷戦の最も難しい時期に、両条約は日米の舵取りを助けるとともに、冷戦を育んだイデオロギー闘争が終結した後も存続するほどの柔軟性をも示した。これほど長持ちしたことは、中国とソ連というアジア最大の二国が、講和条約の当事国でなく、実際には安保条約が対象としたのはその二国の「脅威」であったことを考えると特筆に値する。

中華人民共和国を封じ込めるのに関与策をもってするか、それとも孤立政策によるのがよいかといった異なる見解が、一九四九年から一九七〇年代初頭にかけて日米間で最も論争的な問題の一つとなった。二〇年間にわたってアメリカの大統領たちは、日本の指導者に、いわゆる中共との接触を最低限にするよう圧力をかけた。だが、一九七〇年代に米中関係が好転するにつれ、日米同盟は中国を脅かすためのものではなく、アジア太平洋地域に展開する米軍同様に、実際には日本の軍国主義を抑制するためにあると論じることで、米政府関係者は中国による日米安保条約に対する長年にわたる批判をかわした。

一九四九年の中国共産党の勝利直前、歯に衣を着せぬ吉田茂首相は、いささかの懸念もなく「共産党が中国全土を押さえる可能性」を予期しているが「それについては何も心配していない」と語ることで米占領軍の高官を呆れさせた。中国における秩序の回復は、ソ連の拡張に対する障壁を作り出すことであろうし、日本には貿易相手をもたらすだろうと吉田は示唆した。「赤であろうが緑であろうが」、中国は「自然の市場であり、市場について考えることは日本にとって必要なのだ」と吉田は軽口を叩いた。稲垣平太郎通産相は、数年の内に日本の貿易の三分の一ほどが中国とのものになるかもしれないと予測した。あるアメリカ人外交官が語ったところによれば、吉田と実業界の彼の友人たちは、新生中国に対する「自主的政策の追求に賭ける……彼らの腕前」に自信をもっていた。

中国が朝鮮戦争に介入するまでは、中国とアメリカの「戦線」は固定したものにはならなかった。しかし、吉田のコメントに対するアメリカの不快感は、誕生しつつあった日米の新たな同盟関係に一つの重要な断層が存在することを明らかにした。中国に関して異なる考えをもっているということは、他のいかなる問題にもまして執拗に東京とワシントンの関係を緊張させた。しかし、この緊張にもかかわらず、日米同盟とその同盟関係を成文化した二つの条約は、締結されてから一九五一—七二年までの二〇年間という期間よりも長い期間（三〇年間）、すなわち、アジアにおける冷戦の「終結」から現在に至るまで存続してきた。

日米同盟は、太平洋戦争と名目上は連合国による占領ではあるが実際は米軍による六年間の占領の苦渋の結果として、唐突に立ち現れて来た。フランクリン・ローズベルト大統領は、国民党中国が戦後のアジアにおいて親米「警察官」として枢要な役割を担うだろうと予測したが、一九四五年以降、中国の内戦と米ソの対立がその予測の変更を迫った。

一九四七年までに、ワシントンの政策決定者は見方を根本的に変えた。国務省の代表的ソ連専門家であるジョージ・ケナンが提案した考えを採用して、ディーン・アチソン国務次官、ウィリアム・ドレイパー陸軍次官、ジェームズ・フォレスタル海軍長官らハリー・トルーマン大統領の側近たちは、西ドイツと日本の経済復興が優先されると論じたのである。一九四七年五月にアチソンは、ドイツと日本に対する新しい政策を発表した。「ヨーロッパとアジアの最も偉大な工場であるドイツと日本」が動かないでいるという「厳しい現実」がある限りは、世界の平和と繁栄は達成され得ないし、「二つの工場」が経済的に復興し政治的に安定するまで米占領軍は留まるであろうと彼は宣言した。

早い段階での講和条約の締結に反対したケナンのスタッフが一九四七年に述べたように、「根本的に変化した国際情勢」のために、日本を「国内的に安定」させ、「アメリカの指導に対してより従順」にし、そして、「工業的に復活させる」ことが、「非共産アジア」の安定を確かなものにするために必要となった。ソ連の行動と中国での共産党の勝利の見込みの高まりから、中立日本という選択肢は排除されたとその政策立案スタッフは付け加えた。かわりに、彼らの言うところの「裕仁の島国」を、ソ連の影響力に対する「緩衝国家」とせねばならなくなったのである。このため日本経済に「エンジンをかける」努力が必要となり、ついには、平和と防衛の条約を通して日本をアメリカに結びつけることになったのである。

一九四八年から一九五〇年の夏にかけて、アメリカは日本における経済開発プログラムに資金を投入し、それは少なくとも部分的に復興を刺激した。経済状態が改善され、保守的な政党が勝利したにもかかわらず、朝鮮戦争前夜の時点で、アメリカの文民と軍の政策立案者たちは、中国での共産党の勝利への対処とのからみで、日本との講和条約の条件とタイミングに関して激しく意見を異にしていた。

朝鮮戦争前には、国務省は中華人民共和国の軍事的脅威を過小評価していた。むしろ、毛沢東の勝利によって、日本がアジアの資源や市場にアクセスを困難にすることにより日本の立場を弱めるのではないかと憂慮していた。アメリカ人が恐れたのは、中華人民共和国が、貿易を餌に使って日本を脅かし中立、悪くすると共産主義ブロックに協力するようしむけてゆくのではないかということであった。この危険を減らすため、アジアもしくは西洋において日本のために別の貿易相手を見つけてやることがアメリカにとっての優先事項となった。

一九四九年の終わり頃、政府と民間の「中国専門家」の会合の席でケナンはこう述べた。「ある種の帝国を南方に再度作るのでなければ」日本はどのようにしてうまくやっていくのかという「恐ろしい問題が生じている」。占領軍の本部で働いていた別の外交官も同意した。「我々は日本をかつての共栄圏に戻してやらなければならないと思う」。

一九四九年にトルーマン大統領は、中華人民共和国に対する完全な禁輸は日本を害すると同時に中国をソ連に接近させるというアチソン国務長官の意見を反映した中国貿易政策を承認した。アチソンは、トルーマンを説得して、特に東南アジアで日本にとって「代替資源を開発」するための「あらゆる努力」がなされる限りにおいて、西欧と日本による中国との制御された貿易を認めるという「計算されたリスク」政策を支持させた。一九五〇年一月、アチソンは、上院の委員会で、新生中華人民共和国は後援者であるソ連と最終的には袂を分かつだろうと述べた。中国と戦ったり台湾の国民党政権を防衛することでアメリカの資源を無駄にする代わりに、ワシントンは、アジアにおける「関心の中心」を「日本周辺からインドに及ぶ三日月、もしくは半円」へシフトさせるべきである。日本が「アメリカに寄生」したり「中国の手先」となったりするのを防ぐために、ワシントンは、「戦略的三日月」内での日本の貿易の拡大を促し、日中間の限定的貿易を認めるようにすべきであるというのである。

にもかかわらず、一九四九年から一九六〇年代後半に至るまで、アメリカの政策決定者たちは、経済的脆弱性のために日本が、戦争に訴えることなく日本の産業をコントロールすることを企図する中共による脅迫によって、意のままとなってしまうのではないかと恐れていた。一九五〇年までに国務省は、占領の政治的見返りは益々減少しており、日本と講和条約を結ぶ時期が到来したと結論した。アチソンが述べているように、アメリカの支配に嫌気がさしている日本人の間に反抗的機運が広がっており、そのため日本人は益々「赤のイデオロギーの餌食」になりやすくなっているといえた。日本の将来の生存力と忠誠を確かなものにするために、ワシントンは、寛大な輸入政策を継続し、中国との制御された貿易を認め、東南アジアの発展を促進しなければならないと、文民側の政策立案者たちは主張した。

一九四七年から四八年にかけて、日本の政府関係者は、占領を終結させる見返りの一部として、沖縄と小笠原諸島に存在する軍事施設のアメリカによる継続使用の可能性を示唆した。一九五〇年の春、講和条約の締結を欲する吉田首相は、毛沢東のソ連への「一辺倒」政策と同じく、日本も冷戦において「一辺倒の立場をとる」ことを申し出た。吉田首相の側近は、国務省の官僚に、解決策の一部として日本における米軍の恒久的駐留を「要請する」ことに首相は合意するだろうと告げた。そのような合意があれば、おそらくはソ連と中国はアメリカ主導の条約を拒否することになるだろうということが、吉田にはわかっていた。だが、ワシントンに行動を起こさせるには他に手はなかった。吉田はまた、かつての大日本帝国の一部であった韓国と台湾を、共産主義勢力の外に置くようにアメリカに促した。

国務省の条約交渉の責任者であるジョン・フォスター・ダレスは、吉田の計画と同様にほとんど制限を課すことのない短い非懲罰的講和条約を実際には好んでいた。その条約は、少人数の米人員のための基地施設を提供する見返りに、アメリカ側がある種の保護を日本に与える二国間の防衛条約によって補完されることになっていた。文民側の政策立案者たちは、共産主義封じ込めにおける日本の主要な貢献は、その経済的生産性、政治的安定性、そして東南アジアとの統合から生じると信じていた。一〇万人の小規模な日本の防衛力の創設をダレスは好ましく思っていたが、日本にいわゆる「攻撃のため」の基地ネットワークを建設するという国防総省の議論に対しては批判した。

統合参謀本部とルイス・ジョンソン国防長官は、ダレスや今や国務長官となっていたアチソンと激しく意見を異にした。最近まで敵であった日本に対する根強い不信感を米軍が抱いていることもあって、軍部の政策立案者たちは、日本の第一の重要性は中国とソ連に対して配置された陸海空軍のための前線基地であることにあると強調した。「中国における総崩れ」と「アジア本土において展開しつつある混沌」に鑑みて、一九四九年に統合参謀本部は、アメリカは出来うる限り「講和条約を引き延ばし」、「アジア本土とソ連に向けて軍事力を展開する足場となる基地」として恒久的米軍基地を日本が受け入れて初めて日本の主権は回復されるべきであると論じた。内部での何ヵ月にもわたる交渉にもかかわらず、一九五〇年の時点で米軍上層部は考えを変えることを拒否していた。彼らの考えでは、講和条約は無期限に延期すべきであり、占領終結後にほとんど完全なる統治権を米軍に与える軍事条約に日本が同意して初めて講和条約が合意されるべきであった。

朝鮮戦争と平和的解決

アメリカの主要な高官は、一九五〇年六月二五日の北朝鮮による韓国に対する攻撃を、究極的には日本に向けられたものであると解釈した。例えばダレスは、戦闘の最初の数ヵ月に、「朝鮮半島における共産主義者の攻撃は、おそらく日本の支配をねらったものだろう。なぜなら、朝鮮半島が支配されれば、日本は大した戦闘もなく陥落するであろうから」と述べた。朝鮮半島での戦闘は、講和条約の締結を「より無意味なものというより、より重要なもの」にした。ダレスは次のように警告した。「朝鮮戦争に没頭するあまり」講和条約締結への進捗が滞れば、「朝鮮半島で得るものよりも多くのものを、日本で失うかもしれない」。また、「共産主義者が支配するアジア本土に依存するような立場」に日本を追い込むことなく、「満足のいく暮らしを確約」できなければ、いかなる講和条約も「失敗」となるだろう。

朝鮮戦争は、占領を終わらせ、日本の経済的復興を促進させるための触媒となった。朝鮮戦争に中華人民共和国が参戦するに至って、アメリカ政府は、中国を孤立させ、アジアの隣国と仲違いさせる政策を押しつけたため、戦争はまた政治的・経済的ジレンマを作り出した。トルーマン政権が韓国、台湾、仏領インドシナの防衛に一旦コミットするや、日本は北アジア及び東南アジアにおけるアメリカの軍事力の要となった。一九五〇年六月二五日以降は、ダレスですら、日本の将来を計画する上で国防総省が支配的な役割を担うことを認めた。ダレスは、「日本人にとって出来るだけ不快感を与えない形で、アメリカ側が望ましいとする日本国内の地点に軍事力を配備」する権限を米軍に与えるような合意を、米軍に対して保証させることを試みるのが自らの仕事であるとした。それ故、講和条約の前提条件として、アメリカは「欲しいだけの軍隊を、望むところはどこであれ、望むだけの期間維持する権利」を持たなければならないとダレスはジョンソン国防長官に述べた。朝鮮半島情勢が安定化すると同時に、国務省が国防総省の同意の下に、日本との講和及び安全保障条約の交渉に入るという国務・国防両省の合同計画に、一九五〇年九月八日国家安全保障会議は合意した。日本は、実質的に無制限の基地とその使用権を米軍に提供すべきとされた。米軍が日本を防衛する義務はなく、しかも、日本政府が要請すれば、日本国内の暴動や治安の悪化を米軍は鎮圧することができるとされた。一九五〇年七月、七万五千人の警察予備隊の創設を吉田に命ずることで、マッカーサーは国家安全保障会議が日本の「自衛の権利」と呼ぶものを与える措置をとった。

一九五一年ダレスは、日本及び同盟国との講和条約交渉のペースを加速させた。アメリカ政府が条約を起草し、他の諸国は署名をすることを促されるが、修正は許されないということをダレスははっきりと示した。フィリピン、ニュージーランド、オーストラリアから出された日本の軍国主義復活に対する懸念には、それぞれの国と広範な防衛条約を結ぶと約束することでアメリカは対応した。東南アジアにおいて将来日本と競争することになるだろうとイギリスの外交官が懸念を表明したときには、アメリカの交渉担当者は、「現実の情勢を直視して、日本を西側指向に留めておくために、日本との競争を覚悟してもらいたい」と話した。

条約の条件を話し合うため一九五一年一月に東京に到着したとき、ダレスは日本について、「戦勝国によって条約を押しつけられる」べき国ではなく、「相談されるべき相手国」として公の場では寛大に語った。しかし、非公式には回答されるべき「重要問題」は、「欲しいだけの軍隊を、望むところはどこであれ、望むだけの期間維持する権利を得るかどうか」ということだと側近に語った。

ダレスが恐れていたように、中国介入後の朝鮮半島での米軍の後退は、吉田の態度を硬化させた。吉田首相は、占領期になされた数多くの自由主義的な諸改革を廃止するように要請し、日本にとっての対中貿易の「長期にわたる必要性」を強調した。吉田は、中国に日本人ビジネスマンがいることが、共産主義を損なうための「民主主義のための後方攪乱者」として役立ち得るということさえ示唆した。ダレスは、より厳しい貿易統制を日本に課すと脅すことで吉田のその議論に対抗し、「自由主義世界」の防衛に寄与する三〇万人規模の軍隊を創設することを考えるよう吉田に示唆した。もちろんこれは、日本の戦力を朝鮮半島で用いることを婉曲的に求めたものであった。吉田首相は、封じ込めに対する日本の最も重要な貢献は、地上部隊の派遣ではなく「軍需物資生産」の増大という形を取るべきであるとやり返した。

アメリカ側が、講和条約を価値ある目的と見なすというよりも、むしろ、安全保障条約を将来の関係の基礎をなすものとして考えていることが一九五一年には明らかであった。条約は、米軍に広範な基地施設を提供し、少なくとも小規模な軍隊を日本に作らせることに日本をコミットさせ、占領終結と同時に発効することが必要であった。これらの要件は、単に警察予備隊を拡大したり、軍需物資の生産を増大するだけでは満たされないものであった。それに対して、ほとんどの日本人は国家主権の回復が第一目標と考えていた。主権を回復するためなら、日本人は日本を反共同盟と結びつけ、中国やソ連と日本を離反させることになる軍事同盟という苦い薬も飲むであろうし、同時に、日本は経済的復興に集中し、外交関係の一形態として貿易の拡大を用いるであろう。日本のほとんどすべての政治勢力が、再軍備の圧力や中国に敵対させようとするアメリカの圧力に抵抗していた。

公にはダレスは、日本がアジアにおいてより大きな軍事的役割を担うように要求したが、非公式には、「主要な問題」は「いかに日本が経済的にうまくやっていくかということ」であると認識していた。彼は、占領軍の担当者との会話の中で、アメリカが日本の貿易赤字を「無期限に」肩代わりするか、安全弁としてアメリカへ「かなりな量の日本製品を輸入」しなければならなくなるという事実に憂慮を示した。朝鮮半島での紛争によって少なくとも一時的にでも中国との貿易が阻害された上に、日本にとって他の「アジアにおける市場の一つ、もしくはすべてがなくなってしまうなら」日本にどのような結果をもたらすかをダレスは恐れた。「日本がわれわれのために働かないとすれば、敵対勢力のために働くことになろう」と彼は予測した。

一九五一年二月にダレスと吉田は、講和条約と安全保障条約の枠組みを作った。短く懲罰的でない講和条約には、日本及びその周辺で作戦行動するための実質的に無制限の基地使用権を米軍に認める安保条約が対になることになっていた。アメリカ側は、沖縄と小笠原諸島に対する日本の「残存主権」を尊重するが、それらに対する支配権は保持することになっていた。条約は期限付きではなく、互いの当事者の合意によってのみ修正が可能となっていた。日本はまた、「直接的及び間接的侵略に対して本土を防衛することに対する益々拡大する責任」を負うことも誓約した。

これらの条約を批准する上でワシントンが直面した最大の障害は、中華人民共和国がサンフランシスコに招待されるべきであるとするイギリスの要請であった。ダレスはアトリー英首相に形ばかりの譲歩を行ったが、中国を招待せよという要求は突っぱねた。イギリス政府をなだめるためにダレスは、中華人民共和国もアメリカが承認した台湾も、どちらも講和会議には招待されないということに同意した。そのかわり、一旦占領が終了すれば、日本はどちらと交渉することも自由であるとされた。

一九五一年九月八日にサンフランシスコで催された式典で、日本と四八ヵ国は、実質的にはアメリカによって提出された条約に調印した。アメリカ政府が中華人民共和国を交えなかったのに憤慨し、ソ連は調印を拒否した。同じ日に開催された私的な式で、吉田とアメリカ側の代表は、米軍が朝鮮半島での作戦行動のために日本の基地を使用できるとした補足的協定を伴う安全保障条約に調印した。数日前にアメリカは、フィリピン、オーストラリア、ニュージーランドとの間で防衛に関する協定を結んでいた。日米安保条約は、フィリピン・オーストラリア・ニュージーランドによるANZUS条約、東南アジア条約機構（SEATO、一九五四年）、台湾及び韓国との関連協定と共に、一九七〇年代初頭までのアジア太平洋地域におけるアメリカの軍事的プレゼンスの基礎を形成した。すべては、中華人民共和国を孤立させ、アジアの同盟諸国を保護するためにダレスが策定したものであった。

日米の交渉者は、寛大な講和条約をより不平等的で干渉がましい安全保障条約のための「アメ」と考えた。安保条約はそのかわり、日本における米軍の基地と地位を管理する遥かに問題の多い日米行政協定に対する批判にフタをする役割を果たした。一九世紀に日本に押しつけた「不平等条約」にダレスですら例えた日米行政協定の規定の多くは、あまりに不人気であったがために、国会や米上院の批准ではなく、一九五二年二月に行政府の合意によって採択されねばならなかったほどであった。

安保条約とその派生物に対する不安は別にしても、台湾とだけしかつきあってはいけないとアメリカが日本政府に圧力をかけてきていることに対して、多くの日本人が激しく憤っていた。吉田のような頑強な反共主義者ですら、中華人民共和国と通商及び外交関係を発展させることに関心を抱いていることを隠そうともしなかった。講和条約と安保条約の批准の直前の一九五一年一〇月、国会質問に答えて、日本は最終的に「中国及びソ連と講和条約を結ぶ」ことを希望していると宣言した。同時に、日本は中華人民共和国と貿易し、「上海に貿易事務所」を開くことも可能であると語った。

中華人民共和国との貿易及び政治的接触に対する関心を吉田と他の有力な日本人が示唆したことは、米上院の親台湾派の怒りをかった。一九五一年の終わり頃、カリフォルニア州選出のウィリアム・F・ノーランド共和党上院議員は、もし日本が共産中国の「承認を考えている」なら、もしくは、中華人民共和国と「二ヵ国間条約を交渉」しているなら、アメリカの安全保障にとって「敵対的」と考えると書かれたトルーマン大統領宛の書簡に五二人の上院議員の署名を集めた。

日本との条約締結に対して上院が反乱を起こすことを恐れて、ダレスは三人の上院議員を伴って一九五一年一二月に東京へと戻った。そこで彼は日本の担当者たちに、台湾を含む日本からフィリピンへと延びる「沖合の島の連鎖」を防衛するというアメリカの目標と「あまねく適合する」中国政策を採らねばならないと述べた。事態を解決するため、ダレスは吉田に書簡の文案を渡し、それに署名して送付するように言った。それはダレス宛になっており、日本政府が「法律的に可能になれば直ちに」台湾の国民党政府と条約を締結する「用意がある」と明言していた。この手紙は、日本には「中国の共産主義政権と二ヵ国条約を結ぶ意図はない」と述べていた。このいわゆる吉田書簡はイギリス側を激怒させたが、一九五二年三月の上院による講和条約と安保条約の批准を確実なものにした。四月に吉田が台湾の国民党政府と講和条約を結ぶと、七年に及んだ占領は終わりを告げた。

朝鮮半島への中国の介入によってもたらされた巨大な影は、日本の経済的見通しと日米の政治的関係に影響を与えた。一九五〇年一二月、マッカーサー将軍は、少量ではあるが増加しつつあった日中貿易を停止した。一九五一年には国連決議は中国と北朝鮮に禁輸を課した。連邦議会も、アメリカの輸出統制に違反するいかなる国に対しても援助を禁ずる戦時立法を通過させた。占領が終了する前にアメリカの当局は、日本が中国に輸出できない約四百品目のリストを作定したが、それは西側からソ連に対する輸出に適用されるものよりも厳しい禁止であった。主権を回復してまもなく、日本はアメリカが後援している組織であるココム（対共産圏輸出統制委員会）に加入し、ココムの中国委員会であるチンコム（対中国貿易統制委員会）のメンバーとなった。

これらの包括的な統制手段に加えて、一九五二年九月にアメリカは、日本の対中輸出にココムとチンコムの輸出制限を上回る制限を課す二国間秘密協定に調印するよう主張した。すべての国の中で、米国・韓国・台湾だけがより厳しい障壁をもうけていたが、その三国は中国との貿易を一切禁じていた。これらの政策によって一九五二年の日本の対中貿易は輸出で総額のわずか〇・〇四パーセント、輸入で総額の〇・七パーセントへと落ち込んだ。これは輸入の一七パーセント、輸出の二七パーセントが中国相手であった一九四一年と比べると対照的である。中国にかわる貿易相手をすぐに見つけなければ、日本人は「共産圏とより親密な政治経済的関係を取り結ぶ誘惑にかられる」だろうとアメリカの担当者たちは内心危惧していた。

実際、一九五三年七月の朝鮮半島での休戦から一九七一年までの間ずっと、中国との貿易及び外交的関係に対してアメリカによって押しつけられた制限に対する日本の不満は、ワシントンと東京の間で常に緊張の源になっていた。東京に駐在していたアメリカの上級外交官が一九五三年に言及したように、「在日米軍の存在から生じる問題を除けば、この問題ほど」二国関係に不都合に働いた問題はなかった。「他の同盟国」に課している以上の制限を、米政府が課してくることに対する「妥当性も理由も」日本人は見出すことはなかった。たいていの企業集団、政党、そして労組は、ビジネスと経済を政治から分離しようと決意しており、彼らは、中国に対する禁輸を日本の主権に対する侮りと見なし、「反米主義」の勃興の一因となっていると考えていると日銀総裁一万田尚登は一九五三年八月にダレスに語った。

アイゼンハワー政権期の中国問題

中国相手の貿易や文化交流を拡大したいという日本側の希望は、一九五〇年代と六〇年代初頭を通して対米摩擦の焦点となった。日英の圧力は最終的にワシントンを動かしてソ連圏との貿易統制システムを修正させた。この修正には、ソ連への輸出が認められている物資をアメリカの同盟国が中国へ売ることを禁じた中国に関する差別待遇のみならず、日中貿易に対する特別制限をも廃止することが含まれていた。

東アジアにおける軍事同盟システムの拡大に加えて、アイゼンハワー政権は、経済的「くさび戦略」が中ソ同盟を挫くことを期待した。しかしながら、くさびは「ハードな」刃も「ソフトな」刃も持ちえた。ダレス国務長官やラドフォード統合参謀本部議長のような高官は、厳しい輸出統制を行えば中国は完全にソ連に依存するしかなくなるだろうが、ソ連は中国の経済的必要を満たすことはできないだろうと主張した。そうすれば最終的に中国は膝を屈し、正気に返って西側に戻ってくるだろう。アイゼンハワー大統領を筆頭とする「ソフトな」くさび支持派は、貿易において柔軟性を持たせておくと、北京をモスクワの囲みから取り込む見込みが大きくなると論じた。アイゼンハワーは同盟国の懸念の重要性も考慮した。もし、「自由主義世界とソ連圏との間の貿易が完全に途絶されるなら、日本のような、貿易に依存している自由主義世界の国々を、アメリカはどれほどまで援助するのか」、ワシントンは東京を援助したり、日本が経済的に破綻するかもしれないというリスクを冒す覚悟はできているのかと彼は問うた。中国との貿易を全面的に禁止することは、「日本の鼻先でドアをばたんとしめることになる」。中国市場へのアクセスは「日本が生きていくために不可欠だ」と大統領は主張した。

一九五二年から五八年にかけて、研究者や企業関係者、労組幹部、国会議員らを交渉者として用いて、日本は中国との間で「民間セクター」において四つの通商協定を取り結んだ。日本側仲介者の名目上の「民間」という立場のお蔭で、日本政府は、アメリカによる禁止や台湾による反対を免れることが出来た。これらの協定には、日本の工業製品と中国の食糧や原材料との交換が概して含まれていた。アメリカ政府をなだめるため、日本政府は販売する品目と取引に用いる信用システムを厳しく規制した。それでもアメリカの官僚は、その取引の一つ一つが日本を中華人民共和国承認へ向けて動かしていると不満を漏らした。

多くの面で、日本にとっての最良の友人はアイゼンハワー大統領であった。自らの政権の同意を取り付けることができなかった時ですら、大統領は、中国と貿易したりアメリカへの輸出を急増させたりする日本の権利を一貫して支持した。朝鮮戦争による貿易の一時的急増が終わった後で、日本が繁栄し友好的であるよう保つ最善の方策は、共産圏との貿易を自由化することであると、アイゼンハワーは朝鮮戦争の休戦直前に閣僚たちに語った。

禁輸品に対するアクセスを中国に与えることになるとしても、ソ連圏への輸出制限を全般的に緩和するよう求める一九五四年のウィンストン・チャーチル英首相の要求を、アイゼンハワーは暗黙裡に支持した。その同じ年に大統領は、ただでさえ厳しいチンコムの制限より一層厳しい制限を日中貿易に課していた一九五二年の二国間秘密協定の条件から、日本を解放した。ソ連に対して課された障壁よりも中国に対する障壁の方が高いままであるとはいえ、日本の対中貿易は、西ヨーロッパの対中貿易と同じレベルに置かれることになったのである。

一九五四年の夏、議員や新聞の編集者に対して語る中で、アイゼンハワーは、「中共との貿易は一切行わず、東南アジアでの戦争には介入せず」、日米間の「これ以上の貿易自由化はしない」とそそのかしているように見える議会の保守派をたしなめた。「そういったことをどれもしないなら、我々は日本を失うことになるだろう」し、太平洋を「共産主義者たちの湖」にしてしまうことになるだろうと彼は警告した。

一九五四年の終わりに、吉田はついに国会に対する支配力を失った。次の二年間、鳩山一郎、重光葵、石橋湛山といった保守の指導者たちが、権力を求めて鞘当てをした。吉田と異なり彼らは皆、より独立した外交政策、講和条約のためのソ連との交渉、おそらく再軍備を許すような憲法改正、そして、アメリカとの安保条約の改定といったことを好んだ。これらの政治指導者たちは、対中貿易を日本の主権の基本的主張と見なしていたし、おそらくは中国との外交関係をも念頭に置いていた。

ダレスと米軍部は、一九五〇年以来日本の再軍備を要求してきたし、吉田の歩みの緩慢さに対して常に不満を漏らしてはいたが、同時に、東アジアでより積極的で独立した役割を日本は果たすべきであるという吉田の後継者たちの要求には不快感をもった。アメリカ政府は、ソ連や中国に対する独立した通商・外交政策を求める日本よりも、言いなりになり従属的ですらある日本の方を好んだ。

ソ連との講和条約調印と中国との貿易拡大へ向けた鳩山首相の二年近くに及ぶ努力を、ダレスは中立主義の始まりと考えた。日中貿易は中国への「民主的な考えの浸透をもたらす」だろうとアイゼンハワーは予測したが、ダレスは、モスクワや北京との過度の接触は、日本を中立かより悪い事態へと引きずりこむのではないかと危惧した。ソ連が占領した北海道の北にある小さな島々の内、二島に対する主張を放棄する内容でソ連との全面的な講和条約の調印を結ぶことを日本に思いとどまらせるため、一九四五年八月にダレスは沖縄を日本の支配から永久に切り離すと脅した。このこととその他の圧力が、ソ連との全面的な講和条約の締結を阻害した。

一九五六年一二月には、アメリカは日本外交のアメリカ離れの傾向により一層懸念を抱くようにさえなったが、石橋湛山が鳩山に代わって首相になったのはそんな時であった。中国との通商関係や政治的関係の拡大を強く主張してきた石橋は、「中国に関するアメリカの希望に、日本が多かれ少なかれ自動的に従ってきた時代は終わった」とアメリカの担当者に「通告」した。表面上は健康の悪化が理由とされる一九五七年春の石橋の思いがけない辞任によって、中国を巡る日米の衝突は回避された。

岸信介新首相は、アメリカにとって遥かに信頼できる盟友であることが判明した。鳩山や石橋との関係が難しいものであったために、アイゼンハワーとダレスは、岸との協力関係を育むべきであると得心していた。一九五七年のうちに、アメリカは例の中国に対する差別待遇をついに撤廃し、中国との貿易をソ連との貿易と同じ基準の下に置いた。この変化の原因は、同程度までイギリスの圧力と日本の新しい指導者に対する配慮であった。岸は一九五七年に台湾と東南アジアを訪問し、北京と通商条約を結ぶようにという圧力をはねつけることで、アイゼンハワーとダレスの信頼を勝ち得た。一九五七年に岸に対して「日本が中共と貿易する必要」を認めると言うまでに、大統領は岸を信頼していた。皮肉なことに、このことはほとんど意味をなさなかった。一九五八年に毛沢東は、貿易よりも自立に重きを置いた大躍進政策を開始したのであった。それよりなにより岸の親台湾の立場に怒った中華人民共和国は、日本との貿易を停止した。

岸は忠実な盟友に見えたものの、一九五七年から五八年までに国務省の日本専門家たちは、中国の承認と安保条約の撤廃を求める社会党に対する選挙民の支持が増大していることを憂慮するようになった。岸の自民党における権力基盤を支え、社会党の魅力を損なうために、アイゼンハワー政権は安保条約について再交渉し、一般の日本人を最も怒らせている幾つかの点を廃止することを一九五八年に決定した。

中国問題と並んで、数十万の在日米軍の存在は、日米政府間の最も論争的な問題の一つのままであった。安保条約と行政協定の条項によって在日米軍兵士に与えられた特別な法的地位は、特に神経にさわるものであった。影響力のある駐日大使ダグラス・マッカーサー二世は、アメリカは「日本において転換点」に来ているとダレスに納得させた。日本との安全保障関係を「我々が他の同盟国を扱うように平等の原則」の下に置くことに同意しなければ、太平洋の同盟は「刺々しさとつのる敵意」に徐々に苛まれることになるだろう。条約改正に対する日本の要求に応えないなら、社会党が政権をとるかもしれないし、そうすれば間違いなく日本は「徐々に中立主義」に押しやられることになるだろうと大使は強調した。一九五八年には、日本の国土から核兵器を取り除き、米軍と基地の規模を縮小し、新安保条約の地理的範囲を制限するというほとんどの日本人の希望に応えるような形で米政府が素早く動かないなら、「我々は賭に負けてしまうだろう」とマッカーサー大使は警告した。

一九五八年から五九年にかけて交渉された条約改正によって、一九五一年に締結された条約の最も不快な部分の多くは削除された。新しい条文によれば、一年前に通告することで日米とも条約を離脱できることとなった。法を犯した駐留軍兵士は、より直接的な日本の法的コントロールの下におかれた。ワシントンは日本から核兵器を除去することに合意したが、日本を経ての輸送と緊急時の再持ち込みは秘密の付属書によって認められた。新しい条約の下で、自衛隊は日本の領土の防衛義務のみを負い、アメリカは、アジアの他地域での作戦行動に在日米軍基地の戦力を使用する前に日本政府に協議することに合意した。修正された条約は、アメリカ上院をほとんど議論も反対もないまま通過した。

これらの改訂によって在日米軍は在欧の米軍とほぼ同じ地位に置かれたわけだが、世論の反応は、岸やアイゼンハワーが予想していたよりもはるかに敵対的なものであった。日本国内では、社会党員のみならず、自民党や労組内、それに学生からなる広範な反岸連合が、条約反対を首相に迫り退陣させる手段と捉えた。岸首相に近いこともあってマッカーサー大使は、ほとんどの日本人は首相を支持しており、首相と条約に反対しているのはソ連と中国の信奉者であると主張し、それによってアイゼンハワー政権を誤りに導いた。岸が、条約反対派に中ソの手先であるとのレッテルをはり、一九六〇年五月に国会での条約承認のための採決を強行するという法的にいかがわしい戦術に訴えると、大規模なデモが起こった。六月までに東京の社会不安は増大し、アイゼンハワー大統領は前々から予定されていた訪日を中止せざるを得なかった。岸はなんとか条約を批准させたが、党内外の支持の多くを失い、条約が発効するや辞任した。

振り返ってみると、条約反対の多くは、アメリカに対する敵意というよりは、岸の右よりの立法一般への不満の現れであった。一九六〇年六月二三日に岸が辞任すると間もなく政治的熱気は静まった。吉田の弟子である池田勇人が、経済成長と所得倍増を強調する保守的内閣を組閣すると、日米は親密な協調関係を急速に取り戻した。

アジアにおけるニューフロンティア

安保条約改訂を巡る政治的混乱の後で、ケネディ政権は、政治的にも文化的にもより敏感な大使の派遣と貿易拡大への支持が、よりよい日米関係のための誘因となるのではないかと期待した。日本生まれでハーバード大学の東アジア専門家であるエドウィン・ライシャワーを駐日大使として任命したことは、日本の知識人や穏健な社会主義者の抱くアメリカイメージを改善するのに大いに役立った。日本国内においてより平等な所得分配を促進し、日本をアメリカに密接に結びつけることができると考えて、ケネディは貿易の拡大を促進した。一九六一年初頭、ケネディは、日本の実業家の代表に、「日本が貿易で生計を立てているのはわかっている」し、二国間貿易を阻害するのではなく、大いに後押しするつもりであると語った。ケネディは、それらの点を一九六一年夏に池田首相と会談した時に強調した。保護主義に抵抗することにコミットする見返りとして、国連から中華人民共和国を閉め出す努力を含めた外交におけるアメリカの指導に従うことを池田は誓った。

この誓約にもかかわらず、一九六三年一一月のケネディの死の直後、国家安全保障会議のメンバーの一人は、過去三年間に「日米が目と目を合わさなかった唯一の重要問題、すなわち中国問題」が存在すると語った。中華人民共和国を孤立させようというアメリカの努力にもかかわらず、文化的絆と貿易への希望は日本をアジア大陸へ引き寄せ続けた。国家安全保障会議のスタッフであるジェームズ・トムソンによれば、「良かれ悪しかれ、大陸中国は永遠に数百キロ先に存在し続けるだろう」し、「出来るだけうまく共存しなければならない」と日本人は理解していた。池田首相ですら、「日本は歴史的にも伝統的にも中国人と特別な関係にあり」、今後もそうであり続けるだろうと一九六一年にケネディに語った。

ケネディ政権期に日米関係が概して良好な関係であったにもかかわらず、東京が北京に惹かれているということに関する不安が、緊張の源であり続けた。ケネディの中堅顧問の数人は、食糧の輸出と文化交流、それにおそらくは「二つの中国」承認方式の採用を望ましいと考えていたが、大統領とラスク国務長官はそういった考えを強く拒否した。ライシャワー大使が東京での講演の中で、中国との外交及び通商関係はまったく日本人にまかされていると述べたとき、大使は長官から「いや、そうではない」という素っ気ない電報を受け取った。

日本政府は、中国を孤立させようとするワシントンの努力に公然と抵抗することは避けたものの、その制限を継続的にかわした。例えば、一九六二年秋に池田首相は、北京を訪問しようとしていた名目的には私的な通商代表団と会談した。「私は立場があるから顔を直接アメリカに向けておかねばならない。だから、中国では君が私の顔のかわりだ」と説明した。その代表団は、アメリカの貿易制限に関して、その文言には違反しないにしても、その精神に違反する幾つかの協定を中国との間で結んだ。

一九六二年一〇月に中国とインドとの間で国境紛争が起こると、ケネディ政権はアメリカ主導の北京非難に加わるよう日本に圧力をかけた。それに反して日本を訪れたアメリカの担当者たちは、ほとんどの日本人が（一九五一年の講和条約への調印を拒否した）インドに対して著しく憤っており、公然と中国に同情しているることに気付いた。日本の輸出に対して報復するという暗黙の脅しにすら、日本政府はまったく動じなかった。一九六二年一二月三日にケネディは、ホワイトハウスを訪問した日本の閣僚たちに、「今日我々が直面しているもっとも主要な問題は、中国における共産主義勢力の増大と、アジアにおいて共産主義をいかに封じ込めるかということである」と語った。大統領は、「アジアにおける共産主義支配を防ぐ」のに日本の力を借りたいと要請した。ラスク国務長官が同じ点を大平正芳外務大臣に告げると、大平は、外の世界は「共産主義中国をほうっておくべきだ」と答えた。アメリカ政府も「中国共産党が他をほうっておくなら、こっちも中国共産党をほうっておくだろう」とラスクは怒鳴り返した。

一九六三年から六四年にかけて、中国に化学工業プラントを建設するという幾つかの日本側の計画をアメリカ政府は批判した。しかし、対立が決定的になる前に幾つかの進展が見られた。一九六四年一一月、佐藤栄作が病気の池田首相にかわって総理大臣に就任した。佐藤は自民党内の対中貿易にそれほど関心のない一派を代表していた。佐藤が総理になって数ヵ月後、毛沢東は、特に経済的自立原則を主張し、アメリカ及び日本の親米政権に対してこれまでより厳しい敵対を唱える文化大革命を開始した。また、ベトナムでの戦争の拡大に関連するアメリカの軍事支出の増大が、東南アジアとアメリカへの日本の輸出を後押しした。これらの要因のため、対中貿易は緊急を要する問題ではなくなったのである。

ベトナム戦争と中国要因

一九六一年、当時のリンドン・ジョンソン副大統領は東南アジア歴訪から戻ると、ケネディ大統領に、中国と共産主義分子による脅威について報告した。もし、中国に支援された動きが東南アジアにおいてはびこるなら、「フィリピンや日本、台湾といった前哨地点の安全は保障されず、広大な太平洋は赤い海となるだろう」とジョンソンは警告した。この更新された「ドミノ理論」は、たいていの日本人よりもアメリカ人の戦略家たちを怯えさせた。

ケネディの死後ジョンソンが権力の座について間もなく、ディーン・ラスクは東京を訪問した。中国を孤立化させベトナムを守ろうとするアメリカ主導の努力の中で、池田首相と大平外相が大きな役割を果たすことを避けようと決意していることにラスクは気付いた。中国による脅威がアジアを席巻するだろうというラスクの話を、かなり無理がある話と大平が退けると、ラスクは怒って、アメリカは今日にでも東南アジアから「撤退」しても生きてゆけるが「アジアの国々は生きてゆけまい」と述べた。ベトナムでのアメリカの戦争行為を日本が援助するようにというぶしつけな要求にもかかわらず、池田首相だけでなく彼より保守的な後継者の佐藤ですらアメリカの圧力をはねつけた。自らの軍隊を東南アジアに派遣したり、中国の報復を惹起しかねない軍事援助を供与したりすることを支持する日本国民は実質上誰もいなかった。南ベトナムを助けるようにというワシントンからの不断の圧力の下で、日本政府は形ばかりの医療人道援助を申し出た。結局これに対し、ジョンソンはせせら笑って、包帯やラジオは間に合っている、「関心があるのは肉弾だ」と述べた。だが、それをジョンソンが得ることはなかった。

ジョンソンの側近は、ベトナムへのコミットメントは、アメリカが日本に対するコミットメントも守っていると日本を安心させるだろうと考えたが、実際にはベトナム戦争は日米の政府関係を悪化させた。ほとんどの日本人は、ベトナム戦争を米中の代理戦争と見なしていた。多くの日本人は、戦争中の日本による中国や東南アジアへの侵略の遺産だけでなく、アメリカの空襲の下での日本の苦難を思い起こして、北ベトナムに感情移入していた。声高な日本の反戦運動は、兵站を担い空爆を準備するために沖縄の基地を使用することに抗議した。一方で、ジョンソン政権は、日本のマスコミの中にいる共産主義のシンパがアメリカによる戦争の説明をゆがめて北ベトナムが被害者でアメリカが侵略者に見えるようにしているとしばしば文句を言った。ジョンソンと側近は、日本の産業界と労働者が軍需によって大もうけをしているのに、彼らとその政府が戦争の政治的もしくは経済的ないかなる負担も負うことを拒否したことに特にうんざりしていた。

これらの食い違いの結果、一九六九年にジョンソンがホワイトハウスを去るころまでには、日米両国政府は互いを用心深い目で見ていた。中国に対する非合理な恐怖のため、アメリカはベトナムで向こう見ずな行動をし、日本を望んでいない戦争に引きずり込む危険を冒したと日本の保守派も左翼も共に信じていた。アメリカ側では安全保障担当顧問のウォルト・ロストウのような人々が、アメリカは「日本人を腕で」抱え、「ずっと傘をかけてやっていたのに」と不平をこぼした。日本が「アジアの安全保障」に貢献する時機はとっくの昔に来ていたはずであった。

ニクソンのチャイナ・ショックと日本

一九七一年七月、キッシンジャーが既に北京を訪問しておりニクソンが自らの訪中計画を間もなく明らかにしようとしているということを日米の国民が知るほんの数日前、大統領は首席補佐官のハルデマンに自らの考えをうち明けた。政治においては「すべてのことが向きを変える」と彼は説明した。元の同盟相手である「ソ連に関する危惧から」中国人は「我々と関係を持つ」ことを望んでいた。ニクソンは、一九五〇年代から台湾において「蒋介石のために戦って」きたし、常に「強硬な態度をとって韓国や南ベトナムといった国々を支持して」きた。彼のような保守派が「別の方向へ動くことになろうとは」なんと「皮肉な」ことだろう。

米中の協力は、「古い同盟関係を破壊する」だろうとニクソンは予言した。「日本に対する圧力」は、「日本をソ連との同盟に追いやる」可能性すらある。確かに、ソ連は「日本やインドに接近する」ことによって、アジアにおける勢力均衡を是正しようと試みるだろう。ニクソンは、友邦を「陰で」売るつもりはないと太平洋の同盟諸国に確約する必要が出てくるだろう。しかし、二〇年にわたって「中国に対してアジアの自由主義諸国を用いて対抗する妥当性」が存在してきたが、アメリカは今や「中国を排除するよりも、それを仲間にする方が、より効果的な役割を果たし得る」ということを日本や台湾やその他のアジアの同盟国は理解しなければならなかった。

日本で長期にわたって政権を担ってきた自民党は、ニクソンが中国との国交回復交渉を始めるにあたっての秘密裡で敵対的なやり方に苛立った。しかし、実際には、ほとんどの日本人が長年望んでいた対中国アプローチをニクソンはとっていた。ニクソンの行動は、一九六九年以来アメリカの一般的見解を変え中国や日本を変化させてきていた幾つかの要因に由来していた。一九六八年二月のテト攻勢による軍事的手詰まりのため、まずジョンソン大統領が、続いてニクソン大統領が、アメリカは東南アジアで軍事的勝利を達成することは出来ないと考えるに至った。アメリカ政府は、ベトコンの攻撃を主として中国による脅威と考えたので、中国を封じ込める別の手段を考え出すことが必要となった。ソ連の戦略兵器による軍事力の伸張はまた、ニクソン政権がソ連の軍事力をコントロールする新たな手段を見つけるよう促した。ついには、貿易の不均衡と不当な安値をつけている円をドルに対する主要な脅威と見なすアメリカの政策立案者の不安を、急速に拡大する日本経済と増加する日本の貿易黒字がかき立てた。要するに、ベトナムにおける手詰まり状態、ソ連が戦略的に対等になったこと、そして、日本の富といったものが重なって、ニクソン政権を新たな方向へ追いやったのだ。

一九六九年三月のウスリー川沿いの中ソ国境紛争の勃発は、政策変更の触媒となった。対中国に関する協力を申し出たソ連の提案を短時間検討した後、ニクソンとキッシンジャーは「中国カードをきる」ことを決心した。中国と外交関係を持つことは、同時に、交渉によるベトナム戦争の終結を早め、最終的な「ベトナムの喪失」に関する国内の反動を防止し、ソ連を兵器制限の交渉に駆り立て、そして、必然的に日本に輸出と通貨政策を変化させるよう圧力をかけることになると二人は信じた。

毛沢東とニクソンは極めて対照的な形で一九六九年から七一年にかけてほとんど同一の戦略的ビジョンを表明した。ソ連の脅威がピークに達しているちょうどその時に、ニクソンは、ベトナムと太平洋全域の米軍を削減するつもりがあると、たいていのアメリカ人よりも確信していた。また毛沢東は、「北と西にはソ連がおり、南にはインドが、東には日本がいる」と側近に語った。「日本の向こうにはアメリカがある。我が祖先は近くの敵と戦いながら、遠くの国と交渉するように勧めなかっただろうか」と毛沢東は付け加えた。何人かの中国高官は、アメリカ政府と対話を始めることによって「アメリカカード」をきることが、ソ連の攻撃を抑止する最善の手段であると毛沢東に伝えた。

高官の訪中の条件を巡って米中が合意するまでには第三者を介しての二年近くに及ぶ交渉を必要とした

が、一九七一年の春から夏にかけて、アメリカの卓球チームの訪中とそれに続くキッシンジャーの北京訪問の遥か以前から、米中の政策決定者たちは対アジア政策を根本的に見直し始めていた。

一九七一年六月にキッシンジャーを中国に送り込む決心をしたとき、ニクソンは毛沢東とほとんど同じ言葉を使ってその決断を説明した。「一方でソ連に、もう一方ではソ連に後押しされたインドに、そして、その産業の基礎によって急速に軍事力を増強しうる復興した日本にも対峙している」ために、中国人はそれらの脅威を埋め合わせるためにアメリカの助けを望んでいるとニクソンは側近に語った。毛沢東と周恩来は、いまだに「アメリカは太平洋から手を引くべき」と要求したが、彼らは「それを望んでいない」とニクソンは推測した。

アメリカが太平洋全域で軍事的プレゼンスを徐々に減少させるにつれ、日本は「ソ連と組むか、再軍備する」と大統領は予言したが、どちらにしても米中両国政府にとっては不吉な見通しであった。多少困難ではあろうが、太平洋におけるアメリカの軍事的プレゼンスの維持と日本との相互防衛条約の延長が、「日本を抑制するための中国にとっての最善の希望」であると毛沢東と周恩来になんとか分からせることが出来るとニクソンは信じていた。

一九六九年から七一年にかけての米中デタントの準備期間において、日米関係は、二つのほとんど関係のないレベルに存在していたように思える。例えば、一九六九年一一月、ニクソンと佐藤栄作は、沖縄返還という二国間において最も議論のある問題を解決した。沖縄諸島の広範な基地ネットワークを米軍が維持することと引き替えに、ニクソンは沖縄を一九七二年に返還することに合意した。大統領は、緊急時に再持ち込みする権利をもつことを条件に沖縄からの核兵器の撤去すら誓約した。

沖縄返還によって、日本の領土における戦後占領はようやく終わりを告げた。だが、日米ともこの合意を祝ったものの、強い憤りが起こった。一九六九年のニクソンと佐藤の首脳会談の間、大統領は合成繊維のアメリカ向け輸出の「自主」規制を日本のメーカーに働きかけるよう首相に要請したし、首相がそれに従うと誓約したと考えていた。合成繊維の輸出は日米貿易不均衡のほんの一部でしかなかったが、ニクソンにとっては政治的に極めて重要な意味をもっていた。というのも、輸入を減らすという約束と引き替えに、アメリカの繊維メーカーからかなりな選挙資金を受け取っていたからである。広範囲にわたる交渉と二回目の首脳会談にもかかわらず、首相は輸出規制を実行できなかった。その一方で日本の対米輸出はすべての分野で劇的に増大し、彼らが言うところの日本の不正な貿易慣行と円の不当な安値に対して報復するようにという議会、労働組合、メーカーからの要求を誘発した。

一九七一年の前半、モーリス・スタンズ商務長官やジョン・コナリー財務長官といったニクソンの側近たちは、日本を実質的な敵性国家と呼んだ。「日本は未だに戦争を戦っている。今度は実戦の代わりに経済戦争だ。彼らの直接の意図は、太平洋を、そして世界を支配しようと試みることだ」とスタンズ長官は『タイム』誌に語ったといわれる。一九七一年夏にアメリカの金準備高が激減すると、ニクソンは日本をアメリカの安全保障に対する増大しつつある「脅威」と考えた。このような考えは、一九七一年の七月から八月にかけてのいわゆるニクソンショックを説明する一助となる。

一九五〇年代に日本の駐米大使であった朝海浩一郎は、日本に通告することなくアメリカが突然中華人民共和国を承認したという知らせで目を覚ますという悪夢を繰り返し見たとしばしば語った。これは外交界では「朝海の悪夢」として知られるようになった。一九七一年七月一五日の出来事は彼を予言者に見せた。佐藤が繊維製品の輸出を減らすというニクソンの言うところの約束を守れなかったのに怒るあまり、ニクソンは中国との国交回復に関するニュースをわざと日本に知らせなかった。実際、アレクシス・ジョンソン国務次官の不屈の努力だけが、その知らせを僅かばかり早く伝えた。ニクソンのテレビ声明の少し前に、ジョンソンは電話で牛場信彦大使をつかまえた。ニクソンがやろうとしていることを告げられて、大使は、「アレックス、朝海の悪夢が起こってしまった」と叫んだ。結局、佐藤首相は大統領のテレビ演説の三分前にアメリカの動きを知った。

八月半ばには、「新経済政策」を発表することで、ニクソンは日本に二発目の打撃を与えた。事前の警告なしに、大統領は金とドルの交換を停止し、輸入に一〇パーセントの追徴金を課したのである。宣言を伴う書面での指令の中で、敵性国家との貿易に関する法律の条文に基づいて「国家緊急事態」が宣言された。彼は側近に、この挑発的な法律によって認められた権限を「繊維、つまり日本人に対してのみ」使うということを宣伝するよう指示した。一九七一年一〇月一五日までに日本が輸出制限を拡大しないなら、日本製品に一方的に割り当てを課すと大統領は脅した。「日本を酷い目にあわせる」よう計算づくでこの二つのショックを発動したとニクソンは非公式に自慢した。

大蔵官僚行天豊雄は、「ニクソン政権が、ベトナム戦後のアジアで、日本に対する対抗勢力として共産中国を用いる可能性について考えている」ことを一九七一年の出来事は示したと信じた。キッシンジャーとジョン・コナリー財務長官は「日本の下から絨毯を引き抜く」ために協力して行動し、「日本に対してある種の中国カード」をきり始めていたと行天は論じた。

実際、キッシンジャーは「反日」というよりは「親中」であった。自らが認めているように、大統領の安全保障担当補佐官は、貿易についてはほとんど理解していなかった。彼は上司を喜ばす以外には繊維に関心はなく、むしろアジアにおけるソ連に対する軍事的対抗勢力としての中国の可能性に魅了されていた。再軍備も核配備もしないため、キッシンジャーにとって日本は域内でも世界政治においても重要性を失った。周恩来のような夢想家が、新しい戦略バランスを語ることでキッシンジャーの心を捉えた。円ドルレートに関心を集中させる日本の指導者たちは、アメリカの権謀術数家にとってはつまらない存在であった。

佐藤首相に対するニクソンの怒りと執念深い態度にもかかわらず、一九七一年末の数ヵ月に日米欧は、ブレトンウッズ体制崩壊後における世界の通貨の価値を決める「変動相場」の枠組みを創り出した。日本人はついに繊維規制を受け入れ、ニクソンは輸入課徴金を取り消した。その一方で、日本の貿易慣行に関する不満にもかかわらず、日本は依然としてアメリカのアジアにおける不可欠な同盟国のままであると、キッシンジャーの国家安全保障会議上級スタッフはキッシンジャーと大統領に納得させた。中国との友好関係を求める一方で、アメリカが日本を西側同盟のもやいのつながりから「解き放て」ば、アジアにおいて得るものよりも失うものの方が多いだろう。ニクソンへのメッセージの中でキッシンジャーが明記しているように、日本への失望にもかかわらず、サンフランシスコの条約を放棄し、中国との試したことのない不確かな戯れに依存するよりも、「既知の悪魔と一緒にいた方がはるかによかった」のだ。

ニクソン訪中における日本要因

一九七二年二月二一日に中国に到着したとき、ニクソン大統領は、反共から中国へと至る自らの道程について雄弁に語った。彼は「重要なのは国内の政治思想ではなく、世界や自分たちに対する政策」なのであると語った。米中ともソ連の行動と日本の意図を憂慮していると強調した。それに比べると他の問題は色あせて見えた。周恩来との私的な議論においてニクソンは、世界中でロシアの拡大を「抑制する」ために協力する必要性を強調した。中国側が日米安保条約に対する反対を唱えたとき、ニクソンとキッシンジャーは、周恩来と毛沢東に他の選択肢を考えてみるように促した。すなわち、アメリカの錨から解き放たれた日本である。「世界で二番目に豊かな国が我が道を行くよう」にアメリカが言うべきだろうか、「それとも我々が盾を提供するのか」と彼らは問うた。「日本単独政策」よりも「アメリカが拒否権を持った日米政策」の方が危険性が低くないのだろうか。周が「日本という荒馬」をアメリカは制御出来るのか質ねると、ニクソンは、安保条約と米軍基地なしには「日本という荒馬は制御できない」と答えた。日本における米軍基地と米軍部隊が存在し続けることだけが、日本の核開発や「韓国、台湾、中国への進出」を防いでいるのだとキッシンジャーは論じた。アメリカが日本との条約や日本に対する影響力を持っていないなら、「我々の抗議は空の大砲」のようになってしまうだろうし、「荒馬」は飼い慣らされることはないだろうとニクソンは付け加えった。理論的には（そして頭の中では）、ニクソンは日米同盟に対して二〇年以上にわたって使われていた正当化の理由付けを逆転させていた。太平洋における条約と米軍基地は中国に対する抑止として存在していると言う代わりに、「日本が軍国主義的ナショナリズムの道を追求する」のを防ぐための抑止力であるとされた。安保条約を維持し日本国内及びその周辺に十分な軍事力を保持することは、「中国の利益にかなうことであって、中国に敵対するものではない」とニクソンとキッシンジャーは周恩来に語った。

ニクソンが再選され、米軍がベトナムから撤退し、ソ連と戦略兵器制限交渉に合意した後の一九七三年二月に、キッシンジャーは北京へと戻った。中国に対するソ連の脅威に絞っての話し合いの中で、毛沢東と周恩来の「日米に対する」態度の「大転換」にキッシンジャーは衝撃を受けた。一九七一年に初めて訪中したときには周恩来は、日本を「アメリカによって経済的に肥え太り」、アジア全域に「軍国主義を拡大する」ように待ちかまえていると表現したものだとキッシンジャーは回顧した。その次の二年間、中国は日米同盟を批判し続けた。しかし、今や中国は、「ソ連とインドの企図に対抗する」一助となりうる「同盟国になりつつある国として明らかに日本を見なしている」。周恩来は、日米安保条約が「日本の拡大と軍国主義に対する歯止め」として役立っていることを認め、アメリカでなく「ソ連の同盟国になってしまうような状況に日本を追い込みかねないアメリカの如何なる行動に対しても警告した。毛沢東はキッシンジャーに、もっと日本で時間を過ごし「日本との貿易摩擦やその他の摩擦が、米中の根本的協力関係を損なわないようにするよう」促すのに骨を折った。それに対してキッシンジャーは、「日本の忠誠心を争って」競り値をつり上げることのないよう周恩来と毛沢東に釘を刺した。そのようなことをすれば、「日本のナショナリズムの復活」を促進することにしかならないだろう。

北京を離れる頃までには、キッシンジャーはニクソンへの親書の中で、世界中の国の中でイギリスを除けば、中国が世界認識においてアメリカと最も近くなるという「異例の状況の中にいまや我々はいるのである」と結論した。世界の指導者の中で、毛沢東や周恩来ほど広がりと想像力を持った者はいないし、長期的政策をやり遂げる能力と意思を持った者もいない。米中は「有り体に言えば……暗黙の同盟国」になったのであった。

冷戦の終結と日米同盟

米中国交回復は、一九七〇年代の経済的緊張と相まって、一九五一年以来続いた「日米の特別の関係」の終焉が始まったことを示した。その後の二〇年間にわたるソ連との冷戦の盛衰、新しい世界経済の発展、そして、国内の政治勢力が、太平洋の同盟を変容させ続けた。

一九七二年七月「中国行きの船に乗り遅れるな」のスローガンのもと、田中角栄が自民党の総裁に就任し総理大臣となった。翌月には彼はニクソンに、アメリカとの安保条約を維持したまま、中国と外交関係を開くつもりであると通告した。国内の社会主義者や共産主義者にとって打撃になったことに、周恩来は、日本がアメリカとの軍事同盟を維持していても田中角栄と交渉する用意が中国政府にはあると表明した。

その年の九月には、田中は北京を訪問し、外交上の承認を中華人民共和国に移す一方、台湾との非公式な通商や文化的繋がりを日本に認める承認手順に周恩来とすぐさま合意した（実際には、正式な平和友好条約の調印は一九七八年まで延びた）。一年後の一九七三年末には、中国は、日本がアジアでより積極的な安全保障上の役割をはたすことを受け入れているのみならず、日米の担当者に日本の軍事力の拡大を促していたように見えた。例えば一一月には、西ヨーロッパから北東アジアに延びる反ソ軍事同盟に、日本がつなぎ止められるべきであると毛沢東はキッシンジャーに語った。毛沢東が語ったことは、中国を封じ込めるという考えのもと、一九五〇年代に同様のことを日本が行うように促したダレスのように異常なことに聞こえた。また、日本の指導者は用心深すぎると毛沢東はダレスのように文句を言い、キッシンジャーに「日本人はあなたを怖がって」おり、アメリカにとって日本が引き続き重要であると日本人を安心させなければならないと述べた。

ニクソンの辞任後、一九七四年八月から一九八一年にかけて、悪化する米ソ関係が日米関係に大きく影響を与えた。フォード大統領もカーター大統領も、日本との巨額で増大しつつある貿易赤字について不満は表明したものの、アジアや中東での日本の経済的・外交的協力に依存していた。しかしながら、一九七八年に連邦議会は、自国の防衛に極めて少額の予算しか使っていないと日本政府を批判する諸決議の最初のものを採択することで、連邦予算の逼迫と国内の製造業者からの不満とに反応した。

一九八一年に大統領に就任したときレーガンは、アメリカの軍事力を増強し、ソ連の影響力に挑戦し、日本に最低一〇〇〇カイリのシーレーンを防衛するようさせると誓った。一九八二年から八七年にかけて、連邦議会は、日本は自国の国益を守るコストを拡大させ、より大きな役割を担うかアメリカにそのための費用を支払うべきであると何度か要求した。このような怒りは、平等な防衛費用の負担に関する純粋な憂慮を反映していたが、それはまた、拡大する対日貿易不均衡、特に大量の自動車輸出による不均衡に対する不満が増大していたことの表れでもあった。

一九八〇年代の日米の経済及び安全保障摩擦は、レーガンと一九八二年一一月に首相となった中曽根康弘との強力な個人的繋がりがなければ、よりひどいものになっていただろう。レーガンの反ソという命題の多くに共鳴する歯に衣を着せぬ国家主義者である中曽根は、大規模なアメリカの軍拡を支持し、アフリカや中東やラテンアメリカにおけるソ連の影響力への挑戦というワシントンの政策を絶賛した。現実はといえば、中曽根は実際以上に厳しい勝負をしているように見せていた。一九八〇年代、日本の防衛予算は増加し、一九八七年には国民総生産の一パーセントという象徴的な枠を越えた。しかし、アメリカの要求にかなうことは一度もなかった。

レーガンが中曽根を好んでいたことに加えて、一九八二年にヘイグにかわって国務長官となったシュルツもまた日本との協力を強調した。一九七二年以来アメリカは、アジアにおけるソ連に対する対抗勢力としての中国の戦略的価値を強調しすぎてきたとシュルツは信じていた。北京との協力を拒否しないものの、シュルツは、アジアにおけるアメリカの伝統的同盟国、中でも日本や韓国と一層協力することの重要性を強調した。この展望が貿易摩擦によって生じた緊張を和らげるのに役立った。

中曽根のレトリックは、レーガンやアメリカのタカ派を喜ばせたが、日本の資金が彼らをそれ以上に喜ばせた。一九八五年までにアメリカの対日貿易赤字は四六〇億ドルに達し、一九八九年一月にレーガンがホワイトハウスを離れるときには年間六百億ドルに達していた。日本の政府と民間投資家は、一九八〇年代に米財務省によって発行された赤字国債の三分の一を購入することでアメリカ人の感情をなだめた。一九八〇年代の終わりまでには、日本の投資家はアメリカ政府の全債務の約二〇パーセントを保有していた。たった一〇年の間に、アメリカは世界最大の債権国から最大の債務国へと転落した。代わりに日本は世界最大の債権国となった。

アメリカが日本の新しい世界最大の「共栄圏」に飲み込まれてしまうと不平を言う作家やジャーナリストが、アメリカに現れた。一九八〇年代の貿易摩擦を和らげるため、日本政府はアメリカ市場への自動車の輸出制限を受け入れた。しかし、レーガン政権と一九八九年から九三年までのブッシュ政権は、限られた力しか持ち合わせていなかった。実際には、レーガン＝ブッシュ時代の軍事支出と減税は、日本がアメリカ政府の債券を買うことで賄われていたことを彼らは認識していたのであった。

一九九一年のソ連崩壊は、正式に冷戦を終結させ、日米同盟の存在理由がそれでもあるかという疑問を投げかけた。一九九二年の大統領選挙中ブッシュは、日本の圧力に屈しアメリカ経済を守らなかったとしてしばしば批判された。ある政敵は、「いい知らせは冷戦が終わったということ、悪い知らせは勝ったのがドイツと日本だということだ」とからかった。実際には、「日本株式会社」がすぐにも世界経済を支配するだろうという予測に反して、一九九三年には日本は長期にわたる不況に落ち込み、それは九〇年代いっぱい続いた。アメリカの崩壊という不吉な警告も等しく根拠のないものであることがわかった。一九九三年から二〇〇一年までのクリントン政権下でアメリカ経済は好況を呈し、慢性的な財政赤字は消滅した。

冷戦という確実な要素が消滅して、政府内外の日米の国民は一連の安全保障問題に直面した。ソ連の脅威が消滅して、アメリカはアジアの地域的安全保障において如何なる利害関係をもっているのだろうか。冷戦後の世界において、日米安保条約はどのような目的を果たすのだろうか。誰のために誰に対して誰が安全を提供するのか。日本が一方的に再軍備し、それによって域内での軍拡競争を刺激することのないようアジアの他の国々に保障するのか。それとも、アメリカとほとんどのアジア諸国による日本に関する誤った疑念を永続化し確認するのか。

一九九五年から九六年にかけて中国は、台湾の国際的プロフィールを高める李登輝総統の努力に対して軍事演習で応えた。陸海における大規模演習の後で、人民解放軍は台湾の近海や台湾越しに練習用ミサイルを発射した。中国政府は、台湾が独立を主張するのを阻止するために核兵器を使用するという暗黙の脅迫をした。台湾に対する如何なる武力の使用も中国にとって「重大な結果」を招くだろうとの警告をもってアメリカ政府は応えた。それからクリントン大統領は、その地域に大型の艦隊を展開した。

一九九六年四月、これらの険悪なやりとりの直後、クリントンは東京を訪問した。彼と橋本首相は、安保条約の範囲を拡大する合意に調印した。大統領は、空母「インデペンデンス」の乗組員に対し、日台地域における「インデペンデンス」の存在が、一発も放つことなく太平洋諸国を安心させ、「湧き起こりつつある嵐を静める」のに役に立ったと述べた。日本もアメリカも中国からの直接の脅威を想起したわけではなかったが、台湾に対する北京の策動は日米同盟に新鮮な空気を吹き込んだように見えた。

一九七〇年代にニクソンとキッシンジャーは、安保条約が日本を抑えると中国人に安心させる一方で、日本政府に対する中国政府の不信を煽ることなどによって中国との新しい関係をうち立てた。しかし、二〇世紀末までに局面はまたしても一変した。中国の対米貿易黒字は、日本の対米黒字とほとんど同量まで増大していた。経済力と域内における力が拡大するにつれ、中国の対米態度はより独断的になった。台湾に対する主張、中東への武器輸出、中国のスパイによるアメリカの核兵器秘密情報の窃盗疑惑といった問題が、二〇世紀末にあたって苦々しい非難の的となった。クリントンの中国政策に対する共和党の党派的攻撃は、一九七一年以来のいかなる反中レトリックよりも厳しくなった。中国が将来どのような方向に進むのかということに対してアメリカの関心が増大したため、もともと日米軍事同盟を生み出した問題の幾つかに再び焦点が当てられることになった。過去においてそうであったように、アメリカ政府は、北京もしくは東京のどちらかとの関係が悪化すると、もう一方のアジアの大国に接近した。

同盟関係の将来について熟慮するようになると、日米はレトリックだけでなく実質的な問題にも取り組んだ。例えば、一九八〇年代から九〇年代において米軍の部隊と装備の大部分は、日本本土から沖縄へと再配備されていた。この移動はほとんどの日本人を喜ばせたが、沖縄の人々に特に重い負担を強いていた。両国の指導者たちはこの問題を解決すると口先だけで述べてはいたが、二一世紀が始まっても解決されないままであった。

一九五一年に将来を展望した人の中に、この五〇年に実際に起こった特筆すべき出来事を予測できた人はいなかっただろう。貿易と安保条約で結ばれて、日米両国は同盟関係から思いもつかない形でお互いに利益を得てきた。一九五〇年代から六〇年代にかけての中国を如何に扱うべきかという問題に代表される時折起こる緊張にもかかわらず、太平洋の同盟は、アジアにおける平和の維持に貢献し、注目すべき繁栄と安定の半世紀を作り出した。これらの尺度から評価して、サンフランシスコで作られた条約は大成功と判断されなければならない。

参考文献

William Burr, *The Kissinger Transcripts: Top Secret Talks With Beijing and Moscow*, N.Y.: New Press, 1999.（ウィリアム・バー編、鈴木主悦・浅岡政子訳、『キッシンジャー「最高機密」会話録』（毎日新聞社、一九九九年）。

Aaron Forsberg, *Amerca and the Japanese Miracle: The Cold War Contex of Japan's Postuar Economic Revival, 1950 – 1969*, Chapel Hill, N.C.: University of North Carolina Press, 2000.

Walter LaFeber, *The Clash: A History of U.S. – Japan Relations*, N.Y.: Oxford University Press, 1997.

Michael Schaller, *Altered States: The United States and Japan Since the Occupation*, N.Y.: Oxford University Press, 1997.

John Welfield, *An Empire in Eclipse: Japan in The Postuar American Alliance System*, London: Anthlone Press, 1988.

駐日アメリカ大使の軌跡　一九四五―一九七二年

ナサニエル・セイヤー

二〇世紀の第3四半期は、日米関係においてきわめて重要な時期であった。政治的には、日本の地位が、敵国から気の進まぬ同盟国へと、さらにイコール・パートナーへと変転した時期であった。経済的には、戦争による壊滅的状態から世界的経済大国へと変容した。対外姿勢の面では、日本のリーダーたちが、一大帝国としてアジアを率いるという構想を放棄し、日本がアメリカ帝国の中にどの程度組み込まれるべきかについて論議を巡らした時期であった。

この変化をつぎつぎと見据えまたそれにかかわってきたものに、八人の駐日アメリカ大使がいる。一人を除いて、すべてが職業外交官であった。四人は日本語の訓練を受けた人々で、第二次世界大戦前に日本で任務についた経験があった。他の四人は日本以外の国々での任務によって業績をあげた外交官である。これらの大使たちが、どの程度まで、日米関係形成の案内役をつとめたのであろうか。これが、この小論で私が答えを試みる問題である。まず、第二次大戦終了時の状況を私なりに整理することから始めたい。

スターリンは、日本の分割を欲し、北海道を占領しようとした。ソ連以外の連合国の指導者たちは、違った考えを持ち、結局それが打ち勝った。連合国は、日本の領土を四つの島に制限することを求めた。また、全連合国の代表で構成される一つの委員会（極東委員会＝訳注）をワシントンに設置することを求めた。この委員会は、対日占領政策を策定するものとされた。東京には、アメリカ、イギリス、ソ連、中国の四大国の大使からなるひとつの会議体（対日理事会＝同）を設けることを求めた。これは政策履行に関して最高司令官に助言を行う諮問機関とされた。連合国は、日本占領軍の長にアメリカ人を任命することには進んで賛成した。その人物は、連合国軍最高司令官となることになる。トルーマン大統領は、このポストにダグラス・マッカーサー元帥を選んだ。

連合国の対日理事会のアメリカ側代表およびマッカーサー元帥の政治顧問をだれにすべきか。この役割を担うものとして最初に候補にあがったのは、一九三二年から一九四一年の戦争勃発まで駐日大使を勤めたジョセフ・グルーであった。グルー大使は、その申し出を辞退した。大使は、「元帥は助言をほとんど欲しがらないだろう[1]」と語っていた。

つぎに白羽の矢がたてられたのは、やはり職業外交官であるジョージ・アチソン（George Atcheson）であった。ある人が、アチソンは十分に能力を持った経験ある外交官だが、彼の経験は中国であって日本ではないと指摘した。当時、国務次官であったディーン・アチソン（Dean Acheson）は、これに対して「いいではないか。彼のような人物、国務省の政策には明るいが、日本をよく知らない有能な外交官こそ、われわれの望んでいるものだ[2]」。ジョージ・アチソンは、連合国軍最高司令官（ＳＣＡＰ）の外交局の長になった。

アチソンの下に加わった他のアメリカ外交官には、中国経験者、日本経験者が含まれていた。中国派（チャイナ・ハンズ）は、日本の非武装化と戦争犯罪裁判を最優先としていた。日本派（ジャパン・ハンズ）の方は、日本の民主化と経済再建を優先していた。日本派の一人であったウイリアム・シーボルドはその回顧録の中で、外交局は「救いようのないほど分裂していた[3]」と書いている。シーボルドは、アチソンが一九四七年八月に飛行機事故で死んだとき、そのあとを継いだ。

外交局は、どれほどの影響力を持っていたのだろうか。マッカーサー元帥は彼の総司令部を置いていたビルから、同局を八ブロック離れた別のビルに移してしまった。さらに、元帥は、同局の人間がワシントンと直接連絡をとることを決して許さなかった。当時、この外交局の一員であって、後に駐日大使となったＵ・

と書いている。

アレクシス・ジョンソンは、「アチソンは、実際上、すべての事柄について疎外された場所に置かれていた」[4]

連合国はいつまで日本占領を続けるべきか。これが占領中期における一つの問題であった。国務省は、東京にある対日理事会が二五年間日本を監視すべきであると主張している政策文書を提出した。他方、マッカーサー元帥は、一九四七年三月の記者会見で、平和条約を「できるだけ早く」交渉すべきである、と語った。ワシントンへの極秘連絡で、元帥は、安全保障上の必要は沖縄の基地によって対応できようと述べていた。ワシントンの陸海軍当局は、この考えに反対であった。軍当局は、日本にある基地の無制限の使用を欲していた。つまり、占領が無期限に続くことが最善という考えであった。平和条約交渉については、その後の数年間、間歇的に話題となり続けたが、こうした立場の相違は調整不可能であることを証明した。

朝鮮戦争の勃発は、こうした考え方の変化をもたらした。アメリカ軍当局は、この戦争を成功させるには日本の協力が必要であり、その協力は占領された国からではなく独立した国からのほうがより価値がある、と認識するようになった。一九五〇年九月八日、トルーマン大統領は、ジョン・フォスター・ダレスに、日本との平和条約に向けての交渉に着手するよう指示した。日本および連合国との交渉のためにダレスに随行したのは、ジョン・M・アリソンで、かれは一九二五年に英語教師として初めて日本を訪れたことのある外交官であった。

それからちょうど一年後の一九五一年九月八日、サンフランシスコ・オペラ・ハウスの舞台をアメリカ人が占領し、客席の前から六列を連合国の代表五四人が占め、平和交渉の結果を聞き、日本の独立回復の条約に署名した。この出来事をテレビ・カメラが追いかけ、アメリカの東海岸から西海岸までテレビによる初めての全国放送が行われた。

その日の午後、一切の公表もなく、ディーン・アチソン国務長官、ジョン・フォスター・ダレス国務省顧問および日本の吉田茂首相は、二国間安全保障条約に調印した。この条約の交渉は困難なものであった。ダレスは日本に再軍備を望んだ。吉田は、経済的発展に集中したかった。アメリカが日本防衛を引き受ける見返りとして、吉田はアメリカの世界的リーダーシップを進んで受け入れた。決着はこうであった――日本はアメリカ以外のいかなる国にもその基地の使用を認めない。アメリカは極東の平和を維持するためにその基地を使用しうる。ある情況のもとでは、日本国内における大規模な暴動を鎮圧するためにその基地を使用しうる。アメリカは日本防衛のためにその基地を使用しうる。しかし、日本防衛の明確な誓約は規定しない。

この日米安全保障条約は、全くといっていいほどあからさまに、不平等なものであった。ダレスがこのような形で条約規定を押し進めたのは、多分に、日本の不満を掻き立てるためであった。ダレスは、日本が自らの防衛により大きな役割を持とうと考えるようになるように、日本人に刺激を与えたかったのである。このような戦略は成功しうるか？　しうるかもしれない。また、それはまた逆効果ともなりうる。日本代表団全員は平和条約には喜んで署名したが、安全保障条約にはだれも署名したくなかった。この任務は首相にかかった役割だった。首相単独の署名、それのみが日本に安保条約の義務を課すことになった。

独立日本に最初に送られた駐日アメリカ大使は、ヨーロッパでドワイト・アイゼンハワー元帥の政治顧問をつめたことのある、ロバート・マーフィーであった。マーフィー大使はその回顧録で、東京に行くよう任命されたとき極東については全くなにも知識がなかった、と告白している[5]。「私はこれまで太平洋に眼を向けたことさえ全然なかった」。彼の東京における任期はちょうど一年で、その大半は朝鮮戦争によって生じた諸問題に対処することに費やされた。とはいえ、彼には、あとに続く駐日アメリカ大使たちを悩ませることになる問題を見極めるだけの時間は十分にあった。七年の間日本を占領してきたアメリカ軍は、その間に身についてしまった習慣や特典を放棄したくはなかった。アイゼンハワー元帥が大統領に就任したとき、ダレスはその国務長官となり、マーフィーにワシントンにおける役職、国際連合担当国務次官補を提供した。そして、東京の大使館は、日本との平和交渉におけるダレスの主要補佐官であったジョン・アリソンに与えられた。

ジョン・アリソンは駐日大使であった四年間について情報に富む記録を書き残している。[6] 彼は、一九五三年五月に東京に到着した。出迎えたのは、国務省の監査ティームだった。かれらは、在日アメリカ大使館のスタッフを五〇人減らして一三五人にしたいと望んでいた。アメリカの職業外交官の教訓によると、大きな大使館よりも小さな大使館の方がよりよく機能するということになっているので、アリソン大使は即座に減員計画に同意した。アリソンは、アメリカと日本が戦争に突入した一九四一年当時の在日アメリカ大使館のスタッフは約三〇人だったことを思い出した。

より重要な問題は、日本にあるアメリカ軍事基地の削減であった。当時のアメリカ極東軍司令官（ＣＩＮＣＦＥ）はマーク・クラーク将軍で、アリソンは将軍のことを「プリマ・ドンナ」と呼んでいた。将軍の一ランク下にいた大佐級の軍人たちは、占領が終わったことを素直に理解することができなかった。にもかかわらず、アリソン大使は、自らの主要任務の一つが、日本は自らの防衛により大きな責任を担うべきであることを日本政府に説得することであることを、わきまえていた。この責任負担を促進するために、アメリカ政府は武器を供与する用意があった。しかし、日本政府はアメリカの相互安全保障法（ＭＳＡ）による援助を利用することに気のり薄であった。

当時の岡崎勝男外相は日本国民が抱いていた怖れをこう説明している。日本人は、自らの軍事力が再び台頭することを怖れている。日本国民は、アメリカの安全保障政策に加担することはアメリカの戦争に加担することを意味すると、心配している。日本国民は、たとえ軍事力増強が限られた範囲のものであってもそれが経済復興をさまたげるのではないか、と憂慮している。

アリソンは、こうした日本の懸念をワシントンに伝え、その解決には時間が必要であると要請した。ワシントンの高官たちはせっかちであり、なかんずくダレス国務長官がだれよりも性急な解決を望んだ。アリソンは書いている。「［ダレス］は、日本人あるいは他の東洋人がどのように考えているかについて、ほとんど理解していなかった……」日本は不承々々ながら、一九五四年三月、相互防衛援助協定に調印したが、日本が抱いていた怖れはなにも和らげられなかった。

同じ月、アメリカは、最初の水爆実験をビキニ環礁で行い、日本漁船「第五福竜丸」の不運な乗組員たちに死の灰のシャワーを浴びせた。アメリカ政府当局は補償を申し出たが、実験は継続すると述べた。日本人は、三度も核爆発の被害をもたらした国とどうして同盟関係を持たねばならないのか、疑念を抱いた。アリソンは、この事件の処理に費やした時期を四年の駐日大使任期中で最悪の時期であった、と述べている[7]。

アリソンの後任は、マッカーサー元帥の甥であるダグラス・マッカーサー二世であった。この人事は、ネポティズム（親族優遇）といわれたが、そうではない。彼は、国務省でほとんどはヨーロッパ関係の部署で勤勉にかつ生産的な仕事をしてきた。彼の妻は、アルベン・バークレイ上院議員の娘であり、彼が国務省の議会担当連絡官であったとき、夫人は議会についていろいろと彼に教えたものである。マッカーサー二世は、国務省顧問（the Counselor of the State Department）という同省最高ポストの一つを上手に勤めあげていた。つまり、彼は重要な国の大使という地位を自らの努力で勝ち得たのであり、その場が東京であったということである[8]。

マッカーサー大使は、一九五七年二月二五日、天皇に信任状を提出した。同じ日に、岸信介が首相になった。岸は戦争中の東条内閣の商工相を二年間勤めたため、アメリカ軍は岸をA級戦犯とみなし、投獄した。その岸は、日本が独立を回復したとき、政界に戻ってきたのである。

岸首相がマッカーサー大使に日米関係を批判的に再検討した文書を提出したのは、首相になってまだ二ヵ月も経っていないときだった。彼は、この文書で、一九五二年の日米安全保障条約はアメリカ有利のものであり、より平等な新しい安保条約を締結すべきであると主張した。その後六月にワシントンを訪れた時も、岸は再び安保条約改定を求めた。岸が首相になってからちょうど一年目の一九五八年二月、マッカーサー大使は国務省に新条約草案を送り、検討を促した。

最終的に同意された新条約では、アメリカの日本防衛義務が明文化され、その見返りに日本はアメリカが極東の平和を維持するために日本の諸施設を利用することを認めた。また、アメリカは、在日基地から直接に攻撃出動するとき、日本に核兵器を配備するとき、あるいは平和が脅威に晒されているとみなされたときは、事前に日本政府と協議することも規定された[9]。

一九五二年の旧条約から削除された条項には、日本国内の内乱にアメリカ軍が介入できるとするアメリカの権限（内乱条項）、日本がアメリカの同意なしに第三国に基地を提供できない条項（第三国の駐留権禁止条項）があった。もっとも、どちらの条項も実際に発動されたことはなかった。これらの条項は、日本の独立が完全ではないことを日本人に思い出させることにしか、役立たなかったものである。両国は外からの武力攻撃に対する防衛能力をそれぞれ高めることを約束した。この曖昧な約束は、日本の再軍備というダレス長官の願望が生んだものにすぎなかった。岸はそれ以上のことはなにも約束しなかった。

岸首相はきわめて満足気であった。確かに、一九六〇年の条約は、一九五二年の条約にくらべ、よりよいものであった。しかし、新条約は、かつて岡崎外相がアリソン大使に問うた問題には、答えを出さないままであった。その問いを反復すると——武力攻撃に対する防衛能力を高めることは日本の政治における軍の役割の拡大をもたらすものではないか。アメリカとの同盟は日本をアメリカの戦争に巻き込むことになるのではないか。新安保条約はアメリカ軍が永久に日本の領土に駐留することを意味するものではないか。日本はなぜ非武装中立政策を追求できないのか。

一九六〇年一月一九日、アイゼンハワー大統領は、ワシントンにおける岸首相とダレスの後任クリスチャン・A・ハーター国務長官とによる新安保条約の調印式を主宰した。同年七月二三日、マッカーサー大使と藤山愛一郎外相は、東京で条約の批准書を交換した。この間、東京の街路はデモ行進の人々で埋まり、国会議事堂は包囲され、一人の女子学生が圧死した。アイゼンハワー大統領は、日本への公式訪問を日本への旅の途中でキャンセルしなければならなかった。これは、アメリカの現職大統領として初の日本訪問となるはずであった。岸は首相を辞任しなければならなくなった。

どこが間違っていたのか。この件についてアメリカ連邦議会上院は聴聞会を開いたが、そこでマッカーサー大使は共産主義者のせいにした。しかし、日本の共産主義者たちがあのような大規模デモを組織しうる能力を持っていることを示した例は、過去において皆無であった。ハーヴァード大学のある教授は、異なった見解を提供した。「日本との断たれた対話」と題する論文で、彼はこう書いている。「このデモンストレーションは……安保条約およびアメリカとのいかなる軍事的結び付きにも反対する広範囲にわたる日本人の意思表明である」。これは日米関係にとって危険な兆候であり、「なぜなら日本とアメリカは互いに対話する能力を失ってしまったからである」[10]。この教授の名は、エドウィン・O・ライシャワーといった。ケネディ大統領は、ライシャワーを次期駐日大使にと招請した。マッカーサー二世は駐ベルギー大使を命じられることになった。

国務省は、ライシャワーの駐日大使任命に猛然と反対した。これは政治的任命であり、東京の大使館には、一九三〇年代以来、ずっと職業外交官が大使に任命されてきたではないか。ライシャワーは外交にはずぶの素人である。さらに、彼には、大使館運営、それもアリソン大使の下で小規模で再開されたときからくらべて現在では二二のアメリカ政府機関の代表を含む四〇〇人前後という規模に膨れた大大使館を運営した経験もない。

ライシャワーの任命は、東京で何かが間違っているという教授の批判に、大統領のお墨付を与えることになる。日本の外交官たちも脅威を感じ反対を表明した。もっともその声は大きくはなかった。というのは、日本の知識人たちが、自分たちの声に耳を傾けるべきだと信じている人物を駐日大使にするという考えに、魅惑的な好奇心を募らせていたからである。

国務省の反対は、結局、通らなかった。ライシャワー任命の公式発表は、一九六一年三月中旬に行われた。そのすぐ後、ライシャワー教授は、任命承認のための上院聴聞会出席と大統領との面会のために、ワシントンに赴いた。報道陣は、外交のプロたちが失敗したところを拾い上げて冒険に乗り出そうという教授の考えに、ドラマを見出した。その後の一ヵ月の間、私は、メディアの要求を満足させるべく、ライシャワー教授とともに働いた。われわれは緊密な信頼関係を築いた――それはライシャワー大使が私を大使のプレス・アタッシェになるよう誘ったほどの信頼関係であった。

では、当時、ライシャワー大使は、彼が東京でしなければならないことを、どのように捉えていたのだろうか。これに対する確かな答えを探そうと、私はライシャワー大使の自伝をめくって調べてみたところ、次の一節がみつかった。「[アメリカと日本の間の] 主要な問題は、両国の政府間にあったのではなく、両国の民衆の間にある誤解にあった[11]」。ライシャワーは、民衆の大使になろうとしたのである。

彼はどこまでこの意思を進んで貫こうとしたのか、それを知ったのは、私が東京に落ち着いてからであった。毎日新聞は写真雑誌を発行していたが、ある日、その雑誌の写真記者が私のオフィスに電話をかけてきた。彼が言うには、人々はジャンプするが、みんなそれぞれ違った方法でジャンプする、そのところを証明する特集を企画している、ライシャワー大使がジャンプしている写真を撮らせてもらえないだろうか。「だめです」と私は答えた。「威厳を欠く」。これは私の見解だ。しかし、大使にあたってみましょう」。私は大使にこの取材申込みを伝えた。大使は私の判断をくつがえした。間もなくして、ライシャワー大使は、カメラのシャッターの音に囲まれながら、大使公邸の芝生の庭で飛び跳ねる姿が見られたのであった。ライシャワーの生涯の、どこかで、あるとき、バスケットボールが姿を現した。

ライシャワーは日本生まれで、宣教師家族の二人の息子のうちの一人だった。彼は家のお手伝いさんから、近所の商店の人々から、日本語の会話を学んだ。東京にあるアメリカン・スクールに入学したが、そこでの使用言語は英語であった。ハーヴァード大学の大学院生のときは、中国語を学んだ。彼は、自叙伝の中で「日本語についての正規の課程を履修したことは一度もなかった[12]」といっている。私が言おうとしていることは、ライシャワーの日本語は上手であり、たぶんに母国語的でさえあったが、限られたもの、ということである。それでも、彼は、日本語を、交渉ごとには使わないとしても、少なくとも公衆の前では使った。このことは、大使を近づきやすくした。普通の日本人はその自らの耳で大使を評価することができえた。では、どんな評価か。アメリカ大使は親しみやすい友好的な人物だというものだった。

ライシャワー大使夫人の名は、ハルといった。彼女はその自叙伝で、「私は、日本でそして純粋な日本人の祖先から、日本市民として生まれた[13]」と書いている。とはいえ、彼女の母親はニューヨーク生まれで、結婚前の時期のほとんどをコネチカット州のオールド・グリニッチで過ごしている。ハルは日本で育てられたが、アメリカ人の家庭教師がいた。イリノイにある大学で学び、結局はアメリカ市民となった。しかし、ハルは、近代日本建設の指導者の一人である松方正義公爵の孫娘でもあった。この血のつながりのゆえに、ほとんどの日本人の目から見れば、ハルは日本人であった。直感的に、ハルは日本人が何を考えているかを理解し、夫である大使にそれを絶えず知らせることができうるであろう。多くの日本人はそう考え、安堵したのであった。

日本人は、ワシントンにおけるキャメロット劇の魅力にやはり惹きつけられていた。多くのアメリカ人にとって魅力あるケネディ一族の行動や生活、逸話など何であれ、それは多くの日本人にとっても魅力的であった。ライシャワー大使は、この一体感を日米関係に活用しようと努力した。大統領のために日米相互依存についての演説草稿を書いた。この演説に続いて、大統領が日本を訪問すれば、それは日米関係にとって大きな利益になるであろうと説いた電報を、いくつもワシントンに送った。大統領はこのライシャワーの説得に動かされ、自分の代わりに弟のボビー・ケネディ司法長官を日本に送った。

日本に着任して間もなくの少々気のゆるんでいたある時、ライシャワー大使は日本の四七都道府県すべてを訪れてみたいと公言してしまった。途端に、招待状が押し寄せた。当初、大使館スタッフは、この招待状を使っていずれ大使が行こうとしていたところ、つまりアメリカ領事館あるいはアメリカ文化センターのある主要大都市の訪問の日程を組んだ。時がたつにつれ、スタッフは、そのほかの地域への訪問の価値が大きいことを理解しはじめた。各県には、それぞれの地方新聞があるし、またそこには全国紙の支局もあって、その記者たちは大使訪問を大きく報道するであろう。大使と随行の大使館員は知事や市長たちと会い、地域の抱える問題について学ぶようになった。こうした訪問は、訪問地に選挙区をもつ全国的な政治家と話し合う機会も提供した。

時代は、ライシャワーにとって有利だった。アメリカ政府高官たちは、日本は特に日本防衛義務を明記した新安保条約を歓迎していると考えた。高官たちのだれも、岸内閣を崩壊させた一九六〇年のデモを、予想どころか想像さえしなかった。ライシャワー大使はそれについて説明でき、とるべき行動を知っていると思われた。ワシントンの政府当局は、ライシャワーの手綱を緩め、彼に自由に行動させる方針に傾いた。

新しい思考は日本の政治をもまた支配した。岸に代わって首相となったのは、池田勇人であった。元大蔵官僚だった池田首相は経済的解決を捜し求めた。この方針は、相互安全保障の問題は担当部局のレベルで慎重にかつ控えめに解決をはかり、他方、経済問題特に民衆の生活にかかわる事柄は首相自らが目に見える行動で対処するという、ライシャワーが示唆したアイディアとうまく順応するものであった。六〇年代は、日本の国民総生産の成長率が一〇年間二桁を維持した時期であった。このことは、池田首相をして、五年間に国民一人あたりの所得を倍増させると宣言させることを可能にした。何というスローガンだったろうか！これに対して、だれが反対のデモを行いうるだろうか。

ライシャワー大使は、文章がうまかった。彼は、演説草稿を自ら書いたし、時折、論文・解説の類を書いた。また、彼は、政策好きでもあった。この情熱を、ワシントンへの電信をスタッフと一緒になって幾度も書き替えたりすることで、満足させていた。ライシャワーにとって書くということは、両手の作業であった。彼は、黄色のエンピツを右手でもって書く。左手では黄色の鉛筆を五、六本を握っていて、考えるために右手を休めるとき、左手の中でそれを転がす。館員がメモを書き直す相談のために彼のオフィスに入ったとき、耳をすますとエンピツの束を転がす音が聞こえたものだった。

ライシャワー大使は生のアイディアの発想はスタッフに任せたが、そうしたアイディアを首尾一貫した政策に練り上げることは彼自身の仕事とした。ライシャワーは、側近のスタッフを自ら厳選した。みんな日本語を話し、日本について経験豊富な人たちであった。そのうちの何人かは戦前の時代からライシャワーが知っていた人々であったし、また戦時中にワシントンで一緒に働いた人々もいた。あるものは彼の教え子であったし、あるものは職業外交官であった。

職業外交官のうち、特に言及に値する人物がいる。ジョン・エマーソンである。ライシャワーは、二人がともに京都で学生であった一九三〇年代から、エマーソンを知っていた。そのとき、エマーソンは日本語を勉強していた若き外交官、ライシャワーは博士論文に取り組んでいた大学院生であった。その後、エマーソンは、戦前はグルー大使の下で、戦後はアチソン、シーボルドとともに、東京のアメリカ大使館で働き、また戦争中は中国の延安で毛沢東と仕事をした。この中国任務は、ジョセフ・マッカーシー上院議員の注意を引くこととなった。エマーソンについて徹底的な調査が行われたが、彼が親共産主義者であるとするマッカーシー議員の容疑を裏付ける証拠は出てこなかった。それにもかかわらず、容疑がかかったという事実は、たとえ小さなアフリカの国への大使であっても、議会上院がエマーソンを大使として承認しないことを意味した。国務省はエマーソンに多くのポストの中から選ぶよう提示していたのだが。結局、エマーソンは大使館ナンバー・ツーの地位である筆頭公使（大使代理）として東京へいくことを望んだ。ライシャワーは心からエマーソンを歓迎した。

ライシャワーが登用した人物は大使館のあらゆる部署に散らばっていた。かれらはグループで大使とあうことは滅多になかったが、廊下で、昼食の席で、一杯飲みながら、大使と、また、お互いに会い、語りあっていた。私は、彼らの背景が多岐にわたっているにもかかわらず、ものの見方がよく似ていることに驚いた。そして、意識的にしろ無意識であれ、かれらはそのコンセンサスをワシントンへの電信で伝えていた。大使館から送られてくる電信をワシントンで常に読んでいるものの何人かが、電信を読む前にその内容はわかっていたと、私に語ったことがある。

マックジョージ・バンディもその読み手の一人だった。かれは、ケネディ大統領の国家安全保障担当補佐官であった。マック・バンディ（親しみを込めこう呼ばれていた）とライシャワーは共にハーヴァード大学の教授であって、それが二人を結び付けた。互いに、相手の考えを信頼していた。事実、ライシャワーの論考「日本との断たれた対話」に最終的な編集を行い、またこのタイトルを示唆したのは、マック・バンディだった。ライシャワーは大統領と直接連絡できる方法を求め、マック・バンディはその便宜を計った。このことがどれほどライシャワーにとって重要だったか。私は、あるとき、ライシャワーに、駐日大使として何年ぐらいいるつもりですかと、聞いたことがある。大使は答えてこういった。「マック・バンディがホワイトハウスにいるかぎり」。現実に、二人は一九六六年春に、バンディを先にしてほぼ同時に、その職を辞任した。ライシャワーは家族への手紙の中で、駐日大使としての任期を次のように総括している。「われわれがこの駐日大使の仕事にたいして持ち込んだ特別なアプローチの仕方はもはや必要でなくなった……［私は］その仕事を成功裡に成し遂げたという気分で「去る」[14]。

ライシャワーの後任は、U・アレクシス・ジョンソンであった。彼は、一九三五年にアメリカの外交官に仲間入りした。最初の任地は東京で、日本語の語学研修であった。そのあと、日本の植民地であった朝鮮と満州のいくつかの任地をまわった。ジョンソンは、第二次大戦終了後、日本に入った最初のアメリカ外交官であったかもしれない。彼は、戦後最初のアメリカ領事館を横浜に開設した。彼は、アチソン政治顧問のもとにおける外交局の次長になった。一九四九年にアメリカへ帰るときには、外交官職における上から三番目の地位であるFSO‐2に昇進していた。

その時からリンドン・B・ジョンソン大統領がU・アレクシスを駐日大使に任命するまで、約二〇年の歳月がたっていた。それまでに、U・アレクシスは、国務省の幹部職をいくつか務めるとともに、いくつかの国の大使にもなっていた。そして、自らの外交スタイルを作り上げていた。しかし、彼は、ライシャワーの成功から進んで学ぶことにやぶさかではなかった。たとえば、彼は、コロンビア大学教授のジェームズ・モーレイを大使館スタッフとして参加するよう誘い出した。外交史と日本語の専門家であるモーレイの任務は、ライシャワーが「断たれた」と表現した対話の修復を維持し続けることであった。U・アレクシスは、デーヴィド・オズボーンに筆頭公使になるよう要請した。オズボーンは、ライシャワーの下で政治部長（政治担当参事官）を務めていた。最後に、U・アレクシスは、四七都道府県すべてを訪問する意図を発表した。これは、ライシャワーも公言したことであった[15]。

U・アレクシスは、その回顧録で「私は、経済と安全保障の問題にエネルギーをそそぐ目的で東京に行った[16]」と書いている。経済の面ではいくつかの問題があった。日本は高度成長戦略をとり続け、政府高官たちは、その政策が外国投資や貿易の広く受けいられている慣行にそぐわないにもかかわらず、政策を変更することに抵抗していた。

安全保障に関する主要な問題は、重要なアメリカ軍基地の所在する沖縄であった。ダレスは、日本が沖縄および他の琉球列島に「潜在主権」を有することを認めた。しかし、現実には、アメリカの将軍が沖縄を統治していた。ライシャワーは、沖縄を日本の統治下に戻すことが早ければ早いほどよいことを認識していたが、国防総省にそれを受け入れさせることにはまったく成功しなかった。

U・アレクシスは、経済問題の解決にはほとんど前進をとげなかった。事態は良くなるどころか、もっと悪化しそうだった。ワシントン当局が、かんしゃくのあまりに、日本に対して一九一七年の対敵国通商法を発動させるか否かを口にのぼらさせる日が来るのではないかと思わせた。沖縄の返還については、U・アレクシスは着実な前進を遂げていたが、彼が一九六九年にワシントンに呼び戻されたためにこの作業は中断を余儀なくされた。同年、リチャード・M・ニクソンが大統領に就任、ウイリアム・ロジャーズを国務長官に任命、ロジャーズ長官はU・アレクシスを呼び戻して政治担当国務次官に据えた。この地位は、ロジャーズが一新して、職業外交官が就きうる最高位のポストに格上げしたものであった。

国務次官としての多くの任務の一つは、大使の選任であった。U・アレクシスは、東京における彼の後任として、アーミン・H・マイヤーを選んだ。マイヤーは中東および南アジアですぐれた経験を持っていた。日本のまえには、駐イラン大使であった。これは、決して二流のポストではない。しかし、彼は、その回顧録で自認しているように、日本についてはなにも知らなかった。[17]彼の駐日大使任命は、すぐれた大使はどこの国へ行ってもすぐれた大使でありうるか、という命題の一つの試金石だったのではないかと思われる。

マイヤーは有能な交渉者であった。彼の沖縄返還交渉の相手は、愛知揆一外相であった。マイヤーは、愛知外相と親密な信頼関係を築き、それはマイヤーがその回顧録を愛知外相に献じたほどの関係であった。愛知は日本の政治についてマイヤーに絶えず情報を与えていた。加えて、マイヤーは大使館の次席に有能な人物デーヴィド・オズボーン公使を有していた。オズボーンは、ライシャワーおよびU・アレクシス両大使の日本政治に関する先生であった。マイヤーは回顧録の付録に、東京で彼の下で働いた外交官のリストを掲げているが、それを見る限り、彼は強力な脇役に支えられていたことがはっきりわかる。平常な時代であれば、歴史家はマイヤーを申し分のない大使と評価したであろう。

しかしながら、時代は平常ではなかった。ニクソン大統領は、のちに国務長官となったヘンリー・キッシンジャー国家安全保障担当補佐官とともに、国際関係に大きな変化をもたらす行動をとったのである。ニクソン大統領は、日本を含むその同盟国により大きな防衛負担を移すことを目指した新アジア安全保障政策を宣言した。これは「ニクソン」あるいは「グアム」ドクトリンと名付けられた。また、同大統領は、一九七二年に突然中国を訪問することによってアメリカと中国との関係を基本的に変え、一九七一年に発表された新経済政策によってブレトンウッズ体制といわれた戦後国際通貨体制の終わりの始まりを告げたのであった。すべてをひっくるめて「ニクソン・ショック」として知られるこうした変化は、日本に甚大な影響を与えたが、こうした政策変化は実行に移される前に日本政府当局と十分に討議されてしかるべきであった。マイヤー大使はそのような討議をワシントンに勧告したが、実現しなかった。なぜか。マイヤーは、彼の勧告が通るほどの威信を持っていなかった。[18]

アーミン・マイヤーをもって私の大使物語は終わる。一九七二年に彼が東京を去った以後、五人が駐日大使となった（クリントン政権一期目まで＝訳注）。他の二人は元連邦議会議員である。一人はビジネスマン、もう一人は元労働長官、三番目は外交官。こうした人々に共通点があっただろうか。外交官の場合を除いて、誰も大使になる前には日本とほとんど関係を持っていなかったという点が共通であった[19]。

では、アチソンからマイヤーまでの駐日大使をどう評価すべきか。戦後日本についてアメリカが抱いていた支配的な構想は、まずマッカーサーのそれであった。彼は、外交局の人々ではなく総司令部（ＧＨＱ）の民政部門の軍人を通して仕事をすることを選んだ。これは、外交局の人間の責任であったかもしれない。かれらは、日本が新しいアジアにどう適合すべきかについてはっきりした構想をもっていなかったため、首尾一貫した方針を提示する用意を欠いたのである。

マッカーサーのあとを継いだのが、ダレスの構想であった。ダレスがある政策メモの余白に書いた一文にそれがまとめられている。それは「日本は、日本の将来はソ連および共産中国に対するバランス・オブ・パワーを創るためのアメリカとの緊密な協力関係の中にある、という前提を受け入れるべきである[20]」としている。アリソンは、ダレスが期待したほど素早くは動かなかったとしても、この構想実現のために忠実に努力した。アリソンにとっては、相互防衛援助協定交渉や第五福竜丸事件の処理に余計な時間を取られてしまった。

マッカーサー二世は、新しい安全保障条約の必要性を認識していたし、彼が起草した条約が今日実施されている安保条約なのである。彼の問題は条約の内容にあったのではなく、その実現の仕方にあった。彼は急ぎすぎた。そして、一九六〇年の安保危機は、不可避であったといえるかもしれないが、予測不可能であった。

ライシャワーは、大使として望むべきものをすべて得ていた――日本の事情に通じた有能なスタッフ、経験豊富な筆頭公使、日本の首相と直接連絡できる態勢、そして民衆の大使という身分証明である。ライシャワーのメッセージは簡潔であった――相互理解に達するまでは、ゆっくりと。

U・アレクシス・ジョンソンは、七年もの間、アメリカ政府のなかで対日関係における最高責任者だった。先任者たちが残した教訓を吸収して、彼は注意深く動いた。たとえば、沖縄返還交渉にはまる七年かけた。彼は回顧録[21]で、彼が駐日大使になった目的は日本人から次の質問への答えを得ることだった、と書いている――成熟した日本は世界においてどんな役割を演じるべきか。この問いにたいして日本人は答えてきた、と私は思う。日本とアメリカの同盟がより強固になっていることが、その答えである。

マイヤーは、大使に任命された最後の有能な外交官たちのうちの一人だった。アリソン、ライシャワー、アレクシス・ジョンソンは、マーフィー、マッカーサー二世、マイヤーよりも相対的に容易な時期に大使となったといえるが、大使に日本専門家を必要とする時代もまた過ぎ去った。その間、日米関係は国際関係の一つの鍵となった。駐日大使はその保護者であった。関係が成熟するにつれ、大統領は駐日大使の地位を重要な政治家に与え始めた。この方向はこれからも続くであろうと、私は想像する。

脚注

1 この小論で言及される大使の多くは、自伝を書くかまたは後に編集されて出版された日記類をつけていた。小論を書くにあたってこれら資料を広範囲に使用している。ジョセフ・グルーが適例である。彼の日記は戦時中に出版された。*Ten Years in Japan*, New York: Simon and Schuster, 1944（邦訳『対日十年』毎日新聞社、一九四八年）。しかし、ここの引用は John K. Emerson, *The Japanese Thread: A Life in the U.S. Foreign Service*, New York: Holt, Rinehart, and Winston, 1978, pp.251－252 からとった。（邦訳『嵐の中の外交官‥ジョン・エマーソン回顧録』朝日新聞社、一九七九年）。エマーソンは、東京とワシントンの両方でグルーのもとで勤務したことのあるグルーと親しかった職業外交官である。

2 Emerson, p.252.

3 William Sebald with Russell Brines, *With MacArthur in Japan*, New York: Norton, 1965.

4 U. Alexis Johnson with Jef Olivarius McAllister, *The Right Hand of Power*, New York: Prentice-Hall, 1984.（邦訳『ジョンソン米大使の日本回想』草思社、一九八九年）

5 Robert Murphy, *Diplomat Among Warriors*, New York: Doubleday, 1964.（邦訳『軍人のなかの外交官』鹿島研究所出版会、一九六四年）

6 John Allison, *Ambassador from the Prairie or Allison Wonderland*, Boston: Houghton Mifflin, 1973. このよく書かれた著作にもかかわらず、アリソンは謎のままである。アメリカ人はかれのことをほとんど研究していない。アリソンについての多くの研究は、筑波大学の池田慎太郎によって行われてきた。彼の研究論文の中には英語で書かれたものがいくつかある。

7 Allison, *Prairie*, p.263.

8 ほかの駐日大使とはちがって、マッカーサー二世は回顧録を残していない。彼が駐日大使であったとき、筆者は外交官職に入り、東アジア局の広報部に配属された。日米両国の記者たちと話し合う毎日だったが、東京の大使館からのほとんどの電信を読んでいた。また、同大使のもとで働いた大使館幹部の言い分にも耳をかたむけた。最近、この幹部であった人々と話し合う機会があって、筆者の記憶をよみがえらさせてくれた。このＨＵＭＩＮＴと*FRUS* (*Foreign Relations of the United States*) の当該箇所が、この部分の参照資料となっている。

9 マッカーサー大使が交渉した核兵器の持ち込みに関する秘密合意は、日本政府と協議なしに航空機あるいは艦船搭載の核兵器を日本の領土・領海を「通過」できることになっていた。アメリカ軍にとってきわめて価値ある大きな抜け穴であった。

10 *Foreign Affairs*, Vol. 39 (October 1960 – July 1961) pp.11 – 26.

11 Edwin O. Reischauer, *My Life Between Japan and America*, New York: Harper and Row, 1984.（邦訳『ライシャワー自伝』文藝春秋社、一九八七年）

12 My Life, p.41.

13 Haru Matsukata Reischauer, *Samurai and Silk: A Japanese and American Heritage*, Cambridge: Belknap Press, 1986.（邦訳『絹と武士』文藝春秋社　一九八七年）

14 一九九六年四月九日付けの手紙。ライシャワーの自伝　*My Life*, pp.296－297.

15 二人とも全部を訪問しきれなかった。しかし、U・アレクシスはライシャワーより多くの、四七都道府県のうち四三まで訪れた。

16 U. Alexis Johnson, *The Right Hand*, p.443.

17 Armin H. Meyer, *Assignment: Tokyo*, New York: Bobbs Merrill, 1974. p.4.

18 マイヤーの弁護のために言えば、ニクソンとキッシンジャーは、国務省の判断に不信感をもっていて、この重大な決定と行動に関してほとんど国務省をかやの外に置いていたことが指摘できる。また、日本はモスクワと北京とを巻き込んだ首脳外交の舞台からは遠い観客席に座っていただけであった。さらに、キッシンジャー自身、自らの回顧録で、日本について理解不足のまま国家安保担当の補佐官になったことを認めている。

19 カーター政権からの駐日大使論については、別の章のドン・オーバードーファーの論文を参照。

20 *FRUS*, XVIII, P.14.

21 Johnson, *Right Hand*, p.446.

駐日米大使たち　一九七七―一九九六年[1]

ドン・オーバードーファー

米国との平和条約調印から四半世紀後の一九七〇年代半ばまでに日本は世界の大国の一員となったが、日米関係は米国の軍事占領直後以来、ほとんど変わらないように思えた。

戦後期に日本の経済は西ドイツとフランスの二倍、米国の三倍、英国の四倍のスピードで成長し、資本主義世界の第二の経済大国となった。米国との貿易は爆発的発展を遂げて何倍も膨れ上がり、収支はますます日本に有利に傾いていった。だが政治的にはワシントンとの関係は極めて一方的のようにみえた。革命後の中国と関係を開くというニクソン大統領の一九七一年の決定は日本にろくに配慮せずに下されて実施され、東京に有名な衝撃波を引き起こした。あの一〇年間の日本の最大の政治ニュースはアメリカのロッキード社による田中角栄首相への贈賄の発覚と田中逮捕、およびその後の同氏の有罪判決だった。日本は受身に終始し、あまり能動的ではなかった。

それに続く二〇年、一九七七年から一九九六年までの間には世界には劇的な変化があり、それは日米関係に深い影響を及ぼした。米ソ間の冷戦が激化し、ついで軟化し、ついにはソ連崩壊で終わった。アジアでは、それに先立つ米国のベトナム撤退と敗戦の余波で、日本の対米安保関係への関心の焦点が、紛争に巻き込まれるのではないかとの心配から、米国に見捨てられるのではないかとの懸念に変わり、両国共同行動参加への日本のためらいを大幅に減らし、軍事関係を密にして通常の同盟に近づけることを可能にした。多面的な大国としての中国の興隆と朝鮮半島における冷戦抗争の継続は対米安保関係の妥当性を支えた。もっとも日本人一般、特に沖縄の人々は多数の米軍の存在にいらだちをつのらせた。

経済的には、米国の対日貿易赤字は急上昇しさらに警戒を呼ぶほどになって、一九八〇年代半ばまでに未曾有の規模に達し、保護主義的な措置をめぐり米側に声高な反対と闘争を巻き起こした。日本は世界一の債権国、米国は最大の債務国となっていた。一九八五年のプラザ合意の後、日本の経済力と円高で日本の対米投資が急増した。ソニーがコロンビア映画を、三菱がロックフェラー・センターを買収すると、日本に国を買い占められるのではないかとの心配がアメリカの大衆文化の中に広がったが、――一九九〇年代初めに日本のバブル経済がはじけ、アメリカ経済が持続的な成長を始めて自信を取り戻して、この危機感を終わらせた。

この変化の二〇年間に東京で米国大使館を仕切ったのが次の三人の注目すべき大使だった。

マイク・マンスフィールド（一九七七―一九八八）、元モンタナ州選出上院議員、一六年にわたり民主党上院院内総務、その前はアジア学者で、アメリカ政界で最も尊敬される人物の一人。駐日大使には民主党のジミー・カーター大統領により任命されたが、異例にも共和党のロナルド・レーガン大統領によっても八年間近くも留任させられた。

マイケル・H・アーマコスト（一九八九―一九九三）、元国務次官（政務担当）、駐フィリピン大使、長年の広範な対日経験があった。

ウォルター・F・モンデール（一九九三―一九九六）、元副大統領、民主党大統領候補、ミネソタ州選出上院議員。

安保、経済両面における米国との緊密な関係のため、アメリカ大使は駐日外交団の中で最重要の地位を占めるのが通例である。これら三人は非凡な経歴と能力のため、政治的重要性において通常より高い地位を占めた。マンスフィールドもモンデールも、在任中の他の大使らとは比較にならぬ著名な政治家だったから、両人をスーパー大使と考えてよかろう。モンデールのすぐ後を継いだトーマス・フォーリーにも同じことがいえ、同氏の前職だった下院議長はアメリカ政界の中で最重要、最高の地位のひとつである。このように連続して政治的大物を戴いた米大使館は他にない。

東京の米大使館に令名の高い政治家を置くという現在の伝統が始まったのは一九七六年、偶然によってだった。マンスフィールドは一九四三年に議会に出るまでモンタナ大学で極東問題の教授をし、日本を六回訪れていたが、中国への関心と関与のほうが大きかった[2]。

彼が中国に魅せられたのは一九二二年米海兵隊員として天津に短期間従軍した際が最初で、それが続いて一九四四年にはフランクリン・ルーズベルト大統領の特使として戦時中の国民政府の首都だった重慶に派遣された。ニクソンの対中接近決定後は一九七二、一九七四、一九七六年と、一番乗りで訪中し、その後も最も頻繁に中国を訪れた米議員の一人だった。一九七六年末上院を引退すると、議会幹部や新聞の論説記者らがジミー・カーター次期大統領にマンスフィールドを北京駐在米連絡事務所長に任命するよう進言した。これは国交全面正常化に先立って開設されたアメリカの外交公館だった。だがこの進言は政策問題に突き当たった。というのはマンスフィールドは、台湾に武力行使をしないと北京が保障するのを待つことなく、直ちに米中正常化をすべしと言明していたからだ。一方カーターは、北京がそう約束しなければ正常化はし難いと公に述べていた[3]。

この重要問題でマンスフィールドは大統領と意見が違うから、その彼を米国の首席外交官として北京に派遣すれば、中国に対する米国の交渉力を弱め、ひいては損ないかねないと考えたのが、政治性に長けた新任の東アジア・太平洋担当国務次官補リチャード・ホルブルックだった。中国にはカーターを政治的に助けたＵＡＷ（全米自動車労組）元会長レナード・ウッドコックを派遣し、マンスフィールドは駐日大使にするようホルブルックは進言した[4]。

マンスフィールドを深く尊敬していたカーターは既に彼にメキシコ大使を提案していたが、マンスフィールドは、メキシコ市は高地で、心臓の弱い夫人モーリーンによくないとして断った[5]。ホルブルック案を受け取ったカーターはウッドコックに駐北京連絡事務所長を、マンスフィールドに駐日大使を要請、二人とも受諾した。当初カーターはマンスフィールドを、日本駐在ながら全アジア向けの大使とすることを考え、東京赴任の途中にオーストラリア、ニュージーランド、シンガポールを訪れて自分に報告するよう求めた[6]。マンスフィールドはそうしたが、国務省東アジア局は一大使に権限を譲ることになりかねぬと恐れて全アジア大使案をつぶし、マンスフィールド自身もその案は下らない考えだと思った。しかしカーターはマンスフィールドをアジアへの長老使節と引き続き考え、同地域への他の新任大使に、マンスフィールドの助言に特に気をつけるよう求めた[7]。カーターはマンスフィールドに他のアジア諸国へ旅行するよう繰り返し促し、マンスフィールドも何度かそうした。ある時はオーストラリアとニュージーランドへ、両国と米国および日本との関係を話し合うため特使として派遣したこともある[8]。

レーガン大統領が自分の共和党政権下で、元民主党上院院内総務のマンスフィールドを駐日大使として留任させたのは極めて異例だった。レーガンは一九七八年四月、カリフォルニア州知事としてアジア旅行をした際東京に立ち寄ってマンスフィールドと初対面をし、好印象を持った。それから三年近くたって次期大統領となったレーガンは、マンスフィールドを自分の政権に留めておけば、上院民主党の彼の旧同僚と友好関係を作る大きな一助になることに気づいた。就寝中のマンスフィールドを東京時間の深夜に呼び起こして同意を取り付けた後、レーガンは議事堂のマイク・マンスフィールド・ルーム――氏を顕彰して引退の際命名――で上院民主党議員との顔合わせ昼食会に出席して留任決定を発表、盛んな拍手を浴びた。マンスフィールドがレーガン在任の八年いっぱい留任するとはだれも思わなかった。貿易摩擦の増大とともに、マンスフィールドは日本に対し厳しさが足りないとの批判がワシントンの一部に出たが、彼はレーガンの信頼と支持を失わず、一世紀にわたる日米関係史上、最も長く続いた米大使となった。大統領在任最後の執務日にレーガンは、退任するマンスフィールドに、文民に対する米国の最高の栄誉である大統領自由勲章を贈った。

マイケル・アーマコストはマンスフィールドの後任という重荷を背負ったが、それに指名されるまでに五年近く政務担当国務次官を務めていた。これは国務省の上級のキャリア職である。彼はマンスフィールドやモンデールのような政治的地位はなかったが、国務次官以前にもホワイトハウスの国家安全保障会議、国防総省、国務省という三つのかなめの政策官庁でアジア関係の重要なスタッフの地位についていた。彼は東京近郊の日英両語を併用する国際基督教大学で一九六八―九年に教え、またロバート・インガソル駐日米大使の特別補佐官を一九七〇年代初めに務めたこともあって、日本語を話し、政財界にも知己が多かった。彼の兄弟のサミュエル・アーマコストはバンク・オブ・アメリカの会長を務めた。

ウォルター・モンデールはビル・クリントン大統領時代の最初の駐日大使となり、政治的大物がこの地位につくという伝統を引き継ぎ固めたが、今度もまた偶然によるところがあった。モンデールはその前にロシア大使を依頼されて断っていて、断ったからには新政権から重ねてアプローチはあるまいと思っていた。しかしクリントン政権は東京の重要ポスト空席という課題にまた直面し、モンデールとホルブルックを考えていた。二人ともレーガンとジョージ・ブッシュ両大統領の共和党政権時代に政府を去って民間人になっていた。当時のいきさつにくわしいある消息筋によれば、日本外務省がモンデールに強く肩入れし「モンデールほどの格のある人でないと困る」とクリントンの側近に伝えた。日本側はまた、ホルブルックが「無作法」で「押しが強すぎる」と考えた[9]。モンデールは駐日大使を受諾し、ホルブルックはドイツ駐在大使に任命された。

自分の国の政界における大使の地位は、単なる威信の問題以上に重要である。何百件もの外交通信が毎日ワシントンの省庁に注ぎ込み、多くの大使が本国の政策決定者のための「使い走り」に過ぎないとみられている時代に、海外にあって単に政策を実施するのではなく、政策にも影響を及ぼしたいと願う大使すべてにとって、ワシントンのトップクラスの当局者へのアクセスが不可欠になってきた。話を聞いてもらうだけでも壁は高い。行政府部内でも、大使との主たるコミュニケーションと政策の経路となる国務省が他の省庁に阻まれ、その陰になった例は多い。それらの競争官庁は国家安全保障会議（大統領の外交政策スタッフ）、国防総省、ＣＩＡ(中央情報局)、また経済関係の国家経済会議、財務省、商務省、特別通商代表部などだ。

行政府内にある困難に劣らず手ごわいのが議会で、米国の外交に強い影響力をもってはいるが、議員の折々の外遊を別にすれば、大使や大使館と直接のコミュニケーションはほとんどない。円高で外遊費が高騰し日本の政治的人気が下落すると、議会の外遊議員団は日本を避けるようになった。大使在任中の四年間、アーマコストは大使館に議員団を一度も迎えたことがなかった――もっとも関心のある少数の個人、特に当時のフォーリー下院議長、ジェイ・ロックフェラー、ジェフ・ビンガマン両上院議員らは来日を続けていた。[10]

日本駐在のアメリカ大使は重要性も影響力も極めて高いから、首相その他の閣僚ら日本の主要な政策決定者に、通常直ちに、アクセスを得るのに何の問題もない。一九九〇年代初めまでは米大使と首相との間のコミュニケーションが日常的だったから、海部俊樹首相になってそれが割に少なくなったことを日本の新聞が問題にし、これは首相が軽視されているしるしだとして、大使でなく首相を批判した。アーマコストは、ワシントンからの訓令による用事がなければ首相の時間をとるのはよくないという考えだったから、ワシントンに対しあれやこれやの用件で海部に会えという訓令を出させるよう手配して批判を封じようとした。[11]

ワシントンの重要人物へのアクセスはもっと難しいこともあるが、マンスフィールド、アーマコスト、モンデールともに、行政府の当局者と議員らとの前のつながり、及び彼らが務めた政権内の地位のために、本国政府とは通常よい関係にあった。マンスフィールドとモンデールは議会内の旧同僚と接触を保つことに気を使い、マンスフィールドは東京の大使館の自分の執務室の目立つ所に議会幹部の額縁写真を飾って、彼らを重んじていることを示した。アーマコストは年に四、五回協議のためワシントンに帰るたびごとに上下両院議員、ホワイトハウス当局者、閣僚ら数十人を非公式に訪れた。モンデールの東京在勤中の大部分の間その特別経済顧問だったエドワード・リンカーンによれば、モンデールは毎朝のようにワシントンの当局者に電話していたが、「むこうで会議に出席するのとは大分違う」ことに早々に気づいた。[12]

「ワシントンは訳がわからなくなることがある。違った省庁が皆、違ったことに没頭している」とモンデールは大使時代の仕事を振り返っていった。「物事が煮詰まって来ない。現場にいることによってわかる微妙さ、ニュアンスの感覚がワシントンにはない。扱っている問題の重要性をどう評価するか、わからないこともある。これが目下の懸案に共通することなのだ。一方、大使館の方はといえば、ここにも色々違った部分があって、皆これが関連してくる。皆をまとめて一丸となって働かせなければならない……時には私が自分から基調を決めたと思う……」[13]

米国の他の在外公館長は無視されることが往々にしてあるが、日本駐在の米国大使がよく知られ尊敬されるからには——以上の三大使は異例なほどだったが——その危険は少ないわけだ。東京の米大使館は、ロンドン、パリ、ボンなど欧州の首都のそれに比肩するポストよりも、ワシントンから遥か遠く離れているし、日本という国もずっと異質で、その政策決定制度も政治文化も親しみが薄い。従って日本駐在の米大使が尊敬を受けるとともに、本国の情勢を理解し然るべき時に介入するならば、他国駐在の米大使よりも米政府の政治的、政策的論議に影響を及ぼし、自分の意見を政策決定者に真剣に受け取らせることができる。

これを劇的に示したのがマンスフィールドの東京着任後の主な初仕事だった。彼は着任一ヵ月で、自分を任命したカーター大統領対日本の有力者および国民との間の深刻な意見の相違に介入した。これは東京の東北にある東海村の核燃料再処理工場建設にカーターが反対したことで、同工場はエネルギー自主性を目指す日本の熱意を込め、二億ドルを費やして完成に近づいていた。かつて米海軍で原子力エンジニアだったカーターは核兵器拡散に断固反対で、その理由から、原子炉で使用した後の核燃料の放射性の燃えかすを分離するという産業上の取り組みに目立った形で異議を唱えていた。再処理工程からはプルトニウムが産出されるが、これは核兵器の材料にもなり、原子力発電所の追加的燃料にも使うことができる。

マンスフィールドが東京入りした時、ホワイトハウスは、米国が元々供給した核物質の再処理への承認を撤回することにより、日本に完成間近の工場を操業させないようにする方策を考慮中で、それまで米国は日本の核燃料の供給をほぼ一手に握っていた。日本は、それ以前に米国から反対されることなく工場建設を進めていたし、特に米国の同盟国の英、仏、西独が皆、再処理工場を操業していて、米国にそれを止めさせる力がなかったことから、ホワイトハウスが日本の操業に反対に回り大々的に発表したことに鋭く反応した。

着任後一ヵ月しかたっていなかったが、マンスフィールドは一九七七年七月この問題に関する強硬な機密電報をバンス国務長官に送り、自分の見解をカーター大統領にも伝えてもらいたいとの要請をつけて、アメリカが東海村工場の操業を阻止する措置をとるならば、将来の対日関係に深刻かつ有害な影響を及ぼすだろうと警告、そして核不拡散の趣旨と日本のエネルギーの必要性とのバランスをとった妥協案をまとめ、これを遅くとも数ヵ月中に実現しなければならぬと、最大限に強い語句を使って迫った。この電報を読んだカーターは自ら妥協案を速やかに作ることにし、バンスに対しその決断をマンスフィールドに知らせるとともに、福田首相にもそのようにするむね伝えてよいと連絡させた。その言葉に偽りなく、カーターは自ら妥協案作成にあたったが、以前の強硬姿勢とは裏腹のこの決定に部下たちは驚いた。当時カーターの国家安全保障会議のアジア問題顧問だったアーマコストは、マンスフィールドの介入が問題解決の「極めて重要な要素」となったと述べている。

日本との安保関係は両国間の最重要事項に入るから、この二国間同盟への脅威の対処が日本駐在の米大使の大切な仕事である。ここで取り上げた三大使とも任期中にそうした問題に直面し、それぞれに問題解決の成果をあげて手腕を示した。

マンスフィールドの最も有名な軍事関連の危機が生じたのは一九八一年四月で、共和党のロナルド・レーガンが政権の座につき民主党のマンスフィールドの駐日大使留任を決めてから三ヵ月もたっていなかった。四月九日朝、日本の南の悪天候の公海上で、核弾頭付のポラリス・ミサイルを搭載した米海軍の原子力潜水艦ジョージ・ワシントン号が浮上し日本の貨物船日昇丸の船底に穴を開けた。潜水艦はその後再び潜航して貨物船の損傷を確かめずに現場を去り、貨物船は沈没した。船の日本人の船長と一等航海士は荒海で溺死、残りの乗組員一三人は救命いかだに乗っているところを一九時間後日本の護衛艦に救助された。

生存乗組員の話と、彼らを助けなかっただけでなく事件を日本側に一日以上も報告しなかった米海軍の態度が日本で大問題となり、マスコミの厳しい反米論調と野党からの猛攻撃に火をつけた。マンスフィールドは直ちに外務省へ行って遺憾の意を表するとともに、内々に海軍に対し速やかに行動して事実を確認し補償を行うよう求めた。海軍は早々と非を認めて賠償責任を受け入れ、一ヵ月以内に予備的報告を出したが、日本側はこれを不十分とした。マンスフィールドが急ぐよう申し入れたにもかかわらず公式調査は四ヵ月かかり、潜水艦が「指揮監督不十分」で「見張り不行き届き」だったことが事件の原因だったと認定した。[14]

マンスフィールドはこの長文の公式報告を受けると大使館付の海軍武官を呼び出し、白の第一装の軍服を着させて園田直外相訪問に同行させた。園田に短く話し掛けた後、彼は大臣室に詰め掛けていた日本の記者とカメラマンをいつものように退去させないでもらいたいと頼んだ。そこで彼は自分と米国を代表して謝罪し、外相の前で腰から四五度傾けて、日本式に深々と頭を下げた。マンスフィールドのお辞儀の写真は日本中の新聞の第一面を飾って世間を驚かせかつ満足させ、騒ぎを事実上終わらせた。「彼は日本人の心理をよく理解する稀有の外交官だ」と、ある東京のジャーナリストが、マンスフィールドの行為をたたえて、ニューズウィーク誌に述べた。日本の当局者に頭を下げれば、その行為を本国で批判されかねないと警告する者も大使館員の中にいたが、マンスフィールドは押し通した。日本で有名になったこの最敬礼の謝罪について本人は私に「あれは日本の習慣を認めたということで無駄ではなかったし、謝罪の誠意を増しもした……あれが自分にできる最小にして最大のことだと思った」と私に語った。[15]

アーマコストの軍事関連の問題はもっと大規模な危機にまつわるもので、米国とその同盟国が、産油国クウェートに侵攻したイラク軍を制圧し撃破した一九九一年の湾岸戦争から生じた。日本は当時もいまも中東の石油に極めて依存しているが、自国の「日本国憲法」（米占領時代にダグラス・マッカーサー元帥の草案）および第二次大戦の経験に起因する平和主義のため、兵員も非戦闘員の軍人も派遣することを断った。イラク対決費への支援に日本は一〇億ドルを拠出することに同意したが、米国防総省が戦争による追加費用として月に一〇億ドルを見積もり、米国が自国の兵員を危険にさらしているのに、それ以上の出費には抵抗した。ジョージ・ブッシュ大統領が後に認めたように、「国中に日本たたきのムード」があった。[16]

日本の当局者やマスコミとの会見でアーマコストは戦争努力への日本の支援ぶりに対する不満をますます露骨に表明するようになった。こうしたやり方から、彼は日本のメディアから「ミスター外圧」の異名を与えられ、これは在任中ずっとついて回った。[17]

日本の支援がないことに怒った米議会がいくつかの反日措置を可決してから、日本政府は拠出額を増やして、ついには一三〇億ドルを供与し、これはどの国よりも多く、そのために増税までした。当時の総理だった海部俊樹は後に私に「アーマコストは私に圧力をかけたことは一度もないが、閣僚たちが、アーマコストがこういった、ああいったと私にいった」と語った。[18]

海部を動かしたのはアーマコストより遥かに地位の高い当局者——ジョージ・ブッシュ大統領本人——からの一連の電話だった。

日本の巨額の拠出金は、出るのが遅く、しかも大蔵省と米財務省間の技術的論議の中に埋没したため、日本人の多くが受けて当然と思った評価を受けることはなかった。とはいえ、直接には米国より日本のためになる戦争努力に米国の兵隊が生命の危険を冒しているのに日本はそれを支援したがらないと米側が思って怒ったため、日米同盟が重大な支障を蒙りかねなかったのを、この拠出は救ったわけだ。アーマコストの考えでは、湾岸戦争への対処費拠出をめぐる紛争こそ、彼の任期中最も困難な時期だった。[19]

モンデールの安保危機は戦争でなく、一九九五年九月初め沖縄で一二歳の小学生の女の子を二〇歳と二一歳の米海兵隊員三人が拉致強姦したことから生じた。事件が起こった時モンデールは故郷ミネソタ州で休暇中だった。彼は大使館の部下から直ちに知らせを受けたが、事件がその後一年間自分の人生にのしかかるほど重大だとは、数日後東京に戻って米国の軍事的存在に対する非難が、特に日本駐留米軍四万五〇〇〇人の三分の二が置かれている沖縄において、高まっていることを、報告を読むまでわからなかった。事件にモンデール自身、仰天し——胸が悪くなった、と部下にいった。彼のほうから河野洋平外相に謝罪に訪れた席上、モンデールは犯行は「人間のすることではなく」犯人は「まったくのけだもの」と述べた。彼は先頭に立って、犯行に対するアメリカの嫌悪を強調し、日本国民に謝罪し、友好と同盟関係を説くことにより世間の怒りを鎮めようとした。そうするにあたって、前米副大統領としての重みと格を具えていたと、当時国防総省の日本デスクの長だったポール・ジアラはいう。[20]

沖縄の基地は島の土地の約二〇パーセントを占め、長年沖縄の住民と物議をかもしてきた。同県知事に選出された大田昌秀は基地反対を自分の政治キャリアの基礎にしていた。日本国内の抗議の嵐は事件そのものから、ソ連崩壊と冷戦終結後の米軍の存在の必要性の問題へと急速に広がった。モンデールは東京で協議を重ねたが、有力な派閥の長で何度も閣僚を務めた宮沢喜一の次の言葉に最も感銘を受けた。「いまは難しい時期だが、これから日本国内で対米安保関係について、長く先送りしてきた大議論が起きる。私は保証するが、それが終われば日本国民は『イエス。他に道はない。この関係は我々の未来の中核だ』というだろう」。[21]

モンデールの意見では、これが一年間の検討と議論の末日本が決めたことである。

「モンデールは地位協定の単なる調整では十分でないと早くから認識」していて、ワシントンに対し新しい取り決めを交渉するよう促したと、沖縄問題に直接かかわった国防次官補代理だったカート・キャンベルはいう。[22]

モンデールの離任の少し前、強姦事件から一五ヵ月後の一九九六年一二月、交渉が妥結し米側は沖縄の軍事活動を一部移転ないし制限し、同県にある米軍用地の二一パーセントを返還し、最大の争点の普天間海兵隊航空基地を別の場所に移すことに同意した。沖縄の施設に関する決定では駐日大使館は参加機関の一つに過ぎず、主なことはワシントンが決めたが、モンデールは連絡を密にして勧告を行った。その後普天間の移転は代替施設をめぐる紛糾に埋没して、まだ実現していない。

一九七七年から一九九六年までの二〇年間における日米間の最も重大な紛争は経済面にあった。両国の経済の相互関係に急速かつ大規模な変化が起こり、その結果根深い貿易紛争が目立つようになって、米国内に強力な政治的圧力を、また日本に強力な反発を生じさせた。これは歴代の駐日米大使は無視できない問題であったが、それにはわずかな影響力をもてたに過ぎない。

たとえばマンスフィールドとその部下らは東京にあって半導体をめぐる交渉の内容をほとんど知らず、この問題は彼の在任中の最重要案件の一つだったが、交渉はほぼ一切ワシントンで行われた。[23]

アーマコストは構造協議の開始に何らかかかわらなかったし、この協議は彼の東京在任中の日米貿易交渉の一大新機軸となったが、彼がそれを初めて耳にしたのはワシントンの通商特別代表カーラ・ヒルズからの電話で、準備が大分進んでいる時だった。[24]

構造協議の戦略はワシントンで発想され、両国政府の次官級当局者により行われたが、取り決めが行われたいくつもの重要会合にアーマコストも大使館員も出席しなかった。

米側で貿易交渉に携わったことがあり、日本の経済大国化の批判者であるクライド・プレストウィッツによれば、近年の米大使で貿易面で大きな影響を及ぼした者はだれもいない。しかし「皆、若干の影響、二義的な影響を及ぼした」と彼は付け加えた。[25]

これら大使らはワシントンと東京の間で高レベルのメッセージをやりとりする際に使われた。彼らはまた、求められたか否かは別として、一部の米側の経済要求を最も受諾可能ないし有効にする方法について進言した。長い目で見てもっと重要だと思われるのは、大使らがワシントンからの提案を日本側が受け、交渉を進めるための雰囲気に実質的な影響を及ぼしたことだ。

ワシントンにおける長い経験と名声のため、マンスフィールドは他の大多数の大使らより遥かに大きな独自性を発揮した。彼は公的な演説をするのに、国務省から事前承認を取り付けず、事後に演説を送り付けた。自分の見解を、通常の政府の中間段階を経ずして、直接かつ強力にカーター、レーガン両大統領に伝えたことが何度もあったし、一度は、経済、貿易摩擦が激化した最中の福田赳夫首相の訪米の扱い方について個人的な進言を四パラグラフの手紙にまとめてカーターに自ら手渡したこともあった。時には彼は独自の経済紛争解決案を公表もしたが、それらは米政権によって以前に採用されたことがなく、その後も採用されないことが多かった。

マンスフィールド特有の、他人に対する公正と公平さは、彼の優れた終生変わらぬ資質で、大使になる前の政治的成功の決め手となっていた。この同じ資質が日米の相違と紛争の中で日本側の尊敬を得ることとなったが、日本の譲歩を勝ち取ろうと戦っているワシントンの一部から批判を招いた。カーター政権時代、ワシントンから財務省と商務省の高官からなる合同代表団が通商問題で対決するため来日する直前に、マンスフィールドは記者会見で日本の経済的成果に満足を表明した。米側代表たちは、控えめにいっても、愉快でなかった。

彼が東京入りして一〇年近くたち、貿易紛争が最高潮に達した一九八〇年代半ばまでに、マンスフィールドは日本に「甘い」と本国できつい批判を浴びるようになり、ある著名な議員は彼の解任を勧告した。[26]裏面では彼は輸入商品に対する日本の市場制限に対する対抗措置の論理を認めて、一九八五年に、日本が不公正な制限を行っている商品のリストに対し米国が関税を引き上げるよう、機密裏にワシントンに提案した。[27]

マンスフィールドの独自性と公正さのために、日本国民と政治指導者は彼が批判を強めた時はその言葉を真剣に受け取った。「物事をするのに人参を使っても鞭を使ってもよいが、普通は人参を使ったほうが効き目がある」と彼は長く東京に在勤するロサンゼルス・タイムズ特派員サム・ジェイムソンに語った。[28]

ブッシュ政権の登場とともに一九八九年大使となったアーマコストは経済面で駐日大使館の調子を変えようと試みた。まず、彼は大使館からの報告が「依頼人ひいき症の進んだ症例」を示す、つまり駐在国に偏り過ぎるため、ワシントンの情報、政策官庁で割引してみられていると考えた。[29]

貿易問題についての米側の意見をアーマコストは露骨に、頻繁に公言し始めた。「アメリカの大使がそういう問題について公然と先頭に立ったのは日本人には少々ショッキングだったと思う」と彼は後に述べた。[30]

マンスフィールドが八年間にわたり公平で理解ある物の言い方をした後だっただけに、東京の反応は鋭かった。結局は、「我々は実際の交渉はしなかったが」日本の官民に対し広範な変革の必要性を認めさせる「条件付けを大部分行った」とアーマコストはいう。

彼の在任中の一九九二年一月、来日したブッシュ大統領が体を壊し、本人を主賓とした公式夕食会でテレビ・カメラの前で倒れるという失態を演じた。風邪とみられた症状からは彼はすぐに回復したが、この出来事の象徴性、およびその（落選に終わった）再選運動の出発点の訪日で目先の経済的成果を挙げようとしたブッシュの性急で非現実的な決断のため、日米関係は重大な打撃を受けた。大統領のバーバラ夫人は夕食会に居残って、夫が会場から運び出された後、用意された挨拶を読み上げたが、その前に出席者とカメラに向かって「みな大使がいけないのよ。彼と大統領はきょう午後天皇と皇太子とテニスをして完敗したわ。ジョージは負けると体を壊すのよ！」とアドリブを吐いた。この冗談めいた非難を彼女は後でアーマコストに謝ったが、日本ではまじめに受け取った者もいた。アーマコストは気にせず「結局、大使はそのためのものでしょう」と応じた[31]。

モンデールはクリントン大統領の一期目に東京へ派遣され一九九六年のクリントン再選まで留まり、本質的には民主党の自由貿易論者だったが、一九八四年の自分の大統領選の際には保護主義に「少し染まっていた」と自認した。当時の問題は自動車で、ミシガンその他数州の重要品目であり、モンデールはアメリカで売られる日本車に一定の度合いの「ローカル・コンテント」――米国製の部品――を義務付けることを唱えた。アーマコストと同様、モンデールも大使在任中、経済問題について露骨な発言をした。しかしアメリカの経済成長と日本のバブル経済の破綻が、ワシントンと東京の間の紛争の緊急性をある程度取り除いた。

モンデールの任期中、最も対立した交渉は自動車と自動車部品についてで、日本が米国に車を相当量輸出し始め、膨大な量へと伸びて以来、二〇年にわたり紛争分野となっていた。日本が対米自動車輸出台数に自主規制を行い、アメリカの自動車メーカーが日本市場に割り込む努力を重ねたにもかかわらず、自動車部門は一九九四年の両国間貿易不均衡の半分以上を占めた。米側の数値目標設定要求をめぐる交渉が行き詰まると、クリントン政権は、一九九五年六月二八日までに合意が成立しなければ日本製高級車に一〇〇パーセントの輸入関税を課す措置をとるとの方針を示した。期限を間近に交渉は難航した末、ついに米側の要求に近い合意がまとまったが、日本ではこれに大憤慨する者が多かった。その余波の中でモンデールは経済問題について在任中かつてないほど強い態度をとった。

「ワシントンにきつく言ってやった（とモンデールは回想した）、『いいか、色々あって、随分感情を害している。しばらく静かにして、もっと大きな懸案に取り組むべきだ』と」[32]。

モンデールはこの意見をワシントンの当局者に電報で伝え、また自ら会って申し入れた。やがて彼らは納得した。

モンデールが一九九六年末日本を離任するまでに、合わせて世界の総生産の四〇パーセントを占める世界最大および第二の経済大国の関係に、いま一つの大変化が訪れていた。アメリカ経済が一九八〇年代の景気後退から轟音を立てて復活して繁栄と自信を取り戻し、日本は低成長路線へと沈んで、例をみないほどの政治的動揺を露呈することとなった。自由民主（実は保守）党と間違って名付けられた政党の一党支配を三八年間もやめさせなかった国で、一九九三年から三年間で政権が三度、首相が五人代わり、連立政権に加わった政党が一一に増えたあげく、結局自民党政権へとUターンした。

一九七七年から一九九六年まで日米両国間の大きな変転に歴代の駐日米大使がどんな役割を果たしたかは一概にいえない。確かに、マイク・マンスフィールド、マイケル・アーマコスト、ウォルター・モンデールはいずれもアメリカの対日政策を支配しなかったし、日本のアメリカに対する態度なり行動を決定したわけでもなかった。しかし、マンスフィールドがよく「世界で最も重要な二国関係、これをおいてなし」と評した、複雑かつ親密なつながりの運営において、いずれの大使も役割を果たしたのであり、それは小さなものではなかった。

脚注

1 マイク・マンスフィールド、マイケル・H・アーマコスト、ウォルター・F・モンデール元大使に対しインタービューの協力に、またその他東京米大使館の多くの元当局者および日本政府の当局者の助力に対し筆者の謝意を表します。

2 前六回の訪日については"Washington's 'St. Michael' to Japan," Time, April 18, 1977, p. 18を見よ。

3 マンスフィールドの対中正常化の見解は上院外交委への彼の報告書を見よ。"China Enters the Postwar Era," November 1976, U.S. Government Printing Office. カーターの意見は"People Don't Know Who I Am," Time, August 2, 1976, p. 15.

4 ホルブルック、インタービュー、一九九九年四月二〇日

5 マンスフィールドからカーターあて手書き書簡、一九七七年三月一〇日。Jimmy Carter Presidential Library, White House Central File, FO 46.

6 マンスフィールド、インタービュー、一九九八年八月二八日

7 ジミー・カーター、インタービュー、一九九九年四月一四日

8 同上

9　船橋洋一 Alliance Adrift, Council on Foreign Relations, 1999, p. 16

10　アーマコスト、インタービュー、二〇〇〇年二月二一日

11　アーマコスト、Friends or Rivals? Columbia University Press, 1996, p. 54

12　リンカーン、電話インタービュー、二〇〇〇年一〇月六日

13　モンデール、インタービュー、二〇〇〇年三月一四日

14　Department of Navy, Chief of Naval Operations, 12 August 1981, "Formal Investigation into the Circumstances Surrounding the Collision of USS George Washington (SSBN-598) and MV Nissho Maru on 9 April 1981." Secret (declassified 1999).

15　マンスフィールド、インタービュー、一九九九年四月九日

16　George Bush and Brent Scowcroft, A World Transformed, Knopf, 1998, p.359.

17　Michael Armacost, Friends or Rivals?, as above, pp. 98－127

18　海部インタービュー、二〇〇〇年三月一日

19　アーマコスト、インタービュー、二〇〇〇年二月二一日

20　ジアラ、電話インタービュー、二〇〇〇年一〇月一三日

21　モンデール、インタービュー、二〇〇〇年三月一四日

22　キャンベル、電話インタービュー、二〇〇〇年一〇月一八日

23　マンスフィールドとニューヨーク・タイムズのクライド・ハバーマンとのインタービュー、一九八六年八月八日（筆者所有）

24　Armacost, Friends or Rivals?, p. 48

25　プレストウィッツ、電話インタービュー、二〇〇〇年一〇月一三日

26　Kuwabara Konosuke, "Mansfield bridged troubled waters for Japan, U.S.," Japan Economic Journal, November 26, 1988

27　Cable, For the Secretary from Ambassador Mansfield, "Trade and Economic Issues with Japan, Tariffs, Quotas, Counter Measures," March 12, 1985. Confidential (declassified, 1999).

28　ジェイミソン、インタービュー、二〇〇〇年一月八日

29　Armacost, Friends or Rivals?, p. 33

30　アーマコスト、インタービュー、二〇〇〇年二月七日

31　Armacost, Friends or Rivals?, p.168

32　モンデール、インタービュー、二〇〇〇年三月一四日

合衆国議会と日本

ダニエル・E・ボブ

合衆国議会は日米関係に実質的な影響力を及ぼすことができる。立法府と行政府とは対等な政府の部門であるから、議会は対外政策上の権限を行政府と分かちもっており、対外政策を形成するために活用できる多様な手段をもっている。

本論文では、過去十年間に日米関係に影響を与えた議会の行動のいくつかの例を取り上げて検討する。議会が対日政策に影響を及ぼすための手段は、ここに取り上げる諸例だけですべてというわけではない。そうではなく、これらの例はもっとも普通に用いられるやりかたの幾つかの手法を具体的に説明するためのものである。それらはまた、議会が過去一〇年の日米関係における重要問題にどのように関わったかを示せるように選択されたものである。

これら諸例はいずれも筆者がウイリアム・V・ロス上院議員とともに直接たずさわったものである。以下に論じるように、議会の活動は個々の議員の努力の成果であると考えると最も理解しやすい。この論文は議員の取り組みの背後にある動機と意図した効果とを余さず明らかにする手法をとる。努力がもたらした実際の効果についても議論するつもりであるが、その議論はより主観的にならざるをえないであろう。

例を示す前に、議会についていくつか基本的な事柄について理解を得ておくことが重要である。第一に、議会はプロアクティヴ（能動的）であるよりはリアクティヴ（反応的）な機関である。議会のリアクティヴな性格は、過去一〇年間の日本に対する関心度の変化を見れば、明白である。一九九〇年代の始めには、日本の経済的成功は、とくにアメリカ自身の抱える経済諸問題と対比して、しばしばメディアで大きく取り上げられた。メディアの日本に関する記事の基本的テーマは日本がアメリカの優位にとって代わる可能性——確実性さえ——あるということであった。メディアの注目度に反応して、九〇年代初期には『合衆国議会記録』に記録されている法案や意見の数が示すように、議会の日本への関心は高かった。

一九九〇年代の終わりまでには、この年代の日本の経済不振と、他方での合衆国の歴史的経済発展を経て、日本はもはやアメリカにとって脅威ではないとの理解が一般的になった。実際、一九九〇年代半ばには、中国の急速な経済的発展と軍の近代化、一国覇権主義反対の立場の表明がメディアの注目を集め、世界舞台でアメリカの指導的役割に挑戦することができる唯一の国として、日本にとって代わった。この新たな潮流に反応して、議会の関心と注目は東京から北京に移った。[1]

大部分、議会のリアクティヴな性格は、下院も上院もともに作業の迅速化を図る多くの規則を備えているものの、議会が基本的には個々の議員それぞれの異なる関心によって動かされる無秩序な機関である事実を反映するものである。一〇〇人の上院議員と四三五人の下院議員とが、それぞれが異なる支持基盤をもち、所属政党への忠誠心は比較的弱く、多様な意見をもつスタッフを抱えているわけであるから、議会として対日政策について一貫性のある包括的立場をとることは稀であり、その点では、ほかの多くのことについても同様である。対照的に、行政府では、個人的あるいは省庁間の意見対立にしばしば悩まされることがあっても、大統領が最終的な決定権を行使するという事実が、一貫性ある政策を生み出すことを可能にする。

もちろん、ある議員たちは特定の問題について他の議員より強い影響力を振るう。議会内の権限の多くは議会指導部および委員会にある。そして委員会の権限の大部分が委員長にあり、またある程度、少数党の最長老の委員にある。しかし、政党の議会指導者あるいは委員会の指導者という高い地位に達しない議員もまた様々な問題についてかなりの影響力を発揮することができるのである。議員歴が短い議員が影響力を高めるためにしばしば用いる手段の一つは、特定の問題について専門家だという評判を得ることである。

議会は互いに異なる利害関係を持つ議員たちの集合体であり、議会の活動はそれら議員の相互作用の産物であると言えば、最も正確である。特定の議員個人の活動が重要であること、そしてこれから取り上げる議会の行動はすべてウイリアム・V・ロス・ジュニア上院議員が推進したものであることに鑑み、ここでロス上院議員の経歴について簡単に述べておく。

ウイリアム・V・ロス・ジュニア上院議員の背景

デラウェア州の共和党員であるロスは一九七一年に上院議員になった。一九八七年に彼は行政問題委員会の少数党の最長老委員となり、一九九五年一月同委員会委員長に、さらに一九九五年九月には有力な財政委員会の委員長に就任した。

ロス議員は第二次大戦中陸軍の軍務について以来、長い間日本および日米関係に関心をもち続けてきた。戦時中、彼はニューギニアに派遣され、そこでダグラス・マッカーサー将軍の指揮下にある対日心理作戦を専門とする部隊に勤務した。

日本占領の開始とともに、ロスは東京に派遣され、民主主義育成のためのラジオ番組の開発に従事した。彼は議員になったとき、東京で得た経験とそこで培った交友関係を活かして、日本に詳しい人物として地位を築こうと決意した。彼の目的は、もし他に何ももっていなければ議会の新人議員である立場では当然だと考えられる以上の影響力を対日政策について持つことであった。多年にわたり、彼はとくに日本を専門として、アジア全般にも目を配ることを任務とするスタッフを雇ってきた。彼の息子が日本で数年間の勉強をしたことで、彼の日本への関心は一層強くなった。

ロス上院議員が代表するデラウェア州は日系アメリカ人はほとんどいない所であり、また日米関係に関わる利害をもっていない州である。したがって、彼の日本に対する関心は選挙戦での当落には何の影響もない。

実際、選挙の地盤の利害が介在しないために、ロス議員は、個人的な政治的打算にほとんど妨げられることなく、日本問題について自らの立場を定めることができる。彼の背景から、ロスは同僚議員からは、選挙区の有権者の思惑にほとんど左右されず、日本に対する知識の裏付けと長期的関心、日本人との交流の豊富さに基づいて、日本についての見方を形成することができる数少ない議員の一人であるという評価を一般に得ている。

立法活動による日米関係への影響力の行使

議会が日米関係に影響を及ぼすことができる方法として、もっとも知られているのは、おそらく議会が支配している立法過程に議会の意向を反映させることであろう。しかし、知っていなければならないことは、議会に提案される法案のうちで実際に法律になるものは非常に少ないということである。

一九九二年に、ロス上院議員は連邦政府の対日政策の処理能力を向上させることを目的とする法案を提出した。ロスによって委託された議会調査部の同年の報告によれば、国務省および情報機関に勤務する者を除外すると、ワシントン地区に勤務する連邦政府職員のうち日本語の運用能力をもつ者、あるいはかなりの期間（定義によれば六ヵ月以上）日本に滞在したことのある者は一〇〇人足らずであった。同報告はまた、同じような日本政府職員で、在米経験をもつ者の数は何千人にも達することを示した。

ロスが提案した法案には、合衆国の連邦官僚に一年間の日本語の訓練を与え、続く一年間日本政府内で実際に経験を積ませるというプログラムが盛り込まれていた。またそれによれば、このプログラムを修了した後、資格を認められた者は彼らの修得した日本関係の能力と技能をもって合衆国に貢献するために、少なくとも二年間は連邦政府に戻って勤務することが義務づけられていた。

ロスがこの法案を提出したときは共和党は議会の少数党の時期であり、彼は行政問題委員会の少数党の最年長委員であった。この法案が委員会を通じて間違いなく上院本会議の審議に上程されるように、法案は彼自身が有力な委員である行政問題委員会に付託されるような文言で起草された。ロス議員の事務所はまたジョン・ロックフェラー上院議員およびリー・ハミルトン下院議員の事務所とそれぞれ緊密に協力した。彼らはともに日本との長期的な関わりをもつ議員であり、また彼らは多数党である民主党に属していた。さらに、ハミルトン議員は当時下院外交問題委員会と呼ばれていた委員会（訳注、現在は国際関係委員会）の委員長でもあった。ロス議員が上院に先の法案を提出した時、ロックフェラー上院議員も最初から共同提案者として参加し、ハミルトン下院議員も全く同内容の法案を下院に提出した。

ロスは法案の成立によって創設されることになるプログラムの名称に駐日大使であり元民主党上院議員であるマイク・マンスフィールドの名前を選ぶことにしていた。ロスはマンスフィールドがかつて代表していたモンタナ州で育ち、二人は同じ時期を上院議員として過ごし、親しい間柄であった。実際、マンスフィールドもロスのことをモンタナ州の三人目の上院議員と呼んだりすることがよくあった。マンスフィールドはまたアメリカで、そしてとくに日本では、合衆国議会において戦後の両国関係の強化のために最も重要な役割を果たした人物であると一般に評価されていた。ロスはこのプログラムに彼の友人の名を冠することが、マンスフィールドが日米関係の前進のために惜しみない努力をしてきたことに相応しい賛辞であると考えたのである。プログラムにマンスフィールドの名を冠することには、他にも二つの利点があった。その第一は、日本においては他の名称では得られない大きな威信、すなわちプログラムが合衆国の官僚を日本政府部内に配属するものであるため日本政府の同意を得る必要がある点を考慮すれば、このプログラムにとって不可欠な敬意を与えるのに寄与するであろうし、第二に、民主党の元議員の功績を讃えるプログラムを共和党の上院議員が推進していることによって、党派的対立の可能性を最小限にすることが期待されたのである。

一九九二年五月二一日にこの法案が上院本会議に上程された時、ロスは合衆国の優位への日本の挑戦について当時広く抱かれていた憂慮を利用して、法案への支持が得られるように演説した。このプログラムについて、彼は次のように述べた。

（このプログラムは）……我々の手強い競争国であり偉大な同盟国である日本の突き付けるこの挑戦に立ち向かうアメリカの能力に、非常に有意義な刺激を与えるであろう（と信じる）。このフェローシップは、経費は僅かであるが、日本政府の内部動向を理解している人材の深刻な不足という……連邦政府の政策立案能力の最大の弱点の一つを埋めることに大きな期待を抱かせる……。本院においてわれわれが立法を議論する際、貿易不均衡に関する非難の対象として、あるいは合衆国の諸政策を修正するための諸提案を考慮する場合の視点を定める方法として、また次第によりしばしば、合衆国の生産性、教育上の達成、および競争力の状況を評価する手段として、日本は討議の中心的焦点となっている。われわれが日本についてこれほどしばしば言及するのは、日本が世界第二の経済大国であるからであり、日本の産業と会社が合衆国のそれらと激しく競争しているからである。日本のわが国にとっての重要性に鑑み、私は日本がどのように機能しているかについてよく知っている連邦政府職員の数を増やすべきときであると信じる。

この法案は一九九二年に上院を通過したが、それは下院本会議の審議に懸けられるまでに議会の会期が終わった。一九九三年の新議会発足とともに、ロスは法案を再提出した。しかし、その年は行政問題委員会で、ミシガン州選出のカール・レヴィン民主党上院議員の反対にあい、委員会は同法案の本会議上程を否決した[2]。

同法案に対するレヴィンの反対はこの法律が何らかの意味で日本に有利になるという考えによるものである。彼の選挙区の抱える労働者票、そこには自動車および自動車部品産業で働く多数の労働者が含まれていたことを考慮すれば判るように、一九九三年当時ミシガン州は反日感情の砦であった。レヴィンの日本および同法案についての立場は彼の選出基盤の意向を反映したものであった。

しかし、ハミルトン下院議員の協力により、同法案は一九九四年四月三〇日に成立した外交関係法の一部に組み入れられた。このプログラムのための財源は一九九五年の会計年度予算に計上されることになり、こうしてマンスフィールド・フェローシップが発足したのである。以来毎年このための財源が確保されてきた。ただし一九九六―九八年会計年度からはこの財源の減額あるいは明らかにプログラムの解消を意図する動きが出ている[3]。

しかし、それまでにロスは上院の最も権限の強い地位の一つである財政委員会委員長に就任しており、マンスフィールド・フェローシップを守ろうとする彼の要請は常に受け入れられてきたのである。

しかし、プログラムの立法化と予算が確保されただけでは、このマンスフィールド・フェローシップが日本で根付くことが保証されたわけではなかった。フェローシップ受給者はこの二年間の研修期間の第二年目を日本の省庁で働くことになっていたから、このプログラムは日本政府の支持を必要とした。日本政府との信頼関係を確立するため、ロスは当初から、多くの影響力ある日本の政府高官にこの計画案のアメリカ側の進行状況について情報を提供していたばかりでなく、彼らの助言をも求めてきた。ロス議員の事務所は日本のメディアにもこのプログラムについての情報を提供したので、日本ではこのプログラムについてかなりの数の報道がなされた。

様々なイベントも日本でのプログラムの進展に役立った。一九九七年までに、このプログラムは、日米首脳会談で日米双方が大きく取り上げることができる、数少ない有望な新しい計画の一つになった。マンスフィールド・フェローシップ・プログラムは一九九七年の頂上会談で（同様に一九九八年の頂上会談でも）、大統領と首相とが取り上げる話題となり、九七年六月には橋本首相は演説でもこのプログラムについて触れた。このように最高指導者の関心に支持されて、プログラムを進展させフェローを日本政府内で仕事ができる地位につかせることについて、日本政府の協力が確保されたのである。

五年以上が経過した後、マンスフィールド・プログラムは日米関係を強化するための小規模ながら評価の高い制度としての地位を確立した。フェローたちの報告によれば、プログラムは対日関係に対する合衆国政府の能力の強化に少なくともある程度は役立った。

非拘束的決議

プログラムを創設するとか、あるいは現行法を修正する法案に加えて、議会が用いるもう一つの一般的な立法上の方策である非拘束的決議案の提出も、二国間関係に影響を及ぼすために用いられる。そのような決議は法的強制力をもたないという意味で非拘束的である。それらはある特定の問題について上院の、あるいは下院の、または議会全体の意向がいかなるものかを、ただ表明することを狙いとするものである。

毎年何百という決議が様々な議題について提案されるが、可決されるものの数は非常に少ない。さらに重要なことは､可決された決議もほとんどの場合､アメリカのメディアに無視されてしまうということである。しかし他方、対象国の報道機関はその決議について大きく報道するのが普通であり、常に日米関係に関する記事を熱心に求めている日本のメディアもまたこの例に漏れない。

大部分の決議案はきわめて率直な内容であり、議員の誰でもがそれらを提案することができる。それに加えて、話題性のある決議案を提出すれば、それだけで日本では記事として詳しく取り上げられるのが普通であることを考慮すると、それらの決議案はあまり労することなしに、二国間関係に影響を与えることのできる方法だと言えるだろう。もし決議案が可決されれば、さらに大きく取り上げられることは確かであるが、そこまで努力しなくてもよいと、多くの場合考えられている。

一九九二年以来、ロス議員は日本国内で自国の国際的役割全般について、また集団的自衛権に対する憲法上の制約について論議が高まることを願ってきた。この問題に関する彼の関心は、二国間関係の最大の潜在的脅威は、東アジアで軍事紛争が起こり、その紛争では日本がアメリカと共通の利益を持っているのに、そこに出ていくのはアメリカ軍兵士だけだという状況が生じることにあるという認識に基づいていた。合衆国が日本との経済的諸問題に最も強い関心を寄せている時期に、もしそのような紛争が起これば、ロスの考えでは、その政治的悪影響は日米の安保同盟に対するアメリカ人の支持を損なうことになりかねないからである。

日本の国際的役割について日本国内での議論を盛り上げるための第一歩として、ロスは一九九二年五月五日上院に日本の国連平和維持活動への参加に関する決議案を提出した。日本の報道機関がこれを最大限に取り上げるように、決議案は日本が国連平和維持活動に直接参加することを認める法案について国会審議が行われる時期に合わせて提出された。次に述べるように、ロス決議案の主眼点はその結論部分に明白に示されている。

（一）日本が国連平和維持活動に経済的支援のみならず人員の貢献を通じて参加することは、国連と国連を構成する諸国の利益であり、奨励されるべきことである……。また、

（二）合衆国上院は国連平和維持活動への日本人要員の派遣を全面的に支持すべきである。

決議案提出に伴う上院本会議での発言の中で、ロスは日本の議会が国連平和協力法を立法化しようと考えるようになった原因である湾岸戦争への日本の遅い対応——不十分な対応とみる人々もいた——に言及し、そして次のように述べた。

日本はこれまで［国連の］諸活動に惜しまず財政的貢献を行ってきたが、……憲法解釈に関係する理由のほかに、政治的歴史的理由によって、自衛隊員がそのような活動に参加することを認めなかった。

> 本日、私が提案する決議案は……われわれ上院議員たちとわれわれが代表するアメリカ国民とは、日本が財政的支援のみならず人的貢献を通じて国連平和維持活動に参加することが国連とその加盟諸国にとって利益であると確信していることを明確に示すことを意図するものである……。日本の経済的地位の向上とグローバルな安全保障状況の画期的変化に鑑みて、我々は今過去に我々を導いて来た前提を見直さなくてはならない。日本が国連平和維持活動に参加するため海外に派兵することはあてにできないという前提は誤りであると私は信じる。その前提は国際社会において正当化も永続化もできない特殊な地位に日本を陥れることになる……。日本国憲法自体はそれらの問題に対する日本国の市民の責任について明確な見解を示している。

日本のメディアが確実に報道するように、『毎日新聞』には事前に決議案について独占取材する機会を与えた。『毎日新聞』は、五月四日、第一面にその記事を掲載した。五月五日には決議案および議員の発言の全文を載せ、ロス議員の活動に関する論説も掲げた。同日、産経新聞も第一面に記事を掲載した。六月五日の『朝日新聞』は国連平和維持活動で日本が果たすべき役割についてのロスの見解を発表した。六月二二日にはロスはＮＨＫのニュース番組に登場し、国連維持活動に日本の要員の参加を認める法案の国会審議について論評した。ロス決議案を付託された上院外交問題委員会はそれを取り上げなかったが、日本に影響を与えようという決議案提出の狙いは達成されたのである。

一九九三年一月二九日にはロスは、集団的自衛に関する憲法上の制約についての日本での論議を盛り上げるために新たな決議案を提出した。決議案はクリントン政権が国連安全保障理事会の常任理事国の地位を求める日本とドイツの願望を支持すると表明した直後に提出された。決議案は上院の意向を次のように表明した。

（一）合衆国政府はドイツおよび日本が国連安全保障理事会の常任理事国となることを支持すべきである。しかし、

（二）日本およびドイツがそれぞれ常任理事国の地位に伴う責任を全面的に果たせるよう憲法上の制約を除去する政治的措置をとらないかぎり、そしてそのような措置をとるまで、両国を常任理事国にするための積極的行動をとってはならない。

決議案を説明する議場での演説で、ロスは次のように述べた。

……原則として私はドイツおよび日本が安全保障理事会常任理事国の地位を得ることを支持する……。しかし、ドイツも日本も、安全保障理事会の常任理事国となるためには憲法上の準備がまだ整っていないことに留意しなくてはならない。両国がまず対処しなければならない憲法上の中心問題は、現在、国連平和維持活動において重要な役割を果たす能力を欠いており、両国政府がその能力の欠如はそれぞれ自国の憲法に基づくものであると考えていることである。……日本国憲法原案のアメリカ側起草者は憲法が地域的安全保障協定や国連平和維持活動への日本の参加を妨げるものではないという見解を明白にとっていた。その上、日本側の申し出により憲法草案に加えられた修正はそもそも日本政府に集団的安全保障協定に参加する柔軟性を与えていたのである。しかし政府は法案の通過を確実にするために行った多くの妥協により、成立した法律からその価値の多くを取り除いてしまった。とくに問題なのは、この法律が日本の国連平和維持活動への参加を戦闘行為を含まない支援活動に限定し、戦闘の当事者間に停戦協定が成立していることを日本人要員の参加の条件とし、また停戦が無効になったときには日本人要員を撤退させることを定めたことである。したがってこの法律は、おそらく将来の国連平和維持活動の典型になると思われる活動、すなわち国連軍が武力に訴えざるを得ない状況で

の活動への日本の参加を認めないのである。実際、日本国憲法の現在最も一般的な解釈のために、日本がそのような平和形成活動に参加するためには根本的な政治的変革を必要としている。

ロスの決議案は結局、国務省支出授権法案の上院版S。1281法案に付け加える条項として発声投票により上院では可決された。しかし最終的に成立した国務省支出授権法にはロス決議は入らなかった。そして発声投票で可決された場合の通例として、ロス決議案を覚えている上院議員は実際には少なかった[4]。

合衆国では無視されたとはいえ、日本のメディアはその決議について盛んに報道した。例えば、『週刊文春』は次のように伝えている。

［ロス上院議員は］日本を何度も訪問し、子息は名古屋大学で学んでいる。彼は日米関係の重要性を確信している上院議員の一人である。ロス上院議員は日本国憲法を改訂するよう日本に圧力をかけたことはない。彼は、アメリカによって起草された日本国憲法は国連平和維持活動あるいは地域的集団安全保障協定への参加を禁ずるものではないと主張する。したがって憲法解釈の変更で十分であると考えている。他方、日本では最近宮沢元首相が、国連旗の下であっても、人命の損失につながる可能性がある場合には、平和維持活動に参加することは、日本にとって重大な問題になるだろうと語ったと伝えられている。しかし国連平和維持活動は原則として自衛的行動である。宮沢氏はロス上院議員の決議を注意深く読むべきである。

ロスの視点から見れば、『週刊文春』の論文は、まさに日本国憲法と日本の国際的役割について日本で論議を巻き起こそうとした彼の意図通りの反応であると思われた。一九九三年には、憲法改正あるいは再解釈についての論議を取り上げることは、日本のメディアにとって依然として難しい問題であった。しかし日米関係の重要性を真に信じているアメリカの上院議員が決議案を提出したときには、日本の報道機関にとってこの問題はより取り上げやすいものとなるのである。

明らかに、拘束力のない決議に実際の意味以上により重要な価値を見出す日本のメディアの傾向がこの方策の有効性を保障するために必要な条件であった。しかし、日本に対するアメリカの関心が九〇年代に次第に薄れるにつれ、日本の報道機関にとっても日米関係について迫力ある話題が少なくなり、非拘束的決議に注目して記事にすることは減少せざるをえないのである。

公的な発言

ロスは日本の国際的役割についての彼の意見の影響力を強めるために、上院での決議案の提出に加えて、議員が二国間関係に影響を及ぼすためによく用いるもう一つの手段——公的発言——を用いた。

その一つは一九九四年四月七日、日本国際関係フォーラムが東京で集めた聴衆に対する講演である。出席者はおよそ五〇人の日本の政財界、メディアおよび学会のエリートたちであった。同じ日に細川首相が辞任したため、その影響でメディアの扱いは小さくなってしまったが、彼の講演は出席した聴衆に大きな感銘を与えた。

当時継続していた北朝鮮の核開発計画をめぐる交渉について、彼は次のように述べた。

私は〔日本、合衆国、および韓国が〕当面の北朝鮮核開発計画をめぐる交渉にばかり気を取られることなく、それから一歩退いて、朝鮮半島の対立の枠組みを形成するいくつかの大局的な問題を真剣に検討する必要があるという結論に到達した……。北朝鮮問題は日本の世界における役割について、また日本の合衆国との関係について根本的挑戦を突き付けているのである。

もし朝鮮で戦争が勃発したならば何万という アメリカ人、何百万という韓国人の犠牲者がでるだろう。我々の息子、娘が韓国防衛のため命を捧げることになるだろう。しかし彼らは韓国を防衛しながら、同時に日本をも防衛したことになる……。ひとたび戦闘が止んだときには、アメリカ人は日本が前線に自国の兵士を送らなかったことについて……それには憲法上の重大な問題がからんでいたことには関係なく……日本に厳しい非難を向けるだろう。率直に言わせてもらえば、アメリカ人は自国の兵士を危険にさらすことを拒否する国を防衛するためになぜ自分たちの息子や娘が命を差し出すのかと問うだろう。さらに、日本がアメリカ人の仕事を奪い合衆国の経済を破壊する巨額の貿易黒字を生み出し続けているとき、なぜ日本を防衛するのかと問うだろう……。したがって、私は日本は朝鮮半島の潜在的危機にいかに対応するか率直かつ公然と議論すべきだと信じる……。そのような議論がどれほど不愉快なものであれ、何らかの危機が発生する前にその論議をしておくことが絶対に肝要であると私は信じる。日本の一般の人々はこの問題について考え、あるいは語ることにおそらく消極的であろうということは私もよく理解しているが、もしわれわれが危機が起こるまで何もしなければ、日本が麻痺状態に陥るのは目に見えている……。私は自分が日本の危機対応の能力の欠如の問題に以前から注意を喚起しようと試みてきたことを申し上げねばならない。今年私は合衆国が日本の国連安全保障理事会の常任理事国入りを支持するよう呼びかけた上院決議の提唱者となった。しかしその支持は日本が他のすべての常任理事国が履行し得る義務のいずれをも果たしうるように必要な政治的変革を成し遂げた後でのみ得られるべきものである……。この決議案を提案した私の主なる目的は本日私が主張しようとする論点と同じである。日本が新たな責任を与えられ、あるいは日本の死活にかかわる利害が危険に瀕する時、日本は世界の他のすべての諸国の期待に沿い実践を共にする形において活動できなければならない。

出席者の反応は示唆に富むものであった。日本の大新聞の長老格の二人の新聞人が進行役となって行われた来会者たちの議論は、日本の国際的役割について、または憲法改定あるいは再検討の可能性について完全に自由な討議がいかに困難であるかを議論した。長老格の新聞人の一人はこの問題は日本国内においては依然としてタブーであり、外国人の行動を報道する以外にこの主題を取り上げるには依然として困難な障害が残っていると主張した。

日本に影響を与える目的でロスが行った公的発言のもう一つの例は、一九九八年一月アジア旅行中に行った発言である。その旅行の主な目的はアジアの金融危機の実態を調査するとともに、それについての合衆国議会の見解を伝えることであった。

出発前、彼はアジアの金融危機について論文を書き、その中でとくに日本の政策的対応の失敗を厳しく批判した。それは一九九七年一二月二八日の『ワシントン・ポスト』に掲載された。

旅行中訪問したすべての国においてロスは講演を行い、日本が危機に直面しながら無為無策であることを同様に批判する公的な発言を繰り返した。例えば一九九八年一月一三日クアラルンプールではマレーシアおよびタイについて論じた後、ロス議員は次のように述べた。

「この地域にとって最も重要なことは」日本がその巨額の根深い不良債権問題に現実的に取り組み、効果のある総合的減税政策を実現し、日本人一般に減税分を貯蓄より消費に回すよう説得する方策を打ち出さなければならないことである。もしアジアが金融危機から脱却する道があるとすれば、それは日本が地域的発展の牽引車になる以外にはない。われわれは六年以上も日本政府が自国の経済を再生させる方策を打ち出すのを期待し続けて来た……。しかしながら、日本政府に欠けているのは強力な指導力である。私が最も恐れるのは日本の中央官庁の守旧派官僚たちが、彼ら自身以外には誰にも何の益ももたらさない現状維持政策に固執することによって日々をしのいで行くことである……。

ロス上院議員が東京に着くまでには、彼が各地で行った講演の趣旨は日本政府にも明確に伝わっていた。一月一九日には彼は橋本首相と会見した。しかし、首相が現れる直前、外務省の高官が、首相との会談では上院議員の持論である減税政策の要求には触れないようにと彼に懇願した。外務省高官はもしロス議員が橋本首相に減税政策の支持を強く求めるならば、その提案は首相の政敵の手中の道具にされる可能性があると述べた。その日、国会は一九九八年度通常会計の審議とともに一九九七年度の補正予算についても審議を行っており、外務省は首相とロス議員との会見の大要を報道機関に公表する予定であった。恐らく多少誇張したい気持ちも手伝って、その高官はもし上院議員が橋本首相に減税政策を受け入れるよう圧力をかけたと彼が報道機関に伝えなくてはならないとすれば、その報道によって橋本内閣の崩壊も生じかねないと主張した。上院議員はこの高官の要請を受け入れ首相との会見では減税政策には触れなかった。

私的会談での発言

しかし、上記の日本訪問中、他の政府高官たちとの個別の非公式な会談では、ロスはアジアの金融危機に対応するため日本が取るべきだと彼が考える減税やその他の措置に関する見解をはっきり述べた。ロスは当時の小渕外相、榊原財務官、中川通産政務次官、大来経済企画庁次官、久間防衛庁長官らの政府高官、羽田孜、菅直人、小沢一郎ら野党指導者、そして豊田章一郎トヨタ自動車工業社長や経団連幹部たちと会談し、彼の持論を強調した。

このような個別的な内輪の会談の主眼点は、日本の指導者たちに地域的経済危機への日本の対応に対する合衆国議会の見方を伝えることであった。そのような会談の与えた衝撃の度合いを知ることは難しいが、ロスが彼の主張を政界、官界および実業界の主だった指導者の何人かに直接伝えたという事実は日本の政策立案に何らかの効果を及ぼしたであろう。このような会談での発言に効果をもたせる重要な要素は、発言する側とそれを受け取る側の双方が政策を左右する力をもっているということである。

書簡

私的な発言のもう一つの形は書簡というやや劇的要素には欠ける形式である。日本に関する書簡はしばしば特定の貿易問題に関するもので、日本に苦情をもつ利益団体からの要望によって書かれる。時には行政府自体がそのような書簡を書くことを求める場合もある。政府の要請によるものの例として、一九九九年の六月ＮＴＴの部品資材調達に関して合衆国通商代表部と日本政府との間の交渉が行われた時に書かれた書簡がある。この書簡は駐米日本大使に宛てられ、他の議員も署名に加わっている。ロス議員の書簡の一部は次の通りである。

> われわれはＮＴＴの部品調達活動に関する日米協定の更新に心からの支持を表明するために書簡を送る。協定には公正にして非差別的かつ双方向的調達の確保に関する手続き、および協定の諸対象と規定条項が完全に履行されることを確認する両国政府の監督的役割に関する規定が含まれる……。この重要なテレコミュニケーション市場への継続的かつ改善される参入の道を開き、また両国政府がもつべき強力な監督的責任について取り決めるＮＴＴ関連協定が七月一日までに決着するように、貴国政府が合衆国側の交渉者と建設的な協議に入ることを強く要望する。

このような書簡の場合には、書簡の原案はそれを求める当事者の方で作成してくる場合が多い。それからロスが彼の見解によりよく沿うようにその原案を修正するのである。彼が通商問題について権限をもつ委員会の委員長であることから、行政府は彼が日本政府に対して議会と行政府とが交渉中の懸案事項に関して一致した立場にあることを印象づけるために、そのような書簡を活用したのである。その結果、日本はＮＴＴ調達問題について合衆国の立場を受け入れた。アメリカ通商代表部によれば、ロス議員の書簡はこの交渉において日本から合衆国の立場を容認する態度を引き出す上で効果があったとのことである。

議会による公聴会の開催

ロス上院議員は、アジアの金融危機への対応のために特定の政策を採用するよう日本を説得することを意図してアジア訪問旅行を行い、公開の場でも私的な会合でも意見を述べたが、さらにそれに続いて、日米関係に影響を与えるために、議会が通常用いるもう一つの一般的な手法を用いた。すなわち公聴会の開催である。この方策を用いるには制約があり、委員会の委員長のみが公聴会を招集する権限を認められている。さらに各委員会には管轄事項に制約がある（ただし、そうした制約は委員長の関心と当面の問題状況により若干融通がきくものである）。しかし、国際通商の問題は財政委員会の権限の範囲であり、従って日米関係の経済的側面に関する公聴会の招集は彼の委員会の管轄権内のことであった。こうして一九九八年七月一四日「国際的通商システムにおける日本の役割、市場自由化と経済改革の展望」と名付けられた公聴会が招集された。

公聴会の目的は一九九八年六月二一日のロス宛のメモの中に記されていた。

最近の円の価値の急激な変動は、アジアの金融危機を地域内に封じこめ終結に導くために、日本が自国の経済を改革することがいかに重要であるかをあらためて示した。しかし問題はその改革がどのような内容から構成されるかということよりも、むしろどのようにすれば日本に効果的改革に着手させることができるかということである。

改革への外圧(がいあつ)が失敗したので、ルービン財務長官は危機を加速させることが——無制約の円の下落という形において——日本に必要な変革を迫るに違いないとの結論に達したように見える。しかし、その方策をとらないように、北京から釘を刺されてしまった。中国は円の下落を容認するなら、対応策として自国通貨を切り下げると警告した。

もし外圧(がいあつ)が機能せず、日本を危機の瀬戸際まで追い込むことも中国の反対で阻まれるなら、日本に行動を促すためには何が残っているであろうか。今われわれがもっている最善策は改革に熱意をもつ日本人の立場を強めその発言力を大きくすることにあると思われる。たとえ公聴会にそのような日本人の参加が得られないとしても、公聴会はあなたや委員会、ルービン長官および高名な経済学者が日本の経済問題についてどのような立場に立っているかを内外に示すという有益な目的に役立つであろう。

この公聴会の開催は七月一二日の参院選挙の直後、そして七月二一日の橋本首相の合衆国訪問直前の七月一四日に設定されている。橋本首相は経済改革について何らかの声明という形でお土産を携えて来なければならないようになるからである。この公聴会のような何か新しい要素を政治的計算に加えないと、日本のお土産は形ばかりで実質に欠けるものとなる見込みが大きいからである。

上記のメモでのルービン長官と中国への言及には憶測の部分があるが、公聴会の目的は明確にされていた。公聴会への招請状は財務長官および通商代表だけでなく、日本の最も著名で改革精神をもつ実業人たちにも送られた。日本からの最初の反応は圧倒的に積極的だった。他方、日程の調整がつかなかったため、ローレンス・サマーズ副長官とリチャード・フィッシャー副代表が財務長官および通商代表の代理として出席することに同意した。

しかし、日本政府の役人たちも他の地位にあって影響力の大きい日本人たちも、日本人を公聴会の主な証人にしようというロスの意図を察知した。証人として意見を述べることをしないよう、何人かの最も著名な人々を説得することが試みられた。その結果、はじめは関心を示していた多くの日本人が出席を取り消した。その上、日本政府筋からの訴えも理由の一つになって、財務副長官が出席を取り消したという報道もなされた。公聴会での証言予定者に対して出席しないように説得する組織的工作が行われたことは、公聴会とそれがもたらす影響とについて、日本のエリートのある種の人々がどれほど深刻に受け止めたかを示している。不幸にも、この工作は成功し、あまり著名ではない日本人だけが証人喚問に応じたのである。その結果、公聴会は本来なら日本に与える筈であった影響に比べてその衝撃ははるかに少ないものとなった。公聴会におけるロス議員の開会の辞は公聴会の目的が幾分後退したことを反映していた。

本日の公聴会はわが国と日本との経済通商関係を吟味するためのものである……。最近の批判の多くは日本に集中している。私はその批判が日本経済の多くの領域の継続的な強さをしばしば見逃していると考えるが、批判の主眼点は適切である……。出席者の多くがご承知の通り、私は日米関係に長期にわたり関心を抱きつづけて来た。それはマッカーサー将軍の下で働いたときに溯る……。日本がその経済の健康を回復することは――日本自身の利益であり、アジアおよびグローバル経済に含まれる他の諸国の利益であることはいうまでもないが――アメリカにとっても多大の利益である……。このような公聴会を開くことは極めて重要であると私は信じる。次のように問うことは――市場が問うているのと同様に――われわれの責任でもある。日本が提案した自国経済の改善策は十分であるのか、またそれら改善策が新政権の政策目的として存続するのか。それらの答えが肯定的なものであるとして、それらは現実に実施されるのであろうか。ルービン長官が「この委員会で」「円の弱さは日本の経済的状況を反映するものであり、日本の経済力の再建によってのみ円の強さは回復する」と言明したのは、まだ四週間前のことである。この発言の後、円は暴落した。数日の短い緊迫した時期を経て、アメリカ政府は伝えられるところによれば日本政府から必要な改善策に着手するとの確約を得た後に、通貨市場に介入した。

それらの改革は、われわれが最近の参院選挙の結果を待っている間、なおざりにされていた。しかし日本の新政権は、たとえ市場がもはや待てないという理由以外他にいかなる理由もないとしても、組閣後早急に経済改善政策を明示しなければならない。もし市場がそのプログラムあるいはその実施を不十分と判断する場合、円が今再び攻撃にさらされることを予想すべきであると私は思う。

そのようなシナリオが進展すれば、合衆国は困難な立場に置かれるであろう。日本の指導者が通貨下落を阻止するために不可欠な改善策の作成に失敗した結果として、弱体化した円を支えるために、もしアメリカが介入するなら、われわれは日本の指導者が必要な改善を遅らせることを許すことになるのではないか。しかしもしわれわれが介入しないならば、依然として脆弱な経済状況にある他のアジア諸国にいかなる衝撃が及ぶであろうか。とくに中国が中国の通貨切り下げを行わなければならないと思うようになったらどうなるであろうか……。本日の公聴会は各方面からの優れた方々に証人として参加を得られた。私はそれらの方々すべてに感謝したい。とりわけ日本から来て下さった証人の方々には特別の感謝の意を表したい。彼らが遠路の旅行のため多くの時間と費用を費やされたこと、またあえてこの委員会に出席された彼らの勇気は特に称賛に値するものである。

結論

この論文が示そうとしたように、合衆国議会および議員たちは日米関係の形成に活発な役割を演じることができる。立法による手段——拘束的および非拘束的なもの——から公的および私的発言、公聴会および書箇に至るさまざまな方法で、議会は日米関係の進展に実際に影響を与えることができる。しかし、議会がどれほど関与するかは、日米関係の重要性がどのように見られているかということとともに、個々の議員が日米関係についてどれほど関心をもち注意を払うかによって決まるのである。

脚注

1 『合衆国議会記録』に記録された過去五議会（一九九一―二〇〇〇年）の日本および中国に関して提出された法案の数および記録された日本および中国への言及の数を分析した結果、一〇四議会（一九九五―九六年）がその転換期であったことがわかった。それ以前は、法案およびレファレンスの数は日本に関するものが中国に関するものより多かった。一〇四議会以降確実に逆転しており、後になるほどその差が広がっている。

2 委員会のメンバーの過半数は実際にはこの法案に賛成票を投じたが、委員会規則により、委員会で採決が行われた際に出席していた委員のみの票が数えられることになっており、欠席委員の委任票は数えられない。採決のタイミングが悪かったのである。

3 支出された資金は合衆国広報局（USIA）を通じてプログラムを運営する非営利団体「太平洋問題マンスフィールド・センター」に委ねらることになっていた。そのためUSIAは、フェローシップのため支出された資金をUSIAが自ら管理する他のプログラムに転用しようとした。上院予算委員会のスタッフたちの中には、競争する立場にある他のプログラムへの支出を増やすために、マンスフィールド・フェローシップの予算を削減しようとする者もいた。また上院外交委員会の一人のスタッフはその理由はいまだ不明であるが、このプログラムを全面的に廃止しようと試みた。

4 上院本会議の議場において審議中の主要法案の立法化を迅速にするため、対立のないような修正案は通常、満場一致あるいは発声投票の方式で採択される。そのような手順を踏むために、修正案を提出する議員はその法案のフロア・マネージャーを務める議員に接触する。フロア・マネージャーが修正案は妥当であり反対は出ないと判断すれば、その修正案は上記のような方法でより迅速に採択される。満場一致方式で採択された議案の場合、議員たちは実際何を支持したのかよく分かっていないことが多い。

SECURITY PARTNERSHIP
安全保障パートナーシップ

占領、支配、そして同盟——アメリカ安全保障政策の中の日本　一九四五—一九六九年

マーク・ガリッチオ

一九六九年末のワシントン訪問の際、日本の佐藤栄作首相はナショナル・プレスクラブでの記者会見で当時の日米関係の状況を評価し、「太平洋新時代」を創造していく作業に日本がどのように参画していけるかを描いて見せた。この会見は、想像力ある構想を打ち出すにはまさにぴったりな瞬間であった。というのも、その前の一年間は日米太平洋同盟に不協和音が鳴り響いた年であり、日米関係はその再定義を迫られる新たな局面に入ったと見られていたからである。

佐藤首相は、アメリカとの同盟関係が今後も日本の政策のかなめであり続けると明言した。しかし他方では、近隣諸国の平和的発展と繁栄に寄与するために、日本は今後、より積極的にその経済力や誇れる技術力を利用していくであろうとも述べた。歴史家入江昭が指摘するように、この時佐藤は日米関係を密かに再定義しようとしていたのである。佐藤によれば、それまで人種的にも歴史的にも共有するものをほとんど持たなかった日米両国が、「世界新秩序」の創出において協力し合えるかどうかが問われているのであった。

佐藤が示唆したように、歴史の流れは、永続的で安定した日米同盟を構築しようと模索していた人々を励ますようなものではなかった。にもかかわらず、佐藤首相のプレスクラブでの会見当時一七年目にあった日米同盟は、その後も生きながらえて金婚式を迎えようとしている。その間、冷戦は突如として終結し、ソビエト連邦はさらに驚くべき早さで崩壊した。日米同盟の表向きの存在意義は消滅した。そして今もなお同盟は存続している。

冷戦終結後も日米同盟が続いていることの背景には、官僚制の惰性というものも確かにあろう。しかし官僚たちの利害を説明するだけでは、同盟がなぜこのように長寿であるかという疑問に対する答えとしてはまったく不完全であるといわざるを得ない。より重要なことは、このような説明のなかでは日米同盟の成果が必然の結果であるかのごとく扱われ事実がねじ曲げられてしまうという点である。大雑把に調べただけでも、太平洋のいずれかの側の有識者に日米同盟の将来に対して憂慮の念を抱かせるような出来事が、過去五〇年の間にたびたび起こっていたことはわかるであろう。ゆえに、日米同盟の継続性を当然のこととしてとらえるのではなく、その歴史的経緯にもっと敏感なアプローチによって、「同盟がこれだけ存続し得たことをいかに説明しうるか」という問題の本質に焦点を絞ることができるのである。

それにはまず、「過去において人種の相違と異なる歴史的経験が日米間の緊密な協力関係を阻害してきた」という佐藤首相の率直な意見から検討するのがおそらく適当であろう。この問題に理解を示すのは、佐藤首相ばかりではない。太平洋の両岸の政治指導者たちは、アメリカと日本を結びつけるのは正式な条約の条項以外にはほとんど何もないということを認識していた。にもかかわらず、過去に成り行き任せにし無関心な態度を取り続けた結果、どのような状況が引き起こされたかをよく記憶していたため、この同盟関係――それがどんなに歓迎されないものであろうと――を維持することができたのであった。つまり言い換えれば、日米同盟は、日米間には自然発生的もしくは文化的な親近性がないがために、それにかわるものとして作られたのである。安全保障条約はそうした関係をしっかりとつなぎ止める役割を果たし、その間、平和的関係を築くためのより広い基盤を形成するために、太平洋両岸の関係者たちは尽力したのであった。

世界情勢に対する共通の認識が存在しないところでは、同盟関係を維持するには双方の柔軟性と便宜の提供が必要となる。日本政府は日本に米軍基地を置くことを許可し、極めて不本意ながらも部分的再軍備にも同意した。米軍の指導者の側もまた、苦労して勝ち取ってきた特権をたびたび放棄し、また、同盟国からの支援が期待はずれなものであったことにも耐えてきた。こうした妥協と譲歩の積み重ねによって同盟関係が何とか生きながらえている間に、より建設的な日米関係の基盤が形成されていった。しかし、こうした過程は同時に、アメリカの側において日米関係が低く評価される原因にもなったのである。

日米関係の歴史を一九世紀中葉の両国のはじめての出会いにまで遡ってみても、両国が継続的な政治的軍事的関係を形成することに共通の利益を有していたことを示す証拠はほとんど見あたらない。歴史家チャールズ・ニュウが一九七〇年代半ばに指摘したように、日米関係は「もめごとの多い遭遇」であった。その出会いにおいてアメリカ人たちは、日本が柔軟性に富みアメリカ的価値観を喜んで受け入れるであろうと、あまりにも簡単に思いこんでしまったのであった。

二〇世紀前半の日米関係は、中国と韓国の犠牲の上に成立したごく短期の二つの協調期間と、それらのあとのアメリカ側が無関心な態度を示した長い期間とによって特徴づけられた。セオドア・ローズベルト大統領（在位一九〇一―一九〇九）の政権期と第一次世界大戦後の時期の二度にわたって、アメリカと日本はアジア大陸と太平洋にそれぞれが持つ権益を認め合うことで合意に達した。いずれのケースにおいても、日米間の友好関係は、両国の緊密な協力によって築かれたというよりは、むしろ両国の自制の上に成立していたといえよう。ローズベルト大統領の尽力で「移民に関する日米紳士協定」（一九〇八）が結ばれ、第一次大戦後のワシントン会議（一九二一―一九二二）で多国間条約が調印されても、制度化された定期的な話し合いが行われるというような親密な関係をつくることでは大した成果はなかったのである。

一九三〇年代初頭までには、ナショナリズムが高揚しつつあった中国の問題を契機として日米関係は崩れていった。他の列強諸国と比べて中国での権益が小さかったアメリカは、蔣介石の国民党政府を支持した。一方、それまでのほぼ三〇年間に中国において帝国主義的特権を蓄積してきた日本は、それらの特権を失うことを怖れて蔣介石が中国全土を掌握するのを妨げようとした。一九三一年、日本は東北部の三省（満州）を中国から切り離した。その後一九三〇年代の終わりまで、アメリカ政府は日本の中国侵攻を非難したものの、蔣介石の国民党政府と同盟を組むことは避けたのであった。

アメリカ政府が日本の満州における権益を承認しなかったことが、中国を利さないまま日本を反発させたとして、アメリカの政策を批判する者もあった。アメリカの「現実主義者」たちはセオドア・ローズベルトのような慎重な対日外交を求めていたのである。しかし彼らの声は、顧みられなかった。日本の中国侵略が万里の長城以南にまでおよんだ盧溝橋事件のあった一九三七年には、情勢はさらに悪化した。ヨーロッパでのヒトラーの動きを抑えようとするミュンヘン会談（一九三八）での試みが失敗に終わったこととも相まって、アジア問題の解決を図るために交渉や譲歩を勧告することが無駄であるとする雰囲気が広まった。外交によって状況を打開しようとすることが弱腰であると見られたのである。一九四一年六月にナチスがソ連への侵攻を開始すると、中国問題は拡大しつつあるヨーロッパ戦争と一層深く結びつけられていった。このような状況の中で、アメリカは、潜在的同盟国との結束の固さを誇示する必要から、中国問題で譲歩することができなくなっていったのである。独ソ戦の先行きが不透明であった一九四一年夏には、アメリカと日本の指導者たちは、日本の真珠湾攻撃へとつながる運命的な歩みを一歩一歩進めていたのであった。

太平洋戦争のほぼ全期間、アメリカの戦争目的は対日戦徹底勝利と日本の無条件降伏であり続けたが、このことはその他の選択肢を考慮する余地をアメリカからほとんど奪った。しかし一九四五年初頭になり対日勝利がほぼ確実視されるようになると、アメリカ政府内部には戦後の東アジアの将来についての構想を「現実主義者」の初期の心配に応える方向で考え始める者も現れた。大戦中の最後の数ヵ月間、海軍の戦略計画局長のチャールズ・クック提督、ジェームズ・フォレスタル海軍長官、ジョゼフ・グルー前駐日大使、そしてヘンリー・スティムソン陸軍長官の四人は、戦後、アジアにおいてロシアと勢力均衡を計るために日本を利用できるかどうかについて、事あるごとに考察しはじめたのであった。

日本の降伏後直ちに中国北部に六万人近くの米海兵隊部隊が到着したが、これはアジア大陸における日米反共同盟の構築に向けた第一歩であったように思われる。日本人の兵士と民間人を本国帰還させることを表向きの目的として中国本土に上陸した米海兵隊は、実際には満州のソ連軍に対抗し、国民党軍が到着する前に中国共産党軍が沿岸地域を占領するのを防ぐために派遣されたのであった。この第二の使命を遂行する上で、米軍は鉄道路線を警備するために、直ちに日本軍部隊を利用したのである。しかし、こうした特別な目的を持った日米両軍による協力実験は、アメリカの政策を大幅に転換させる前兆となったわけではなかった。

一九四五年七月に行われた第二次大戦中最後の連合国首脳会談において、連合国からの最後通牒としてポツダム宣言が声明された。ハリー・トルーマン大統領の政権はこの宣言に謳われた日本の非武装化条項に忠実に対日政策を遂行した。米軍の戦略立案者たちも、日本の非武装化を前提に戦後計画を策定した。こうした対日政策の背景には、アジアにおけるアメリカの役割を軽視する考えがアメリカの戦略立案者たちの間に広く浸透していたのであった。ある戦略計画では、アメリカの目的は「日本海での有事にアメリカ自身が決定的かつ恒久的に関与するのではなく、むしろ太平洋から諸外国の軍事力を排除しておくこと」とされていた。そして、日本が仮想敵国の支配下に陥るおそれがないのであれば、日本の再軍備について考慮する必要はなかったのであった。

これらの基本的な前提がアメリカの政策の基盤となっていたことを考慮すれば、日本国憲法を起草する際に戦争を放棄し軍隊の維持を禁止した条項を組み入れることに米国統合参謀本部（ＪＣＳ）が強く反対しなかったということも驚くにはあたらない。しかし、こうした日本国憲法が採択されてから間もなくの一九四七年初頭には、大きく変化しつつある国際情勢のなかで、ＪＣＳは日本の状況をあらためて検討する必要に迫られた。ソビエト連邦との緊張がヨーロッパや中東において高まりつつあったこと、朝鮮半島がアメリカ占領区域とソ連占領区域に分断され続けていたこと、そして中国内戦が勃発したことによって、アメリカはその世界戦略の再検討を余儀なくされたのである。過去に使われた「仮想侵略国」などといった婉曲表現に代わって、ソ連がアメリカの安全保障に対する主たる脅威として名指しされた。しかし、そんな言葉の問題よりもＪＣＳにとってもっと困難だったのは、アジアでの新たな状況に対処するための明確な戦略を打ち出することであった。ヨーロッパや地中海地域は戦略的にみてより高い優先順位を占めており、アジア太平洋地域に関与していくための米軍兵力は、わずかしか残されていなかったのである。

このような兵力面での制約条件が、一九四七年から一九五〇年六月の朝鮮戦争勃発に至るまでの時期のアメリカの戦略を形成することになった。つまり、アジアにおける封じ込め政策の目的は、アジア大陸に沿った島嶼チェーンに置かれた米軍基地が敵の手に陥らないようにすることであり、この戦略を成功させるためには米軍兵力をわざわざアジア大陸に派遣する必要はないと考えられたのである。そのかわり、荒廃した日本経済を復活させる必要があった。また、中国内戦において国民党軍が大陸から撤退したことによって、日本を反共陣営に巻き込むことの重要性がさらに強調されるようになった。そして、対日占領軍による重要な経済改革のいくつかが反故にされ、いわゆる「逆コース」がとられたことによって、日本はアメリカの敵国から同盟国へと転向し始めた。占領初期に強調された改革よりも、いまや経済復興の方が優先されるようになったのである。事実、アメリカ政府の高官たちは、以前のリベラルな改革、特にカルテルや労働問題に関する改革を、経済復興にとっての障害と見なすようになった。

占領期の「逆コース」の間アメリカが日本の保守エリートと協力したことをもって、戦前に短期間見られた日米協力の再現であると評価したくなる向きもあろう。こうした誘惑は、アメリカで対日政策の転換を唱えていた者の多くが戦前も日本のアジア大陸侵攻を容認する政策の支持者であったことを考えると、さらに強まる。しかし、戦前対日宥和政策を支持したことと、戦後日米協力を推進しようとしたことの間には、いくつかの重要な相違点があった。一九四八年には、ロシアのアジアにおける野心を阻止するために日本の軍事力を利用しようという戦前の構想を描くアメリカ人はほとんどいなかった。戦後の対日目的がもっと控えめなものだったからである。すなわち、逆コースと占領終結を唱えていた人たちは、北東アジアにおいてアメリカを積極的に関与させる戦略を持っていたのではなく、日本が敵国の勢力圏に陥るのを防ぐ必要性を強調していたのであった。

アメリカで日本との早期講和を唱えた者たちは、ＪＣＳからの強硬な反発に直面した。各軍の参謀部長らは、日本本土と沖縄に獲得した多数の基地を失うことを怖れていたため、日本に対する統治権を放棄したくなかったのである。ＪＣＳはまた、日本がいったんアメリカの支配下から離れたら、反共主義陣営から逸脱していってしまうのではないかと心配していた。一九五〇年初頭、こうしたＪＣＳの姿勢のわずかな変化を見抜いた吉田茂首相は、日本政府が講和条約締結後も米軍基地の存続を受け入れる意思があることを、アメリカ政府に伝えたのであった。吉田のこうしたやむを得ぬ譲歩によって、アメリカ側は再度占領終結を目指して動き始めたが、ＪＣＳが道を譲るには朝鮮戦争の勃発を待たねばならなかった。

講和条約の早期締結を促すため、朝鮮戦争勃発直後の七月、吉田首相は警察力を三万から七万五〇〇〇人へ、海上保安庁の人員を八〇〇〇人から一万六〇〇〇人へと増員し、さらに別個の七万五〇〇〇人からなる警察予備隊（ＮＰＲ）を創設することに同意した。続いて吉田は、寛大な条項からなる講和条約を獲得するかわりに、不平等な日米安全保障条約とそれ以上に不平等感が強い日米地位協定を受け入れるという一括取引を容認したのであった。講和条約の締結によって日本本土での占領は終結した。しかし、沖縄を含む琉球諸島と小笠原諸島は、そこでの日本の「潜在主権」が認められたとはいえ、講和後もアメリカの施政権下に置かれた。そして、日米安保条約は、アメリカに「極東における国際の平和と安全の維持に寄与」するために在日米軍を使用する権利を与える一方、米軍には日本防衛の義務を負わせないものであった。

安保条約はさらに、日本政府の要請があれば、外国勢力によって引き起こされた国内での騒擾を鎮圧するために米軍を使用できることとしていた。引き続き締結された地位協定は、日米間の安保取り決めによってどの程度日本の主権が侵害されているかをさらに劇的に描き出して見せた。これらの取り決めのもと、アメリカは日本本土に二〇〇〇ヵ所以上に散らばる米軍基地や米軍施設を維持し続け、その間米軍の人員を日本の法廷にかけられることから守ったのである。ＪＣＳは講和後も既得権益を維持するという目的を達成したが、アメリカによる対日支配が継続されたことによって、その後も日米同盟につねに摩擦の種が存在する状況が生まれたのであった。

同盟の在り方をめぐって生じた日米間の緊張は、アジアの平和を維持するための最善の手段は何かという問題をめぐる、より大きな議論の一部であった。このことは、韓国を共産主義の支配から守ることの重要性については日米両国は一致していたものの、封じ込め政策を中華人民共和国や東南アジアに対してどのように適用すべきかという問題については、日米が共通の見解を形成することができなかったということからもわかる。さらに、日本の再軍備問題もアメリカ政府高官を苛立たせるもう一つの原因となった。朝鮮戦争の間、吉田首相は陸軍兵力と海上保安力を徐々に拡大していくことに合意はした。しかし大局的には、吉田は大規模な再軍備につながるいかなる考えも「ばかげている」と見なしたのであった。

一九五二年、警察予備隊は一一万人に増員され重武装されて「保安隊」と改名された。同年、アメリカは日本の海上保安庁にパトロール・フリゲート艦一八隻と大型上陸支援艇五〇隻を貸与した。これらの船舶は、後の海上自衛隊の中核を為すことになった。空軍を創設する計画は、一九五三年七月に朝鮮戦争休戦協定が調印されるまではあまり進展を見なかった。一九五四年には、これらの三軍すべてが「自衛隊」と改名され、新たに創設された防衛庁の指揮下に置かれた。一九五六年までには、制服組の数は一六万から二一万五〇〇〇人にまで増えた。

こうした数はアメリカの期待に応えるものでは到底なかった。しかし、吉田首相とその後継者たちには軍事支出をさらに増やす理由があるとは思えなかった。日本が侵略に対して脆弱であるようには思われなかったし、吉田には自衛隊の役割を国土防衛以上のものに拡大する計画はなかったからである。吉田はむしろ、日本が最優先すべき課題として経済発展を掲げたのであった。

ドワイト・アイゼンハワー大統領の政権期（一九五三―一九六一）には、アメリカの対日政策は吉田路線を事実上容認する方向に変化した。アイゼンハワー大統領は、アメリカの国益にとって重要度の低い地域ではコストのかかる地上戦を回避する戦略を追求しながら、前任者のトルーマン大統領政権以上に核抑止力への依存度を高めた。朝鮮戦争での休戦に続いて、アイゼンハワーは朝鮮半島と日本からの兵力撤収を承認した。最初、兵力の撤収は遅々としていた。一九五八年になってようやく、日本と沖縄の米軍兵力は朝鮮戦争前の水準に戻った。(ヨーロッパではこのような兵力削減はなかった。)統合参謀本部は依然として日本を戦略的に重視してはいたものの、アメリカの対日軍事戦略は防衛面に重きがおかれ続けた。つまり、大戦争が勃発した場合の主たる目的は、日本が敵の支配下に陥るのを防ぐことであった。戦闘での勝利は、別のところで勝ち取ればよいと考えられたのである。

防衛に主眼が置かれたこのような戦略計画の中で、JCSは日本の自衛隊との協力関係を改善し自衛隊が担う責任範囲を徐々に拡大していくよう働きかけた。実際、米海軍と生まれたばかりの海上自衛隊との間の協力関係はスムーズに進展していった。例えば、朝鮮戦争の間、アメリカの船舶が足りなかった際に日本人が乗組んだ掃海艇を活用したり、戦後アメリカが日本に潜水艦の探知機に関する最新技術を提供するなどという関係が作られていった。ある米軍将校によれば、国民の監視から離れて水平線の彼方で活動する海軍の方が、陸軍や空軍よりも日米両軍の緊密な協力関係を形成しやすかったのである。

アメリカはさらに、日本の空の防衛力を充実させようとしたが、それは日本の国民からの抵抗を受けた。地対空ミサイルとジェット航空機を配備するために、アメリカは既存の基地の周辺に更なる土地を確保する必要があった。日本人の農地への基地の拡大は、怒った農民や同盟に反対する人々からの抵抗やデモンストレーションを引き起こした。米軍の司令官は日本政府が基地を強化することの重要性を国民に対して説明してくれることを期待した。しかし日本政府は説明責任を果たす代わりにアメリカの行動を支持はしないが受け入れるといった生ぬるい声明を発表し、同盟国の怒りを招いたのであった。

JCS(米国統合参謀本部)の観点から見てもっとやっかいだったのは、日本の施設を攻撃目的に使用することに対していろいろと障害があったことである。とくに、日本への核配備問題は常にJCSにとって苛立ちの原因であった。日米安保条約は日本への核兵器の持ち込みを禁じていたわけではなかった。しかし一九五三年から、アメリカ国務省は空軍が日本の本土にある基地に核兵器を貯蔵しようとするのを阻止したのであった。

米空軍はこれに対して自らのシステムを改善することで対応した。戦略空軍司令部は爆撃機を日本本土にある基地に配置し、兵器のうち核の部分を主に沖縄やグアムといった日本の施政権外にある地域に配備したのである。核兵器を搭載したC130型輸送機は出動態勢を保持し、戦争が勃発したらすぐに在日基地に発進できる準備を整えていた。戦略爆撃機は、一度核兵器が搭載されたら、日本から指定された攻撃目標に向って出動することになっていた。一九五〇年代終盤には、アメリカ海軍が原子力潜水艦を在日米海軍基地に寄港させようとしたが、国務省はこれもまた阻止したのであった。

朝鮮戦争休戦後の時期、アメリカの外交官たちはたびたび、自らが米軍部と日本政府との間を取り持つ立場にあることを認識した。アメリカ人の法的権利は日本の協力なくしては意味がないという信念に基いて、外交官たちは制服組の同胞に対して、受け入れ国の事情に適応するように注意を促したのである。ある専門家が回想して述べたように、基地使用権やその他の問題に関して日米間で妥協に到達することは、「双方からの強い感情がからみ、日本国内の政治的事情とアメリカのアジアにおける戦略的要請とのバランスを計る努力を要する困難な作業」であった。

日米双方が忍耐を見せたことの見返りに日米間の安保関係は改善したが、その陰で払われた犠牲もあったであろう。米軍兵力は再配備され、いかに限定的とはいえ日本の再軍備は進展した。にもかかわらず、JCSは日本の自衛隊をアメリカの戦略計画に組み込むことができず、その結果、アメリカの攻撃作戦においては日本の戦略的重要性は低く位置づけられた。これらの状況が日米外交の成功を可能にした一方で、米軍部が日米安保条約に見いだす重要性を低めることになったのである。アメリカの外交官たちは日米間のパートナーシップを長期的に良好に維持するためには日本との妥協は必要であると見なしていた。一方JCSは、一九五〇年代末の日本における米軍の地位を、アメリカ側の一連の譲歩の結果であると受け止める傾向が強かったのである。

既述のように、日本政府とＪＣＳとの間に横たわっていた不一致の原因となっていたのは、「ソ連の脅威に対抗するために必要なのは形ばかりの再軍備である」といった意識が日本の官僚の間に一般的に浸透していたことであった。安保条約には、日本が外国による攻撃を受けた場合のアメリカの対日防衛義務は明確には規定されてはいなかったものの、吉田首相を含めて日本の指導者たちは、日本への攻撃は当然米軍の反撃をもたらすものと理解していたのである。いずれにしても日本の官僚のほとんどは、そうした攻撃自体現実に起こるとは考えていなかった。

日本の政府官僚は中華人民共和国や東南アジアに対する政策に関しても、アメリカ政府とは意見を異にしていた。日本政府に対して台湾の国民党政府の承認を約束させた悪名高い「吉田書簡」や厳しい制限貿易体制などによって、アメリカは日本政府の対中国政策を拘束し、日本の中国へのアプローチは制限された。しかしながらアイゼンハワー政権期には、日本政府はこうした拘束のいくつかを多少なりとも緩めることに成功した。そしてさらに、アイゼンハワーが日本のガット（関税と貿易に関する一般協定）加盟のために尽力し日本産品に対するアメリカの貿易障壁を低めたことは、さらに大きな意義を持った。

日本の官僚はアメリカとの関係に変化が生じつつあることを正しく感じ取っていた。ワシントンに駐在する日本の外交官によれば、日本がかかえる経済問題に関してアメリカ側が以前にも増して敏感になってきているということであった。このことはつまり、日本政府が防衛問題と経済問題において、今まで以上にアメリカからの譲歩を期待できるということを意味した。こうした希望的な予測に基づいて、日本政府の官僚は安保条約の改定のために動き出したのであった。

アメリカ政府はこれに応えざるを得なかったが、それには新条約の細部にいたるまでの長引く交渉を要した。一九六〇年に批准された改訂安保条約は、外国からの攻撃に対して日本を防衛することを相互に合意し、日本の国内治安維持に関する米軍の役割を規定した条項を削除し、さらに地位協定の内容をヨーロッパの地位協定と同等のものに改善した。また、条約の前文には日米同盟における経済協力の重要性を強調した文を挿入し、日本の最重要の関心事項を表明したのであった。

日本国内への核配備の問題は極めてデリケートな問題だったので、別個に秘密協定で扱われた。両政府は、核兵器を搭載するアメリカの船舶や航空機が日本の領海を経由するのを認めることを秘密裏に了解事項とした。アメリカ政府の資料によれば、一九六三年にはさらに、この両国間の了解事項は、日本国内に核兵器を貯蔵する計画がある場合にのみ、アメリカは日本政府と協議する義務がある、という意味であることを明確にしたという。また、日本政府は、「朝鮮戦争休戦協定を侵害して共産主義者が朝鮮半島で武力攻撃を仕掛けてきた場合、それを撃退するための戦闘行為を事前協議なしで行うことを許可するための高度に機密の手続き」についても了承したのであった。

改定後の条約が、日本政府の官僚が指摘した問題点の多くを改善するものであったにもかかわらず、社会主義者や岸信介首相の反対派は、街頭に繰り出して新条約を非難した。新条約反対派が懸念した点は多様であった。しかし彼らのほとんどは、岸の政治手腕が非民主的と見られることと、岸が議論の的になっている警察官職務執行法案を支持したことを引き合いに出し、それらが元戦犯である岸首相が依然としてファシスト的傾向を有することの証明であると見なしていたのであった。加えて、安保改訂の反対派はアメリカとの軍事関係を再確認することによって、日本を危険にさらしソ連との戦争の可能性が高まることを懸念していた。また彼らは、日本と中華人民共和国との断絶が恒久化されることも嫌った。こうした安保反対運動は、反米的というよりは岸首相に対する反発であり、岸が首相の座を辞職した後は水がひくように消えていったのである。

安保条約にとっての危機が通り過ぎた直後の時期、米軍指導者は、日米同盟の目的をより狭義に定義することをそれまでよりも積極的に受け入れた。一九六一年初頭、JCSと国務省は日本に対して、アジアでの封じ込め政策の遂行においてより積極的な役割を果たすようにと無理に促したりはせず、また、再軍備のペースを早めさせるための圧力もかけないということで合意した。

対日圧力を最小限にとどめようとする政策がアメリカ側で再確認されたことは、池田勇人首相の国内政治および外交政策に対する「低姿勢」のアプローチとよく適合した。新たに選出されたジョン・F・ケネディ大統領もまた、高名な日本研究者であるエドウィン・O・ライシャワー氏を駐日大使に指名することによって、日米同盟の文化的経済的側面を強調したいという希望を表明したのであった。

日米間の軍事面での協力は、日本が自らの防衛に対して責任を持ち得るようにするという目的のもと、対潜水艦作戦や領空の防衛などの分野で続けられた。しかし、日本ではアメリカの核戦略に対する評価が低かったため、日本本土における米軍のプレゼンスはさらに削減されていった。一九六二年の晩夏には、ケネディ大統領の軍事顧問であったマックスウェル・テイラー将軍は「在日米軍基地への莫大な支出を正当化する理由は何も見あたらない」と述べた。テイラー将軍の見解では、「軍事的観点からは、緊密な日米関係を形成する必要はない」のであった。

アメリカの新政権には、在日米軍基地の施設を放棄する用意まではできていなかったが、アイゼンハワー前大統領と同様、ケネディ大統領は、日本本土におけるアメリカの軍事的プレゼンスを削減することによって、ドルの国外流出をくい止める方策を探した。理想をいえば、米軍の削減は日本の自衛隊の増加とアメリカの武器の購入によって相殺されるべきものであった。しかし、金の流出をくい止めようとして、ケネディの外交チームは前任者を悩ませたのと同じディレンマに直面したのである。ケネディ政権が池田首相に提出した戦略的評価によれば、自衛隊の第一義的な使命は、日本本土に対する共産主義国による空あるいは海からの封鎖に対抗することであったが、これらが現実に起こりうるとは思われなかった。そしてアメリカの使命は、より現実に起こる可能性のある核兵器による攻撃を抑止することと考えられたのである。

日本の自衛隊は通常兵器による攻撃から国土を防衛することのみに使用されるという前提を、いったん国防総省が受け入れた後は、日本に防衛予算を拡大する合理性をほとんど与えない政策に、アメリカは自らを縛り付けることとなった。在日米軍の兵力構成が変化してもそれは必ずしもこの地域の緊張が低下したことを意味するものではなかったが、アメリカの将校たちは一九五〇年代と同様、このことを同盟国に納得させることができなかったのであった。

ライシャワー大使によれば、金の流出をくい止めるために国防総省が様々な手段を模索したことは、日本との真のパートナーシップを発展させようとする努力を害するものであった。しかし、ケネディ政権の国家安全保障担当補佐官たちは、対日政策よりも世界戦略により大きな関心を持っていたため、政策の優先順位が異なっていたのである。彼らは日本の再軍備が遅々として進まないことや核兵器を規制していることが日米同盟の戦略的価値を制限し、また、アメリカのアジア軍事政策における同盟の重要性を低くしていると信じていたのであった。

しかしライシャワー大使は、同盟は他の目的にも役立っていると考えていた。戦前の日米関係にとって悩みの種であり今も容易に浮上しかねない弱点を、同盟関係が補強していると考えたのである。ライシャワーの見解では、日米同盟は両国政府の代表がお互いに協力し、お互いに相手の視点から諸々の問題を考え、両国間の相違に対して友好的に適応することを学ぶ体制を提供していた。大使は、ケネディ政権があらかじめ大使館との協議をしないまま戦略的な決定をしてしまったことで、日本との有効なパートナーシップを形成するための努力が覆されたと感じ、不満を表明した。戦前のアメリカは、自らの政策がどのように日本に影響を及ぼすのかについては関心を持っていないかのように思われた。歴史家でもある外交官のライシャワーにとって、ワシントンによる一方的な政策決定は戦前の記憶を呼び起こすものだったのである。

しかし、国務省の日本専門家を除いては、このようなライシャワーの懸念を共有する官僚はワシントンにはほとんど存在しなかった。日本がアジア戦略にほとんど貢献しなかったことも、アメリカの戦略決定者たちの間に米軍の配備に関してフリーハンドを維持しようとする傾向を強めることになった。特に、ＪＣＳは講和条約によってアメリカの施政権下に置かれた沖縄に関して、アメリカの支配を維持する必要性を強く主張した。アメリカ側は最大の沖縄島をはじめ琉球諸島における日本の「潜在主権」を認めてはいたものの、これらの島々は、一九六〇年の改訂安保条約によって設けられた軍事行動に対する様々の規制から除外されていた。このことはすなわち、アメリカが日本政府と事前協議せずにこれらの島々に核兵器を持ち込み貯蔵できるということを意味していたのである。さらに、アメリカが在沖米軍をアジアの他地域に派遣する場合にも、日本政府との事前協議は必要ないということも意味していた。

国務省の日本専門家は、これらの条約上の権利を、占領中の不平等な関係の遺産であると見なしていた。彼らは、日本がもし反対したならばこれらの特権を行使することはできないと予想した。そして、沖縄返還問題が同盟関係にひびを入れる前に、琉球諸島に対する日本の主権を回復させるほうが賢明であると考えたのであった。

日米安保条約締結後の最初の一〇年間には、日本政府は沖縄の運命に関しては最小限の関心しか見せなかった。沖縄人の多くは、まず太平洋戦争の最後の戦場となり、続いて占領終結の代償として政府が沖縄の施政権を引き渡したという二度にわたって、本土政府の利益の犠牲にされたことに憤った。しかし一九六〇年代半ばまでには、アメリカのベトナム関与の拡大にともない、安保条約反対運動は沖縄の逆境に焦点をあてるようになり、日本政府も沖縄返還問題を引き延ばすことがますます困難な状況になってきたのであった。

沖縄返還を求めてますます増大する日本からの圧力、ベトナム戦争の激化、金の流出、そして貿易赤字の増大は、日米関係においてあえて重大問題を無視し続ける時代が終わりであることを警告するものであった。日本は国内的には史上前例のない経済成長を享受し続けていたが、国際情勢は日本にとって、より心配の多いものになった。一九六四年には中国が核実験を成功させ、アメリカ自身はベトナムへの関与を深めていくなかで、アメリカの指導者たちはアジアの同盟国に対して、さらなる支援を求めはじめたのである。状況の変化は政策の変化を求めたのであった。一九六六年末、国務長官ディーン・ラスクは、ワシントンの政策に異論を唱えていたライシャワー大使を帰国させ、U・アレクシス・ジョンソンを駐日大使に据えたのである。キャリア外交官でありアジア専門家のジョンソンは、前任者とは異なり、アメリカのベトナム介入を強く支持していたのであった。

佐藤栄作首相の新内閣は、アメリカの政策に対する支持を公的に表明し、東南アジアに対する財政援助を増やし、日本本土にある米軍基地の使用に対する規制を密かに緩めた。佐藤首相はまた、日韓基本条約の締結も達成したが、それによって日本の政策はワシントンの政策により一層沿ったものとなった。これらの措置は、アメリカ人の一部が望んだようなベトナム戦争に対する熱狂的な支持とは程遠いものであったが、リンドン・B・ジョンソン大統領の側近たちの間では概ね、日本政府に対して期待が持てることを示す兆候と受け止められたのであった。

中央情報局（CIA）もまた、日本で国家安全保障に関する真剣かつ責任ある議論がはじめて起こってきたという見方をとり、それを歓迎した。日本は依然として中華人民共和国との間に貿易関係を発展させることを熱望していたが、北京政府の核兵器開発を懸念していたため、日本の対中観はよりアメリカのそれに近いものへと変化してきた。佐藤内閣はまた、アメリカのベトナム関与を支持しているかのように思われた。しかし国務省は、戦争が長引けば日米間には意見の不一致がすぐに生まれるであろうと警告したのであった。

ロバート・マクノートン国防次官補は、沖縄問題の進展は日米同盟に将来起こりうる摩擦を最小化する一つの手段ともなりうると考えた。マクノートンの勧告は、「沖縄は核兵器の貯蔵地としてはもはや必要ではない」ということを示していた国防総省の機密調査に基づいていた。もしアメリカが沖縄での核貯蔵権を放棄すれば、日本政府は沖縄での通常兵器の自由使用を認めるであろうと彼は考えた。ロバート・マクナマラ国防長官はマクノートンの提案を承認したが、その直後、マクノートン国防次官補は飛行機事故で死亡したのであった。

沖縄問題に関する早期合意に向けた動きは、マクノートンを失ったあと、ペンタゴンの中で衰えていった。

ＪＣＳとＪＣＳに同調する連邦議会議員たちの反対に直面したマクナマラは、黙って主張を引っ込めた。国務省の専門家たちは早期返還を要請し続けていたものの、ジョンソン大統領はＪＣＳの見解を支持していた。一九六七年末頃の佐藤首相との会談の際には、ジョンソン大統領は琉球諸島を「両三年以内に」日本の主権下に返還すると声明したものの、両首脳とも個人的には沖縄返還問題に関する交渉を延期することで一致したのであった。

一方、沖縄問題に関する佐藤首相の落胆を緩和するかのように、人口のまばらな小笠原諸島をまず返還することで合意に達した。ジョンソン大統領は、それ以上は同盟関係を維持するために更なる譲歩をする理由はないと考えた。日本は相変わらずアメリカの対中政策を支持しており、日米間の貿易不均衡も改善されつつあった。ベトナム問題は日米同盟にとって痛いところであったが、それでもこの問題に関する様々な兆候は、同盟関係を再保証するかのように思われた。日本の外交官は、カンボジアのシアヌーク殿下とソ連のラオス大使がともにベトナムでの戦況がアメリカ側に有利に推移していると信じている、と報告していた。ジョンソン政権内部でも楽観的な気分が浸透していた。大統領の側近たちは、敵が主導権を奪還するために死にもの狂いの反撃をしてくると予測してはいたが、アメリカと南ベトナムが完全勝利を収めることを確信していたのである。

ベトナム戦争の進展が、日米関係に摩擦を引き起こす最大の要素を取り除き、沖縄を双方にとって受け入れられる条件で返還する道を約束した。ジョンソン大統領の側近はまた、安保関係における別の側面が発展して行くであろうと予想した。一九六八年一月末、核武装した原子力空母エンタープライズによる日本への寄港が計画された。これは日米両政府による二年にわたる準備の結果であった。エンタープライズによる寄港の目的は通常のメンテナンスであったが、国務省によれば寄港の真の目的は「我々の極東政策に日本をもっと巻き込むこと」とされたのである。

日本の安保条約反対派は、エンタープライズ寄港のこうした意義をすぐに理解した。この原子力空母が核兵器を搭載していると確信した彼らは、空母が佐世保港に到着すると群衆となって繰り出した。日本政府はデモンストレーションの規模の大きさに驚き、こじつけの論理で取り繕おうとした。佐藤首相のスポークスマンの説明はこうだった。核武装した船舶は日本政府との事前協議なしには入港できないことになっている。事前協議は行われなかったのであるから、エンタープライズが核兵器を搭載しているはずはない、と。

アメリカ政府は、アメリカの軍艦の軍備については情報公開をしないという方針を、公には貫いた。しかし個人レベルでは、アメリカの高官たちは一九六〇年の通過権に関する秘密合意の規定でエンタープライズの寄港は許可されるべきものであると唱えた。しかし議論が白熱してくると、エンタープライズが搭載する兵器について公開せざるを得なくなるほど佐藤首相が危険な状態に追いつめられることを、アメリカ人は懸念した。それ以上の騒ぎになるまえにエンタープライズが港を出ると、日米両国の官僚は胸をなで下ろしたのであった。

エンタープライズ寄港に対する反対運動と日本政府の言い逃れは、日本が同盟関係においてより積極的な役割を果たすことを望んでいたアメリカの期待を挫いたかに見えた。にもかかわらず、U・アレクシス・ジョンソン大使は、この出来事の良い面を評価しようとした。ジョンソンの見解は、むしろこれが収穫であったとするものであった。エンタープライズの寄港に対する反対運動の大きさを実際以下に低く評価し、彼は空母が短期間でも日本の港に滞在したことで前例を作り、他の原子力船が今後寄港するための道を開いたと考えたのである。しかし、エンタープライズをめぐる紛糾がおさまるやいなや、それよりもはるかに重大な危機によって日米同盟は大きく動揺することになった。

既述のように、一つにはベトナム戦争がアメリカ側に有利になったという信念に基づいて、安保協力関係が改善されることへの期待が高まっていた。しかし、一九六八年一月三〇日に開始されたテト攻勢によって、そうした望みは砕かれた。同時期、朝鮮半島沖で起きたアメリカの情報収集船プエブロの拿捕事件などをはじめとするこの時期の朝鮮半島での情勢が、ベトナムでの後退に重なった。朝鮮半島での軍事行動の可能性やベトナムでの作戦行動に備え、米空軍はB52型爆撃機を沖縄の嘉手納空軍飛行場に移しはじめた。しかし、沖縄への空軍配備は日本の政治家の間にも将来の沖縄返還についての不安を抱かせ、佐藤内閣の内部からさえも批判が出始めたのであった。

二月半ば、国務省はジョンソン大使に対して、B52型爆撃機がベトナムへの出動を開始する旨通知した。日本国内からさらなる批判を招くことを怖れた国務省は、ジョンソン大使に日本人がどのように反応するかを尋ねた。東京の大使館と国務省の日本課が打ち出した見解は、またもやワシントンの他の部署の認識とは異なるものであった。ジョンソン大使は日本で反対運動が起こるのは避けられず、絶対に必要である場合を除いては嘉手納基地を利用しないことが最善であろうと知らせた。その一方で、大使は冷淡にも「現在はあまりにも沢山の問題があって反安保派の新聞や国民の注目を浴びているから、B52の件はトップ記事にはならないだろう」とも述べたのであった。

しかし、ディーン・ラスク国務長官はこうした状況に不服であった。日本側の不満に対して憤慨した国務長官は、「文字通り大使以外極秘　差出人国務長官」と書いた特別電報を送るという異例の手続をとった。ラスクはその電報で、「太平洋における両国の安全のために、毎月数百人ものアメリカ人が殺され失われているというのに、日本に沖縄のことで泣き言を言わせておくのは、肉体的にも精神的にも耐え難い」と不満を漏らした。そして、「この許し難い日本人の態度」を変えさせる最善の手段は何か、大使に助言を求めたのであった。

次の数週間の間、ジョンソン大使は三木武夫外務大臣を含めて日本政府の指導者たちと頻繁に会い、ラスクからのメッセージを伝えた。大抵の場合、日本の政治家たちはアメリカの立場に共感を示したが、国内のベトナム反戦運動に対する懸念を表明した。ジョンソン大使は当然ながら、日本の指導者がベトナム問題に関してアメリカへの支持を公的に明確にしないことに不満であった。しかし彼は、日本の官僚が朝鮮半島でのアメリカの立場に対してもっと公的な支持を表明しないことに、より大きな驚きと欲求不満を感じたように思われる。

ジョンソンは、B52型機が二つの役割を持っていることを日本人に思い起こさせた。一つはベトナム上空を飛ぶという使命、そしてもう一つは、北朝鮮の侵攻を抑止することであった。この時期、朝鮮半島情勢よりもベトナム戦争に関する報道のほうが多くなされ、またたしかにベトナム戦争の方が本質的により重要であったが、その後の歴史家たちはベトナムでの出来事を再構築する努力に没頭するあまり、この時期の朝鮮半島情勢の重要性についてはこれまで見過ごしてきた感がある。当時のアメリカの高官は、朝鮮半島での情勢が悪化しつつあることを真剣に懸念していたのである。国務省の命令通り、ジョンソン大使は日本人に対して、朝鮮半島の緊張緩和のためにどのような措置をとる用意があるかを尋ねた。アメリカ側は明らかに、この地域の問題解決に日本からのより大きな支持を期待していたのである。

ジョンソン大使は日本政府に対して欲求不満を持っていたが、それを最も強く表明したのは、同じく佐藤内閣が苦境にあることを理解していた国務省日本課のリチャード・スナイダーとの個人的なやりとりにおいてであった。日本の高官に対して、日本がもっと率直にアメリカに対する支持を表明するようアメリカ政府が期待していることを歯に衣着せずに繰り返し伝えていることを、大使は公式の電報で何度も明らかにしていた。しかし同時に大使は、佐藤内閣の閣僚と外務省のキャリア官僚のほとんどがアメリカのベトナムでの努力を支持しており、それを公的に表明する場を模索しているのだということも苦労して説明していたのであった。

例えば、ジョンソン大使は、アメリカ側で沖縄問題に関して自主独立的と称する事実調査団を沖縄に派遣する必要はないという考えを伝えた。佐藤首相が、国民の批判をかわし日本政府がワシントンから自立していることを示すための代表団を既に派遣していたからである。その代表団の一員はジョンソン大使との個人的な会話の中で、彼らの一行がすでに「出発命令」を受け取っており、たとえ彼らが「嘉手納基地の滑走路で水素爆弾につまずいた」としても代表団の結論は変わることはないであろうと述べたのであった。

こうした協力の見返りとして、日本政府はアメリカからのより正確な情報を求めた。三木武夫外相は、アメリカ側がプエブロ号事件などの最近の出来事に関して一方的に説明し、それを日本の閣僚が公式に受け入れたと思うとアメリカ側が説明を変更するということが何度もあり、それがまるで日本側の足もとを掬くかのようであるとして不満を漏らした。前任者のライシャワー同様ジョンソン大使は、同盟国である日本とのコミュニケーションを改善することが、日本の指導者からのより積極的な支援を引き出すことになるということを、国務省に知らせたのであった。

しかし、大使のそのような忠告は、ワシントンでは顧みられなかった。一九六八年三月三一日、リンドン・ジョンソン大統領はその年の大統領選に出馬しないことを表明した。日本政府はこの件について事前に何も知らされていなかった。しかし、知らされなかったのは日本だけではなかったようである。ジョンソン大統領は、こうした発表が海外でどのように解釈されるかについてほとんど考慮することなく決断したのである。わずか二週間前の大使との会談の際、来るべき大統領選の選挙戦中「ジョンソン大統領を当惑させるような行動をとらない」ことを約束していた佐藤首相は、この不出馬表明に唖然としたのであった。

日本では、ジョンソン大統領の不出馬表明は、アメリカがベトナムへの介入が誤りであったことを認めたものと広く解釈された。ジョンソン大統領の政策と緊密に歩調を合わせてきた佐藤首相は、友人から見捨てられ、自民党の議員を含めて国内の政敵からの攻撃に対して脆弱な立場に立たされたと感じた。アレクシス・ジョンソン大使は、日本人が今回の不出馬表明に非常に驚いており、アメリカが北京政府に対しても日本政府に最初に知らせることなく一方的に政策を変更するようなことはなかろうかと不安に感じていると報告したのであった。

一九六八年の前半の朝鮮半島とベトナムでの緊急事態は、アメリカ人の間にも日米同盟関係についての疑念をもたらした。アメリカの政府高官は、危機的状況のさなかにアメリカの政策を批判し融通性が最も必要とされるときに軍事行動を禁じる同盟国とは、いったい何の価値があるのかと疑問に思ったのである。

在日アメリカ大使館のチーフ政治アナリスト、デイビッド・オズボーンは、日米関係は「政治的な谷間」の時期に落ち込んだ、と記している。しかし、同盟関係の状況を正確に評価するためには、大局的視野の中で当時の日米関係を位置づけるという作業が必要であった。経済面での現実は日本をなおもアメリカに結びつけてはいたが、安保条約を真剣に再検討することは可能であった。しかしオズボーンは、「政治的な谷間の視点」から彼の予想が作られているとし、「これらすべてのダメージを受けてもなお、われわれはアメリカの国益にとって少なからぬ積極的な貢献をもたらすような日米関係を保持できるだろう」と述べたのであった。

この年の一二月までには状況は改善された。ジョンソン大統領は北ベトナムへの空爆停止を宣言し、パリで和平交渉を開始した。アメリカはまた、プエブロ号事件解決のための交渉もおこない、在日米軍基地縮小計画を発表し、小笠原諸島の施政権を日本政府に返還した。こうした措置は、日本のベトナム反戦運動が問題視していた懸案のいくつかにも答えるものであり、「アメリカの行動が日本をもアジアでの大戦争に巻き込みかねない」という懸念を鎮めるのにも役だった。佐藤首相は、ジョンソン大統領の不出馬表明のショックから立ち直り、安保条約の擁護を続けた。参院選を控えた夏の選挙戦中、佐藤首相は日米安全保障協力の重要性を繰り返し唱えた。佐藤の与党自由民主党はこの参院選において過半数を維持したが、この選挙のあと、日本政府は安保条約を一九七〇年に更新する意思を表明したのであった。

リチャード・M・ニクソンが大統領選で勝利したことで、日米関係が改善される見通しは明るくなった。大統領選の選挙期間中、ニクソンはベトナム戦争の終結とアメリカのアジア政策の見直しを公約として掲げた。新大統領はまた、沖縄返還を切望する日本国民の声にも耳を傾けてくれているように感じられた。東京とワシントンの外交官たちは、日米同盟にとってより好ましい時代が来ることを期待したのであった。

リチャード・ニクソン大統領の就任演説の準備がワシントンで進んでいる間、国務省の日本専門家は、外向的な大統領の方針に基づいて、日米関係の現状を評価した短いが楽天的な報告書を書いた。そこでは、一九六三年のリンドン・ジョンソンの大統領就任時における日米二国間関係は、一九六〇年の「批准を左翼による暴動の中で迎え、その衝撃の後も生き続けた相互安保条約が証明するように、概ね安定していた」とされていた。そしてその後も日米両政府の首脳の間にハイレベルの個人的な意見交換の習慣が作られてきたことが述べられた。報告はさらに、日本の自衛隊が対潜水艦作戦や対爆撃機作戦における防衛力の面でも改善されてきており、日本の近海パトロールの責任を負う準備もできつつあるとした。報告書はさらに、過去五年の間に概して「日米両国の安全保障分野での結びつきはますます緊密化された」としたのであった。

もちろん、以前からの古い制約条件も日米間にはまだ残っていたことも確かである。例えば、国務省の政策立案者たちは、日本に対して海外派兵を射程に入れた大規模な軍備拡張を迫ることのないように勧告し続けた。日本がアジア地域においてその安全保障上の役割を果たすための最善の方法は、国土防衛のための海軍力と空軍力を徐々に拡大し、また、この地域の非共産主義諸国に対して経済援助を行っていくことであると彼らは考えたからである。希望がうち砕かれ不安の高まりを見せた一年間を経た後では、これが日本に期待するに値する最善のものであった。しかしこれらは、アメリカの地域戦略を指揮してきた米軍指導者にとっては当然の要求であったとしても、同盟を担ってきた外交官たちにとっては、なお過大な要求であるように思われた。

一九六九年までには、日米関係の在り方は、アメリカが日本を支配する関係から、効果的な同盟関係へと変わっていた。しかし安保条約は、日本の再軍備や対中国政策や東南アジアの軍事的封じ込めといった問題において、日米両国の見解の一致を生んできたわけではなかった。また、両国間にはパワーの格差が厳然として存在していたため、同盟関係において平等が実現するとも考えにくかった。さらに問題であったのは、日本全土を防衛する安保条約の見返りに、沖縄の人々のみが不当に高い代償を支払い続けていたことである。しかしこうした問題を孕んでいたにもかかわらず、安保条約は変わらぬまま生き残った。この達成は決して小さくはなかったといいえよう。

佐藤首相もそのように考えた。それまでの一七年の間に、日本は繁栄を築き安定した国家となった。彼は日本がより積極的にアジアに関与する政策を思い描いてはいたものの、日米同盟は佐藤外交の礎石たり続けたのであった。

アメリカ側もまた同盟の存続を歓迎した。しかしアメリカ政府内部には、日本が将来どの程度アメリカの安全保障政策に貢献しうるかについては、大きな見解の不一致が存在していたのである。同盟が形成された当時の状況を記憶する者は、日米関係を強化する最善の手段として、段階的に調整する政策を勧告し続けた。一方、リチャード・ニクソン新大統領らの、伝統的なバランス・オブ・パワーの概念でもって世界政治にアプローチする者は、日米安保条約が自らに課した制約条件には不満であった。ニクソンとその国家安全保障担当補佐官にとっては、アジアで大国間関係を再編成するチャンスに比べたら、それまでの日米間の一七年間の成果は、ほとんど意味を持たなかったのである。

主要参考文献

本文中で断り書きがある以外は、引用はすべてワシントンD・Cのジョージ・ワシントン大学にあるナショナル・セキュリティ・アーカイブ所蔵の文書からのものである。

Marc Gallicchio. *The Cold War Begins in Asia: American East-Asian Policy and the Fall of the Japanese Empire* (New York, 1988).

Akira Iriye. *Japan and the Wider World: From the Mid-Nineteenth Century to the Present* (London,1997).（この本は以下の二冊に基づいて書かれたという著者自身の注記がある。入江昭『日本の外交　明治維新から現代まで』中公新書、一九六六年、および同『新・日本の外交　地球化時代の日本の選択』中公新書、一九九一年。）

Walter LaFeber. *The Clash: A History of U.S.-Japan Relations* (New York, 1997).

Charles Neu. *Troubled Encounter: The United States and Japan* (New York, 1975).

U. Alexis Johnson. *The Right Hand of Power* (Englewood Cliffs, New Jersey, 1984).（増田弘訳『ジョンソン米大使の日本回想―二・二六事件から沖縄返還・ニクソン・ショックまで』草思社、一九八九年。）

Edwin O. Reishauer. *My Life Between Japan and America* (New York, 1986).（徳岡教夫訳『ライシャワー自伝』文藝春秋、一九八七年）

Michael Schaller. *Altered States: The United States and Japan Since the Occupation* (New York, 1997).

能動的な協力関係の構築に向けて――冷戦後の同盟漂流に対する八〇年代の教訓

マイケル・ジョナサン・グリーン

サンフランシスコ平和条約締結五〇年の節目において、多くの歴史学者は第二次世界大戦後の日米安全保障関係の発展を、賞賛と畏敬、そして論争をもって振り返るであろう。細かに見ると、我々は日米両国が今日の同盟管理者たちに難しいと思わせるほどの相互信頼と共通の目的を達成した時があったことがわかる。たとえば、一九八〇年代初頭において、日米両国の意欲的な官僚と政治家は、両国の安全保障関係をそれまで三〇年にわたり動きのとれないものにしていたイデオロギー論争から抜け出させ、日本が米国と共に冷戦の最前線で協力できるような関係へと導いた。日本の政治指導者は、はじめて「同盟」という言葉を用い、日本の自衛隊と米軍が共同でソ連との戦闘を行うことを企図し、冷戦の最前線に立つことを決めたのである。そして、当時の日本の首相は、日本が太平洋における米国の「不沈空母」であることを明言したのである。この時代、日米両国は経済摩擦で対立を深めており、日本の大多数の国民は同盟に対して複雑な感情を抱いていた。しかし、日米両国の指導者は、両国の戦略関係を強化することで一致していたのである。

冷戦終結後、日米同盟に対する反対論は、両国のエリート層でも大衆レベルにおいても減少していった。共産党を除く日本の全ての政治家は、日米関係を「同盟」と形容することをためらわないし、両国の軍隊が協力することの必要を疑わない。しかし、朝日新聞の船橋洋一が述べたように、このような状態の中でも「同盟漂流」と呼ばれる事態が起きたのである。[1] 両国の政府高官は、同盟の広範な戦略目的を議論するのではなく、同盟運営の細部に関する議論に時間を取られるようになっている。たとえば、米国の海軍パイロットが夜間離発着訓練をする時間や思いやり予算の削減率、さらには厚木基地の産業廃棄物排出問題などが両国間の主要な議題となっている。日米両国政府は、一九九五―九六年にこれら微細な問題を少しの期間脇に置き、「ナイ・イニシアチブ」として知られる戦略対話を行っている。両国による相互関係の再評価から、日米防衛協力のためのガイドラインや戦域ミサイル防衛（ＴＭＤ）の共同研究などが生まれている。しかし、この再評価を進めた関係者たちが認めるように、その後両国は再び微細な課題への対応に追われるようになり、同時に一九九七年のアジア通貨危機や対中政策に関する意見の不一致などから、ナイ・イニシアチブの勢いは失速していったのである[2]。

はたして、一九八〇年代初頭において両国が同盟関係に傾けたエネルギーや目的意識、そして両国のチームワークなどを、冷戦後に再生産することはできないものであろうか。それとも、当時は米ソ対立という単純な構造が存在したがゆえに、日米関係の強化は可能だったのであろうか。もしくは、ロナルド・レーガン大統領と中曽根康弘総理大臣の間に、「ロン-ヤス」関係と呼ばれる友情関係があったことに助けられて、戦略関係の深化が達成できたのであろうか。それとも、一九八〇年代に達成された戦略関係の強化は、冷戦の文脈の中で政治同盟を構築するものであったのに対し、今日試みられている強化は、機能し得る軍事同盟の構築を目指すものであるがゆえに、両国の政府は躊躇しているのであろうか。一九八〇年代における同盟強化に際して、この二国間防衛関係に関心を持つプレーヤーが少なかったのが幸いしただけなのであろうか。また、脆弱な安全保障関係を守るために、貿易問題を脇に置いたのが不健全な手法であったのであろうか。

本章では、ここで提示した問題を検討する。しかし、冷戦後に同盟を管理してゆく上で、たとえ戦略環境と政策決定者のパーソナリティ、そして国内政治状況が異なっていたとしても、一九八〇年代初頭の経験は重要な教訓を与えるはずである。それゆえ、一九八〇年代初頭と現在の比較を行うために、まず二〇年前の「第二次」冷戦における同盟関係と、一九九〇年代半ばに同盟関係の強化を試みたナイ・イニシアチブを簡単に振り返ることにする。

「第二次」冷戦に向けた同盟構築――日米防衛協力のガイドラインから役割・任務分担へ

一九四〇年代において、日米同盟は第二次大戦後の日本を国際社会に復帰させる上で、非懲罰的手段の中核を担うと考えられてきた。一九五一年に締結され、六〇年に改定された日米安保条約は、冷戦の二極対立の下で案出されたものであった。しかし、日米両国が現実の軍事協力を行い、日本の首相が国内で政治的な議論を引き起こすことなく自国を米国の「同盟国」と表明するのは、一九八〇年代を待たなければならない。

一九七〇年代後半と八〇年代初頭において、日米両国が同盟協力強化を推進することになる構造的な要因は、極東におけるソ連の軍事力の増強と、デタントが崩壊して「第二次」冷戦が始まったことであった。一九七九年にソ連がアフガニスタンに侵攻し、同年ベトナムがカンボジアに侵攻したことで、日本は新たな地域的な脅威が存在することに否応無しに直面させられることになった。ソ連の極東地域における軍事力増強は、実際にはその数年前に始まっていた。一九七〇年代半ばにおいて、ソ連海軍はオホーツク海に弾道ミサイルを搭載した二十数隻の潜水艦の配備を開始していた。これらの潜水艦は、米国本土を直接核攻撃する能力を有していた。また、ソ連は極東に一七〇基のSS-20中距離弾道ミサイルを配備し、これは日本と韓国を核攻撃の脅威にさらしていた。ソ連空軍は、新型バックファイヤー爆撃機を極東に配備し、これによって米国の同盟国とアジア太平洋地域におけるシーレーンを巡航ミサイルで攻撃する能力を保有していた。これに加え、ソ連は日本との間で係争中の北方領土に地上軍と戦術航空機を配備しており、日本への攻撃が近距離から可能であったのである。

これら、明白で緊急の危険が日本の安全保障を脅かすようになる前に、日本の政治指導者は米国の日本に対する防衛上の関与を確実にするために多大な努力を払ってきたが、米国の対ソ封じ込め政策の支援についてそれほど熱意を示さず、資源も多くを割くことはなかった。これは、日本が米国の冷戦戦略に「巻き込まれる」のを回避しようとしたためである。たとえば、米国は一度だけ、日本から台湾と韓国の安全保障に対する関心の表明を引き出した機会がある。それは、一九六九年のリチャード・ニクソン大統領と佐藤栄作首相首脳会談の際に発表された共同声明においてなされた。佐藤首相は、沖縄返還への誘い水にすることを目的として、共同声明に、日本の安全保障にとって台湾と韓国が重要であると明記することに同意したのである。日本の防衛当局の高官は皮肉を交え、「我々は次の一〇年を、米国が台湾と韓国に実際に防衛上の関与を行う際に、日本が直接関与する可能性を減らすために費やした」と回顧している[3]。

米国と同盟関係を結びながら、米国の冷戦戦略は一定の距離をおく政策は、日本の国内政治的には非常に上手く機能した。しかし、軍事的な役割と作戦分担の問題は解決されなかったのである。たとえば、どちらが東アジアにおける日本の国益を守り、そして日本の自衛隊はどれだけの責任を果たすのかなどの問題は残されたままであった。ニクソン・ドクトリンと、一九六九年の米国のベトナム戦争の幕引きを見て、中曽根康弘防衛長官（当時）などのような意欲的な政治家は、自国の防衛とアジア太平洋地域における日本の国益の保護においては、日本が主たる役割を果たすべきであると主張した[4]。しかしこの主張は、日本自体が一九七二年に中国との国交を正常化し、米ソ間にデタントが到来しつつある中で、政治的に支持を集めることができなかった。一九七二年に田中角栄首相は、中曽根より穏健なコンセプトを発表している。彼の案によれば、日本は「平和時の防衛力」の水準を維持することに集中すべきであるとしていた。それまで日本政府は、自衛隊が何のために計画・構築されているのかを明確にしていなかった。それゆえ、日本政府は防衛力整備を統一的に実行するための戦略的なガイダンスとして、防衛計画の大綱を作成した。防衛計画の大綱において、日本は「限定的かつ小規模な侵略」に対処するために適切な防衛力を整備するとし、防衛計画は「米国との安全保障体制の信頼性の維持及び円滑な運用態勢の整備を図る[5]」ことを基本とするとされた。

防衛計画の大綱は、防衛責任を日米でどのように分割し、米国を日本の防衛に関与させ続けるためには何が必要かという問題を提起するものとなった。また、デタントによっても、米国の関与に関する同様の問題が浮上した。カーターが一九七六年の選挙運動中に在韓米軍の撤退を表明したことで、この問題は急速に注目を浴びるものとなった[6]。さらに、日本の国会では、自衛隊が防衛庁、外務省、国会による文民統制を離れ、米軍との軍事協力を単独に始めることへの懸念が表明された。それゆえ、三木武夫首相は、日本防衛における計画と調整を行うための公式な枠組みが必要であるとして、一九七五年から米国との対話を開始した。米国は、この動きを熱烈に歓迎した。米国は、日本政府が一九六九年の佐藤-ニクソン共同宣言の精神に従った行動をとらないことに不満をもっていた。さらには、一九七〇年代半ばまでに、国防総省は、ソ連が極東地域において新たに増強している軍事力に対抗するためには、日本がさらに大きな防衛負担を行うべきであると結論付けていた。米海軍にとっては、日本が領土周辺のシーレーンを防衛する能力を持つことは特に重要と考えていたのである[7]。

日本の政治指導者は、その時点で、「限定的かつ小規模の侵略」から防衛するという、狭い軍事任務を超えて責任を分担する意思がなかった。日米両国が、最初の日米防衛協力のための指針（ガイドライン）についての話し合いを進める中で、日本は「専守防衛」の原則を維持することに固執し、日本以外の紛争における緊急事態の計画に踏み込むことを拒否した。日本は、韓国における緊急事態への対処計画の策定にさえも反対している[8]。しかし、結果的に日本は一九七八年にガイドラインに調印し、極東における米国の封じ込め戦略の中で、軍事的役割を果たすことに踏み込んだのである。

新たに合意されたガイドラインに盛り込まれた二つの条項が、日本が米国の封じ込め政策に広範な協力を行う道を開いた。第一に、ガイドラインには、直接攻撃から日本を防衛することの一環としてシーレーン防衛が加えられた。これは、日米安全保障条約第五条に照らし合わせて、日米が軍事協力を行う正当な分野であるとされたのであった。防衛庁は、既に一九六〇年代にはシーレーン防衛について言及している[9]。ガイドラインの文面において、「海上自衛隊及び米海軍は、周辺海域の防衛のための海上作戦及び海上交通の保護のための海上作戦を共同して実施する」と、はじめて日本の役割が明記されたことで、シーレーン防衛は日本政府全体の認めるものとなった[10]。第二に、ガイドラインは、はじめて日本の防衛のための防衛計画と訓練を認知した。これにより、海上自衛隊と米海軍の協力が「大手を振って」行うことが可能になると同時に、防衛協力の管理と運営において外務省と国務省の関与が明確になった。このように、両国の官僚機構の役割を明確にしたことによって、日米両国それぞれの省庁間の協力を強化し、将来的に生起することが予想される戦略課題に対処する上で、日米同盟における軍事的協力を強化することができたのである。

しかし、日米防衛協力の拡大の可能性について、日本政府内で広く受け入れられ、また歓迎されたわけではなかったことも記しておくべきであろう。ガイドラインを巡る日米交渉において、日本側は、米国政府が求めた、地域の緊急事態における協力内容を明示することに大きく抵抗した。ガイドラインの第Ⅱ項の「日本に対する武力攻撃に際しての対処行動等」で日米の協力分野を詳細に規定しているのとは対照的に、第Ⅲ項では、日米両国は「日本以外の極東における事態で日本の安全に重要な影響を与える場合」において、米軍に対して行われる「便宜供与のあり方」を研究する、と述べるにとどまっている。ナイ・イニシアチブや一九九六年にガイドラインの改正に至るまで二十数年にわたり、日米両国の間には、地域の緊急事態に関する法的な枠組みはなく、これに対処する上での計画が協議されたことはなかった。さらに、カーター政権の文民の政府関係者は、米軍の海外展開を維持する上での資金的な問題や、同盟国にさらに多くの防衛分担を求める議会の圧力に懸念を持っており、これらの問題を日本のホスト・ネーション・サポートの問題に還元していった。日米間で貿易問題が持ちあがりつつあるのを背景として、日本が米軍の前方展開を資金的に支援することが、米国では議会と国内メディア双方に受け入れられやすい防衛分担の手段であったのである[11]。この結果、直接攻撃から日本を防衛する上での日米防衛計画を策定するという比較的平易な政治課題さえも、カーター政権によって後退を余儀なくされた。

しかし、特にシーレーン防衛への関与や二国間防衛計画の策定によって、ソ連に対する戦略的協力は大きく進展することとなった。ソ連がアフガニスタンを侵攻し、一九七九年のベトナムによるカンボジア侵攻に対して支援を行ったことが、日米両国の協力関係の深化における触媒となった面は否めない。特に米海軍は、ソ連がオホーツク海に配備した新型潜水艦を海の拠点として、米国本土に対して核攻撃を加える可能性を懸念していた。一九八一年一月に発足したレーガン政権は、アジア太平洋地域における同盟国に対して、資金面での分担を求めるのではなく、地域における役割と任務分担を求める方向に政策の焦点を迅速に転換した。防衛ガイドラインは、これを実行するための機会を提供したのである。そして、レーガン政権は、シーレーン防衛が日本の「専守防衛」に反しないと判断し、オホーツク海におけるソ連海軍の能力を封じ込める上で日本の資源を活用するためのハードルは低いと考えたのである。

シーレーン防衛に関する日本の政治的意思を引き出す上で、鈴木善幸首相がレーガン大統領との最初の首脳会談のため、一九八一年五月にワシントンを訪問した機会が利用された。鈴木首相は日本国内ではハト派で知られていた。彼は所属する派閥の領袖である大平正芳首相（当時）が一九八〇年六月に死去したため、総理大臣に就任した人物であった。大平は防衛問題を十分に理解し、彼が一九八〇年に死去する前には有名な「総合安全保障」に関する報告書の作成を命じている。総合安全保障とは、日本が自衛のために広範に非軍事的な手段を活用することを目指したものであった。大平に比べて、鈴木首相は防衛や外交政策の問題には無関心であった。レーガン政権が、日本の自衛隊に一定の「役割と任務」を果たすことを求めたのに対し、鈴木首相は外務省の指導に従い、共同声明において「日米両国が役割と任務について適切な分担を行うことが望ましい」とした[12]。首脳会談後、鈴木首相はナショナル・プレス・クラブで講演し、この共同声明の意味するものは日本が近海の一〇〇〇海里のシーレーン防衛を行うものであるとした。もちろん、これはソ連海軍をオホーツク海に閉じ込め、ソ連爆撃機と潜水艦の攻撃からフィリピン南方まで防衛するのに十分な距離であった。おそらく、鈴木首相は自身の発言の意味を十分に理解していなかったと思われるが、外務省高官と自民党の国防族が準備した声明を発表した。彼ら自身は、レーガン政権の担当者たちとの密接な協議を通じて、日本がシーレーン防衛を引き受ける意味を正確に理解していたのである。

日米両国において、外務省、防衛庁、自民党防衛族、そしてレーガン政権が作業レベルで協力できたことは、両国の戦略的利益の一致があったことを反映すると同時に、日本側が、日米同盟は日本のアジアにおける地位を向上させる上で最善の手段であると認識していたことを示している。外務省内のエリートは、北米局への勤務を希望していた。なぜなら、そこは世界の中での新たな日本の役割が起草され、全ての行動が推進される場所であったためである。自民党においては、レーガン政権との密接な関係の構築が進んだ結果、それまで数十年にわたって足場が弱かった防衛問題に関心を持つ意欲的な政治家の集団に権力が集まるようになった。過去において、自民党の防衛族は、タカ派の佐藤、岸、そして船田の派閥に集中していたが、一九八一年以降はその他の穏健な派閥においても防衛政策に関心を持つ議員が増加した。これら、国家主義的な集団と国際主義的な集団は、共に防衛費を上昇させるという点で共闘関係を築いた。そして、レーガン政権はこれに呼応する形で、財政保守主義を主張する大蔵省に強力な「外圧」をかけたのである。実際、自民党防衛族は防衛予算の審議があった一九八一年の五月と一二月に、レーガン政権が防衛費の増額が不十分であると認識していることを確認するため、ワシントンへ代表団を派遣している[13]。

換言すると、ハト派の鈴木内閣のもとにおいても、日米の防衛協力において著しい進展を達成することは可能であった。しかし一九八二年一一月に中曽根康弘が内閣総理大臣に就任したことで、日本は真に密接な同盟協力を進める指導者を得ることになった。中曽根首相は、「西側同盟の一員として」、日本は米国の「不沈空母」の役割を果たすと発言し、国会において「日本が攻撃された際、自衛隊は日本を防衛するために向かっている米海軍の艦船の護衛を行うことができる」と表明している[14]。これは、日本が注意深く規制してきた「専守防衛」の権利の拡大解釈であった。中曽根首相が同盟関係を重視していた事実は、レーガン大統領との関係が「ロン・ヤス」関係と形容されたことが雄弁に物語っている。興味深いことに、一九七〇年代に防衛庁長官を務めた中曽根首相は、自主防衛を目指す防衛タカ派であった。また彼は、ヨム・キプール戦争と石油ショックの期間に通商産業大臣の職にあり、中東に対する自主外交を主張した実績があった。しかし、自民党のその他の防衛族と同様、彼も日本の安全保障政策にとって米国の力は重要であると認識するに至り、日本がアジアに対して防衛・外交政策で存在感を増すためには、密接な日米同盟が不可欠であると考えるようになったのである。

レーガン政権も、望んでいたものを手にした。米海軍は、ソ連に対する対抗を水平的に拡大することを想定した「海洋戦略」を案出していた。これは、ソ連が欧州において攻撃を開始した場合、世界的な戦略の一環としてオホーツク海のソ連の潜水艦を攻撃するというものであった。日米両国は共同で、シーレーン防衛の詳細な研究と、役割と任務の分担の検討を一九八三年より開始している。一九八二年に発表された『米国軍事態勢』では、「一つの戦略領域において脅威を受けた場合、ほぼ確実にその他の地域の安全保障に重大な影響が及ぶため、それぞれの地域で独立的な戦略を計画することは実際的ではなくなった」としている[15]。日本政府が、自身の防衛努力を、明確に封じ込め政策の一部と位置付けなかったことは言うまでもない。日本にとってシーレーン防衛は、日本の直接的な近海におけるソ連の軍事的脅威の急激な増加に対応した、専守防衛の一部に過ぎなかったのである。しかし、日米同盟の管理・運営に関わった中核的集団は、この意味するところを十分に理解していた。すなわち、日本はソ連封じ込めを目指す米国の世界戦略の中で、積極的な役割を担うということである。この新たな戦略的約定は、一九八六年にＦ-16戦闘機を三沢基地に配備する二国間合意の成立によって完成した。これらの戦闘機は、公式的にはソ連の北方領土に配備された戦闘機に対する軍事バランスを維持するために配備される、と説明された。しかし、核兵器搭載可能な戦術戦闘機を展開すると、ソ連が世界レベルにおいて通常兵器と核兵器による抑止戦略の一部として日米同盟を考察しなければならなくなることを、国防総省と一部の日本政府高官は計算していた。もちろん、三沢に配備されたＦ-16戦闘機には核兵器は搭載されていなかった。

一九八七年までには、一九八三年の防衛白書と外交青書に記されていたように、日本が真の「西側の一員」になったことを疑う余地はなくなっていた。過去数十年の間、日米同盟は米国を軍事的にアジアに繋ぎ止め、同時に日本を西側に留めるための手段であった。しかし、この数年間において、日米両国の限られた関係者のみが計画を進めた結果、日米同盟の意義はそれ以上に発展したのである。世界レベルにおける米国の軍事的ソ連封じ込め政策において、日米同盟と日本の防衛力がその中心的な要素となったのである。

同盟の中心にいた関係者にとって、これが最盛期であった。太平洋を挟んで密接で永続的な友情関係が形成され、これが高度な政治的及び戦略的な問題であったがゆえに、省庁間の同志意識も生まれた。しかし、この最盛期においても、二国間の防衛協力には問題があった。軍事同盟を運営する上で、成し遂げなければならない課題が山積していたのである。自衛隊には、共同作戦能力や装備、現実的な訓練、そして紛争に対処する上での法的な枠組みなどが欠けていた。二国間の防衛計画の協議は、日本防衛に関するものだけで一九八〇年代全てが費やされ、完成した計画も、NATOで必要とされる水準に比べて低いものにとどまっていた。これに加え、ソ連の脅威が存在したがゆえに、同盟に対する日本国民の広範な支持を集めることができたが、国民の多くは自国がどれだけ米国の冷戦戦略の一部を担っているかには無関心であった。また一般的な米国民は、NATOの同盟国に比べて、日本が実際の戦闘のためにどれだけ準備をしていないかという点について無関心であった。換言すると、同盟を管理する関係者が進める意欲的なアジェンダに対して、同盟を支える政治基盤は弱かったのである。最後に、同盟管理の必要性により、貿易問題は脇に追いやられていた。米国商務省が一九八七年に成立した通商法を利用して、議論があった日米のFSXジェット戦闘機開発計画を一九八九年に議会とメディアの前に晒したことで、貿易問題が国務省と国防総省を悩ませる問題となって返ってきた。この問題は、日米両国で技術ナショナリズムを喚起し、一九九〇年半ばまで尾を引いた。

しかし、一九七八年―一九八五年の新冷戦に対応した日米同盟の変容はすばらしく、全体的に見ると、ソ連の崩壊、湾岸戦争、そしてアジアにおける中国の台頭までに至る間の、同盟関係の基礎を築くことに貢献したのである。

冷戦後の同盟強化――ナイ・イニシアチブ

一九九〇年代の半ば、日米両国政府は、冷戦後の流動的な国際環境に対応して、日米安保関係を強化し、再定義した。戦略環境は、同盟の役割と任務を決めた一九八〇年代とは明らかに異なったものになっていた。ソ連の崩壊と冷戦の二極構造の解消により、多くの研究者が日本の「アジア化」と指摘するように、日本はアジアの一員としてのアイデンティティを醸成していった。[16] 同時に、一九九〇―九一年の湾岸戦争において、日米両国が一九八〇年代に決めた役割と任務が、地理的にも政治的にもどれだけ限定的なものであったかが明白になった。国際社会の強い圧力を受け、日本はサダム・フセインに対抗した多国籍軍側に一三〇億ドルを拠出したが、非戦闘要員を含め、砂漠の盾作戦と砂漠の嵐作戦の双方に兵員を派遣することは出来なかった。なぜなら、これらの作戦は直接的に日本防衛に資すると規定されなかったためである。日本政府は、湾岸地域に向かう米軍に対し、日本周辺地域において後方支援を行うことさえも拒否した。[17] 日本は、戦闘が終結した後に掃海艇を派遣し、一九九二年には国連平和維持活動に注意深く管理されたなかで参加が可能になるよう、国際平和維持協力法を成立させた。しかし、これらの行動は国際社会の批判をやわらげ、湾岸戦争で認識されたアイデンティティの危機に対応するには、不十分であると共に時機を逸していると見なされたのである。同時に、ＦＳＸを契機として日米間で噴出した貿易と技術ナショナリズムの問題は、その後も日米関係を支配し続けたのである。

一九九四年にジョセフ・ナイ・ＪＲが国防次官補に指名された時、彼は日米安全保障関係に関心を持ち、迅速な対応をする必要があると認識していた。これは、政府の高いレベルが同盟に関心を持っていない状態を変え、安全保障関係を深化させるための問題喚起を行うために十分なものであった。後に「ナイ・イニシアチブ」と呼ばれるようになった同盟強化の試みは、その開始時点から、同盟の「再確認」を主張する集団と、日米両国政府内で同盟を広範に「再定義」し、日米同盟が新たな戦略環境の中で活力を持つようにすることを志向する集団との間には、微妙ではあるが重要な意見の相違があった。

一九九〇年代前半において、日米同盟は相互の無関心と、生起した危機によって困難な状況に陥った。冷戦の終焉により、それまで戦略的考慮によって制約を受けていた、米国政府内の日本との貿易問題を重視する集団が力を持った。最初に日米貿易問題を重視する米国の姿勢が明らかになったのは、一九九二年一月にジョージ・ブッシュ大統領が、米国の自動車会社の経営者を伴って東京を訪問した際である。さらに、一九九三年にはビル・クリントンが大統領に就任し、伝統的な安全保障と同等に経済安全保障を置くことをさらに大きく主張する集団を政権に入れた。経済安全保障戦略の一環として、クリントン政権は、二国間関係において経済的相互主義を確立することを重視する、包括的な対日政策を策定した。そして、日米枠組み協議において、米国通商代表（USTR）と国家経済会議が主導的な役割を果たすようになっていった。そして国防総省はといえば、その対日関係では、日米間で相互に両用技術の移転を促進する技術イニシアチブ（TfT）ばかりが目立っていた。新たな分野であるミサイル防衛についても、米国政府高官は、一九九三年に日本に対して、米国の産業基盤の利益になるような開発協力協定を日米間で締結することを望むと伝えている。[18] 懐疑的な日本の政府当局者の目には、米国は、北朝鮮のミサイルから日本を防衛するより、自国の雇用に興味を持っているように写っていた。一九九四年から九五年までに、これら貿易と技術に関するイニシアチブにより、自動車貿易や平面ガラスなど、業種別には合意した分野があった。しかし、この成果により、両国政府は前例のない敵対意識の高まりというコストを払わされたのである。日本との「伝統的な」安全保障関係に責任を持つ国家安全保障会議、国務省、国防総省の関係者は後衛の位置に置かれ、日本のカウンターパートである外務省や防衛庁は同盟以外の分野を重視しはじめたのである。

湾岸戦争後に、多くの日本の当局者は、多国間組織、特に国連が新たな世界秩序の中核を担うと考えた。日本の国家主義者と国際主義者は共に、国連の多国間主義と集団的安全保障を活用することで自衛隊を正当化し、同時に日本が国際社会の中で敬意と影響力を獲得することができると考えていた。小沢一郎は一九九二年に、自民党の一部の政治家と共に、『国際社会における日本の役割に関する報告書』を作成し、まさにこのような考え方を展開した。小沢は、防衛問題推進派の国家主義者と平和主義的な国際主義者の主張のギャップを埋める上で、国連と集団的安全保障を効果的に使用した。これは、一九八〇年代初頭に、自民党の国防族が米国との役割と任務を利用し、党内で防衛費の増加に対するコンセンサスを形成し、同時に日本の安全保障上の役割を高めた手法と同じであった。[19] 一九九三年に細川護熙総理大臣は、冷戦後の国際環境の下で日本の防衛政策を再検討することを目的に私的懇談会を設立した。この懇談会での議論と最終報告書では、多国間主義的なテーマが支配的であった。樋口レポートと呼ばれる最終報告書には、米国との同盟関係は死活的に重要であると明記されたものの、日本の安全保障政策において、多国間安全保障枠組みに新たな優先順位を置くべきであるとされていた。ワシントンでは、この報告書の大胆な結論に評価が集まったが、同時に日米両国政府内では、日本が同盟重視から乖離することに対する懸念が生まれたのである。[20]

ナイをはじめ、安全保障を伝統的な勢力均衡の観点から見ている関係者にとって、日米同盟が漂流することは大きな問題であった。戦略的なレベルでは、米国は台頭する中国のパワーを国際システムの中で管理するために、堅固な日米同盟を必要としていた。すなわち、米国は日米同盟を、封じ込めを行うための手段ではなく、関与政策を遂行する上での支えと見なしていたのである。日米両政府が密接な関係を保つことで、米国は、北京政府が米国とその他の同盟国との関係を分離させる戦略で、域内における自身の覇権を強化する試みを抑制し、中国に対する政策の選択肢を増やすことができるのである。日本が日米同盟に堅固に組み込まれていれば、日中間に競争的関係が出現するのを防止できるほか、日米両国の同盟堅持の態度が明確であれば、米国のアジア太平洋地域に対する前方展開の信頼性も強化されるのである。米国政府が場当り的に、貿易や人権、そして技術の相互主義等を争点化したため、関係各国は米国のアジア太平洋地域に対する軍事的関与に対して大きく疑念を持つようになった。これらの疑念は、一九九四年四月にほぼ域内全域の大使館からワシントンへ伝えられた[21]。

米国の防衛政策決定者たちも、作戦レベルでの日米同盟の信頼性に懸念を持つようになった。北朝鮮は一九九四年までに、米国や国際社会の外交的な圧力にもかかわらず核兵器を開発する意思を示していた。米国政府は、北朝鮮の軍事的な反攻を引き起こすことを計算に入れた上で経済制裁を課す準備をしていた。しかし、細川内閣の後継の首相となった羽田孜は、日本が直接反撃を受ける可能性がある、北朝鮮に対する米国の軍事作戦に協力することはできないと結論付けた。特に日本の海上自衛隊は、北朝鮮に対する経済制裁を課す上で必要な海上臨検活動（ＭＩＯ）への協力も約束できなかった。また、紛争が拡大した場合に日本から広範な後方支援活動を行うことも困難であることが判明した。羽田首相をはじめ、日本の政府関係者は適切な協力を行うと約束したが、既存の二国間協力の方式では、朝鮮半島において予想される緊急事態における詳細な協力計画を策定することはできなかった。日本が湾岸戦争において、危険を共有しなかったことは米国では否定的に受け止められていた。日本が、その裏庭地域において同様の失敗を繰り返すことになると、日本の後方支援協力がその地域での作戦を成功に導くためには不可欠と考えられていただけに、同盟関係は破滅的な影響を受ける可能性があった。同盟が戦略的に漂流しているのではないかとの懸念は、それまで継続的に提起されていた作戦の効率性の問題と、直接結びつくことになったのである[22]。

ナイによる同盟関係再生の主張は、一九九四年秋にウィリアム・ペリー国防長官とウィンストン・ロード国務次官補（アジア太平洋問題担当）の支持を得た。日本の外務省は、羽田の後継者の社会党の村山富市総理大臣が、同盟に焦点を当てることに反対するのではないかと懸念していた。防衛庁内部は多少分裂していたが、一般的には国防総省が開始した安全保障関係強化の動きは、彼ら自体の官僚的な地位を上昇させると考えていた。当初、日米両国の重要なプレーヤーである国防総省、国務省、防衛庁、外務省それぞれためらってはいたが、一九九五年初頭までに将来の同盟の役割を規定する共同文書を発表することを目的として、四者は積極的かつ集中的に二国間対話を行っていった。

二国間対話により、両国政府が同盟の継続的な重要性について再確認を導き出した。過去三年間の相互不信は、専門家の間ではほぼ解消された。そしてこれは、国防総省が一九九五年二月に発表した東アジア戦略報告において、見通しうる限りの将来において、米国がアジア太平洋地域に約一〇万人の前方展開戦力を維持する意思を表明する環境を整えたのである[23]。また、防衛庁が防衛計画の大綱を変更する環境も整い、最終的に一九九五年一一月には、樋口レポートで提唱した多国間の枠組みだけでなく、「日本の安全に直接影響が及ぶ、日本周辺の状況」において二国間防衛協力を進めることを明記した、新たな防衛計画の大綱が発表された。しかし、両国共に、一般の国民に同盟の必要性を説明するという課題は残っていた。一九九五年九月に、三人の米海兵隊の隊員が沖縄の少女を誘拐してレイプするという事件が発生し、同盟関係の根本的な見直しを行うことが死活的に重要になった。沖縄での事件に対する抗議は、すぐさま日本国内において米軍の存在理由を問う国民世論に発展したため、両国政府は危機感を募らせた。同盟関係を維持するためには、個々のレベルでの再確認では不十分であったのである。両国政府は、少なくとも同盟を一部再定義し、米軍の軍事プレゼンスの意味を見直す意図があることを表明せざるを得なかったのである。そして、日米両国は米軍基地の整理統合を行うことを目的として、一九九五年に沖縄特別行動委員会（ＳＡＣＯ）を設立した。ＳＡＣＯの設立により、沖縄のレイプ事件がもたらした当初の政治危機を分散することができた。しかし、ＳＡＣＯが成功することは、その年の初頭から両国政府が計画していた安全保障共同宣言とともに、同盟の政治的信頼性にとって重要なものになっていったのである。

もし、沖縄をめぐる危機が何か有益なものをもたらしたとすれば、それは両国政府が同盟関係の漂流に対して政治的リーダーシップを発揮することの重要性を認識したことであろう。レイプ事件に対する日本の反応は、米国の新聞の一面を飾っていた。それゆえに、国防総省と国務省の当局者が、大統領に対して次回の日米首脳会談では日米安全保障共同宣言の発表を中心に据えるアイディアを進言した際、ホワイトハウスから反対論は出なかったのである。大統領は、一九九五年一一月のＡＰＥＣ大阪会議の最終日に、村山と首脳会談を行う予定であった。しかし、米国の予算をめぐる混乱によって、新たな政治危機がもたらされてしまった。大統領は、日本訪問を一九九六年四月まで延期することを強いられたのである。この四ヵ月で、同盟協力をめぐる世界は一変した。第一に、時間に余裕ができたため、日米両国の交渉で、ＳＡＣＯでの中心的な課題であった沖縄の米軍基地の再配置に関する合意が得られた。この結果、議論を呼んだ普天間海兵隊航空基地は、沖縄の他の場所に代替施設の確保がなされた後に返還されることになった。第二に、中国政府が稚拙にも、一九九六年三月の台湾の大統領選挙を弾道ミサイルで脅かしたため、日米両国は同盟の重要性と、東アジアにおける潜在的な不安定性の存在を改めて認識し直すことになった。第三に、防衛問題に積極的な自民党タカ派の橋本龍太郎が、ＡＰＥＣ大阪会議直後に社会党の村山に替わって総理大臣に就任した。そして最後に、クリントン大統領は一九九六年の大統領選挙予備選で民主党内の挑戦者がないことが明らかになったため、政治基盤の安定を背景に外交政策の問題に取り組むことができるようになった。

一九九五年一一月の時点より、政治的にも地政学的な環境も同盟強化に好都合な状況の中で、クリントンと橋本は一九九六年四月一七日に東京で発表した日米安全保障共同宣言に、実質的な内容を加えることが可能になったのである[24]。両国政府の指導者は、同盟の再確認と米軍の前方展開に対する両国の支持を確認したのに加え、同盟関係の重要な分野での再定義を進めることを決めたのである。彼らは一九七八年の日米防衛協力のためのガイドラインを修正し、日米同盟を「日本周辺の状況」に対応させることに合意したのである。この作業は、旧ガイドラインの第三部を充足することにより、湾岸戦争と一九九四年の朝鮮半島危機に際して準備が整っていなかった同盟協力の問題の解決をめざすものであった。

ナイ・イニシアチブにより、日米両国は、沖縄の新たな危機や台湾海峡の問題にもかかわらず、もしくはそれがあったゆえに同盟協力の障害を乗り越えることができたのである。しかし、この作業に関与した関係者が後に認めたように、同盟を重視する動きは安全保障共同宣言の数年後には消散し、イニシアチブがもたらした同盟協力に対するモメンタムは失われてしまった。これには五つの理由があったとされている。

クリントン政権の外交政策の進め方に、場当り的な面が存在した。大統領は、日本との間で大いに注目された同盟の再確認作業を行った後、その他の外交政策課題に関心を移し、共同宣言の実効性を確保する作業は国務省と国防総省の次官補レベルの当局者と地域担当者の手に委ねられた。

一九九七年のアジア通貨危機と、日本の経済危機の悪化。この二つの要因により、安全保障問題は二国間対話のなかで影が薄くなったのである。

防衛協力のガイドラインと日米のＴＭＤ研究協力に対する中国の強硬な反対。中国の攻撃的な外交によって、安全保障共同宣言の作成にかかわった関係者は影響されなかったものの、その他の政府関係者は驚き、立場の後退を求める動きにつながった。中国の反応は、安全保障関係の「再確認」に満足している集団と、同盟をさらに効力あるものに「再定義」することを求める集団とを、分割しようとする試みともとれる。

日本の国内政治における混迷の継続。経済危機により橋本首相の信頼性は大きく傷つき、その後の総理大臣は、防衛問題などのように議論が多い問題に反対の立場をとる政党との連立内閣の下で、弱い立場に甘んじなければならなかった。同時に、自民党内で防衛問題に関心を持つ、ナイ・イニシアチブを進めた「フィクサー」たちは、引退や死亡などで表舞台から退くか、その他の議員は流動的な日本の政治状況の中で政治的に困難な状況に陥ることになった。

域内の緊急事態に対する、本格的な軍事協力がもたらす問題。日本国民と国会が、一九九〇年終盤において安全保障上の今日に対して敏感になっていったのに対し、日本の官僚機構の一部には、米国との間に真の軍事同盟を構築することに対して官僚的な理由とイデオロギー上の理由の両方から反対論が見られた。省庁間協議による防衛計画の策定は、外務省が二国間の安全保障課題を管理する能力を脅かした。たとえば、危機管理にいて総理大臣へ権力を集中することになれば、影響力ある運輸省（現国土交通省）、自治省（現総務省）、警察庁、外務省などの官僚組織を包摂する形で行われるため、外務省の地盤沈下は避けられない。全体的には官僚機構の影響力の低下が見られるにも拘わらず、いわゆる「縦割り行政」により、日本の官僚機構が強力な障害となっているのが明らかになったのである。

ナイ・イニシアチブは重要な財産を残した。それらには、ガイドラインの改訂、情報協力の改善、沖縄の米軍の配置を縮小しようとする動き、両国民の日米同盟に対する広範な支持[25]、ミサイル防衛研究協力に対する一九九八年の合意、朝鮮半島で不安定な事態が出現した場合の同盟協力などである。しかし、日米両国政府の戦略対話と協力の目標は見え難くなっていった。一九九九年までに、瑣末な問題が両国の政治指導者に大きく取り上げられるようになった。北東アジアにおける戦略変化に対応した政策を計画するのではなく、国務長官や国防長官、さらには大統領までも、日本の米軍に対するホスト・ネーション・サポートの比率の削減問題や、米海軍パイロットの夜間離発着訓練の時間制限、日本の廃棄物処理業者による厚木海軍基地の住宅地域のダイオキシン問題など、瑣末な問題点にエネルギーを投入せざるを得なくなった。沖縄の普天間基地を返還するという大胆な決定も、移転先の施設使用を一五年に制限することを沖縄県が要求したために進展が滞り、ワシントンもこの条件の受け入れを拒否した。

このような関係は、二一世紀における同盟として健全な姿なのであろうか。この答えは、一九八〇年代の教訓を振り返ることで得られる可能性があり、ここで二つの時代を比較してみたい。

教訓——可能性の芸術を探る

日米同盟を運営するのは非常に困難である。日米間には、ＮＡＴＯや韓国の統合軍司令部のように、共同で統合指令を下す幕僚組織に欠けている。また、米豪関係や英米関係とは異なり、日米間には共通の歴史的伝統や前の戦争における同盟の記憶もない。日米両国の国民は、同盟関係に対して広範な支持を与えてきたが、同盟の目的にはそれぞれ異なった認識をもっていた。それはたとえば、日本の防衛や、日本の封じ込めや、米国の世界利益の追求などである。日米の防衛関係においては、両国間に対立意識が一部残存しているため、国民を動員せざるを得なくなった場合、日米は相互に、相手の真の意図に対する疑念が表面に浮上するおそれがある。

しかし、日米両国の戦略利益は、同盟を機能させる上で十分一致するものである。両国は、広義な意味でアジア太平洋の平和と安定に関心を持っている。これは、特にシーレーン防衛や、中国の台頭の管理、そして朝鮮半島における戦争の防止などの面で当てはまるものである。利益の一致を背景として、同盟の管理者は過去数十年において潜在的な危機を防衛協力の拡大の機会に替え、また入手可能な政策手段を使用することで、積極的な安全保障同盟協力を強化し続けてきた。それゆえ、各世代の教訓が、次の世代で検討される価値があるのである。一九八〇年代初期と一九九〇年代半ばにおいて、日米両国は、異なった戦略環境、政治ダイナミズム、そして軍事的挑戦に直面していた。しかし、これらの相違にもかかわらず、日米両政府は可能性の芸術を追求してきたのである。

戦略的コンテクスト

おそらく、同盟行動の最も重要な決定要因であり、そして二つの協力強化の事例の間の最大の差異であるものは、それぞれの時期における戦略的コンテクストである。日本は、一九七八年のガイドラインにおいて、拡大した安全保障協力のためのメカニズムを確立したが、実際に日本の脅威認識を厳しいものにしたのは、ソ連のアフガニスタン侵攻とベトナムのカンボジア侵攻であり、これらが一九八〇年代の役割と任務の分担のアプローチを成立させたのである。同盟の結束において、共通の脅威認識が死活的に重要であった。

しかし、日米の戦略的な観点が、両国の政府による努力なくして統合されたと考えるべきではない。一九七〇年代に認識の相違が見られた問題において、日米両国政府の乖離は決定的になるまでに至った。一九七三年のヨム・キプール戦争後に、日本はアラブの原油生産国に近付いたが、これはイスラエルに対して伝統的に支援を行ってきた米国の政策とは異なるものであった。これに加え、一九八〇年代初頭におけるレーガン政権の対中政策は、日本のものよりもイデオロギーに支配されており、対決的なものであった。また、米国とNATOが一九八〇年代にソ連と中距離核ミサイルに関する交渉を行った際、モスクワはSS-20を欧州からアジアに再配置しようとしたため、日本政府を立腹させた。これらが日米両国で潜在的に利益の乖離が発生した例であるが、両国政府は戦略対話を通じてそれを埋め、共通のアプローチを確立してきたのである。

しかし、これらの点にもかかわらず、同盟をめぐる戦略環境は冷戦後よりも一九八〇年代の方が好都合であった。ナイ・イニシアチブが一九九〇年代半ばに開始されたとき、北東アジアの戦略環境は冷戦期よりもはるかに流動的であった。北朝鮮の直接的な軍事脅威は長期的な課題ではなく、厳然と目前に存在していた。また、日米両国はさらに長期的な課題として、中国の台頭と、中国がこの地域で果たそうとする役割についての不確実な見通しなどを考慮しなければならなかった。北朝鮮の問題は、日米防衛協力を進める上で都合のよいものであり、なおかつこれは政治的にも受け入れられやすい政治課題であったのに対し、中国の問題について、日米が軍事的な役割と任務について合意を得るのは困難であった。日米両国それぞれは、別個の対中関与の戦略を持っていたが、両国共に中国が軍事的脅威になった場合の安全保障を二国間同盟に求めていた。中国政府が、日米が防衛協力で進めている防衛ガイドラインの再検討やTMD協力を批判したとき、日米両国政府の中には、中国との外交上の障害になるのであれば、両国の防衛協力の進展を減速させるべきであると考えた当局者もいた。これは、一九八〇年代においてソ連政府が日米防衛協力に反発するならば、総体的に日米のモスクワに対する外交にとってプラスになると考えていたのとは対照的であった。

それゆえ、日米両国の対中政策での戦略対話と協調は、冷戦期のソ連に対する戦略対話と協調に比べて簡単ではなかった。クリントン政権の対中政策は、一九九五年に中国の対台湾政策に対して政治的対決を辞さなかった態度から、一九九八年には、中国政府と「戦略的パートナーシップ」を宣言するまでに転換したため、問題は悪化した。これは日本政府に、米中関係の改善の中で米国が日本を放棄するのではないかとの危機感を抱かせ、中国との望まない戦争に巻き込まれることを警戒させるなど、分裂した結果をもたらしたのである。このような事例を考察する限り、一九八〇年代に日米両国政府がお互いの異なった利益を、政府の高いレベルでの戦略対話を通じ、また米国が一貫した戦略を維持することで巧妙に管理した記憶を呼び起こす価値があるのである。

過去の教訓を辿る限り、日米両国が対中政策において政府高官レベルでの政策協調を行うと、中国との対立を招くと考えるのは間違いである。日米両国は、中国に対して協調と対立という二重の戦略を持ち得る。たとえば、日米両国が台湾問題で効果的な対話を行い、両岸対話を促すと同時に危機に備えることは可能である。中台関係の危機に備える上で、日米両国はお互いの政治的、外交的な反応に関する対話を重視すべきであり、単に軍事的な危機対処問題として特別扱いすべきでない。もっとも、この分野では、米国の台湾に対する公式な防衛関与の枠組みがないため制約を受けている。米国側は日本に対し、台湾海峡危機における協力に関与することを明確にすることを希望したのに対し、日本側は米国に、対中政策が分裂している結果、日本の利益を考慮せず単独で行動するのではないかとの懸念を持っていた。すなわち、日米両国が対中政策に関して戦略的対話を行うことで、両国がもっと継続的で安定した政策を打ち出すことが期待できるのである。

政治的コンテクスト

日本において、一九八〇年から一九九〇年の間に、日米安全保障関係をめぐる政治も大きく変化した。一九八〇年において、日本社会党は日米同盟に反対していた。自民党は、親防衛のタカ派（自主防衛を志向する集団）と国際主義者（世界の中の日本の地位の向上に関心を持つ集団）とを内部に共存させていた。これに対し、日米間に米国の貿易赤字が存在し、米国が痛みを伴う経済再建を行っていることから、米国議会の一部には、日米同盟を批判する勢力があった。

このように、両国が政治的に分裂した環境にあったことから、同盟関係を運営している関係者は、一層密接な協力を進めていった。既に述べたように、これらの協力関係の中から、太平洋両岸だけでなく、各国の省庁間にもチームワークが生まれていった。またそこには、暗黙の協力関係も存在した。米国は、日本に対して防衛費の増額と即応態勢の整備を進めるために「外圧（がいあつ）」をかけ、日本国内で外務省、防衛庁、国防族議員が「内圧（ないあつ）」をかけ、米国の対ソ封じ込めを遂行する際に必要であった役割と任務をさらに多く引き受けるよう、日本政府に働きかけていったのである。

この対処法は、日本国内の防衛と同盟をめぐる政治に死活的に重要な影響を及ぼした。自民党内では、日米同盟はタカ派（防衛費を増額するために「外圧（がいあつ）」が必要であった）と国際主義者（日米同盟を、日本が西側同盟の一員として国際政治上の役割を増加させるために利用できる手段と考えた）との間を結びつけるものとなった。過去三〇年間ではじめて、自民党国防族は党内全ての派閥に議員を持つことになり、それゆえ自民党のごく一部だけでタカ派を構成していた時代とは異なり、自民党国防族の政治的影響力は高まったのである。官僚では、一九八〇年代に日米同盟が重視されたため、外務省における野心的な人物は、日米安保条約を扱う部署への配属を希望した。なぜなら、この部署は、日米同盟を利用して、日本の国際的な地位と影響力を拡大できるところであったためである。同時に、同盟協力が自衛隊の正当性を主張する源泉となり、初めて海上自衛隊だけでなく、航空や海上自衛隊の戦力構成と作戦計画を規定することとなった。反対政党は、軍事に関係することには全て抵抗するという態度を保ったため、変化自体は漸進的に行われることになった。しかし、自民党と政府は防衛政策決定を秩序正しく、慎重に、なおかつ排他的に行ったため、少なくとも一九八〇年代の終盤にＦＳＸをめぐる大騒動が勃発する前まで、同盟は非常に良好に運営されていたのである。

ナイ・イニシアチブが開始されたとき、日本における防衛と同盟政治をめぐる環境は全く異なっていた。日本社会党は、日米同盟と自衛隊を合法的とみなすようになっていた。新たに誕生した民主党の中には、自民党よりも防衛問題ではタカ派寄りの議員がいた。そして、自民党内の派閥や族議員には、凝集性も統一性も欠けていた。これは、自民党が一党支配を維持できなくなり、一九九三年以降予測がつかない連立政権が続いていることによってもたらされた影響である。一九八〇年代の同盟の管理者たちは、政治的な対抗勢力の非柔軟性によって、防衛政策では独占状態を保っていたが、一九九〇年代における議論は「総論賛成各論反対」の情況を呈している。同時に、日本では官僚制に対する信頼性とその影響力は減少し、政治家からの介入に非常に脆弱な状態になった。最後に、地方自治体や非政府団体への権限の移行が加速し、それ自体は市民社会の成熟の結果としての多元主義の拡大として歓迎すべきものではあるが、エリート層が政策を管理するのを困難にした。

日本の戦略文化も、一九九〇年半ばにおいて大きな変化を経験した。日本においてバブル経済が崩壊し、日本外交が一九九一年の湾岸戦争への対応に失敗したため、日本国民は自身の統一性と国際環境について、懸念を持つと共に安全に疑問をもつようになった。日本政府は一九八〇年代において、国民に対し防衛費と対外援助費への支持を取り付ける上で、「国際貢献」の必要性と貿易黒字の還流の重要性を説明した。これに対し、一九九〇年代には「国益」に訴えかけるのが最も一般的であった。日本国民は北朝鮮の潜在的脅威や、中国のミサイルの危険性さえも理解しており、米国が日本の防衛政策に影響を与える上で外圧（がいあつ）に訴える必要性は減じていった。同時に、米国が日本の安全保障利益を守れないことが、過去以上に日米同盟にとって大きな影響が及ぶことが明らかになった。たとえば、一九九八年八月に日本上空を北朝鮮のテポドンが通過した際、米国政府はその軍事的脅威を過小に評価し、北朝鮮政府と日本と韓国が資金提供して建設される軽水炉原発の建造を促進する交渉を優先した。その翌月、日本政府は国産の偵察衛星の開発を許可した。これは、ワシントンの北朝鮮に対するソフトな対応に対して、不信を持っているという明確な信号である。

しかし、政治的な環境が更に流動的で予測不可能になり、日本の戦略文化がもっと独立的になったとしても、これは日米同盟の強化ができないということを意味するわけではない。事実、日本国民が脅威認識を強めていることは、日本が国際安全保障問題において大きな役割を果たしたいとする願望を満たす好機となる。我々のケーススタディは、この分野に関して幾つか重要な教訓を導き出している。

第一に、政治的リーダーシップが弱くても、同盟関係において進展をもたらすことは可能であるということである。たとえば、シーレーン防衛の政策は、平和主義者の鈴木善幸時代の一九八一年に確立され、ナイ・イニシアチブが、更に平和主義的な傾向の強い村山富市時代の一九九五年に開始されたことを思い起こすべきであろう。これらの事例に共通して言えるのは、同盟を長期的な観点から考察した政府当局者と、抵抗する消極的な官僚を動かすだけの影響力がある政治家が存在したことである。特に、一九八一年から一九八五年においては金丸信と三原朝雄が、また一九九五年から一九九七年においては山崎拓と梶山静六が大きな役割を果たした。次第に、同盟関係の問題を解決するために、積極的な総理大臣が求められるようになり、一九八二年には中曽根が、また一九九六年には橋本が登場していった。これら二人の政治家が権力を握った一つの理由として、日本の国内政治において日米同盟の重要性を再確認する必要性があったことにも注目すべきである。

第二に、同盟関係の変更が、両国の主要な関係者にとって相互に利益があったことである。「役割と任務」とナイ・イニシアチブのどちらの場合も、日本側にとっては暗黙の取引があった。一九八〇年代初頭において、防衛費の増額のために米国から外圧をかけてもらい、日本は専守防衛の原則の範囲内で、米国の封じ込め政策に協力することになった。ナイ・イニシアチブにおいて、日本政府は米国からＳＡＣＯで沖縄の米軍基地の整理・縮小、そして再配置の約束を取り付ける代わりに、国内で防衛ガイドラインの改正に合意した。このような取引は、二国間では決して明確にされたものではなかったが、「自社さ」連立政権内では自明のことであった。換言すると、日米両政府は、お互いに何を求めているかを明確に認識している時には、取引を成立させることができたのである。

第三に、この二つの事例研究において、米国は日本に広範な責任分担を求めている。日本は同盟協力拡大を通じて、影響力を拡大してきた。役割と分担、そしてナイ・イニシアチブは、この地域に対する日本の外交政策を後押しし、日本国内の関係者の意欲を高めた。同盟を長期にわたって強固に保つためには、現状維持を再確認するだけでは不十分であったのはこのためである。さらに、同盟における特定の防衛協力が、日本の能動的な外交政策を米国が支援する形で補完されていたのは重要である。ナイ・イニシアチブは、一九九七年と九八年に日本が外交的なイニシアチブを発揮して提案したアジア通貨基金構想を米国が批判したため、モメンタムを失った。日本は自国の国益と国力を包括的に規定しており、伝統的な安全保障問題を超克したものと考えていた。日本の国際社会における役割について、米国に包括的かつ長期的なヴィジョンが欠けている場合、防衛協力は少しも進展しない。日米同盟においては、安全保障と共に日本の国家的野心も満足させせなければならないのである。

結論――危機を機会に変える

日本語の危機は、「危険」と「機会」という漢字を組み合わせたものである。一九八〇年代初頭の役割と任務に関する進展と、一九九〇年代半ばのナイ・イニシアチブとの間にある類似性は、大きな危機に際して、それぞれの省庁の活動を発展させて日米同盟の重要な再定義をもたらしたことである。一九七八年の防衛ガイドラインは、ソ連がその前に軍事力を拡張し、日本にとっての「自衛」と「地域安保」の境を無くさなければ、地域安全保障協力という言葉のあいまい性ゆえに、あれほどの戦略的重要性を持たなかったであろう。これと同様に、一九九六年三月の中国のミサイル・テストによる脅威感がなければ、また沖縄における危機を期に、日本国内の政治的駆け引きが開始されなければ、一九九六年から九七年にかけての防衛ガイドライン改定は可能ではなかったであろう。これらの危機によって開始された、将来の同盟に関する実務者間の交渉は、日米両国の国内政治と国際政治において中心的な位置を占めるまでに発展したのである。

しかし、重要な教訓は、同盟関係を進展させるために、ただ単に危機が起きるのを待っているのではいけないということである。事実、もし同盟管理者たちが、危機が起きる一九七九年や一九九五—九六年の前に、同盟関係を再活性化させる方法を考察していなければ、全体的には準備不足の中で同盟関係はもっと弱いものになったと思われる。同盟管理が最も成功するのは、戦略環境の突発的な変化が起こると必ずしも期待しているわけではないが、それに対応できるだけの準備を行っている場合である。また、同盟管理は、現状維持に満足し、それが継続することを願っているときには、もっとも成功の見込みが少ないのである。

脚注

1 Yoichi Funabashi, *Alliance Adrift* (New York: Council on Foreign Relations, 1999).

2 この認識は、複数の筆者によって二〇〇〇年一〇月に発表された報告書で共有されている。*The U.S.-Japan Alliance: Advancing toward Mature Partnership* (Institute for National Security Studies, National Defense University, October 2000).

3 一九九六年三月一二日に、Woodrow Wilson International Center for Scholars, Asia Program, National Security Archive, U.S.-Japan Projectの後援を得て、ワシントンで開催されたワークショップThe Nixon Shocks and U.S.-Japanese Relations, 1969–1976における防衛庁関係者の証言。

4 事実、中曽根首相は日本の防衛計画に関し、「自衛が前面に立ち、同盟協力は後衛に立つ」と述べている。そして、中曽根は一九七〇年に発表され議論を呼んだ中期防衛計画において防衛予算倍増の方針を打ち出している。Michael J. Green, *Arming Japan: Defense Production, Alliance Politics, and the Post-War Search for Autonomy* (New York: Columbia University Press, 1995), pp.53–71.

5 国防会議『防衛計画の大綱』一九七六年一〇月二九日発表。

6 一九九八年八月二一日—二三日に、スタンフォード大学アジア太平洋研究センターで開催された、変容する北東アジアにおける日本と韓国との同盟に関する会議で、村田晃嗣氏が"The Origins and the Evolution of the U.S.-ROK Alliance from a Japanese Perspective,"の標題で行った報告より。また、村田晃嗣『大統領の挫折』(有斐閣、一九九八年)。

7　海軍作戦部長ジェームス・ホロウェーイ提督は、一九八二年六月一六日に議会公聴会において「日本が同盟国として援助を行えば、日本の周辺の海峡をソ連が利用することを拒否できる！」と発言している。Cited in Eiichi Katahara, *The Politics of Japanese Defense Policy Making, 1975－1989*, Doctoral Dissertation, Griffith University, Australia, April 1990, p.192.

8　中馬清福『再軍備の政治学』（知識社、一九八五年）、八四頁。

9　『防衛ハンドブック—平成二年版』（朝雲新聞社、一九九〇年）、二七六頁。

10　「日米防衛協力のためのガイドライン」第2条（日本に対する直接攻撃に対する対応）（2）（i）。これは、防衛協力小委員会に提出され、一九七八年一一月二七日に日米安全保障協議委員会で承認された。

11　元国防次官補（東アジア担当）モートン・アブラムヴィッツとのインタビュー（一九九七年一一月一五日）。Cited in Michael J. Green and Koji Murata, "The 1978 Guidelines for U.S.-Japan Defense Cooperation: Process and Historical Impact," Working Paper #17, National Security Archives U.S.-Japan Alliance Project, June 2000 (http://www.gwu.edu/~nsarchive/japan/greenmuratatp.html).

12　"Joint Communique of President Ronald Reagan and Prime Minister Zenko Suzuki," *Department of State Bulletin*, Vol.81, No.2051, June 1981, pp.2－4.

13　Green, *op.cit.*，n.4, p.121. また、朝日新聞が一九八二年二月一六日から三月二六日まで連載した「一九八二年防衛予算の編成過程」を参照。

14　中馬、前掲書、一三七頁。

15 U.S. Joint Chiefs of Staff, *United States Military Posture FY1982* (Washington D.C.: Department of Defense, 1982), p.3.

16 Yoichi Funabashi, "The Asianization of Asia," *Foreign Affairs*, Vol.72, No.6 (November/December, 1993), pp.75－85.

17 朝日新聞湾岸危機取材班、『湾岸戦争と日本』（朝日新聞社、一九九一年）、五四頁。

18 防衛庁関係者とのインタビュー。『毎日新聞』（一九九三年二月三日）。

19 自由民主党、『国際社会における日本の役割―安全保障問題に関する提言』（一九九三年二月三日）。

20 The Advisory Group on Defense Issues, "The Modality of the Security and Defense Capability of Japan: Outlook for the 21st Century," (August 12, 1994－Official English Translation).

21 特にPatrick Cronin, "Japan Rethinks the Alliance," PACNET No.24, July 21, 1994参照。

22 「米軍後方支援を極秘研究―九三年朝鮮半島危機で防衛庁」『東京新聞』（一九九九年一月一五日）、「九四年朝鮮緊張時の米軍―対日要望」『朝日新聞』（一九九九年三月三日）、「空港・港湾の提供検討―九四年の緊迫時に防衛庁」『朝日新聞』（一九九九年三月二三日）、「九四年朝鮮半島危機―米韓支援で有事計画」『朝日新聞』（一九九九年四月一五日）。

23 Department of Defense, *United States Security Strategy for the East Asia-Pacific Region*, February 27, 1995.

24 U.S.-Japan Joint Declaration on Security, April 17, 1996 (http://www.fas.org/news/japan/11318448-11333165.html).

25 「日米共同世論調査」『読売新聞』(一九九九年一二月一九日)。

日米軍事同盟の実践——防衛援助計画の五〇年[1]

マイケル・チンワース

はじめに

日米間の安全保障関係は、一九五一年の講和条約及び一九五四年の相互防衛援助協定の締結以降、数多くの段階を経て現在に至っている。本巻では別の章で、米国による事実上の占領継続から、両者の緊密な利害（決して同一ではないが）を反映するより平等な協定への、その関係の進展を扱う。この関係を長期的に支えるために、両国間ではこれも様々な装備・技術援助計画が実施されてきた。安全保障の性格自体が変化してきたのと合わせて、それを支える援助計画も変化してきている。こうした計画は、政策上の論争や対立を必ず伴ってきた。そのため関係者の間の利害対立を処理する、様々な政策上のトレード・オフを内包しているのだが、対立を完全に解消できなかったことも多い。意見の不一致は今に至るまで続いている。

本章では、五〇年に及ぶ日米の安全保障関係の中で防衛援助計画の発展について概観する。援助計画の実施が始まり、時と共に発展していく際の、それを取り巻く全般的状況についても検討する。最後に、未だ成熟途上にある両国の安全保障関係が持続することを前提として、将来の選択肢を検討する。

援助計画の発展

両国間の防衛援助計画はこの五〇年間に、米国による一方的な対日軍事援助から、日本固有の技術供与の拡大も伴う混合的な構想へと発展してきた。一九六〇年の日米相互協力・安全保障条約が両国の安全保障関係全体の基礎を築いたとすれば、一九五四年の相互防衛援助協定（ＭＤＡＡ）は日本に対し装備や技術を提供する法的基盤を作った。ＭＤＡＡは、米国製兵器の対日輸出の他、米国で開発した兵器システムの共同生産の基礎を提供した。協定では、幅広く装備や資材、役務、その他の援助を交換すると定めている。また日本政府高官が、米国による日本の防衛産業の支援を希望するとした発言も収められている。日本企業と米国企業との間では、政府の承認を得た上で、ほとんどあらゆる必要な取り決めが行われた。以後に登場した、両国間の援助計画には六つの基本的形態がある。

- 相互防衛援助計画（ＭＡＰ）による装備無償供与
- 政府支援の販路（軍需品有償援助―ＦＭＳ）及び企業間の直接取引による、装備販売
- 免許制の生産
- 共同生産
- 共同開発
- 合同研究・開発

こうした計画が進展をとげる度に、日本製の製品・技術の占める割合が高くなっていったことは明らかで、それにはいくつかの要因があった。一つは、研究や開発、生産の国産化を望む国内防衛産業の圧力が常にあったことである。日本の業界も政府も、国家的威信や自治の回復、利益など、様々な理由から、国産化を求めてやまなかった。政府の国内防衛産業支援の姿勢は防衛庁による装備調達に明らかで、防衛庁は常に、装備や役務は出来うる限り国内で調達する意向を表明している。日本政府も、防衛庁が一九七〇年に発表した「防衛装備の開発及び製造の基本方針」の中で、民間防衛企業にビジネスを開発・提供するという意向を再確認している。[2]

国産化を推進させた第二の要因は、駐留米軍が両国の安全保障関係の中で、当初の占領軍から、依然として深い関係だが以前より距離を置いたパートナーへと移行したことにある。軍事援助の停止、ニクソン・ドクトリン――自主防衛に必要なものは自前の資源で賄えということを強調した――、そしてアジア地域からの米軍の漸次撤退、以上のすべてが、日本国内の防衛生産力の増強を正当化する理由となった。

第三の要素は、両国ともに、安全保障条約自体の狙いや、関連する政策目標を達成するには日本の国内防衛生産力の増強を良しとする考えがあり、さらに全く同じ目的から防衛産業の生産力を制限しようという、これも同様に重要な必要性がそれに加わった複雑な組み合わせである。戦後の日米の防衛援助計画の歴史は、広い意味での安全保障をめぐる関係そのものに反映された緊張関係の縮図だった。一方に、安全保障の目的を達成するため防衛産業の強化を含め日本の能力を高めようという意図が、両国にあった。その一方で、日本の平和的姿勢を守り、日本や日米両国間の防衛戦略が他の国に及ぼすとされる脅威を最小限にするため、こうした援助計画を抑制しようという強い動機もあったのである。

日米装備・技術援助計画の形態、一九五四年から現在まで

- どんな利益があると認識されたか
- 計画
- メカニズム
- 米国
- 日本
- 相互防衛援助計画（ＭＡＰ）

1、相互防衛援助計画
- 憲法の枠内で日本の防衛力を再建
- 米国にとっての収益
- 軍隊、及び域内の防衛能力（修理、メンテナンス、後方補給）を維持する原則を再確立

2、販売
- 軍需品有償援助（ＦＭＳ）
- 企業間売買（企業間の契約＋軍需品販売の許可）
- 重要なアジア・太平洋同盟の強化、共同作業能力の強化、米国製兵器システムの使用促進
- 装備選択の自主性拡大
- 防衛政策の決定における企業の直接関与の増加

3、免許制の生産
企業間の契約＋軍需品販売の許可
- 日本の防衛生産力の強化
- 重複開発の無駄の回避
- 米国産業にとっての収益
- 先端システム及び技術情報の開示
- 重火器及びエレクトロニクス部門の成長
- 技術の移転

4、共同生産

（了解に関する覚え書き［ＭＯＵ］）
- 免許生産の計画の場合とほぼ同じ
- 技術移転の経路の追加

5、共同開発
（ＭＯＵ）
- 日本の防衛生産力の確立を継続
- 技術情報の相互提供
- 産業／技術基盤開発の継続
- 合同開発の兵器システムに独自技術を導入
- 初期のシステムの仕様に大きな影響

6、合同研究開発
（ＭＯＵ）
- 日本の技術（軍事用、非軍事・軍事両用）情報の開示
- 米国製兵器システムへの依存を維持
- 日本の技術と米国の技術の長所を融合
- 予算削減時にも防衛産業を支える

（Michael W. Clinworth and Gregg A. Rubinstein, "U.S.-Japan Technology Co-operation; Policies and Future Scenarios, Part II: Past Experience"の、一九九五年一〇月一日、国防省提出のFinal Presentationより引用。Defense Technical Information Centerで入手可能）

相互援助計画をめぐる摩擦

こうした援助計画は、安全保障関係に内在する利害対立を反映した、かなり強い摩擦をはらむものでもあった。米国と日本は、軍国主義を復活させず、完全に自立した防衛産業が台頭することのないようにしながら、日本の防衛力増強や防衛産業の強化を行おうとした。昔のおとぎ話に出てくるゴールディラクスと、非常によく似た課題に直面したのである。大きすぎず小さすぎず、熱すぎず、冷たすぎないレベルが望ましい。「ちょうど良く」なければならない。「ちょうど良い」かどうかを決める直接の公式は、両国の政策決定者の頭には全くなかった。その代わり、その時々の政治に影響された主観的評価の合体物から、決定は生まれた。

たとえば戦後すぐの頃は、軍需品の国内製造の原則を打ち出すだけで、軍国主義復活の亡霊を呼び覚ました。時が経つにつれ、他の問題、特に防衛援助計画と、それにより生じる商業上の副産物との関連性に懸念が集中するようになった。こうした変遷を通じて、軍事作戦上の目的に基づく軍需に応じるという、もっと重要な関連性には焦点があてられなかった。

相互利益――経済上、工業上、技術上、そして政策上の――についての関心は、時によって変動している。どの時期でも、経済的かつ政治的、及び安全保障の条件の文脈で捉えられる傾向がある。たとえばＦＳＸ／Ｆ-２（航空自衛隊の次期支援戦闘機）計画は、当初は両国間でもっとも議論を呼んだ大問題だったものが、未だに批判はあるとはいえ、政治の場であまり注目されない問題になっている。関心の度合いが変わった理由の大部分は、両国の競争力や経済的活力の変化である。日本を競争相手として脅威と見る見方が減り、米国自体の経済見通しが良くなるにつれて、米国内の懸念が和らいでいった。そのほかの大きな計画――パトリオット地対空ミサイルや、Ｆ-４の共同生産、Ｆ-15の免許生産の計画――は、様々な段階で批判を浴びてきた。しかしながら、計画が実施段階に入ると批判は収まり、新しい計画に批判が向けられ――そして新たな論争が生まれた。

大規模な計画を実施中の日米経済の相対的状態も、計画に対する支持が揺れ動く重要な理由とされている。日本の生産力が増加する中で米国経済の先行きが怪しくなると、援助計画や安全保障関係の拡大に対する支持が減る、と見るのが一般的だ。この五〇年間、相互援助計画の目的は表向き、日米両国の安全保障関係の様々な側面に実質を与えることだった。中でも最重要なのは、日本の自主防衛力の整備と、米国が安全保障上の約束を守ることである。しかし実践となると、個々の計画がこの基準を満たさないことがしばしばあった。こうした幅広い目標についての相互の合意が、具体的な計画実施の際には必ず伴う交渉や政治的位置づけの中で、見失われてしまうことも多かった。

影響の評価

技術移転の「ちょうど良い」バランスと適切なレベルの防衛費支出という、例のおとぎ話的な均衡点をどう見つけるかが、戦後の防衛援助計画をめぐる物語になっている。政策目標に基づき、新しい計画について信頼できる合理的説明を確立することが、この間常に政策決定者にとっての課題だった。両国関係のどの段階でも、様々な安全保障上の、かつ競争に関する懸念が浮上したが、具体的な計画については、両国関係の成熟度によっても異なるが、その場限りの説明がなされることが多かった。その結果妥協が生まれるわけだが、それはそうした決定の関係者たちを満足させるものにならないことが、しばしばだった。日米間の軍備・技術援助政策及び相互援助計画についての評価は、以下の四つの点に焦点が合わせられている。

- 両国の計画参加者の目標及び動機
- 目標や目的がどの程度達成されたか
- 軍需品の販売や製造免許、研究・開発のプロジェクトに関わる技術の移転が、両国それぞれの産業基盤に与えた影響

- 個々の計画についての決定がなされた経緯、特に計画が一つの形態から次の形態に発展したような場合

どれも当たり前のことだが[3]、どの点も詳細に論じる必要がある。

目標及び動機——両国の政府及び業界とも、防衛援助計画に具体的な目標を持っている。米国政府は、日本の防衛生産力を確立し、日本を信頼できる同盟国として維持し、経済的利益を約束することで自国の防衛産業を支える一方、経済上の競争相手に重大な技術が流出することはなるべく避け、非友好国にそうした技術が漏れることを最小限に抑えようとしてきた。

日本政府の動機は各省によって異なり、また時に応じて変化してきた。総じて言えば、米国との安全保障関係を維持する（外務省のスタンス）一方、防衛産業への非生産的投資は最小限にする（大蔵省——改編されて以降は財務省——のスタンス）ことにあった。さらに、日本政府は固有の兵器産業の発達を支援しようともした（日本の防衛庁、および通産省——改編されて以降は経済産業省——や、軍需品メーカー自身の目標）。最後に、企業と政府両方の関心を集めたのが、軍需品製造によって生じる付随的な技術上の恩恵を最大限に利用することだった。

目標の達成——こうした目標の多くは必然的に競争を伴う。特に日本の防衛産業の生産力強化が米国の業者の犠牲を伴うような場合はなおさらである。業界と政府がそれぞれの目標達成に「成功」したと認識するかどうかは、時によって変わってくる。しかし、どちらのケースにも明白な成功の尺度はある。しかも、こうした成功はゼロサム・ゲームの一部として見る必要もない。たとえば、米国と日本は引き続き地域の同盟国——それが米国の主要な政策目標でもある——であり、日本の防衛産業は四〇年前と比べて生産能力が高く自前で開発したシステムを数多く製造しているが、依然としていくつかの重要分野では外国の供給業者に依存している。米国企業は日本の防衛市場で今も活動しており、市況が許す範囲ではあるが利益を上げている。大事なのは、両国の防衛産業が、両国の安全保障関係のニーズの進展に対応して実践や予測を調整でき

るかどうかなのである。

技術の影響――こうした成功の程度や及ぼす影響の計測は、なかなか難しい。一つの観点で成功の度合いを測るのなら簡単である。両国の防衛産業が得た利益は時により変動はあっても、長期的には極めて大きい。技術移転の経済的影響については、その全体像が姿を現すにはかなりの時間がかかるため、評価はさらに難しく、確実性に欠ける。技術移転をドルに換算することも、同じ理由で困難である。しかも、技術移転とその拡散は曖昧なプロセスをとる。日本に移転された技術の「仕掛け」が容易に判別できる何かの製品を結果として産んだと、はっきり判る事例はごくわずかしかない。

しかし、経済的影響は、幅広い構図の一面でしかない。他の同盟国との関係と比較するのが、経済的影響の一つの尺度になるかもしれない。北大西洋条約機構（ＮＡＴＯ）における米国の役割は、日米両国の安全保障関係のモデルとされてきた。この尺度に従えば、各時点での援助計画作成者の、そして政治レベルでの相互交流の拡大は、両国にとって望ましい成熟に至る道の一つとみなされる。しかし、防衛計画の決定に米国が加わることをヨーロッパの加盟国が本当は歓迎しているのかどうか、そしてＮＡＴＯの目的自体も、依然として論議のあるところだ。ＮＡＴＯ――冷戦の消滅に伴い、それ自体がいわばアイデンティティの危機に直面している――が今後の日米の軍事的紐帯の有益なモデルなのかどうかも議論すべきではある。

文脈と新計画への移行――二国間の安全保障政策をめぐる様々な分析に、いや日常的な議論にさえ欠けているのが、装備や技術の相互援助計画は大きな政策目標を達成するための道具だという事実である。防衛援助計画の評価は、特に近年、計画を全く独立したものとして検討し、政策上の文脈や目的を無視したものになっている。「技術上の関係」は、相互で定義し合意した二国間の安全保障の目的という文脈で取り上げられるのが理想なのに、孤立したものとして検討されてきたのである。

この傾向が特に強いのは、新しい計画に移行するため戦略的な政策上の考慮よりも企業や政府の戦術的目標の方が重視される場合で、計画というものの多くは、個々の具体的内容がその時点の政策論議に左右され、変化してしまう傾向がある。政策上の目標達成に必要な装備や技術上の要請について合意するより、どの技術や装備の援助計画が実施できるのかに議論が集中することが多く、政策的な合理性は後回しになる。政策目標こそが装備や技術の相互援助計画を駆動すべきであって、その逆ではない。

文脈と目標——優先順位の抽出

文脈の問題は、こうした計画の影響の評価と直接関係する。一九八〇年代半ばまでの相互防衛援助計画は、米国が軍事技術移転の経済的影響を充分考慮しなかったことが失敗だとして、厳しく批判されてきた。ホール及びジョンソンは一九五〇年代と六〇年代の援助計画について、計画は日本企業を最新の軍用機器製造ビジネスに引き込む狙いを持ちながら、実は教える側のアメリカ企業を犠牲にするのではないかとの、米国の技術者の評価を紹介している（一九六七年）。

以後も続けられた軍用機の共同生産計画では、高度技術品の製造免許を日本企業に与えないという事態が以前より頻繁に起きた。F-15の共同生産は、この点でいわば分水嶺とみなされている。この計画については一九七八年六月二〇日に両国が覚え書きを交わしその結果、日本への技術移転は以前のF-4共同生産の時より、はるかに少なくなった。（米国の政策に批判的な者は、米国国外でその戦闘機の共同生産を許されているのは日本だけだと指摘するが[4]）。他の部門でも、パトリオット共同生産計画はミサイル関連技術の移転のピークを反映して、事実上すべてのハードウェアや一世代前のソフトウェア・システムの製造免許が日本のメーカーに与えられたが、ヒューズ技術など最重要項目の技術移転は引き続き制限された[5]。

経済的配慮と安全保障上の考慮との融合——あるいは分離——が、この間の長期的テーマになっている。二国間の経済関係および安全保障関係がどの程度、融合したか、あるいは融合すべきかが、常に議論されてきた。二つの立場が明確に存在する。一つは、経済問題と安全保障の問題は別であり、幅広い両国の友好関係を決して損なうものではないとする。もう一つは、両者は不可分のものであり、一方の文脈で他方も見なければならないとする考えである。この感情が特に強いのは防衛援助計画に批判的な論者で、彼らは、特に米国の方がその経済的影響を無視しており、米国を犠牲に日本が法外な利益を欲しいままにしていると主張してきた。

政策審議の場では、こうした論議が確かに行われている。たとえば、一九八五年七月二六日付けの「インフォメーション・メモランダム」[6]には、安全保障の問題と防衛問題との「絡み合い」についての認識が明瞭に読みとれるが、政策決定者が一番懸念していたのは自分たちは別々の問題と考えていることが見境なく一緒にされてしまうことだった。こうした公式の書簡を待たなくても、技術移転の経済的影響はずっと前から認識されている。経済や競争上の問題に注目が集まることはあまりないかもしれないが、こうした技術援助計画が、それらの問題と全く無関係ということはありえないのである。

ところが海の向こう側の日本の視点は、米国と対照的である。日本では、米国の技術移転がしみったれで、日本への規制が強まることに不満が集中している。アメリカの技術を日本が不公正な手段で入手しようとするケースが増えていると米国の側が分析すれば、日本側では、全く同じ事件や行動について、日本が米国依存を維持しようと努力している様子に目が向けられる。米国が日本は不公正競争で優位を得ていると不満を述べる度に、日本は米国の「テクノ・ナショナリズム」を批判するといった具合[7]。今日にいたるまで、両国の安全保障関係の大半は、こうしたゼロサム・ゲーム的見方が支配的で、援助計画における相互利益に着目する見方が排除されている。

こうした論争は、ただ語義を巡る食い違いや、交渉の立場の違いに因るものではなかった。日本が再軍備よりも経済発展を強調——吉田ドクトリンの基調[8]——したことにより、両国間には、今も続く避けがたい哲学および政治上のギャップの素地が築かれたのである。両国の違いは、安全保障関係の中で議題になってきた多くの相違点の一つであり、両国の絆の維持するために相互援助計画が建てられていく限り、今後も残る公算が大きい。

競合する利害の調整

こうした相互援助計画について、関係者が完全には満足していないこと自体が計画成功の証であるとも言えるのではないか。いや、もっと真剣に言うなら、計画はその成功の如何、限界や失敗の如何で評価されなければならない。両国間に安全保障条約がある以上、計画の成功や失敗が政策上、常に検討材料にされる可能性が強いのであるから。成功したかどうかを計る最大のものさしは、こうした計画が実際に二国間の安全保障条約の助けになったかどうかである。時を経て、二つの目標が明らかになってきた。一つは日本の自主防衛力を拡大しつつ、国際的には平和的姿勢を維持すること。もう一つは日本の防衛生産力を確立する一方、競争相手となるような結果は最小限に抑えること。

日米の政策決定者は長年にわたって日本の防衛生産力を向上させてきた。こうした相互防衛援助計画の及ぼした結果については、批判が絶えない。ナショナル・リサーチ・カウンシルの防衛小委員会の報告（NRC、一九九五年）では、技術協力関係について非常に突っ込んだ批判をしている。報告では、実際には日本が経済成長を念頭に置いて米国からのみ技術を引き出す口実として、防衛が利用されていると言う。また同報告は、日本との「技術協力関係」は大幅な再編なしでは済まないとも断言している。だが一方、最近の研究では、日本に対する米国の技術移転の影響は誇張し過ぎかもしれないとも言われている。[9]

妥協のコスト

この不安定なバランスを保つにはコストがかかっている。一番重要なのは、限定された国内生産のためにコストが高くなることが、日本の——従って同盟国の——安全保障能力を制限することかもしれない。共同計画に伴うコスト高ははっきりしている。典型的な例では、負担増が四〇パーセントから八〇パーセントと推定される。FSX２／F‐２計画では、この数字が異常に高くなり、日本製F‐２の最終コスト——米国製F‐16の大幅な改良型だが、性能の向上は怪しい——は、F‐16を「棚卸し」で購入した場合の金額の四倍にも達した。

コストをこれほど高く引き上げ、事実上、有効な軍事力の展開を不可能にさせるような計画は、両国の安全保障関係の幅広い利益に適うものなのかどうか、問いかけるのが公平というものだろう。日本の防衛支出は政策により、また実際にもここ何十年か、上限を設けられている。これはつまり、個々の軍需品調達の決定は、購入予算の一円あるいは一ドルに至るまで、防衛費の総額に照らしてバランスを取らなければならないということだ。人件費や後方補給、その他日本の防衛費の重要部分はどれも、防衛庁が国産化を目的とした費用のかかる戦闘機製造計画に着手するたびに、減額の憂き目を見たのである。

日本が様々な軍事協力計画に参加すると地域の多くの国の批判を浴びることが続いているが、日本の武器輸出制限や、国際的な平和活動への参加拡大などの政策は、その平和的意図を世界に確信させる役に立っている。しかしながら、コスト上昇が続いたために、米国との同盟関係を維持する防衛援助計画への、別の参加の仕方の必要性が高まってきた。日本の防衛産業の輸出拡大は、日本の安全保障に対する姿勢にとって武器の輸出制限が持つ重要性を考えると、生産的な提案ではない。ただ現在の政策をより柔軟に解釈して二国間の協力拡大を可能にするのであれば、お互いに利益がもたらされるだろう。いずれにしても、他の選択肢を検討すべきである。

認識は時に応じて変わる

相互援助計画に対する認識は周期的に変化してきた。政策論争は、当然のことだが大きな過渡期に最も活発になっている。さらに、論議の視点は、日米それぞれの防衛産業が好況、不況の周期のどこにあるかによって、変わってくる。いずれの場合も日本企業は、技術移転のおかげもあって不況になっても（米国に）追いつくことができているが、それでも最重要の軍用機部門では遅れをとったままである。過去の検討に基づいて将来を予測するのは困難だが、日本の防衛政策に、特に言えば武器輸出の制限に大きな変更がない限り、これまでと同じパターンが繰り返されるのではないだろうか。

日本が輸入した兵器システムを模倣し、技術移転の恩恵を受けてきた足跡は、部門ごとに異なっている。日本は様々な分野で輸入品の代替物を数多く開発してきているが、すべてについて成功しているわけでもない。しかも、日本製のシステムはコスト・プレミアムや性能についての制約に悩まされる。たとえば日本はレーダーや通信部門で米国の技術移転の恩恵を受けてきたが、独自に開発したシステムは、輸入品と比べると性能がもう一つだ。エレクトロニクスの分野では商品に何の問題もないが、この産業の成功にとって防衛産業が欠かせないとは言えまい。むしろ、そうではなく民生産業の発展によって日本の防衛技術能力が形成されていることは確かである。

そうは言っても、日本は依然として、多数の先進兵器について（たとえばイージス艦の電子部品は米国から輸入している）外国の供給源に依存している。輸入の空対空ミサイル（ＡＡＭ）に代わる国内製ミサイルを開発してはいるが、コスト高と性能面のペナルティを課せられている。パトリオットの免許生産の契約を結んで以降、最新の地対空ミサイル（ＳＡＭ）開発の努力も続けられているが、結果は可もなく不可もなくというところである。

以上のすべての分野で、米国が次世代の援助計画を開始する度に、日本はそのシステムの製造免許や技術情報を得ようと米国にアプローチしてきた。自主的な努力も、こうした米国の技術の移転が行われるかどうかに大きく左右される。米国の技術開発がスローダウンすると、日本の業界の努力も頓挫した。今後の見通しにとって何がもっとも重要かといえば、過去の先例が必ずしも通用するわけではなく、それ以上にこうした分野で米国が次世代システムの開発を始めるかどうかにかかってくるかもしれない。日本としては、国産の代替品開発が市場の制約や開発コストの高さ、調達予算の減少など、多くの問題のせいで次世代の開発や生産につながるかどうか判らなくても、今のところ充分満足しているようにも見える。

こうした表面上の米国の優位にもかかわらず、日本は、米国から輸入したシステムを基に変種を次から次に国産で開発することで満足してきたことは明らかだ。この状況では、輸入品の代替物を開発すると決め込んでいる国に、その目標を全く達成させないでおくことは、その国が同盟国であればなおさら困難なことも、同様に明らかである。もちろん、ここで忘れてならないのは、そもそも地域における二国間の安全保障の目的を達成する上で、両国が正確にどんな兵器システムや技術を必要とするのかという、さらに大きな問題である。

現在、米国は防衛の世界におけるビジネスの仕方の根本的と言っていい変化に直面している。「物品購入改革」――予算の削減や技術上の要請の拡大、それに決して縮小することのないグローバルな役割からして必然となった――によって、国防総省は軍需品調達の方法を見直し、世界各国の供給業者に門を開かざるを得なくなった。「物品購入改革」の理想通りになれば、将来米国は、同盟国の業者を国内の業者と事実上全く同じ扱いにすることになる。日本の技術力の強化や防衛産業の成長がこれからも続くことを考えると、二国間の安全保障関係の成熟もそうだが、この現実認識に立って新たな両国関係の発展がありうるし、また当然そうでなければならない。

さらに、こうした傾向の解釈が視点によって異なることを指摘するのも重要だ。これまで進めてきたのは、米国は共同の兵器開発計画で政治的な利益を得ており、米国企業にとっては実質上の利益があるし、日本政府や日本企業は米国が開発した未来の兵器システムの製造免許をとることに今後も関心を止めてくれそうだから、防衛技術の競争では米国は本質的に日本に「勝っている」（これまでのところ）という議論だった。

だが現状で勝った負けたと言うのは、同盟関係または友好国の関係の底流にある、もっと感情的なものと、うまく共存し得ない側面がある。これは特に、この五〇年間の「摩擦」を観察する上で重要だ。摩擦は確かに存在しているが、それは取引の性格に内在する。つまり米国は技術を移転し、日本は恩恵を受けてきた。両国とも問題を抱え、犠牲を払った。だがどちらも、利益を得たのである。

防衛技術を日米の安全保障関係の総体的文脈の中に位置づけることが必要である。防衛面にだけ焦点を当てることは、防衛技術がこの期間に両国間で取り引きされた技術の一部に過ぎず、さらに技術交換自体も、より広い経済関係の一部に過ぎないことを忘れがちになる。技術移転は大戦後、常時ではなく、散発的に、それも主に新しい兵器開発計画が開始された時に行われてきた。これは米国が日本に与えた製造免許の一部に過ぎない。しかも、防衛の分野では、日米関係の平等が拡大したと今日の批評家が言うような事態、つまり日本から米国に何かの技術が流出したというような兆候は、ごく僅かしか見られない。

将来

五〇年間の体験から、相互防衛援助計画の定義や実践を変更する必要のあることが示唆される。長年の共通体験にも関わらず、日本と米国は産業協力についての見方の違いをそのまま反映する見解を崩していない。米国から日本の防衛産業への技術移転を特徴とする養父―養子関係は、大戦後間もない時期ほど明白ではないが、未だに残っている。二国間の安全保障関係を、ただそのためだけに維持するのは、両国にとって最大の利益にはならない。しかしながら、相互にとって利益があると認識され、また防衛援助計画が同盟を実践する道具であり続ける限り、日米の政策決定者にとって、共通のニーズを捜して適切な相互援助計画を決定することが責務となる。

これには、共通の政策目標や軍の構成、共通の装備・技術のニーズを決定する、持続的かつ包括的な必要事項の協議を始めることも含まれる。こうした協議は、両国の産業が一定の譲歩をすることを前提とする。ただやみくもに米国の技術免許を日本の産業に与え続けるだけでは、この目的は果たせないだろう。さらに、この一〇年に米国で開始された防衛改革と基調を合わせ、米国は、防衛産業の基盤の国際化が防衛計画への日本企業の参加拡大を意味することを認識しなければならない。国防総省内の「物品購入改革」によって防衛政策の決定者は、国際的な共同事業や技術援助などの問題についてビジネスの世界で確立された先例に倣うよう促される。米国は外国の供給業者から必要な物品を購入する姿勢を百パーセント確立したわけではないが、研究開発や調達をめぐる環境の変化は国防総省内に購入先を外国に広げようという声を高まらせている。[10] 政策上の要請が、日本をより野心的な共同プロジェクトに参加させる役割を引き続き果たす一方、供給源の縮小や「物品購入改革」による購入先拡大の姿勢は、あからさまな摩擦は避けようとする態度変化を同省内に引き起こしている。

日本は、以上のような目標を達成するのに現状の武器政策の枠組みを変更する必要はない。現在の枠組みを通じて、双方向の装備・技術の移転が行われているのであり、この枠組みが何十年も発展してきたのにはそれなりの理由があり、それを大きく変えることは両国の安全保障関係の平和的意図を損なうからである。いまなお発展し続ける安全保障関係を支えるための相互防衛援助計画を開発するには、両国共に態度の調整が必要になることは明らかだ。変化は確実に革新的かつユニークなものになるに違いないが、脅威を与えるものになる必然性はない。調整に失敗すれば、両国にとって極めて有益なことをこれまで証明してきた両国間の安全保障関係の根底が容易に揺らいでしまうだろう。

参考文献

朝雲新聞社刊、『防衛ハンドブック』

防衛年鑑刊行会刊、『防衛年鑑』

朝日新聞経済部、『ミリテク・パワー──究極の日米摩擦』、朝日新聞社刊、一九八九年

Auer, James E., "The Postwar Rearmament of Japanese Maritime Forces, 1945–71," London; Praeger Publishers, 1973.

Chinworth, Michael W., "Inside Japan's Defense: Technology, Economics and Strategy," Brassey's (US), Washington, D.C., 1992.

Green, Michael L., and Cronin, Patrick M., "The U.S.-Japan Alliance: Past, Present and Future," New York: Council on Foreign Relations, 1999.

Hall, G. R., and Johnson, R. E., "Aircraft Co-Production and Procurement Strategy," Rand Corp., Report R-450-PR, May 1967.

Hall, G. R., and Johnson, R. E., "Transfers of United States Aerospace Technology to Japan," in Raymond Vernon (ed.), "The Technological Factor in International Trade," New York, NY: Bureau of Economic Research, 1970.

気比野靖著、『日米ハイテク摩擦――ＳＤＩと日本の未来』、技術と人間出版社刊、一九八七年

木下博生著、『アメリカは日本に何を求めているか？――ハイテクと安全保障』、日刊工業新聞社刊、一九八八年

Martin, Stephen, "The Economics of Offsets: Defence Procurement and Countertrade Amsterdam: Harwood Academic Publishers, 1966.

Matthews, Ron, and Matsuyama Keisuke, eds., "Japan's Military Renaissance?," New York: St. Martin's Press, 1993.

村山裕三著、『アメリカの経済安全保障戦略』、ＰＨＰ研究所刊、一九九六年

National Research Council, "Maximizing U.S. Interests in Science and Technology Relations With Japan: Report of the Defense Task Force," Washington, D.C.: National Academy Press, 1995.

大月信治・本田優共著、『日米ＦＳＸシナリオ』、論叢社刊、一九九一年

Samuels, Richard J. and Benjamin C. Whipple, "Defense Production and Industrial Development: The Case of Japanese Aircraft," in Chalmers Johnson, Laura Tyson and John Zysman, eds., "Politics and Productivity: How Japan's Development Strategy Works," (New York: Harper Business, 1989), Chapter 7, pp. 275－318.

Samuels, Richard J., "Rich Nation, Strong Nation: National Security and the Technological Transformation of Japan," Cornell University Press, Ithaca, NY 1994.

手島龍一著、『日本FSXを撃て』、新潮社刊、一九九一年

U.S. Congress, Office of Technology Assessment, "Arming Our Allies: Cooperation and Competition in Defense Technology OTA-ISC-449" (Washington, D.C.: U.S. Government Printing Office, May 1990).

U.S. Congress, Office of Technology Assessment, "Global Arms Trade, OTA-ISC-460" (Washington, D.C.,: U.S. Government Printing Office, June 1991).

脚注

1 Gregg A. Rubinstein及びDr. Robert A. Wampler 両氏は、本章の草案段階でコメントを戴いた。ここに感謝する。

2 Reinhold Drifte, "Japan's Growing Arms Industry," P.S.I.S. Occasional Papers Number 1/85, Geneva Switzland, Program for Strategic and International Studies of the Graduate Institute of International Studies, 1985, footnote 10, pp. 10－11.

3 より包括的な議論は、Michael W. Chinworth, "Defense-Economic Linkages in U.S. Japan Relations: An Overview Of Policy Positions and Objectives,"を参照。この論文は、"Power and Prosperity: Linkages Between Security and Economics in U.S.-Japanese relations Since 1960," Research Fellows Workshop, Institute of the Americas, UCSD, March 14－16, 1997の資料用の論文。

4 技術移転の条件が厳しくなったのに加え、F-15に関する覚え書きが生産拡大を可能にするために延長された

ことは、援助計画に「新たな」原則を確立したという点で重要だった。すなわち、日本製技術の米国への環流及び日本の技術に対するアクセス拡大の原則である。さらに米国は、これ以前の計画の特徴だった添え書きをなくすことで、二国間の援助計画の透明性を高めようとした。Chinworth (1992)を参照。

5 具体的な計画の詳細、及びこの時期の計画の変遷の概要については、Chinworth (1992及びOTA (1990, 1991)を参照。

6 Information Memorandum, "Growing Entanglement of US-Japan Trade and Defense Issues," July 26, 1985, from C. Thomas Thorne to Ambassador Michael Armacost 一九九五年六月二八日に公開された秘密メモ。

7 日本側の議論は、特に近年、日本企業による独自の兵器システム製造能力に焦点が当てられる傾向にある（朝日新聞、一九八九年）。かなりセンセーショナルなもので結局は、防衛をめぐる日米「摩擦」の増加は経済的要因の再来によるもので、特に日本企業の能力向上を前にした米国側の競争力に対する不安の拡大が原因と決めつけている。そうした評価が頂点に達したのがＦＳＸ問題で、両国が対立したこの計画で問題の責任は米国の姿勢にあると再三にわたり非難している。（前掲書、大月・本田、前掲書、手島、前掲書）

もっと筋の通った、信頼に足る論述では、日本企業の能力向上を前提にすると明らかになる、日米の安全保障政策における様々な動機の解明を行っている。中でも注目すべきは木下博生の著作で、米国の対日技術政策の目標を新時代の協力関係の文脈で検討し、今後ありうる選択肢を見極めている。木下による概説は、「摩擦」や米国の政策の欠点ではなく、米国との軍事技術関係の変化における論理や選択肢を概観しようとした、依然として数少ない評論の一つである。村山の著作は軍事技術関係における摩擦問題の徹底的かつバランスの良い見方を提供しているが、日本の経済力向上に伴う米国経済の相対的衰退が、両国の安全保障関係全体についての、特に防衛援助計画についての米国側の懸念を拡大させたとする見解に肩入れしている。

8 吉田ドクトリンは、日本の戦後初の首相、吉田茂とその後何十年かの後継首相たちが追求した政策及びその思想全体を幅広く表す用語である。吉田は、その任期中、相互に矛盾する政策目標やニーズを抱えていた。基本的には保守的なナショナリストだった吉田は任期中に日本の主権回復を目指す一方、急速な経済復興によって軍国主義の復活を回避し日本の軍事力の回復を遅らせた。吉田が日本の「平和憲法」に果たした役割、また彼がそれを支持していたかどうかは、今日でも議論の対象になっている。米軍による占領の終結後、米国に引き続き依存することや、事実上の自国軍を持つことによって結局は米軍を補完することに、吉田が賛成だったのかどうかについても、意見は一致していない。John W. Dower, "Empire and Aftermath: Yoshida Shigeru and the Japanese Experience, 1978 – 1954," Cambridge, MA: Harvard University Press, 1988 は、吉田自身や、その政策的立場、政治哲学についての今でも決定的著作である。

9 Michael W. Chinworth, "Identifying and Assessing Dual-Use Technologies: A U.S.-Japan Case Study," International Journal of Aerospace Management（未刊を参照。著者は、すでに確立されたパテント分析の手法を使い、技術移転や技術取得に日本が優れているとの主張は、日本独自の技術開発の能力を誇張し過ぎなのと同様大げさに言われ過ぎのようだとの結論に達している。

10 ジョイント・ストライク・ファイター（ＪＳＴ戦闘機）は、計画の初期の段階から多くの外国の供給業者を巻き込む、そうしたいくつかの計画の一つに過ぎない。当時の国防長官ウィリアム・コーエンによる初期の政策覚書が、その舞台作りに役立った。

隔てられた場所——沖縄と戦後日本の平和

シーラ・スミス

沖縄を巡る連想は数多くあるが、それは常に現代日本の都市の雑踏から遠く隔たった場所というイメージである。観光ポスターを飾る浜辺や花は、週末を楽園で過ごすよう日本人をいざなう。沖縄のミュージシャンやダンサーたちは、日本のポップチャートのトップを占め、世界の音楽業界で最もホットなタレントを「地元の」熱狂的な観客のもとへともたらしている。沖縄の歴史すら異国情緒に満ち魅惑的に見える。日本が近代化する前、ゆっくりと薩摩藩に編入される以前には、他のアジアの文化との琉球王国の深い繋がりの歴史があるのである。

しかし、そこにはより悩み多きもう一つの沖縄がある。沖縄はまた日本が戦争に負けた場所でもあり、それは、苦悩する敗北と犠牲の場所なのだ。日本の一部であったにもかかわらず、サンフランシスコ講和条約による正式な戦争の終結後、ほとんど四半世紀にわたって米軍の軍政下にあった。外国の基地によって分断され、有刺鉄線の塀と武装した兵士に囲まれている冷戦の島なのである。沖縄はまた、強烈な抗議や日本政府に対するデモの場所でもあり、怒りのあまり日本国旗を焼く者もいた[1]。

日本人の想像の中にはその両方が存在しており、共に日本の戦後とアメリカの冷戦に挟まれた場所であるということを反映している。過去半世紀にわたって沖縄は、アジアにおけるアメリカの戦略の「要」だった。皮肉なことに、辺境に位置しているということによって、日本政府の政策に挑戦する戦後の社会運動の中で、中心的な役割が与えられてきた。より最近では、政府に差別されているという大田昌秀知事の非難に、多くの日本人がたじろいだ。在日米軍の七五パーセントが沖縄に集中しているということと、米軍基地に対する地元の抗議の噴出のため、日本政府は基地問題を政策リストの上位に置いた。地元住民への過度の負担を和らげると同時に米軍の要求を満足させる政策的解決を見つけようと、国政と県政の双方が頭を悩ませ続けている。

政策的挑戦以上に長引きそうなのは、沖縄の住民によって提起された日本の国内政治に関する問題である。沖縄の住民ほど、日本国内で米軍と密接に暮らさざるを得ない地域社会は他にはない。そして、自分たちの要求が政府に聞き入れられるように、これほどまでに厳しく主張しなければならないところもほかにはない。五〇年以上前、サンフランシスコ講和条約が太平洋戦争に終止符を打った。しかし、沖縄にとっては分離された平和の始まりであった。現在、その分離された平和の遺物が、沖縄と日本政府の関係に付きまとい続けている。

沖縄の分離された平和

一九五一年のサンフランシスコ講和条約の締結で、長引いていたアメリカによる日本占領は終わった。しかし、それはまた、沖縄に住む日本人にとって、分離された平和を作り出した。一九四五年夏、沖縄は米軍によって侵略され、太平洋戦争最悪の戦闘の一つで、島の大半が不毛の地と化した。日米戦争における日本領内での唯一の戦闘地として戦争で蹂躙された沖縄についての、別ではあるが絡み合った二つの物語が残っている。一方の焦点は戦闘それ自体の破壊についてであり、他方の焦点は、本土を守る上で日本の指導者が進んで沖縄を犠牲にしたということに当てられている。第二次世界大戦による亀裂は、ある世代の沖縄人にとって克服できないほど大きい。

対日講和条件は、その後二七年間に育った人々にとって同様にやっかいな障害だったかもしれない。サンフランシスコ講和条約は、沖縄は日本から離れて、外国の占領下に置かれ続けると明確に規定していた。沖縄は、米軍政の優先事項に従って再建されたし、住民たちは、東京との関係を再構築し始めるのに二〇年以上待たなければならなかった。一九七二年に日本に遅れて復帰したことは、佐藤栄作の目から見れば「戦後の終わり」であったが、その時終わったのは日本にとっての戦後であった。沖縄の「戦後」は実際の所、日本の戦後が終わった時に始まったのだ。

沖縄の祖国復帰は新たな始まりをもたらした。しかし、それは本土に追いつくということを意味する始まりだった。沖縄は米軍のためにドル経済であった。その上、本土と比べられるとき、沖縄を常に特徴づけてきた富の格差は、一九六〇年代の日本の「経済的奇跡」によって更に悪化していた。沖縄は「所得倍増」の一〇年間には含まれていなかったし、国際的に賞賛された製造業の好況も南の島には届かなかった。

本土の出来事からの沖縄の隔たりは、物理的なものであると同時に時間的なものになった。アメリカは沖縄に厳しい制限を課し、沖縄と日本本土を行き来する人には必ずビザが必要だった。沖縄の占領当局は、東京のマッカーサーの本部スタッフによってもたらされた政策に染みこんでいるニューディール的課題には興味はなかった。[2] 戦後日本の新憲法は、波乱に満ちた丸々二〇年に及ぶアメリカの占領が一九七二年に公式に終了するまで、沖縄の住民には適用されなかった。

同様に、冷戦の激化に伴う連合軍最高司令部の「逆コース」と結びつく裏切りなどなかったということもまた出来るだろう。沖縄と小笠原の島々は、早い時点からアジアにおけるアメリカの軍事的目標にとって鍵とされていたし、軍事基地建設の広範なプログラムは戦後すぐ始まった。多くの沖縄人は、地元の島に帰ることを許されるまで、沖縄本島などの島々の収容キャンプに何ヵ月も何年も留め置かれた。彼らが地元に戻る頃までに、新しい基地が建設されており、アメリカの施設から沖縄人を遠ざけるため、有刺鉄線の壁が設けられていた。米軍基地の数と規模は、景観に対してあまりに圧倒的だったので、基地の方が沖縄の社会的景観にあわせなければならないというよりも、基地の中に戦後の沖縄の方が再建されなければならないと多くの人が論じるほどであった。[3] 後に、中国での事態が展開し、一旦朝鮮戦争が勃発すると、かつては田舎の村々だったところに更に多くの基地が建設された。それ故、サンフランシスコ講和条約は、沖縄の多くの人々がすでに認識していたことを単に正式に承認しただけだった。米軍は当分の間は沖縄に居座るつもりであった。

分離された平和は、沖縄の戦後政治に拭うことの出来ないしみを残した。沖縄の軍政は事実上完璧で、日米両国政府ともそこで何が行われているかについて当初ほとんど関心が無かった。[4] 高等弁務官は、沖縄諸島の生活のすべての側面を支配した。日常の出来事に関しては、地元に代議制度を導入する措置がとられたが、最終的支配権は一人の米軍人にあった。しかし、アメリカに反対する主張、特に基地目的でアメリカによって使用されている土地の権利に関する主張は、頻繁になされた。沖縄人の土地に対して償うべきであるという考えに、アメリカ当局が抵抗する時には特に、米軍による強制的土地収容がまずもって抗議の理由となった。一九五五年までに、沖縄の地主たちは団結し、個人の土地所有権の確認と、土地使用の代償を求める声明を占領当局に出した。[5] 一九六〇年代初頭までに、沖縄の実状をアメリカの連邦議会が再検討するのに足るほどの不満と不平が存在した。その結果、ケネディ政権は、高等弁務官事務所の軍事的性格を減じ、沖縄と本土の住民の交流に課されていた制限を緩和するための措置をとった。

沖縄返還への政治的圧力は、沖縄でも東京でも増す一方だった。一九六七年までに、佐藤栄作は、占領を終わらせるようアメリカと交渉する決意を明らかにした。日米は、一九六〇年に安保条約を改定しており、その安全保障上の取引は、一九五一年の条約に比べればはるかに明確だった。アメリカは外敵の侵略から日本を防衛すると約束し、日本は「極東の平和と安定」に貢献するために、領土内に米軍の基地と施設を提供することを約束した。沖縄の祖国復帰は、分離した平和に対する承認を撤回することにはならなかった。米軍基地は今や日本自身の安全保障構造の一部であり、沖縄の基地は二国間の安保条約に基づく両国の義務の中心をなしていた。

極東の平和と安定

日本の平和の条件は、戦後沖縄の政治的運命と、立ち現れつつあった冷戦のリズムを融合させた。沖縄の米軍基地は、アジアの軍事バランスにとって決定的であるとワシントンの政策立案者には考えられていた。それ故、返還のタイミングと条件は、アジア地域の戦略的情況をアメリカがどう考えているかに依存していた。そのことに関する合意が、返還交渉を進める上での前提となった。すなわち、沖縄における米軍の存在が、日本の安全保障にも、地域の「平和と安定」にも同様に必要ということであった。

返還の機会は、二つの要因の結果として訪れた。第一の、そして最も重要な要因は、冷戦と米軍の役割に関するアメリカ国内の戦略的思考の変化であった。ベトナム戦争の終結とアメリカの戦略的目標の改訂は、アジアにおける米軍の削減を意味した。ニクソン・ドクトリンは、アメリカはもはやアジアで地上戦を行うことはないということを示唆していた。むしろ、同盟国が自らの防衛能力を向上させることが期待された。これは日米同盟を練り直すための処方箋であり、沖縄返還を支持するコンセンサスをワシントンで形成するための好機でもあった[6]。

返還に関する日米の二国間交渉は、複雑で様々な影響を受けやすいものであった。しかし、中でも重要なのは、アメリカによる沖縄支配が、二国間関係の全体的健全性を近いうちに危機にさらすだろうというアメリカ側の対日政策担当者の見解であった[7]。

返還交渉は多岐にわたり、ありとあらゆる民政機関に関わるものであった。関係する問題は、通貨の交換から高速道路の規則、地元の社会福祉の管理、公教育の中身にまで及んだ。しかし、合意がうまくいくために最も重要なのは、沖縄の米軍基地の地位とその使用であった。アメリカ政府の担当者にとっての大きなジレンマは、緊急事態における基地の利用についてであった。日本における米軍の展開や兵器システムを大きく変える時、もしくは、第三国で戦闘に従事するため在日米軍が直接使用される必要が生じた時には事前に日本政府と協議するとアメリカの担当者は一九六〇年に日本政府に約束していた。沖縄からベトナムへB-52爆撃機が飛び立っていることが明らかになったとき、この合意にアメリカ側がコミットしているかということを世論が信頼しているかどうかがベトナム戦争によって試されていた。技術的には、米軍による統治によって沖縄は「事前協議」のシステムから除外されることを意味した。しかし、地元の軍政批判者たちにとっては、これもまた返還のプロセスを急ぐべき理由であった。「平和憲法」のために、米軍がもはや沖縄の住民の希望を無視できなくなるという可能性があったのである。

佐藤首相は、本土に適用されたのと同じ条件で沖縄を復帰させると約束した。「本土並み」というスローガンは、日本国政府によって米軍に課せられる制限に適用されたが、それは沖縄の人々の権利を無視するという慣行の終焉を示唆した。「核抜き」は、アメリカが沖縄にもはや核兵器を貯蔵したり持ち込んだりしないことを保証する必要性により直接的に触れたものであった。ここでもまた、日本政府が米軍を管理するやり方についての、沖縄の人々の懸念を解消しようと首相は努めた。返還交渉の鍵は、日本の国土で米軍によって行われる作戦に制限を設けようという日本国民の要求を満足させ、その一方で同時に、返還後の作戦上の必要性に対する米軍の懸念を和らげる妥協点を見つけることであった。

しかし、返還をアメリカ側が黙って認めてくれるかどうかは、沖縄の米軍基地が引き続き使用可能かということと、東アジア地域のバランスの維持というビジョンの共有者の立場に日本がコミットするかどうかということにかかっていた。佐藤首相は、日本の安全保障上の利害を朝鮮半島や台湾の利害と公的に結びつけ、もし不測の事態が発生した時には、日本の基地は使用可能であるとアメリカ政府に信号を送った。完全に満足しない米軍の司令官もいたが、それは同盟のための先例を作った。その上「事前協議」の仕組みの作動が必要となるときには、日本側は好意的に対応するという印象をアメリカ側に作りだした。

しかし、沖縄の人々の多くの希望に反したのは、核問題に関する第二の妥協であった。大統領と首相との間の首脳レベルで合意に達した秘密協定において、「緊急事態」の発生時には核兵器のために沖縄基地を使用できるということが合意された。この秘密合意が公にされたのは何十年もたってからのことであった。しかし、沖縄の人々はそのような取引があったのではないかと疑っていた[8]。米軍は核兵器と貯蔵施設を沖縄に有しているのではないかと地元住民はずっと考えていた。返還時に、地元の担当者は、核兵器が完全に除去されたことを確認するための日本政府による基地査察を要求した。しかし、佐藤内閣は最終的に基地査察までは行わず、アメリカ政府が返還合意の条件に従っていると考えるという声明を出しただけであった。またしても、アメリカとの合意を容易に進めるために、地元住民の希望は看過されたようであった。

沖縄返還交渉は、日米同盟の歴史において重要な転換点であった。アメリカの政策立案者は、おそらくは朝鮮半島や台湾を巡って起こるであろう危機や紛争時に、日本側がどのように対応するかを明確にするように日本政府を説得した。日本政府はまた、戦時にアメリカの核の傘が機能するのかを垣間見た。それ故、米軍はこれまで沖縄で保持していた基地の「自由使用」を失ったものの、日本政府は、日本の安全保障にとって脅威となる紛争時には在日米軍の使用を認めるとアメリカ政府に再度確約する措置をとった。

返還は日米の同盟関係を強化したが、沖縄における米軍の影響力の減少を望んでいた多くの住民の中に不信という種をまいていた。日本の主権に対する沖縄返還によって、沖縄の地元の活動家たちと本土のより広範な社会運動や市民活動家との間の大きな連帯が作られる機会が生じた。一九六八年の沖縄における米軍の活動は、基地の廃絶を望む地元住民と本土のベトナム反戦派及び基地反対派とが連帯する動機を作りだした。日本国内では、沖縄における米軍基地の地位が、日本国憲法を沖縄住民に対して平等に適用することに日本政府はどれくらい真剣かというリトマス試験紙となった。

沖縄における米軍の活動は、巻き起こる怒りに影響を受けていないように見えた。米軍がB-52爆撃機の北爆用基地として沖縄を使用し始めたとき、抗議は頂点に達した。作戦行動のための本土基地の直接使用は、「事前協議」に関する理解には違反していた。一九七二年の返還までは、沖縄には安保条約のそのような規定は法的には適用されなかったが、返還交渉のまっただ中において、基地に対する強い反感をアメリカ側が進んで無視しようとした事実は、地元住民だけでなく日本政府の反感をもかった。日本政府は、アメリカ側に基地を使用しないように強く働きかけたが、アメリカ政府に相手にされなかった。陸軍の将校の一人である高等弁務官は、爆撃を実施している空軍に対してほとんど影響力はなく、空軍による作戦の停止を求めるワシントンに対する訴えには誰も耳を貸さなかった。[9] 沖縄における米軍の存在に断固として反対する人々を支持する世論は増大し、B-52爆撃機はアメリカの目的を明確に思い起こさせた。一九六八年には、米軍基地を声高に批判する屋良朝苗が、地元を代表するために高等弁務官によって創設された主席のポストに選出された。[10] 返還が完了すると、返還を擁護してきた教員組合や革新政党に支持されて、屋良は初代沖縄県知事となった。知事として彼が最初にとった行動は、沖縄における米軍基地の大幅な削減や撤廃すら必要であると発表することであった。沖縄の有権者が、米軍基地反対という意見を代表させるために革新知事に頼るのは、この時だけには終わらなかった。

　沖縄の米軍基地を削減するという約束にもかかわらず、冷戦期を通して在日米軍の大半が沖縄県に駐留し続けた。東京周辺の関東平野の米軍基地や施設を削減する計画とは対照的に、沖縄の基地を削減する同様の計画には、ほとんど注意が払われなかった。その上、本州の米軍基地を統合する動きが進むと、幾つかの米軍部隊は沖縄に移送され、沖縄は日米政府の政策立案者にとって、二級の優先順位しか与えられていないという印象を与えた。

　日本の国内法も、沖縄の米軍基地を扱うには不十分だった。返還後、日本政府は沖縄の地主たちと争わなくてはならなかった。自分たちの土地から米軍を排除することを望む地主たちは、日本国憲法が彼らの所有権と土地返還の主張を保証していると見なした。明治憲法とは異なり、日本国憲法は基地を建設する目的で国家が強制的に土地を調達することを認めていなかった。実際、学校や道路やダムを建設する目的であれば、土地収用法の規定で国に与えられている権限は、極めて融通性に富むものであった。しかしその法律には軍事基地の建設についても米軍の使用に供するための私有地の借り上げについても何の規定もなかった。そのため、返還が近づくにつれ、日本政府は難問に直面した。アメリカに基地と施設を提供するよう日米安保条約の規定で定められていたが、アメリカによって使用されていた土地を沖縄の住民が引き続き貸すよう強制する権限を日本政府に与える法律は存在しなかった。要するに、日本政府が土地を使用する法的根拠を作るために、日本国憲法の意図と土地収用法の規定との間を橋渡しする新しい法律が必要であった。沖縄の土地の公的使用に関する暫定的法律は慌ただしく作られ、五年で失効した。国会での支持の欠如と、沖縄での相争い明確性を欠く所有権の主張のため、一九八〇年代初頭まで沖縄での基地の土地を賃貸する権限を国に与える新しい法律を作ることは困難であった。しかし、ようやく作られたこの特別措置法でさえ、土地を国に貸すように個人に強制する権限を地元の自治体を越えて国に与えるものではなかった。

米軍はほとんど何の支障もなく冷戦の終結までの間、沖縄の基地から作戦行動を継続した。米空軍は、韓国の基地に対する支援活動を主として嘉手納基地に頼っていた。海兵隊は、ベトナム戦争終結まで陸軍が使用していた基地の多くを受け継いだ。海軍は、艦船や潜水艦のためのホワイトビーチの港湾施設の使用権を保持した。東京近郊の基地の統合によって、基地問題は人々の関心から消えたように見えた。日米の安全保障問題の政策立案者は、代わって、冷戦の最後の一〇年には、日米の軍による協力関係を高めることに集中した。沖縄県では、保守の知事が就任し、八〇年代には権力の座にあった。彼は政府との間で様々な基地問題を穏便に処理した。地元の著名な活動家を除くと、沖縄は基地反対の熱気を失ってしまったかに見えた。二国間の安全保障に関する協定が、一九九〇年代に、再び精査され改訂されるまで、沖縄と米軍基地は国民的関心事とはならなかった。

返還後二〇年以上たった一九九五年に、米軍に対する新たな「島ぐるみ闘争」が噴出した。一九五〇年代の反米地主や一九七〇年代初頭に返還運動へと結集した多くの団体による初期の抗議を想起させるこの新しい市民活動は、日米両国政府を驚愕させた[11]。一九九五年九月、米軍兵士三人が一二歳の少女を強姦したかどで告訴され、後に有罪となった。その後の数週間、沖縄からの米軍の撤退を求めて八万五千人の県民が、県の集会に集まった。知事は日本政府による差別的な取り扱いの終結を唱え、基地のための土地の賃貸契約の更新に署名しないと宣言した。その後の数年間にわたって、米軍基地に対する沖縄の抗議というドラマは、新しい展開を見せる。しかし、そこには見慣れた光景があった。反戦地主とその支援者は、様々な基地の周りの有刺鉄線の塀の外で身構え、自分たちの地所への立ち入りを主張する時を待っていた。野党はこの問題を取り上げ、沖縄の有権者に食い込むことを狙った。地元の町や村の住民は、政府の基地に対する態度に影響を与えようと努力する地元政治家に加勢するために集まった。

以前と同様に、沖縄におけるこの最近の抗議も、安保条約の条項を国民的関心事にした。米軍基地のための土地の収用に関して以前に地主が米軍当局に対抗したように、闘争による政治を求める衝動は、沖縄に以前から根付いていた。沖縄での最初の「島ぐるみ闘争」は、阿波根昌鴻のような反戦地主が米軍による土地の返還を求めた時に、伊江村で始まった[12]。一九六〇年代後半には、ベトナム戦争の作戦行動のための米軍基地の使用が、同様の反戦闘争を噴出させた。米軍の目的である島の軍用化が、初期の抗議活動の中心であった。返還までは島の軍事的支配そのものが、不満の主要なタネを提供した。

しかし、返還後においてすら、沖縄と地元の市民活動家たちは日本の戦後政治史において独特な位置を占めたが、それは逆コース前的性格のためでもあった。自分たちの土地前の基地に、花や、より当てつけがましくニンニクを植えるために米軍の歩哨や有刺鉄線の塀の前でトラクターを運転する反戦地主は、実際よりも大きく見えたし、本土にある基地の隣に住む人たちよりも断固としているように見えた。復帰後、沖縄の住民は、土地の現状に異議申し立てをするために、それまでより頻繁に裁判所を使った。市町村議会は、米軍の活動に対して抗議する宣言を出した。地方政治の指導者たちは、米軍によって引き起こされた様々な事故、犯罪、問題に対して賠償と謝罪を求めた。安保条約に付随する地位協定に規定されているように、日本の国土における米軍の治外法権は、沖縄以外の場所では論じられていた。しかし、沖縄では効果的に論じられたこともなければ、一貫して論じられたこともなかった。小さい島に米軍が極めて集中しているということは、多くの住民に基地の存在が影響を与えていることを意味した。しかし、それはまた、日本における米軍の存在が、日本人の大多数の日常生活からかけ離れたところに位置しているということも意味した。

国の政策に挑戦し続けている人々の勇敢さによって、沖縄に国中の注目が集まったということもまた事実である。闘争による政治は、もちろん沖縄に限ったことではなかった。一九六〇年の安保闘争は、戦後大人になった世代全体を規定した。国家権力にあえて挑戦した日本人の話は、日本の他の地域でも見られる。一九六〇年代から七〇年代にかけての環境運動において大企業や国と争った市民が確保しようとしたのは、社会が国家に対して制約を課せるようにしようということであった。しかし、成田空港闘争の過激化は多くの日本人を離反させ、他の民主主義国同様日本においても、多数派はいつも少数派の利益に合わせるとは限らないということを示した。しかし、沖縄の市民は、多くの日本人を動かさずにはおかなかった。戦時中の犠牲、何十年にも及ぶ占領、個人の権利に対する継続した訴えといった沖縄からの声は、沖縄の外の日本人に政府の行動に注意を払うことを思い出させ、それによって日本の良心として機能しているように見えた。

しかしながら、一九九〇年代半ばの基地反対闘争は、若干新しいメッセージを伴っていた。沖縄県知事の要求には米軍の活動に関するものもあったが、同様に地元で選出された役人の役割に関するものもあった。強姦事件のために県内全域が怒りに駆られたこともある。大田昌秀沖縄県知事は、上京して外務省や国政の指導者に助けを求めたが、失意のうちに沖縄へ戻った。国の指導者から十分な配慮が得られなかったので、市民の社会的安寧を放棄しているとして大田知事は政府を批判した。それから知事は、日米同盟を維持・強化するために沖縄の利益を無視する国の政策の優先順位を妨害するための手段として基地の賃貸契約を用いることで、政府と対立する道を歩みだした。大田は抜け目のない策士で、沖縄県の主張を進める様々な手段を利用した。彼は裁判所を利用して、沖縄の地主のために、ひいては県全体の選挙民のために、公聴会を開かせた。彼はワシントンを訪問したし、橋本龍太郎首相とも直接に会談した。そして、マスコミが彼に同行するようにしていた。

日本のマスコミは、沖縄の怒りっぽい知事にこれでもかというほど注目したし、基地に反対する地元の市民団体にも注目した。彼は公の場で政府が沖縄県を差別していると非難した。大田には、東京の政治エリートの中に支持者も影響力もほとんどなかった。彼が不満を進んで公にしたため、官僚も政治家も困惑した。何十年にもわたって、政府と米軍基地のある地元公共団体との関係は、人目のないところで静かに扱われてきた。補助金が地元に、賃料は地主に支払われ、開発補助という形で広義の「賄賂」が県に支払われた。この取引の条件について公の場で問うたため、政府が地元の指導者と取り引きすることは実質的に不可能になった。新旧双方の市民団体を含む広範な連合に支持されて、大田知事は自分のメッセージを広めた。日米同盟を実行する上で、沖縄は大きすぎる負担を背負っている。日本の他の場所に負担を分散させてはどうか。更に、国の政策が自分の選挙民の安寧を脅かしているときに、彼らを代表する権利を知事が雄弁に擁護すると、国民が政治家のたくらみにますますうんざりしつつあったということもあって、多くの国民が共鳴した。

しかし、大田知事によって始められた法廷闘争は成功しなかった。彼の言うところの差別的政策に対して地元の選挙民を代表する彼の義務を認めるよう彼が最高裁に上告したとき、日本の裁判所は、日米同盟は日本に無視できない義務を負わせていると論じた。沖縄の住民が直面している重荷を認めたものの、最高裁は一九九六年の夏に、日米同盟の延長線上には「公益」があるとした。おそらく沖縄の大義にとって同様に破壊的だったのは、東京での政治的変化によって沖縄の最も根強い支持者の一部、特に日本社会党が脱落したことであった。実際の所、大田が借地契約を更新しないことに対して法的措置をとった首相は、自民党と連立を組んだ社会党員である村山富市であった。一九九七年までに日本の新しい政党ほとんどすべての議員が、地方自治体の担当者が基地に関する国のコントロールに介入できなくする国の努力を支持した。係争中の基地敷地に対する政府コントロールに関して、如何なる疑問をも取り除く特別措置法が提出され、基地に異議申し立てをするために地方自治体が土地問題を再び用いるのを禁じるよう国会はほとんど全会一致で行動した。

数年にわたって政府の政策優先順位に対して目立つ挑戦をした後で、大田は一九九八年一一月の選挙での驚くべき敗北によって職を離れた。彼を支持していた連合は一体性を失っており、選挙の何日か前になって、公明党は、大田の綱領は支持するが自主投票を認めると発表した。公共事業やその他の政府の発注による契約は干上がっているように見えたので、沖縄の住民は自分たちの職について心配した。投票の数日前にとられた世論調査によると、沖縄のほとんどの人々は、基地に関する大田の政策には同意するが、経済が心配だと答えている。稲嶺新知事は、自民党やその他の保守派の支持を受け、政府との基地問題に関する協議においてより保守的で実際的なアプローチをとると公約して、当選した。本土では、北朝鮮のミサイル「テポドン」の日本越しのテストが人々を驚愕させ、不安定な近隣諸国に対する日本の脆弱性に国民的関心が高まっていた。

何十年にもわたって沖縄の住民は、自分たちの島における米軍の存在に抗議してきた。住民によって所有されている土地の周りに有刺鉄線の塀が建てられ、自分たちが受け継いだ土地から家族が永遠に追い出されることもあった。沖縄で米軍が支配的な役割を負っていることは、日本の敗戦直前の数ヵ月に多くの犠牲を強いられた人々の神経を逆撫でした。最近ではそれらの有刺鉄線の塀のせいで、島全体の二割から閉め出されている。しかし、それらの塀は、中に住んでいる者からその外に住んでいる者を守るためには何もしてくれない。沖縄の女性に対する暴力を根絶するための市民グループは、基地を出る米軍関係者が沖縄の社会で野放しになる前に十全な安全検査を受けるよう、米軍基地の歩哨の前に立って要求することでこの点をうまく表現した。一九九五年以来、基地の司令官たちは、「良き隣人」として振る舞う努力の一環として、基地の敷地への立ち入りに対する幾つかの制限を緩和してきた。しかし、有刺鉄線の塀は、基地に沖縄の住民が入るのを拒み続けているし、規律を引き締めているという度重なる米軍による保証にもかかわらず、基地を離れるアメリカ人が地元の法律や習慣を尊重するという保証をほとんど与えてはくれていないように見える。

米軍基地に対する沖縄の抗議活動の進展は、別の障壁を暴露する。すなわち、変化を求める市民の要求と在日米軍の間の緩衝剤となる法的・行政的壁である。米軍が駐留している他の国々と同様、地位協定が在日米軍の存在の条件を定めている。地位協定を実行することは両国政府の責任であり、この点において市民の不満が政策過程に入ってくるのである。しかし、透明性はほとんどなく、生活が最も根本的に米軍の存在に影響されている人々にとって、その点がことを難しくしている。犯罪が起こったとき、誰が説明するのか。財産が被害を受けたとき、誰の責任なのか。米軍の存在を管理するプロセスをもっと利用しやすいものにしようという要求は、市民の関心事の一側面でしかない。もちろん、日本政府の同盟それ自体に対する姿勢といったものもある。沖縄住民の多くが指摘しているように、島の住民と東京の政策担当者の間には外交的壁が存在する。[13]基地の近くに住んでいる人々の申し立てを取り上げる気が政府になければ、地方公共団体や市民団体がなしうることはほとんどない。

政治ではなく基地政策

沖縄の分離した平和は米軍基地に関する多くの問題を作りだし、それらはまた地元社会に固有の行政的障壁を生み出した。それらの幾つかは、基地が使用している係争中の土地と直接関連していた。一九八〇年代初頭までに、沖縄の土地所有者のほとんどが日本政府との賃貸契約に署名し、署名を拒否した反戦地主の数は次第に減少した。[14]他の問題は、米軍の軍人及びその家族の行動に関するものや、地位協定の適用に関するものであった。県警は、米軍関係の犯罪の発生を減らすための措置に関して、米軍の治安当局と非公式な合意をしばしば結んだ。幾つかの酒場は立入禁止とされる一方で、別の場所は米軍関係者のみと指定されたりした。各地区の基地司令官は、時に地元の市長と緊密な関係を結び、この直接の関係が、問題発生時に両者の摩擦を減らすのに役立った。

しかし、概して地元社会は、町の発展自体が基地を中心に進まざるを得ないことを理解していた。一方で、地元に米軍基地が存在することに伴う行政的困難を穴埋めする一助として、一九七〇年代に創設された補助金を地元の公共団体は使うことが出来た。基地に関する特定の損害に対する賠償に加えて、地元社会発展のためのこれら新しい補助金は、米軍基地の敷地使用のための沖縄の市や町や村への資金供与を常態化した。防衛施設庁を通してそれらの自治体はつながっていた。補助金管理だけでなく、基地の敷地が政府に貸し出されるようにする手続きの実施責任を任されていたのが防衛施設庁であった。

地元の公共団体は、開発プログラムを実施するのに様々な戦略を使った。最も企業家的だった団体の一つが伊江村であった。伊江は沖縄本島西岸の島で、長期的発展を考えるとき、たいていの公共団体が直面するのと同じ課題に直面していた。ひところは、伊江は闘争エネルギーの源で、沖縄の反戦地主の父祖である阿波根昌鴻の故郷であった。しかし、時を経るにつれ、そして、益々多くの地主たちが政府からの賃貸契約を受け入れるにつれ、村役場は、伊江の最大の財産は、ある意味で島の三分の二近くが「基地敷地」として九分通り認定されているその指定自体であると気が付いた。一九八〇年代初頭まで米空軍は島に仮設の滑走路を維持していたが、滑走路の周りの土地の多くは積極的に砂糖黍畑として使用されていた。村は、島の中央にある山の麓にあたる南東の海岸に位置していた。一九七〇年代後半までに基地の敷地を所有していた村民のほとんどが、日本政府との契約に署名する決心をした。一九八〇年代までに村はまた防衛施設庁の補助金を、それなしには予算が不足して建設できない公民館や若者向けのキャンプ場や釣り人のための釣り場や宿泊施設、その他多くのインフラの建設に使えることに気が付いた。最近では伊江村は、地元農民の収益力を変革するための貯水池建設目的の補助金を受領した。今日、伊江村は、中央政府からの基地関連の補助金で、連絡船が停泊する埠頭や島への観光客を惹きつける海洋総合施設を建設したいと考えている。沖縄のその他の地方自治体のほとんども、地元のプロジェクトを実施するために基地補助金を使ってきた。政府の基地政策に対して深い反感を抱いている読谷村ですら、米軍によって賃借されている土地に新しい公民館を建設するためにそれらの補助金を使った。

基地が民間の使用のために返還されるとき、地元の開発を管理することはより一層困難になる。例えば、普天間の海兵隊基地が返還されるなら、その時に宜野湾市が直面する問題の大きさとその性質は途方もないものである。計画のための専門的知見も、そのような規模で都市計画を実施する財源も、東京でしか見つからないだろう。普天間をどのように使用するかというアイディアは様々あるが、五〇年以上にわたって使用されてきた米軍の滑走路をいかに居住可能な土地にするかという問題は、基地の返還を待っている人々にとってことさら厄介な問題を提起する。この種の転換の費用はさだめし驚異的な額になるだろう。

また、沖縄北部の海兵隊基地の移転を考慮するという政策が現時点でもちろん存在している。海上へリポートを建設しようという原案から修正されているが、この提案は、内閣、知事室、北部自治体の各市長、防衛施設庁によって現在議論されているところである。名護市民は、浮揚へリポートの建設を許可するという案を一九九七年の住民投票で否決した。[15] しかし、沖縄の新知事は、米軍だけでなく民間航空機の使用できる新空港の建設案を受け入れるよう北部の住民を説得したいと考えている。少なくとも現在のところ、稲嶺知事は、経済活動を活性化することによって新空港は北部地域の利益にかなうという理由で、政策に関する議論を進めてきている。

当選したとき、稲嶺知事は、前任者の闘争政治を捨て、基地問題解決へ向けてこれまでより政府と協調的アプローチをとることで実際的県政運営を行うと選挙民に約束した。少なくともさしあたりは、一九九〇年代後半に基地に最も強く反対した人々は息をひそめている。二〇〇〇年の九州・沖縄サミットは、地元の関心をそらすのに役立った。稲嶺知事は北部にどのような施設を建てるかについて交渉し続けているが、新基地の正確な場所についての公的な告知は行っていない。海兵隊基地であるキャンプ・シュワブ周辺の埋め立て地が、政府にとって好ましい計画であると多くの人々は考えている。しかし、もし新基地が建設されるにしても、米軍に供与されるのは一五年間だけであると知事は強調し続けている。稲嶺知事の当選直後、米軍に如何なる制限を課すつもりもないと内閣官房長官は公言した。それ以来、中央政府は沈黙を守っている。しかし、知事が一五年の制限を達成できるかはまだ不透明である。

県は、島内の強い憤りを再燃させる恐れのある米軍関係者がらみの様々な事件を処理し続けなければならなかった。若い海兵隊員が地元の少女を暴行した事件が新聞の見出しになると、保守派が多数派を占める県議会は沖縄からの海兵隊の削減を要求する決議を通過した。この時、海兵隊だけが初めて名指しで批判された。島内の米軍基地を如何に統合するかという現在の行き詰まりに解決策を見出そうとしている人たちですら、沖縄の米軍の人員を削減する必要を感じるだろう。

結局のところ、沖縄の米軍基地は、地元政府の行政能力に大きく依存している。だが、基地が存在するおかげで東京から流れてくる財源は、孤立しており他から政府の補助金を得にくい地元公共団体にとって特に貴重である。日米両国政府は沖縄北部の海兵隊のための新しい基地を探しており、米軍の行動が地元の憤りを悪化するかどうかという問題はなくならない。

沖縄の米軍基地の管理は、県と国との関係にとって大きな負担であり続けるだろう。米軍によって基地が返還されるときですら、土地が所有者によって使われるようになるまでに取り組むべき予算的・制度的紛糾が多数存在する。五〇年以上に及ぶ混乱・占領・再定住・復帰の後で、沖縄の分離平和の遺産は、地元の行政と関連する日々の仕事にすら影響を与え続けている。

沖縄の社会的風景は、ここ五〇年の間に根本的に変化してきた。戦争や占領が村々をゆがめる以前の状態に沖縄を戻したいと望んでいる人もいる。沖縄は、過去に捉われずに未来に向けての新しいビジョンを構築しなければならないと論じる人も多い。しかし、米軍基地がその両方の理想の邪魔になっている。米軍の行動は常に厳しく評価されるだろう。結局の所、アメリカは外国の軍隊であり、日本政府によって招かれたものの、その存在は占領と混乱の数十年を思い起こさせる。

沖縄における米軍基地の立場は、日本の統治制度を試し続けるだろう。沖縄の抗議の力は、中央政府が沖縄の懸念をどれだけ取り込むことが出来るか如何によるだろう。だが、米軍と地元市民を仲介するという仕事は困難だろう。これらの基地は日本の国益にかなうという考えを拒否する地元市民団体の道徳的権威が増すのは、政府が地元の反対者を無視するときである。四万人近い米軍とその家族が暮らしていることによって生ずる社会的摩擦は決して消え去ることはありえないし、そのため、日本政府にはたった一つの選択肢しかないだろう。すなわち、別の場所への移転を要求することである。

しかしながら、沖縄によって提示されている本当の課題は、日本の指導者の側により大きな政治的説明責任が求められているということである。基地に対して繰り返し起きる「島ぐるみ闘争」の波は、沖縄と本土との格差を解決するための利益表明の通常のチャンネルが不十分であることを示唆している。市民が闘争活動に訴えるのは、統治機構が自分たちの声を代表していない時である。最近の沖縄での出来事を一時的な感情の噴出と考えたい人々もいる。戦後のイデオロギー的分裂期の初期への後戻り、つまり、日本の政治的変化に対する逆行と位置づける人もいる。一旦十分な経済的資源が提供されれば、沖縄の人々は国の政策的選択肢を受け入れるだろうと論じる人もいる。沖縄の米軍基地をめぐる現在の一連の交渉の結果はまだ分からない。しかし、日本の政治的指導者たちは警戒している。沖縄において見られるように、代表しているべき人たちの要求を政府が満たせないとき、市民活動は、地方、中央どちらの政府に対しても圧力となるのである。

脚注

1 知花昌一は沖縄での日本国旗の使用に抗議して有名になった。あまりに批判されたため、沖縄に米軍基地を存続させた日本の政策で、沖縄の人々が如何に裏切られたと感じたかを説明する本を後に書いている。『焼きすてられた日の丸─基地の島・沖縄読谷から』（社会評論社、一九九六年）を参照。

2 日本人がどのようにしてアメリカによる占領と苦闘したかに関する十分な議論は、John W. Dower, *Embracing Defeat: Japan in the Wake of World War II* (New York: The New Press, 1999)（ジョン・ダワー著、三浦陽一・高杉忠明訳『敗北を抱きしめて─第二次大戦後の日本人』（岩波書店、二〇〇一年））を参照。

3 沖縄のジャーナリストは、沖縄の基地という考えに対して、基地の中に沖縄があると語る方がより正確であると論じることがしばしばある。「沖縄の米軍基地」に対する「基地の中の沖縄」である。

4 沖縄は、東京の進駐軍にとって僻地と考えられていた。より不吉なことに、米軍が沖縄に基地を建設することに焦点を絞っていたとき、そこは秘密裡に隠されていた。ジョン・ダワーが記しているように、連合軍最高司令部の担当者の中には、沖縄で何が行われているのか情報がないのをいいことに、支持に従わない日本人に沖縄に「罰として赴任」させると脅す者もいた。*Embracing Defeat*, pp. 433–34.

5 沖縄の土地闘争に関する詳細にわたる歴史については、沖縄軍用地等地主会連合会によって編纂された、『土地連三十年の歩み』（一九八四年）がある。

6 沖縄返還問題に関する米政府内の官僚のやりとりを分析している研究は、I. M. Destler, Priscilla Clapp, Hideo Sato and Haruhiko Fukui, Managing an Alliance: *The Politics of US-Japan Relations* (Washington,

DC: The Brookings Institution, 1976). この共同研究の初期の草稿は、「沖縄返還交渉の政治過程」と題された一九七四年の『国際政治』の特集に日本語で掲載された。

7　沖縄返還の過程における主要な分析者及び参加者の一人にリチャード・スナイダーがいた。一九六八年一二月二四日に書かれた彼の「出張報告」は、沖縄では急速に圧力が高まっており、アメリカはこの問題について決断しなければならないとアメリカ政府を納得させるのに重要な役割を果たした（ジョージワシントン大学、安全保障文書館、日米関係文書）。後年、スナイダーは、日米同盟についての研究書を書くことになるが、その中で彼は、日米関係におけるこの時期の重要性について考察している。*US-Japan Security Relations: A Historical Perspective*, Occasional Papers of the East Asian Institute, Columbia University, New York, 1982.

8　沖縄返還交渉の最終段階における佐藤栄作の特使が一九九四年に意味深い回顧録を書いたが、それには佐藤とニクソンが合意した最終的妥協に関する「裏話」が含まれている。若泉敬『他策ナカリシヲ信ゼムト欲ス』（文藝春秋、一九九四年）。

9　Priscilla Clapp, "Okinawa Reversion: Bureaucratic Interaction in Washington, 1966–1969,"『国際政治』五二（一九七四年）、29～31頁。

10　主席は選挙で選ばれる地位で、沖縄の統治に関してかなりの権限を保持していた。しかしながら、主席は高等弁務官に対して報告を行った。当時のアメリカ側の分析によれば、屋良はアメリカ側の担当者から「反米候補」と見られていた。アメリカの分析官は、屋良について「左翼の関係者から影響を受けやすい」ところがあると憂慮した。沖縄返還に関する一九六八年六月二二日付の上級部局間グループのための基礎資料を参照（ジョージワシントン大学、安全保障文書館、日米関係文書）。

　屋良は、沖縄自民党の対立候補をめぐる度重なる汚職スキャンダルに助けられた。屋良は結局、日米間の返還合意の条件に抗議して辞職した。

11　一九九〇年代の沖縄の基地闘争の歴史としては、『五十年目の激動――沖縄米軍基地問題』（沖縄タイムス社、一九九六年）を参照。

12　反戦地主闘争の展開に関する個人的説明としては、『命こそ宝――沖縄反戦の心』（岩波書店、一九九二年）を参照。

13　「外国の壁」という言葉は、米軍基地に関する政府の政策を変えようとする市民団体によってしばしば引き合いに出された。

14　沖縄の地主と国との賃貸契約を合法化する特別措置法が国会を通る頃には、反戦地主は約五百人しか残っていなかった。しかし、次の一〇年間に、反戦地主の数を下支えするために、日本中の支持者が約一坪の基地の敷地を購入した。この新しい反戦地主によって、反戦地主の数は一九九〇年代初頭までには約三千人に増加した。これは当時の沖縄の基地敷地所有者全体の約一〇パーセントを占めた。

15　名護市の住民投票に至る出来事の歴史に関しては、『民意と決断――海上ヘリポート問題と名護市民投票』（沖縄タイムス社、一九九八年）を参照。

ECONOMIC RELATIONSHIP
経済関係

チョコ・バーから自動車へ――アメリカの対日経済政策、一九四六―七六年

マイケル・A・バーンハート

始めに空腹ありき、だった。一九四一年、日本は、アジアの盟主としての地位に欧米諸国が苦々しい態度をとるのにいつまでも甘んじてはいられないと、欧米との戦争に突入した。当初の真珠湾やシンガポールの華々しい戦勝は、一年と続かなかった。一九四四年夏には、米軍はマリアナ群島にあった日本の周辺防衛の拠点を突破していた。日本本土に対する激しい空爆がすぐに始まった。しかし空爆が始まる前から、すでに日本の経済的失敗はもっとも基本的な形で明白になっていた。食糧不足である。[1] 米軍の空爆は必ずしも食糧供給を狙ったものではなかったのに、[2] 爆薬製造能力を破壊しようとした作戦が化学肥料の製造を半身不随にする役割を果たしたのだ。しかも自然の仕打ちが厳しかった。一九四五年の米の収穫高は一〇年間で最低で、平年を約四〇パーセントも下回った。[3] 食料の在庫が激減した上に、帝国陸軍の生き残りの兵士たちが帰還し、さらに台湾から満州にいたるかつての占領地から市民がやむなく引き上げてきたこともあって、米軍による占領時代の前半は周期的な食糧不足――実際、飢餓状態に近かった――に見舞われた。アメリカのGIが物欲しげな日本の子供にチョコ・バーを手渡しているというイメージは、戦後の和解を強調する効果的な宣伝の一つだったのかもしれないが、平和が訪れた直後の日本経済のファンダメンタルがいかにひどいものだったかを物語るとも言わねばなるまい。[4]

食糧危機は、大戦後最初のアメリカの対日政策をも生み出した。日本の降伏後一ヵ月とたたないうちに、ジョン・マックロイは国務省に対し、食糧危機を説明した上で、早急にアメリカが他の東アジア諸国と交渉

して日本への食糧輸出を確保するよう、強く求める書簡を出している。なかなか売り込みのしにくいケースだった。帝国陸軍が戦時中に行った食糧その他の物資の徴発、さらには労働力の徴用のせいで、アジアに日本の味方はほとんどいなかったのだ。そんなアジアの国々に日本への緊急食糧輸出に資金を出させようという、このマックロイ提案（さらにダグラス・マッカーサー将軍の、日本はどの輸入品についても代金を払う必要はないという主張も）は、一顧だにされなかった。ワシントンは、日本が戦時中に貯蔵していた金や宝石、その他工業製品を輸出し、代わりに食糧や綿など必需品を輸入するという、バーター・システムを強制的に行わせることまでは進んでしたが、これは明らかに一時しのぎに過ぎなかった。実際、食糧不足は世界的で、特にドイツやインドではひどく、バーター貿易さえ極めて不十分になることが確実だった。米国から日本への緊急の小麦輸出も減ったほどである。一九四六年春になると事態はさらに悪化し、陸軍省と国務省は緊急援助が必要ということでマッカーサーと意見が一致した。[5]

夏までに、そうした援助が行われることになった。ワシントンからのＧＡＲＩＯＡ基金（直接救済および復興支援）による援助は総額で二〇億ドルに達したが、これはヨーロッパに提供されたマーシャル・プラン援助の範囲を超える金額ではなかった。アメリカの民間人による援助は、ドルに換算すると大した額ではないが、特に医療援助や教育支援などは広く行き渡って歓迎された。米政府による直接支援は一九四八年にチェイスやナショナル・シティ銀行、その他民間銀行の融資を受けて補充され、おかげで綿の輸入が再開された。[6]

綿の輸入は非常に重要だった。戦後の五年間、日本はどう見ても――少なくともアメリカ人の目からは――輸出大国ではなかった。その逆で、日本にとって最大の問題は、基本的な経済回復を維持するために必要な輸入品の代金が周期的に支払えなくなることだった。この問題に対処するには三つのことを解決する必要があった。日本の降伏から一九五〇年代半ばに至るまで、ワシントンはそれをずっと追求してきたのである。日本は、基本的な経済活動を一斉にスタートさせるために直接援助を必要としていた。また製造業の復活を可能にするためのインフラ再建（特にエネルギー部門の再建）の資金が必要だった。さらに、輸出でドルを手に入れるために、外国市場に参入できなければならなかった。綿、もっと具体的に言えば繊維産業こそは、以上の三つを解決するにはどうすればよいかを象徴的に示していた。

ＧＡＲＩＯＡ基金は直接支援を提供し、その融資枠によって日本の繊維産業はアメリカから綿を輸入し、製造や輸出を再開することができたが、その一方では資金が（占領時代はＧＡＲＩＯＡ基金の、その後は世界銀行から）日本に流入し、造船やエネルギーといった、日本の製品がこれから世界的な競争力を得るようになるには欠かせない産業への投資を促した。もう一つ、輸出を刺激した重要な要素はドッジ・ラインだった。日本経済からインフレを追い出す代償として、日本に厳しい金融引き締めをもたらしたのである。アメリカの銀行家でもあるドッジは、同時に円の対ドルレートを三六〇円に固定し、日本の輸出を非常に有利にした。

米軍の占領が終わるかなり前から、日本の繊維製品は実際、競争力を持っていたが、それが日本の有利に結び付いていないだけだった。日本の繊維メーカーは、一九三〇年代に支配していた市場に、戦後早い時期に再び参入した。不幸にも、その市場のほとんどがイギリスの「ポンド圏」にあり、日本はかなりの額のポンドを手にしたが、当時ポンドは、日本の大量の輸入品の代金支払いに必要なアメリカ・ドルには交換できなかった。一番直接的な解決策はドルとポンドの兌換性の回復だが、一九五〇年代を通してのイギリスの経済的苦境のせいで、この選択肢は実現困難だった。ワシントンは兌換を提案する用意があったが、日本の急速な経済回復と引き換えにイギリスの緩やかな景気回復を犠牲にできるような雰囲気ではなかった。

しかしワシントンは、新しくできた自由世界の多国籍経済機構に日本を組み込もうと、積極的に圧力をかけた。講和条約のインクもまだ乾くか乾かないかという頃、日本は世界銀行とＩＭＦに加盟した。ＧＡＴＴへの完全加盟は一九五五年まで待たねばならなかったが、この遅れはイギリスの抵抗が一つの原因になっている。日本がＧＡＴＴに加盟した後も、特にイギリスは日本製品に対する貿易障壁を維持する権利を留保した。だが同じように重要だったのは政治勢力の圧力を受けた米国議会が、新大統領アイゼンハワーに対し関税の引き下げ交渉を行う権限を一時的に認めなかったことである——関税の引き下げは、結果として日本の参入を確実にする重要な出来事だった。[7]

それでも、日本経済は少しも堅調にはならなかった。朝鮮戦争は、アメリカの軍需品購入による一時的なドルの棚ぼた式流入をもたらした。在日米軍維持のための定期的支出もあって、主権を回復した当初の何年か、日本は確実に支払い能力を回復した。だが軍需景気がいつまでも続くわけはない。戦争が終わって、日本は再び輸出に必要な、ということは食糧生産を含む基本的な国内生産に必要な、輸入代金を支払うための充分な外貨準備金（ドルのこと）を維持する力の、周期的な不足に見舞われることになった。

大量の食料援助が、米国公法４８０（以下、ＰＬ４８０）号に従って行われた。この法律は基本的に、アメリカの余剰農産物を処理するためのもので、対日援助の手段として意図されてはいなかった。それでも国務省と日本政府は、このプログラムの可能性の大きさにすぐ気づき、協力してその可能性を実現させる計画を立てた。その結果、施行初年度の同法による輸出割当額四億ドル——非常に大きな額——のうち、三分の一以上が日本行きとなった。その効果は少なくとも三つの点で具体化した。ＰＬ４８０による輸入にはドル建ての支払いは要らなかったので、日本の外貨蓄積の必要がかなり減った。さらにこの食糧輸入が産みだした資金は、[8]特に日本から東南アジアへの工業機械の輸出（これは日本の重工業自体の発展を助ける）拡大や、復活した日本の防衛産業への投資拡大、道路建設や最新の生産技術の利用支援に使われた。またＰＬ４８０は、長期的にも、日本を米国産穀物や綿の最大の輸入国とする役割を果たした。[9]

日本の貿易収支は一九五〇年代半ばまでに基本的に健全になったと言ったら、大げさだろう。黒字になったのはようやく一九五八年のことであり、[10]外貨準備高は五〇年代を通して少ないままだった。日本の貿易、産業復興は、依然として入手の容易な資金、つまり国際的といいながらアメリカが支配している世界銀行や、米国所有の輸出入銀行から得た資金、あるいはＰＬ４８０による資金、さらにはニューヨークの銀行からの民間融資を通じて調達した資金に、頼り切りだったのである。

さらに日本は五〇年代が進むにつれて、対米輸出への依存を深めていった。繊維製品の輸出がリード役である。伝統的な、戦前からの東南アジア市場では日本が成功する見込みは乏しい（しかも、通貨の問題があって利益にも恵まれない）ため、日本の繊維製品製造業者はアメリカ市場を開拓した。[11] 一九五五年半ばには、アメリカの主に南部の製造業者が対日輸入規制を要求したほどである。彼らは、ＰＬ４８０に基づく日本のライバルたちへの安い綿花の提供に怒り、輸出入銀行の融資を受けて日本が行う製造機械の購入への支援にも、また相互安全保障援助計画に基づくアメリカ政府のメイド・イン・ジャパンの（普通は軍用の）繊維製品調達にも腹を立てていた。しかし彼らの懸念に火をつけたのは一九五四年の、輸入繊維製品に対する関税の引き下げを提案した法案（ＨＲ・１）だった。冷戦の相棒を助けることだけなら受け入れられても、それが国内市場でアメリカの製造業者を犠牲にしてまでということになると話は違う。実際、南部の一部の州では、アメリカ製でない繊維製品のすべてに表示ラベルを貼るよう求めた法律を制定したところまであった。

日本の通産省は、こうした懸念に素早く対処し、アメリカ市場における日本の長期的展望を守る措置を実行に移した。一九五五年末までに、ギンガムやビロードなど米側が一番敏感になっている品目について自主的な輸出規制を課したのである。だが一年とたたないうちに、この非公式で一方的な措置は両国の政府間協議に道を譲り、一九五七年初頭から日本の対米輸出を制限する五年協定が発効することになった。

こうしたやり方――アメリカの業界が不平不満を言い、日本は自主的な輸出規制を進んで検討、ワシントンはそうした不満と輸出枠の両方を、より直接の政府間交渉によってコントロールしようとする意欲を示す――は、一九七〇年代、八〇年代には当たり前のことになる。しかし一九五〇年代のその後と六〇年代を特徴づけたのは、両国政府が、貿易問題よりもむしろ通貨問題の方に強い懸念を抱いていたことだった。一つには、ヨーロッパが充分に健康な財政を取り戻してほしいと米国が願っていたゆえであり、もう一つは、日本も米国も、それぞれ理由は全く違うが、外貨準備高に心配があったからだ。

一九四五年から六〇年までのアメリカの外交政策の原動力となっていたのは、ソ連を抑え込もうということよりも、西ヨーロッパの繁栄を取り戻させる必要の方が強かっただろう。ソ連の軍事的脅威は、少なくとも当時は米国に届くほどではなかったし、「第三世界」革命の恐るべき波がやってくるのはまだ少し先である。中国が共産主義に奪われたのは厄介なことであり、特にそれが共和党の右派を刺激したからなおさらだったが、アメリカの安全や繁栄に大きな打撃となったわけでは決してない。しかし西ヨーロッパの経済が崩壊していたら、これはまさに悲劇そのものだったろう。米国は、第二次大戦の余波によるそうした悲劇を避けるため、精力的な努力を傾けた。最も有名なのがマーシャル・プランである。だがワシントンの目標は救済ではなく、自由貿易（少なくともより自由な貿易）を基礎にした広大な国際システムによる、長期的なリハビリだった。GATTは、この新しい貿易秩序の象徴だったが、同じように重要なのはそれを支える通貨上の土台だった。国際的な通貨の交換が可能でなければ、自由貿易など蜃気楼に過ぎない。

大戦後、西ヨーロッパ経済は極めて弱体になっていて、通貨の自由交換や、現実に自由貿易を少しでも匂わすものなど許容できる状態にはなかった。そこで米国は、中間的措置として、ヨーロッパ石炭・鉄鋼共同体（ECSC）やヨーロッパ経済共同体（EEC）を通じた域内貿易関係を樹立させた。通貨面では、域内の通貨交換を促進すべくヨーロッパ決済同盟の設立に協力し、また英国ポンドの国際的生命力を守る、様々な手を打った。[12]ところが一九五八年になると、ヨーロッパは充分にたくましくなり、通貨の自由交換の開始や、より強力な大西洋経済共同体を作る措置をさらに行っても大丈夫なように思われた。アメリカの経済政策の指導者だったクラレンス・ランドールやC・ダグラス・ディロン、ジョージ・ボール等は、この共同体を管理するための正式な組織――ヨーロッパ経済協力機構（OEEC）の拡大――の必要を強く訴えた。[13]

こうして事態が推移する中、出現途上の貿易秩序に日本も役割を果たすべきではないのか、具体的には、欧米の公的な経済組織に日本を加えてはどうかという問題が、明白に意識されるようになってきた。日本は、いかにも対照的だが、多国間の安全保障協定には全く参加していないのに、GATTとIMFには加盟していた。日本の加盟は米国とヨーロッパ諸国との経済関係など、様々な関係を複雑にしてしまうのではと当初懸念されたものの、ワシントンは、新しくできた経済協力開発機構（ＯＥＣＤ）への日本加盟を後押しした。一九六四年、ＯＥＣＤ設立の三年後に、日本は最初の非欧米圏の加盟国となった。[14]

ＯＥＣＤへの日本加盟がヨーロッパ市場への日本の参入を拡大し、それに伴い日本の対米輸出依存が減るのではないかと期待する向きが、一部にはあった。特にディロンは、日本の生産力の拡大を前提に、一九六〇年代という新たな一〇年は日本の対世界輸出が急速に増えるだろうと予測している。しかしどの地域への輸出か？　日本は南アジアや東南アジア市場の拡大を試みてはいたが、前者は政治不安が、後者では資本不足が大きな障害になっていた。[15]それに代わる選択肢は明らかに西ヨーロッパしかない。しかし、ポンド圏などの国に対する日本製品の輸出にも英国が反対し、さらにヨーロッパのさらなる統合を進めるデリケートな交渉を日本の輸出がぶちこわしてしまうのではないかという懸念が大陸諸国にはあって、日本の対欧輸出拡大の試みは前途多難が確実だった。

大事なことだが、この頃のワシントンには、日本に貿易政策の転換や譲歩を強く求める気はなかった。彼らの頭を占めていたのは、一九六〇年に迫った日米安保条約の改定だった。アメリカ側は改定に熱意があり、特に、日本区域だけに限定せず、「極東」地域の防衛に手を貸すという約束を日本から取り付けられればと考えていた。日本の岸信介首相はもちろん、そのつもりでいたが、輸出規制という犠牲を払うまでの気はなかった。むしろ岸首相は、アメリカの軍事援助やＰＬ４８０による支援が減っては、貿易収支が不安定なまま、さらに悪化してしまうと不満を述べたほどだった。[16]

安保条約の改定（かなり騒ぎになったが）後、新大統領のジョン・Ｆ・ケネディは、貿易問題で日本に圧力をかけることは避ける姿勢を保った。ケネディは日本に好感を持っていた。日本はアメリカにとって二番目に大きな市場である。多数のアジア諸国と賠償協定を結んでこれら諸国の経済に役立っていることは、この新たな冷戦の舞台でのアメリカの立場を有利にしている。しかもアメリカの外交政策に対する日本の支持はずっと一貫している。

もっと基本的なことは、ケネディが誰の目にも明らかな自由貿易論のチャンピオンとして大統領に就任したことだった。日本に圧力をかけるのは、ケネディ政権の経済哲学と基本的にほとんど相容れないだろう。事実、ケネディは、日米の政治家や企業家の定期的会合によって経済統合を推進する、日米貿易経済委員会の創設に同意している。アメリカの景気後退時に僅かの票差で当選したケネディは、景気を活発にさせる必要を充分認識していた。選挙運動中は「共和党の保護主義」を批判し、経済成長の鍵としてアメリカに対する輸出障壁を下げさせる政策と合わせ、景気拡大的な財政支出を約束していたのである。一九六二年に共和党の反対を乗り越えて成立した貿易拡大法は、グローバルな貿易障壁を削減させる、新たな国際協議への道を開くものだった。[17]「ケネディ・ラウンド」と呼ばれるようになった、この協議は、日本に対するアメリカの貿易圧力を全く生み出さなかった。実際、ある著名な歴史家などは、[18]日本が主にアメリカに犠牲を払わせて、ケネディ・ラウンドで非常な成果を収めた、と結論づけたほどだ。そうだとしても、ケネディは日本に間接的に数々の働きかけ（たとえば、例の貿易委員会の設立や、「バイ・アメリカン」法の一部規定の緩和）をしており、ケネディの時代が日米の経済関係の中でも穏やかな時代だったと結論するのは誤りだろう。

日本は、アメリカの経済政策上、結局はヨーロッパの二の次扱いされているのではないかと疑ったが、それは正しかった。ケネディが貿易拡大法を熱心に進めた動機は、一九六〇年代のヨーロッパ市場への参入を引き続き確保することだったように思われる。同法の議会通過を確実にするためケネディが行った譲歩には、日本の繊維製品の輸出自主規制の延長が含まれていた。これは日本にとっては打撃だが、米国の他の貿易相手国には事実上何の害にもならない。事実、規制の継続によって、日本のアジアでのライバル国、例えば香港などは、日本を犠牲に対米輸出を増やす機会に恵まれたのである。アメリカは、日本製品を対象にしたヨーロッパの輸入規制が継続しているにもかかわらず、ヨーロッパ市場への日本参入を支援する手を何も打たなかった。

さらにケネディ政権は、ＯＥＣＤ加盟やＧＡＴＴの三五条援助用の撤回の条件として、金融市場の「自由化」を日本に迫った。日本の特に通産省は、アメリカから直接投資がどっと押し寄せて、日本企業を支配できるほどの株を取得したり（特に自動車や家電製品の会社）、百パーセントアメリカ人所有の手強い競争相手となる会社が日本国内に設立される（特に生まれて間もないコンピューター産業で）ことになりはしないかと怯えたものだ。だが、こうした恐怖心は誇張されていたものだったことが判明する。将来の輸出の成功に欠かせないと考えられる、ほとんどの重要産業の手綱をしっかり握っていた。[19]通産省は、日本に輸出をしている米国企業も、金融面であまり日本に圧力をかけると対日販売に悪影響が出ると反対した。だが、対日圧力にブレーキをかけた最たるものは、アメリカ自身が対世界の資金ポジションに急に不安を募らせ、米国からの資本輸出を制限する決定を下したことだった。

第二次大戦後、米国は新しい国際金融システム、すなわち「ブレトン・ウッズ」体制の基盤作りに主導的役割を果たしてきた。[20]このシステムの要は、ドルを一オンス三五ドルのレートで金と交換できるとする米国の保証、事実上の金本位制の確立にあったが、それはアメリカの金保有量に依存する制度でもあった。一九四五年には、ほとんど何の問題もなかった。米国は世界の金の六〇パーセントを保有していたからだ。しかしドルが「金も同然」であればこそ、他の国々にとってもドルを準備金として所有することが望ましくなる。交換が困難な通貨とは違い、ドルなら世界のどこからの輸入品でも買えるからだ。実際、米国の政策でも、この国々――主にヨーロッパ諸国と日本――にドルの準備高を増やすよう奨励している。この国々はまさに言われた通りのことをした。一九五八年にヨーロッパが自国通貨とドルの自由交換を認めても構わないと確信するに至ったのも、これが理由である。自由交換への動きは、当初、一九二〇年代、三〇年代の苦労を覚えている銀行家が案じたものの、実際には極めてスムーズに進んだ。事実、ヨーロッパ、中でもドイツは、自由交換が始まった後もドルの準備高を増やしたほどだった。

不幸なことに、ブレトン・ウッズ体制では、こうしたドルの準備金は可能性としては金に交換できるはずだった。一九五八年になると、米国が、他の国々が所有するドルの全額と交換できるだけの金を持っていないことが明らかになった。なお悪いことに、アメリカの国際収支、つまり資金の流入と流出のバランスを示す指標がマイナスになり、米国のドル準備金を外国に奪われそうな状況になってきた。アイゼンハワー政権の国務長官は、[21]事態の打開策を追求し始めた。アメリカの輸出刺激策や、NATOの同盟国に駐留米軍に対する資金援助を増額するよう説得する策などがあったが、ケネディ就任まではほとんど成果を挙げていなかった。

公平に見て、ケネディは米国の国際収支を常に気に病んでいた。自身が言っているが、ケネディが恐れていたのは二つだけだった。核戦争と、国際収支の赤字である。前者は世界を破壊してしまう。後者は、冷戦を遂行して世界を救おうというアメリカの努力を台無しにしてしまう。ケネディはアイゼンハワーのアイデアをいくつか採り入れた。貿易拡大法や、それに続くGATTのケネディ・ラウンドは、アメリカの輸出を拡大する意図があった。ケネディはNATO諸国、特に西ドイツと協議を続け、現地駐留の米軍に対する資金援助を確保した。また大戦後に米国が行なった経済再建のための融資の返済について、協議を急がせた。ヨーロッパとだけでなく、GARIOA資金援助による、日本の大規模債務についても、である。

こうしてドルの米国環流を増やす措置を採った以外にも、ケネディは米国からのドルの流出を制限する手段を検討した。政治的に人気がなく、そのため実施が困難だった施策もいくつかあった。関税の引き上げは、国際貿易の増加を好むケネディの考えとは正反対になる。海外在住の米兵と一緒に暮らせる家族の数を制限する措置も例に上った。ヨーロッパその他外国でアメリカ人旅行者が使えるドルに限度を設ける案もあった。米企業の対外投資の規制も可能性としてはあったが、歓迎されなかった。そこへアメリカ企業から、新たにできたヨーロッパ共同市場（EEC）が米製品の輸入に貿易障壁を設けることはほぼ確実という指摘があった。障壁を避ける一番確実な方法は、ヨーロッパに米企業の支社を直接、作ってしまうことである。ケネディと財務省長官ダグラス・ディロン（アイゼンハワー政権から留任）の意見も同じだった。[22]

しかしケネディとディロンは、米ドルの外国人の借り手への流出を制限することならできた。かくして誕生したのが利子平衡税である。利子平衡税は、要するに、アメリカの資本市場でドルを調達する外国政府、組織、個人の実質調達コストを一パーセント、引き上げたものである。ヨーロッパ市場なら米ドルがいくらでも手に入ったから、[23]利子平衡税は、「小口」借り入れを鈍らせるだけのはずだ。

この論理はヨーロッパではうまくいった。ヨーロッパでは実際、米ドルが豊富に入手できた。だが日本は全く事情が異なった。ドルの準備高が少しも大きくなかったのである。日本企業は、短期で輸入を行うにも代金のドルを他から借り入れるのが普通だった。そのコストが今や馬鹿にならなくなっている。しかも多くの企業は、さらなる設備拡張の資金として長期的な大規模ドル融資を必要としていた。そうした必要がなくても、円が自由交換制に戻る時期が近いことを考えると、ドル資金の入手を難しくするのではなく、もっと容易にしてほしいと日本は主張した。同じような立場のカナダは、利子平衡税を免除されているではないか。同様の措置を要望する、と。

ケネディのアドバイザーの中には、こうした言い分に同情的な者もいたが、結局、免除は拒否した。利子平衡税を免除してしまうと、雪だるま式に影響が広がる。他の国も免除を要求してくるのは確実だし、少なくとも扱いが不平等だと不平を言うだろう。[24]利子平衡税が日米関係を損なうことを懸念するケネディは一九六四年初めに訪日すると約束したが、彼の暗殺でそれは不可能になった。

リンドン・ジョンソン大統領は一九六五年初めに、日本に利子平衡税の一部免除を認めたが、それは犠牲を伴った。アメリカからのドル流出は弱まるどころか、ジョンソンの任期中に拡大したのである。もちろん、一つの要因はベトナム戦争支援のための支出増だった。こうして支出されたドルのかなりの部分が、[25]対外援助や軍需品調達という形で日本に流れ込んだ。ジョンソンもケネディと同様、旅行制限や関税引き上げによって国際収支の赤字を減らす用意はなかった。いずれにしろ、彼はケネディ以上の自由貿易の信奉者だったのだ。アメリカの海外における軍事的地位の縮小など、たとえヨーロッパであっても問題外だった。[26]

その代わり、ジョンソンは、国際収支の赤字を短期的には増やさず、願わくば長期的に調整できるような混合的施策を採用した。一九六五年の一年がかりの多くの同盟諸国政府との交渉で、第二次大戦戦時中及び戦後に生じた米国に対する負債の早期返還を求める、一連の協定が成立した。日本の七億八六〇〇万ドルが中でも最大の負債額だった。[27]平行して行われた、同盟国に駐留する米軍に対する支払いで負債を相殺する交渉も加速された。またワシントンは外国政府に対し、保有するドル準備金を米国の長期国債に交換するよう迫った。こうすることでアメリカの持つ金に対する、当面の需要を先送りにしたのである。

長期的には、ベトナム戦争が終結し、アメリカ経済の熱気が冷えれば、国際収支は黒字を回復するか、少なくとも収支トントンにはなるだろうと、ジョンソンやその側近は希望を抱いていた。ＧＡＴＴのケネディ・ラウンドが成功すれば、それがアメリカの輸出を増やし、さらに国際収支に寄与するはずだ。大事なことだが、ジョンソン政権は資本調達の資金源として別の選択肢の登場を促すことを望んでいた。「ユーロ・ドル」の膨大な蓄積がその選択肢であることは何よりも明白で、ワシントンは、米国市場からの資金調達を減らすべく、ヨーロッパの通貨市場に第三国――特に日本――が確実に参入できるよう、精力的に動いた。

日本の資本自由化もジョンソンの狙いの一つだった。特にジョンソンは、長期的な投資収益が米国に環流してくるように、米企業による対日投資を奨励しようとした。タイミングは抜群だった。ＯＥＣＤ加盟とＩＭＦへの完全加盟（八条国）により、実際日本は、そうした投資に門戸を開かざるを得なくなった。しかし政治情勢は熟していなかった。アメリカ企業から参入を求める声がほとんどなかったのである。[28]逆に日本に輸出している米企業から、ワシントンが手を出しすぎると、日本相手の商売が一層難しくなると抗議が上がったくらいだった。

そうでなくとも日本はアメリカの経済的かつ政治的同盟国として、優秀な成績を収めていた。繊維製品の輸出自主規制（すぐ後に鉄鋼も）に同意している。ＥＥＣが一九六四年の共通農業政策や六七年の付加価値税で行ったような、米国の輸出を阻害するような包括的政策は採っていない。債務返済についての同意も早かったし、しかも確実に返済している。政治的にも、日本はベトナム戦争における米国の立場を強く支持することを公言している——これも一部のヨーロッパ諸国とは対照的だ。従ってジョンソンは、資本の自由化を強く迫って日本との軋轢の原因を作る気は毛頭なかった。

しかしながら、一九六七年になると日米間に不和が生じた。沖縄の施政権返還など、大きな政治問題は友好的な解決を見たにも関わらず、ニクソン新政権では、日米間の経済摩擦の悪化が際立つことになった。米国議会は、GATTのケネディ・ラウンドの結果にはっきりと不満だった。成果のはずの関税引き下げのリストをどう好意的に読んでも、日本の譲歩は日本が得た成果にはるかに及ばないことが判ったのである。事実、日本の主要産業は全く譲歩をしていなかった。[29] 議会は、貿易拡大法に基づく大統領の貿易交渉権の更新を拒否した。[30] 六八年の夏に行われた長期にわたる聴聞会では、対日輸出や投資に対する日本の障壁についての不平不満が次から次へと出てきた。次の年の二月、アメリカの鉄鋼産業は日本をダンピングの疑いで告訴し、[31] 鉄鋼の輸入規制法案が議会に提出され始めた。その他にも様々な産業から、ケネディ・ラウンド合意が一方に有利に過ぎると不満の声が聞かれた。[32]

議会だけがこうした摩擦悪化の発生源だったわけではない。米国の毛織物産業の不満を宥めようとした国務省の努力をはねつけたのは日本の産業界の代表者で、木で鼻をくくったような態度で、アメリカ人が敵視すべきなのは我々ではなく北ベトナムだと言ってのけたのである。さらに悪いことに日本は、食糧援助問題でケネディ・ラウンド交渉をこわしかねない行為をした。米国は、農業についても工業製品についてのGATTで得た成果に近い関税引き下げや市場開放が実現するのではと多少は希望を抱いて、交渉を始めていた。しかし農業は伝統的にほとんどのヨーロッパ諸国や日本が強力に保護しており、障壁は確かに高かった。日本が結論を出さないでいる間に、EECはとうとう一九六六年半ばに、現行の農産物保護のレベルを維持するというだけの提案を行った。米国は強い不快感を示したが、一年に及ぶ集中的な協議でもヨーロッパ側から何の譲歩も引き出せなかった。全く成果を挙げられないことを嫌がったワシントンは、PL480の多国籍版とでも言うべき提案を行った。より豊かな国(すなわち、ケネディ・ラウンドに代表を送った国)が、その余剰農産物から貧しい国に食糧援助を提供するというのである。農産物貿易の自由化に代わるものとは到底言えないが、割れ鍋に綴じ蓋としては良くできた策ではあった。これならヨーロッパ(フランスでさえ)も同意できたからだ。しかし、日本は厄介な立場に置かれることになった。日本には、食糧援助に回せるほどの余剰農産物は全くなかったのだ。その上日本は、外貨準備高が依然として少ないことを理由に、実際に農産物を提供する代わりに資金を提供するという妥協案も拒否した。この主張はすべてが間違いというわけではなかったが、日本は義務を果たさずにOECD加盟国としての地位のおいしいところだけ戴こうというつもりかと、アメリカ人に疑惑を持たせる結果となった[33]。

それにしても、日米間の公然たる軋轢が一九六八年まで持ち越される本質的な理由は何もなかった。貿易面の意見の食い違いは確かにあった。アメリカの煙草産業は、日本の国有煙草会社への販売を増やそうとやっきになっていた。木材価格の急騰に悲鳴を上げた米国の建設業界の熱望を受け、対日木材輸出を制限する決定をアメリカが下したのも、活発な交渉の末だった。米国の鉄鋼メーカーやセラミック・タイルのメーカーは、日本製品からの保護をますます強く求めていたし、自動車産業は日本市場の閉鎖性をののしった。繊維製品メーカーは、日本製の毛織物やレーヨンなどの合成繊維の輸入規制の強化を主張していた。

こうした不平不満のどれも特に目新しいものではないのだが、それらをとりまく米国の政治的環境は新しく変わった。その環境の変化が、日米の経済関係の基本的変化を引き起こしたのである。確かに、一九六八年の大統領選挙では貿易は焦点にならなかった。ベトナム戦争によってジョンソンは大統領の地位を奪われ、リチャード・ニクソンもその対抗馬も、自分ならその悪夢の戦争を終わらせられると証明することに精力を費やした。さらに、六〇年代半ばに成立した公民権法が火をつけた、社会革命が進行中だった。以上の両方が、根本的な政治の再編成の可能性を引き起こした。その結果、アメリカの南部——旧南部連邦の諸州

――がニクソンの共和党に惹き付けられたのである。ニクソンは、この再編成を自らの「南部戦略」によって加速させる決心を固めていた。その戦略は、日本との経済摩擦、特に繊維製品の輸入をめぐる摩擦を、主要素の一つとして利用するものだった。極めて僅かな票差で選挙に勝った――南部諸州の力が大きかった――ニクソンは、繊維問題について行動を起こさなければと感じていた。

その結果生じた「繊維紛争」[34]にニクソン政権は第一期の前半を費やすことになり、日米関係はこの問題に支配されるようになった。そして、最終的には沖縄の施政権返還につながる微妙な交渉を一層複雑にさせた。まさにそれが理由で、ニクソンは、日本が輸出の自主規制に応じるかどうかにかかっていた繊維問題の早急な解決を望んだのだろう。だが事態はそう簡単には済まなかった。ニクソン政権の商務長官モーリス・スタンズが、米国の繊維業界を本当に保護するには、一九六二年の綿製品に関する長期協定と同様の多国間繊維協定でなければだめだと主張したのである。しかしヨーロッパの反応は冷たく、日本の反応も冷淡そのものだった。日本の繊維業界の中には、日本は何十件もの自主規制に、それも多くは繊維製品についての規制に同意してきたではないかと、怒りを露わにする者もいた。その結果は香港のような外国のライバルに売り上げを奪われ、アメリカのメーカーの保護にはちっともなっていない。毛織物の人気が落ちていることや、新しい化繊製品の市場で輸入品の占める割合が小さいことを考えると、本当に保護が必要かどうかさえ疑問だと、彼らは主張したのである。スタンズは失望し、怒ったまま東京を後にした。

それでもニクソンには協定が必要であり、合意を一つでも取り付けるには自身が乗り出さなければならないと認識していた。一九六九年一一月のワシントンの首脳会談で、ニクソンは佐藤栄作首相に自主規制を迫った。佐藤首相は公の場では断ったが、内々に自主規制を実行すると約束したようである。ニクソンは満足した。佐藤首相が帰国してみると、そうした合意は決して許さないという反対勢力の壁が立ちふさがっていた。ニクソンは何も成果を挙げなかったと知った米国議会は、日本製の繊維製品の輸入を三分の一削減し、沖縄返還を棚上げにする法案を成立させると脅しをかけた。

ニクソンは日米関係の全面的危機を避ける決意をすると同時に、繊維紛争については何とか解決で功名をえようと心に決めていた。そこで議会を利用して佐藤首相に自主規制の圧力をかけた時でさえ、一方では議会が輸入規制を決議するようなら拒否権を行使すると脅したのである。佐藤首相には何も出来ないと判ると、日本の繊維業界は独自の提案を米国議会に対して行った。ニクソンは怒って一九七一年春に提案を拒絶した。そうした交渉を行えるのは大統領だけというのが理屈だった。こうして何度か佐藤首相に警告が送られた結果、日本政府にも政府間協定を急ごうとする変化が起こった。とは言え、日本の繊維業界が米国議会に行った提案とそれほど大きな違いのない内容だったが。変化をさらに加速させるべく、ニクソンは八月に、一律の輸入課徴金制度を含む新経済政策を発表した。またドルを、ブレトン・ウッズの国際通貨制度から離脱させた。[35]

この「ニクソン・ショック」[36]は繊維紛争にただ影を落としただけでは済まなかった。そのルーツは様々だが、それらがあいまって、ニクソン政権の第一期に生じた日米の経済関係における根本的変化の、第二の理由となっている。ジョンソンがアメリカの金の流出をくい止めようとした短期的施策は、要するに、ベトナム戦争を終結させられなかった自身の無能と、一九六八年を通してのアメリカの経済成長(同時にインフレの刺激役だった非常に膨張的な財政・金融政策を引き締めに転じるのを嫌がったせいで、失敗した。一九六七年六月の第三次中東戦争の際に起きた金の買い付け騒ぎの後、十一月には英ポンドが切り下げられた。その両方がドルも切り下げられるのではないかという心理を煽り、ドルの所有者に金との交換を迫る圧力となって爆発した。一二月に行われた、苦渋に満ちた閣僚会議では、厳しい選択肢を次々と検討しては、捨てた。あらゆる輸入品に特別の「関税」をかけるとか、強制的な資本管理、緊縮財政、同盟国に圧力をかけ駐留米軍の経費を相殺できるほどに返済額を増やさせる案、さらにヨーロッパや韓国の駐留米軍の一方的削減など。[37]

ニクソンは、東南アジアにおける戦況の不利だけでなく、この「財政のベトナム」も受け継いだ。アメリカが冷戦に深く関わっているために生じた、簡単な解決策は全くないように思われる大問題である。それでも解決しなければならなかった。ニクソン個人は市場重視の政策を好んだ。利子平衡税を初めとする資本フローの規制措置の緩和を求め、後には廃止した。一九六九年初めの時点では、これは取りやすいスタンスだった。米国の金利は高水準にあり、銀行も、連邦準備制度の変更によってカリブ海地域に支店設立が可能になり、これは海外から大量の預金を惹き付けた。しかし高金利は景気拡大を脅かし、一九七〇年に金利が下がると、激しい資本の流出が再び始まった。

こうした事態の推移には、日本との新たなトラブルの種になりそうなものは何もなかった。実際、日本は多くの点で西欧の模範的市民になっていた。かなりの額となる在日米軍の経費負担にも応じていた。保有するドルの大部分は米国の中期・長期国債に変えていたから、それを金と交換する恐れは当面、なかった。しかもそうすることで日本は、アメリカがドルを金と離婚させるとか、ドルの大幅な切り下げを行ったりはしないと信用していると広言するに等しい。さらに日本は繊維や鉄鋼の輸出自主規制にも応じている。また少なからず重要なことは、日本が東南アジアでも他のどの地域においてもアメリカの外交政策の熱心な支持者ということだ。

しかし一九七〇年になると、対立を指向する新たな要素が出てきた。アメリカの外交関係者や金融アナリストの間で、日本のグローバルな経済的地位が大きく変化したという共通の認識が生まれていた。日本の国際収支は一九五〇年代と六〇年代には旋回していたが、今ではしっかり黒字が根付いたように見える。ＩＭＦとＯＥＣＤの研究機関が調査を行ったが、それによれば日本の外貨準備高——圧倒的にドル——は過去最高になっていた。この変貌ぶりで、日本は債務の返済や第三世界に対する食糧援助でも、また全般的なドル支援においても、もっと前向きになるべきだということになった。[38]

日本の富への、この新しい認識は、米国の輸出品に対して日本が市場を開放すべきだという圧力を倍増させた。日本の数多くの資本規制措置は、早急な資本自由化を求める不平や主張を何度も呼び覚ましていた。

多くのアメリカ人にとって、それは日本が一九六四年にＩＭＦの八条国になりＯＥＣＤに加盟した以上、完璧に果たすべきことなのである。牛肉やリンゴ、オレンジなどアメリカの農産物の輸入拡大をずっと拒否し続けているのは、豊かになった日本には不要なことに思えて仕方がない。沖縄で以前から売られていた米国製の薬品が施政権返還後に、輸入許可を得られなかった事件が起きるに至っては、日本は偽善的色彩さえも帯びてきた[39]。

しかし、もっと重要なのは、国民の間に広がったアメリカの世界的地位の衰退感をくい止めるために何かを、それも「財政のベトナム状態」に終止符を打てるようなやり方で何かをしろという、国内で高まった圧力だったろう。一九七一年春になると、議会の指導者たちは公然と日本を、そして日本の対米黒字をアメリカの経済的苦境の原因と名指しするようになった。アメリカン・フットボールのファンでもあるニクソンは、「ビッグ・プレー」好きだった。リスクはあるが、うまくいけば大きな得点を上げられるようなプレーである。一九七〇年五月のカンボジア侵攻が一例で、七一年八月の「新経済政策」が、もう一つの例だった。

ニクソンによる経済「ショック」はまさにビッグ・プレーだった[40]。アメリカの同盟国と協議の上でドルを人工的に切り下げるのではなく、ドルの金との交換を完全に停止したのである。また対米輸出（日本や他国）の自主規制をさらに協議する代わり、すべての輸入品に一律一〇パーセントの課徴金を課した。

振り返ってみると、ニクソンが輸入課徴金を、輸出障壁について日本から早急に譲歩を引き出す交渉の切り札として使うつもりだったことは、明白なように思われる。輸入課徴金はＧＡＴＴの規約に照らすと疑問のある制度であり、事実、その年の年末には廃止された。日本も実際、自動車の輸入規制枠の撤廃と米国製軍用品の購入増を内容とする妥協案を提示した。重要なのは、ニクソン――それに非常に気さくな商務長官ジョン・コナリー――が、日本に本当に圧力をかけている（だから、この点について議会が先走る必要はない）ことを議会に証明する一つの手段として、輸入課徴金を利用したということだ。しかし、その秋のコナリー長官の異例の訪日をハイライトとする、このスタンドプレーはただでは済まなかった。議会や米国民の目には、日本は経済上の第一の敵として、米国が国際収支の赤字を抱え、ドルが下落した最大要因として映るようになったのである。以後二〇年間にわたり、日本も米国も、特に米国は大衆にポーズを取らざるを得なくなり、そのことが両国の経済関係を調整する現実の交渉の進展を、しばしば複雑にさせたのだった。

これは二重の意味で不幸なことだった。なぜなら一九七一年の時点で差し迫った真の問題、そしてニクソン・ショックの本当の狙いは、米ドルにかかっていた圧力を取り除くための全般的、国際的な通貨再調整だったからだ。この点で日本はいかにも協調的だった。円の約一七パーセント切り上げに応じたのである。このレベルで為替レートを固定したい気持ちは明らかだったにも関わらず、日本は一九七一年以後、変動相場制に移行することにも同意した。[41] さらに国際収支の黒字削減の措置を採り、一九七三年には一部成功を収めている。その年、大規模な石油危機——第四次中東戦争とＯＰＥＣ諸国の力の増大の結果である——のせいで日本の国際収支は赤字に転じ、それは一九七六年の終わりまで続いた。

しかし、こうした日本の努力は日米関係の好転には少しも寄与しなかった。その最大の理由は、アメリカが経済不振の根本原因に立ち向かわなかったことにある。ニクソンの新経済政策は賃金や物価をコントロールすることで一時的にインフレをくい止めたが、こうしたコントロール策自体が経済のファンダメンタルが貧しいままの状態にあることを示すものだった。この状況の中、ドルの大幅切り下げはアメリカの国際収支の赤字をほとんど修正できずに終わった。実際、七〇年代中期のインフレ再来によって米国製品はかつてないほど競争力を失った。対日輸出は低水準に止まり、一方で日本から、特にカラーテレビや自動車など大量の新製品が輸入されてアメリカの産業を脅かした。これらの製品を含めて日本が輸出の自主規制に応じてからも、それは変わらなかった。

この自主規制の協定は、日本に対してアメリカが新たに——しかも公然と——圧力をかけた結果の産物だった。ニクソンは日本の対米輸出を制限するだけではなく、米国の対日輸出を増やすつもりだった。その狙いで、彼は議会に、貿易問題についての新しい交渉権限を求めた。ＧＡＴＴの新ラウンドの多国間協議（後に東京ラウンドと呼ばれることになる。日本政府が一九七一年後半にラウンドを提案したことも理由の一部になっている）を開始する意図で提出されたニクソンの法案は、米国製品の輸入を制限するどの国に対しても報復措置をとれる規定を含む、かなり不穏なものだった。どの国を狙ったものかは一目瞭然である。

日本は、貿易不均衡のニクソン流解決策を一部だけなら受け入れるつもりでいた。事実上の円の再切り上げは痛いが、痛みは日本の輸出業者全部にくまなく行き渡るから、政権党の自民党にとって政治的には受け入れ可能なのだ。鉄鋼や自動車輸出の自主規制は我慢できる。どちらの業界も景気が良く、少々の輸出削減は業者間で痛みを分け合えばいい。しかし米国の輸出品、特に農産物（牛肉や柑橘類）に対する輸入障壁を低くすることは、この一〇年来人気の低迷に悩んでいる自民党の、重要選挙区に打撃を与えかねなかった。一九七三年の石油危機で日本の貿易黒字は大きく減少し、さらにニクソンがウォーターゲート事件で政治的に自滅したこともあって、切迫した対立は一時、遠のいたが、一九七六年の大統領選挙の頃には、日本は経済上の第一の敵として新聞の見出しに戻ってきた。

しかし石油危機はもう一つ、良い効果ももたらした。今度は長期的な効果である。ニクソン・ショックによって固定為替相場制が消滅した、まさにその理由で、工業先進国（つまりＯＥＣＤ加盟国）は為替レートの変化を監視する協議を頻繁に、かつ定期的に行う必要を自覚した。石油危機が、こうした協議を大きく加速させたのである。結果として、様々な大国、特に米国と日本の金融政策担当者が、一九七〇年代を通じて親密度を深めた。一九七七年初めになると、国際協力——少なくともそれを目指した努力——は新たな段階に達し、ＯＥＣＤ諸国はバランスのとれた経済成長を維持するため協調行動を取り始めた。こうした協調行動はプラスマイナス様々な結果を生んだが、一九八〇年代や九〇年代の債務問題や通貨危機に対処するだけの力は無かったことが後に判明する。

貿易問題はさらに厄介なものになることが分かり切っていた。ニクソンが日本を不公正な競争相手と宣伝したことは、アメリカの一つの世代の政治的呪文と化した。特に自動車産業はその呪文を上手に唱えたが、それはアメリカの消費パターンの変化に素早く合わせることができず、一九七〇年代半ばから終わりまで日本の輸入車の洪水で被害を一番受けたのが自動車産業だった。[42]どちらの国でも夜のニュース番組では、アメリカの自動車労働者がホンダ車やトヨタ車にハンマーをふるっている姿が映し出された。一〇年に及ぶ騒動は一九九二年の大統領訪日で頂点に達した。米国製の自動車部品を日本に買わせるという具体的目標に狙いを定めた、アメリカの自動車メーカーのＣＥＯと共に来日したのである。総じて言えば、腹を空かせた日本の子供に占領軍のＧＩがハーシー社のチョコ・バーを手渡す情景から、一八〇度の変化である。

そうだとしても、米軍による占領から五〇周年を迎える今日、日米両国は、どちらの指導者も当初は予想もしなかったほど緊密な関係にある。冷戦が続く中で強固な同盟国だった日本とアメリカは、長期的なパートナーシップのために目先の経済的優位はあえて顧みない姿勢を常に示してきた。ニクソンは表向きこの立場を捨てたように見えるが、実際には、一九六〇年代には夢にも見なかったほど親密な両国の金融協力の道を切り開いたのである。政策決定者たちが意図してこうした緊密な婚姻関係を作り出したと言えば大げさに過ぎるかもしれないが、二一世紀の夜明けを迎えても、日本とアメリカのどちらも離婚は考えていないようだというのであれば、間違いではない。

脚注

1 John W. Dower, *Embracing Defeat: Japan in the Wake of World War II* (New York: New Press, 1999), p. 90, and Jerome B. Cohen, Japanユs Economy in War and Reconstruction (Minneapolis: University of Minnesota Press, 1949)

2 しかし一九四五年になると、日本の食糧供給を断つ作戦が検討されていた。Barton Bernstein, メAmericaユs Biological Warfare Program in the Second World War,モ *The Journal of Strategic Studies* 11 (September 1988): pp. 292－317 を参照。

3 Dower 前掲書、p. 93 citation 576n.

4 チョコレート・バーは野戦糧食として高カロリーに、かつ事実上腐らないように作られていたので、皮肉なことだが、飢えを救い、善意を供給する新しい任務には貴重なものとなった。Joel G. Brenner, *The Emperors of Chocolate* (New York: Random House1999) を参照。

5 緊急食糧援助についての当初の議論の大半については以下を参照。RG59, Lot 70D467 *Current Economic Developments*, Box 1.

6 同、Box 2－3.

7 優れた議論を行っているのが、Aaron Forsberg, *America and the Japanese Miracle* (Chapel Hill: University of North Carolina Press, 2000), pp. 69－74

8 簡単に言えば、ＰＬ４８０の商品が日本で売られ、「代金」として資金、もちろん円の資金が生じるが、その資金を別のプロジェクトに使えたのである。

9 ＰＬ４８０プログラムと、日本におけるその利用についての情報は、国務省の central files, RG 59の"Commodities, PL 480" 関連の諸文書で見られる。

10 日本は一九五五年に貿易収支が黒字になったが、一九五八年がターニング・ポイントのように思われる。その年以後、赤字になったのは一九六一年、六四年、六七年だけで、一九六八年に大規模な黒字になって以降は、それが当たり前になった。Alfred K./Ho, *Japan's Trade Liberalization in the 1960s* (White Plains, N.Y.: International Arts and Sciences Press, 1973), pp. 59－61 参照。

11 アジア市場で物を売ると代金はポンドで払われたが、そのポンドはドルに交換できなかった。インドネシアやタイ、パキスタンなどの諸国は外貨準備が不足していた。日本にとってさらに根本的な問題は、この地域で自前の繊維産業がスタートしていたことで、これが日本製品より安値で売られたのである。Vinod K. Aggarwal, *Liberal Protectionism: The International Politics of Organized Textile Trade* (Berkeley: University of California Press, 1985) ch 8を参照。

12 Alfred E. Eckes, Jr., *A Search for Solvency: Bretton Woods and the International Monetary System, 1941－1971* (Austin: University of Texas Press, 1975) ch.8 を参照。

13 Pascaline Winand, *Eisenhower, Kennedy, and the United States of Europe* (New York: St. Martin's Press, 1993), p. 128ff.

14 ケネディとその側近は最初、新生ＯＥＣＤを経済・政治問題で大西洋諸国の結束を高める手段として使う方に傾いていたが、結局は、経済中心の「自由世界」の組織とすることで合意した。詳細は、国務省の *Foreign Relations of the United States,* [FRUS] (1961－63), 22: 693－96 及び805－6を参照。

15 事実一九五〇年代後半と六〇年代初め、日本はいくつかのアジア諸国と、通常は日本製品購入に関するクレジット供与の形で戦時補償協定を結んでいる。だがその金額は決して充分な規模ではなかった。六〇年代日本外交の主たる動機の一つは、日本製品の買い手に今後なりそうなアジア諸国のために、国際的な金融制度を創設することだった。

16 こうした問題については、National Security ArchiveのU.S.-Japan Projectが発掘した記録が役に立つ。

17 ケネディは、新しく設けた「特別通商代表」が国際的経済交渉を行うことで、国務省の権限に打撃を与えることに同意せざるを得なかった。また、現行の「自主的」繊維輸出規制を「長期的措置」に拡張しなければならなかった。

18 Thomas Zeiler は本書の執筆者であり、*American Trade and Power in the 1960's* (New York: Columbia University Press, 1992) 及び *Free Trade, Free World: The Advent of the ATT* (Chapel Hill: University of North Carolina Press, 1999) の著者でもある。

19 例外は日本の自動車産業で、通産省がさらなる合理化や統合を求めたのに公然と逆らった。

20 一九四四年にその制度を創設する国際会議が開かれた、ニュー・ハンプシャーのスキー村にちなんで、その名が付けられた。

21 Robert Anderson. FRUS, 1958－60, v.4, pp. 134－9, 142－7を参照。

22 米国はＩＭＦの準備金からドルを借りることもできたろう。だがケネディとその側近は、それでは国際収支のファンダメンタルを自分たちの手で解決できないと公言するようなものと考え、その案を葬った。同じように、外国の政府にドルを長期預金で保有するよう圧力をかけることもできた――ケネディは近視眼的な麻薬だとしてこれも拒否したが、後に一九六〇年代には広く行われるようになった。

23　これが「ユーロダラー」と呼ばれた。

24　実際、西ドイツは不平等な扱いに不満を表明した。

25　数字はあまり当てにならない。一九六七年半ばのある推定では、東アジアに対する援助計画のみで毎年の為替コストは一九億ドル、うち五億ドルが日本向けだった。しかしその一二月に東京にある米国大使館が行った調査では、「広い意味でベトナム戦争の軍需調達」により日本が得た利益だけで年に二〇億ドルに上ると言う。FRUS, 1964－8, v. 8, 399－406 及びGeneral Records of the Department of State, Record Group 59, Box 838 FN 10－1 UR to FN 6 US を参照。

26　上院議員のマイク・マンスフィールドが、まさにそのために、いくつか法案を提出したにもかかわらず、である。

27　このうち、四億九〇〇万ドルはＧＡＲＩＯＡの債務返済のためだった。対照的に西ドイツの場合は二億二五〇〇万ドルである。FRUS, 1964－68, v. 8, 251－4を参照。

28　International Business Machines は、もちろん例外。

29　ある研究では、こう結論づけている。「日本は殺人をやらずに済んだ…」と。Thomas Zeiler, "Aggressive Internationalism: American－Japanese Economic Relations, 1969－77," U.S.－Japan Project Working Paper, National Security Archiveを参照。

30 その権限は一九六七年に期限切れになり、実際、それがケネディ・ラウンドのデッドラインにもなった。

31 つまり、鉄鋼を日本の国内価格より安く米国で売ること。

32 一つの例が、アメリカの交渉担当者が進んで議会に対し、もはや中世じみた「アメリカの販売価格」という関税のベースを放棄するよう求めていることだ。一九二二年に成立した、この計算法はもともと化学産業を保護するためのものだったが、一九六七年にはゴム製の靴や缶詰のハマグリまで含むものに拡大されていた。

33 詳細は、John Evans, *The Kennedy Round in American Trade Policy* (Cambridge: Harvard University Press, 1971), ch. 12を参照。

34 I.M. Destler, Haruhiro Fukui, and Hideo Sato, *The Textile Wrangle* (Ithaca:Cornell University Press, 1979).

35 こうした八月ショックに続き、ニクソンは日本の繊維輸出を制限する二国間交渉のデッドラインを一〇月にするよう要求した。佐藤首相と、新たに閣僚になった福田赳夫と田中角栄がデッドラインを受け入れたことは、業界から囂々(ごうごう)たる非難を浴びた。

36 このショックには別のショックが付いてきた。すなわち、共産主義中国との国交を開始するというニクソンの決断である。

37 FRUS, 1964–68, v. 8, 456–65.

38 東京のアメリカ大使館はこの動きを綿密に追っている。E1 Japan-US, Box 631, RG59 National Archivesに収められた、国務省への報告書を参照。

39 日本はアメリカのこうした意向の変化にほとんど無頓着で、六月に「八項目」の資本自由化案を提示した。アメリカは、それでは変化が緩やかで遅すぎて役に立たないと感じた。

40 それがショックだったのは三つの理由があった。一つは、もちろん対象が非常に広いことである。次に、ニクソンは故意に、前もって佐藤首相に知らせることをしなかった。相談しなかったのは言うまでもない。第三はタイミングだった。日本の当局は圧力があることは承知していたが、九月後半のＩＭＦ年次総会までアメリカは動かないと予想していた。

41 日本銀行は、円レートを管理するため確かに定期的、かつ実質的に介入している。しかし、この点は日本だけではない。ほとんどの国の中央銀行は、少なくとも一九七五年一一月のランブイエ・サミットまでは、結果的に為替レートの固定化を狙った動きをしている。Ryutaro Komiya and Miyako Suda, *Japan's Foreign Exchange Policy, 1971 – 1982* (N. Sydney: Allen & Unwin, 1991)を参照。

42 日本の対米自動車輸出は一九七〇年の四〇万台弱から、一九七六年には一〇〇万台を超え、八〇年にはほぼ二〇〇万台に増えた。Stephen D. Cohen, "The Route to Japan's Voluntary Export Restraints on Automobiles: An Analysis of the U.S. Government's Decision Making Process in 1981," U.S.-Japan Project Working Paper, National Security Archiveを参照。

ビジネスは戦争——一九七七年から二〇〇一年までの日米経済関係

トマス・W・ザイラー

一九四一年一二月初め、日本のゼロ戦による真珠湾攻撃は、ただ米国に衝撃以上のものを与え、世界大戦へと突入させた。日本は略奪国家だという、拭いようのない印象がアメリカ人の心に刻み込まれた。大戦後に日本は平和国家となり、日米間には親密な同盟関係が生まれたにも関わらず、一九七〇年代後半から日本がアメリカの最強の競争相手として台頭してくると、戦争の比喩がまた蘇った。日米の経済関係は学者に限らず、一般人の間でも、第二次大戦と同じ視点から語られた。貿易摩擦を心配した、ある学者は一九八九年にこう書いている。「余りにも一九三〇年代と状況が似てきているものだから、ただのレトリックとかポーズとして無視するわけにもいかないのだ」と。[1]

要するに、過去二五年間の日米経済摩擦が、東京の独裁政権が真珠湾攻撃への道を突き進んだ第二次大戦前の日米関係と共鳴したということだ。米国の輸出品に対して市場を開くことも、対米輸出を減らすことにも消極的な日本の態度を、一九三〇年代の日本の不可解な外交姿勢になぞらえることができるとすれば、アメリカの主要市場の日本支配や対米貿易黒字、コロンビア映画やロックフェラー・プラザなどの日本資本による購入は、真珠湾後の大東亜共栄圏を目指した日本軍の無敵の南進にそっくりである。原子爆弾はアジアの戦争を一瞬にして終わらせ、日本をアメリカの指導に大人しく従う追随者たらしめたのと全く同様に、一九九〇年代の「バブル経済」の破綻とアジアの経済危機は、日本がいかにも脆弱で、判断を誤ってばかりの国のように見せた。しかし、比喩が可能なのはここまでである。新世紀の今、アメリカ経済は優位にあるが、それがそもそも勝利なのだとしても、その地位がいつまで続くかは分からない。

二国間経済において、ビジネスは戦争に等しかったが、米国はそうした観点から考えることを好まなかった。それでは済まないことを証明してきたのが、対外経済政策を武器の一つとみなす日本の姿勢だった。対外貿易はしばしば、戦争の視点で語られるのである。一九七〇年代以降、日本はアメリカの経済的支配に対して攻撃――目標を探し出し、破壊し、吸収する戦略――を仕掛けた。米国はたじろぐばかりだった。自身の経済力を当然のものと過信し、その力を安全保障の利益と交換する始末で、日本の挑戦に対する「戦争」に目覚めたのはずっと後になってからだ。アメリカはようやく隊列を整えたが、それは政策がそうなったというより、状況の変化と幸運に恵まれて、世紀の変わり目に支配的地位を取り戻したに過ぎない。

貿易戦争における競争

二〇世紀最後の四半世紀は、日米の経済関係が大きく変わった時期だった。一九五一年の講和条約締結後、アメリカは日本に対して慈悲深く、無頓着で、恩着せがましい態度をとった。チャルマーズ・ジョンソンが指摘し、他の批判的観察者も同調したように、「米国は日本を愛してやまない後見人のようにふるまった。日本のどんな経済的ニードもあっさりと聞き入れ、資本主義の弟子をスターに育てるパトロン役を誇らしげに果たしたのである」。アメリカ人は日本が市場資本主義を実践しないことに気づいたが、その国家主義的経済政策には見て見ぬ振りをした。アメリカは日本との競争に市場を開放し、技術を伝え、しかも日本が自国の製造業者を米国の輸出品や投資から保護することを許した。冷戦がとらせた、やむを得ない方針だった――日本をアジアにおける自由世界の橋頭堡として打ち立て、維持し、共産主義中国との経済的接触をさせないように舵取りすることが、アメリカの安全保障政策の最重要目標だったのである[2]。

米国経済の安定が崩れた一九七〇年代に、アメリカは日本を攻撃目標に捉えた。ニクソン政権は、アメリカの国際収支の赤字改善のため、強制的に円高を進めさせ、輸出を減らさせ、輸入を増やした。こうした力づくの戦略は固定為替相場のブレトン・ウッズ体制の崩壊を招き、保護主義を台頭させたが、同時にそれは高まる日本の経済的圧力に対する反応でもあった。ジミー・カーターが政権の座に就く頃になると、同盟国のどちらもが原油価格の高騰に直面し、米国経済はストレスに襲われ、日本は強力な貿易国なのにただ乗りしているという国内の不満が高まっていった。

ニクソンや議会、メーカー企業がこぞって挙げた叫び声が両国間の貿易戦争の始まりを告げる鬨の声だったにしても、多くのアメリカ人は好んで大騒ぎを起こすつもりはなかったように思える。確かに米国だけでなく他の先進国も、それにIMFやASEAN、GATTなどの国際機関も一九七〇年代にはずっと、日本はもはや世界の大国になったのだからグローバル経済においても責任ある役割を果たすべきだと要望し続けた。しかし国際援助や貿易、それに投資についても、日本の国際貢献は限られたものでしかなく、それは政治家と官僚が、金融家や企業家、貿易会社の連合体と密かに手を組んでいるためだった。これが、言うまでもなく悪名高い「日本株式会社」であり、そこでは大蔵省（財務省）と通産省（経済産業省）が、日本はどの程度輸入を解禁し、輸出や投資を減らし、アジアへの援助を削ったらいいのかあれこれ計測していたのである。米国の対外経済力は開放性と、国内の生産者や労働者の犠牲の上に成り立っており、しかも日本に政治の安定と安全保障の確保をもたらしている製造業至上主義と引き替えであるだけに、日本株式会社は非常な脅威だった[3]。日本は、一九三〇年代に中国を侵略して別種の戦争を始めた時とほとんど同じように、アメリカ側の不満に対して口先だけの対応に終始した。そのくせ、契約によって相互を縛るというシステムの鼓手に従って行進した。それは、米国の個人主義的な慣行や実践と競争するのに極めて適したシステムであることが、証明されたのである。

新生日本の挑戦に素早く反応したアメリカ人もいた。たとえばエズラ・ヴォーゲルは一九七九年に、「ジャパン・アズ・ナンバーワン」を書いて、アメリカは日本に学ぶ点がたくさんあると論じた。技術革新が進み生産力の高い日本は、市場支配という米国得意のゲームでアメリカを破り、新しいプレー・スタイルを作り出したのである。一九五八年には自動車生産が一〇万台に達していなかった国が、二〇年後には最大の対米自動車輸出国になった。販売を少し抑えたこともあったが、それもデトロイトの労働者の反発を防ぐために過ぎない。その成功はアメリカよりも高い労働コストと生産性の高さがもたらした。他のコンピューターやコピー機、鉄鋼などの産業でも、日本企業が市場を支配する構えにあった。七〇年代後半になると、ドル安や政治の圧力があったにもかかわらず、日本の対米貿易黒字は年間ほぼ一〇〇億ドルに達した。日本の保護主義に非難が集まったが、日本政府も米国での裁判沙汰を避けるべく、自主的に輸出を削減する措置をとった。ヴォーゲルのようなリアリストは、アメリカ人の「競争意識の低下」や外国に製品を輸出する必要性を無視したことを厳しく批判した。この批判は二〇年後の今も変わってはいない。

グローバル市場はもはやアメリカだけの狩り場ではなく、戦場になった。競争に立ち向かうことを基本にした、実際的な対策をとるべき時だった。そうしなければ日本は、一九三〇年代に中国の一部を占領したように、アメリカ中を駆け回るだろう。伝統的な、市場の力が働くのにまかせるというような消極的な答えや、輸入規制のような一時のがれは陳腐だ。ヴォーゲルたちが求めたのは新しいアプローチだった——日本と同様に、米国も市場に狙いを付けた産業・貿易政策をとり、資金を研究開発に注ぎ込むべきだ。政府の中枢にいる官僚のトップから指導を仰ぐべきだ。そして、経済全体を共産主義的見方で見るべきだ。しかしアメリカ人はこのアドバイスに目もくれなかった。その結果、経済の真珠湾攻撃を再び受ける羽目になったのである。[4]

日本は不公正で、陰険で、秘密主義だという誤った認識のせいとは言え、不快な驚きを味わった責任は主にアメリカ側にある。準備不足、基幹産業を大事にしないこと、日本を国内の政治的不満のスケープゴートにしたこと、経済問題は市場が解決するとする信念、そしてナンバー・ワンであるという傲慢、これはすべてアメリカの弱さを表すものだ。一九七七年から二〇〇一年までの「戦時中」の物語は、競争力や貿易、投資の観点から見ると、呆れることがむしろ多く、失望もさせられる。

鉄鋼の場合、アメリカ人は基礎的生産の技術革新に遅れをとり、最新設備の導入に必要な投資を先送りにし、政府と産業が一体となった貿易政策、支援、投資政策を持たなかった。米国の鉄鋼産業のリストラクチャリングが一九八〇年代後半にまでずれこんだことは収益の面でも雇用の面でも多くの犠牲を払うことになり、高価格を強いられる結果となった。メーカーは改革よりも保護主義の方を選んだ。カーター政権は輸入規制の要求に答え鉄鋼の輸入品に最低価格を義務づけるトリガー価格制度を開発した。これは米国企業を保護する代わりに、鉄鋼産業のリストラクチャリングを迫るものだった。一九八五年に主要鉄鋼生産国との間で自主的輸出規制の交渉がまとまり、日本企業との共同投資の戦略もあって、トリガー価格はコスト削減の面で効果を発揮し、結果として競争力も高めた。実際米国の鉄鋼産業は貧しくなったかもしれないが、スリムにもなったのである。保護主義はリストラクチャリングを奨励したが、しかし共同事業や買収という形で、有能な日本企業に扉を開くことにもなった。進取の事業家はどちらなのかをめぐる鉄鋼産業の闘いに勝利したのは日本だったのである。

自動車の競争は戦場自体が大きく、米国の陥ったトラブルの象徴でもあった。一九九二年一月のジョージ・ブッシュ大統領の日本訪問は、どの政治漫画も一斉に書きたてている。漫画に取り上げられたのは、アメリカのビッグ・スリーが日本は不公正な競争をしていると不平不満を言い続ける様子だ。たとえばある漫画では、ジャージにＤＥＴＲＯＩＴと書かれた大柄なフットボール選手が、ブッシュによく似た審判に向かって泣き言を言っている。ジャージにＪＡＰＡＮと書いてある、小柄だが小綺麗な選手がエンドゾーンのところでボールを振り回し、勝利の踊りを踊っているのを指さして、その大柄なアメリカ人選手は「やつはずるい！俺ばかり攻撃してくるんだ[5]」と文句を言うのである。自動車メーカーは一九九〇年代中頃にようやく考えを改めるが、それまでは日本の攻撃に後退ばかりしていた。

繁栄を極め市場を支配していたために、アメリカの自動車業界は一九七〇年代後半になるまで、政府の産業振興策をほとんど必要としなかった。だがクライスラーの破綻と二度にわたった石油危機が、両者の関係を変えた。エネルギー危機は日本車に対する需要を刺激し、変動はあったが一九七五年から八七年の間に輸入は倍以上に増えた。日本のあまりの成功は議会の攻撃目標となり、一九八一年には自動車の自主的輸出規制協定が成立、また次の年には、新しくできたローカル・コンテント法を満たすためオハイオ州にホンダの組み立て工場がオープンした。それ以後、一九八五年から続いた円安もあり、日本の自動車メーカーはアメリカでの生産を増やしていく。アメリカで製造された日本車は一九七八年にはゼロだったものが、一〇年後には六九万五〇〇〇台に達した。アメリカ人は保護主義に頼ったわけだが、だからこそ日本の方は競争力重視の政策に支えられてアメリカ国内に進出したのである。

保護主義のコストは膨大なものがあった。輸出規制は日本車の価格を跳ね上げさせ、それはアメリカ車やヨーロッパ車の価格上昇も招いた。したがってアメリカの消費者は、日本製の輸入車に推定一〇三億ドルも余計に払ったことになり、それだけの金額が日本の自動車会社の懐に入ったのである。八〇年代を通じてトヨタは日本で最高の収益企業となり余剰収益を工場建設や調査・開発費につぎ込んだ。ゼネラル・モーターズの荒々しい復活を扱ったある研究では、こう論じている。日本人は自分たちより優れたクルマを作っているのであり、これは一時的現象ではないことを、デトロイトは決して認めようとしなかった。「（ゴルフで）バンカーに入った心境」になったのである。貿易戦争でアメリカ人は日本を恨むようになり始めた。[6]

日本の競争力の優位はあまりにも明らかだったため、生産拠点を米国に移す「工場移転」策と輸出によって、一九九〇年代初めにはアメリカの自動車市場のほぼ三分の一を勝ち取った。このせいで米国の工場（自動車とその部品）は多くが閉鎖された。日本は不満の高まりに対して、日本車の品質と配送の確実性がアメリカ企業よりはるかに優れているからに過ぎないと反論した。米国メーカーが対抗策を採らなかったわけではない。フォードは、一九八〇年代初期にエスコートというクルマで「ワールド・カー」戦略を追求したが、ヨーロッパの消費者にそっぽを向かれた。クライスラー、フォード、それにゼネラル・モーターズも新車を作ったが、限られた成功しか収めなかった。しかもビッグ・スリーは、生産工程をより強く支配するため部品製造業者を会社ごと買収する慣行を、ずっと前から続けていた。またカーター政権の時代には、アメリカは日本の弱体化した自動車メーカー（マツダ、三菱、スズキ）に投資して、高度技術を手元に置こうとした。しかし日本は別の路線をとった。消費者がクルマの外観など気にせず、燃費やサービスを重視する、ローエンドの市場に全力を傾けたのである。また日本のメーカーは多くの下請けの部品メーカーと契約したが、これは価格や配達にかかる時間、品質面で大きな融通性を手にすることになった。さらに日本のメーカーは、すでに最新のオートメーションを採用していた。

こうしたことが小型車での日本支配に結びつき、やがて大型車にも波及した。アメリカ人も認めたのだが、日本は小型車をビッグ・スリーよりも平均一五〇〇ドル安く作れた。しかし一九八〇年代後半になると、トヨタ、日産そしてホンダ（日本のビッグ・スリー）は、それぞれレグザス、インフィニティ、アキュラを引っ提げて明らかに高級車市場に狙いを移してきた。アメリカの国内市場でのシェアは落ち込み、業界全体で数十億ドルを失い、自動車産業の雇用者数も一九七九年から八二年の間に三〇万人減った。怒った労働者や企業家は連邦政府の自由貿易政策の中止を要求した。クライスラーは破産への道を進み、一九八二年に政府の手で救済されてようやく収益を回復した。実際、この救済劇は政府と民間のパートナーシップが成功する場合もあることを証明したのだが、レーガン政権の市場第一主義はそうした政策を決して採用しなかった。アメリカの自動車産業政策は死産に終わった。

レーガン政権が推奨したのは保護主義ではなく、重荷になっているとされた環境基準や安全基準の緩和だった。レーガンは一九八一年に対米自動車輸出の自主規制の合意を取り付けたが、国内の自動車産業の収益が回復すると、八五年にはその措置を廃止した。それでも日本は自主規制を続けることに同意し、自動車輸出は一八五万台から二三〇万台にしか増えなかった。ところが、この行動も日本に有利になった。価格も上昇したからだ。工場の移転もやはり日本に利益をもたらした。それは、日本の生産手法の方が優れていることを証明した。なぜなら、日本メーカーの在米工場では人件費も技術もアメリカと同じだったのに、それでもビッグ・スリーは太刀打ちできなかったからだ。二国間の経済関係を研究した二人の学者は、「同じ土俵でも日本のやり方のほうがうまくいく」と評した。[7] 保護主義は短期的問題を解決したが、長期的には、米国のメーカーは市場の条件の変化や新しい戦略に対応できない、図体ばかり大きい恐竜のようだった。市場第一の文化には日本との競争に一致して対処する姿勢が欠けていた。

アメリカは大きな犠牲を払った。対日貿易赤字の大半は自動車輸入によるものだった。一九八六年、アメリカは対全世界の貿易赤字が一三八〇億ドルに達した。対日赤字は五八六億ドルで、うち自動車関係の赤字が二六六億ドル（全体の四五パーセント）を占めた。九二年になると対世界の赤字は八五〇億ドルに縮小したが、対日赤字は四九四億ドルで、自動車が二一五億ドル、四三パーセントを占める。自動車部品やアクセサリーでは赤字は九〇億ドルで、これはアメリカが日本から総輸入額の三分の一近くを輸入しているのに、日本に対しては五パーセント未満しか輸出していないためだ。アメリカ人が一枚岩のインベーダーを連想したのも不思議ではない。

しかし、その後には平和が訪れた。それは米国が日本の優勢を受け入れたからに過ぎない。工場移転の戦略は、一九九五年の時点で約二〇〇万台の日本の自動車が現地生産される結果となった。この存在が米国の自動車産業を変えた。日本の経営手法や生産技術ばかりでなく、協調的な労使関係や、日本と同様の部品調達法を採り入れるようになったのである。

それでも、アメリカ側の苦境は続き、厳しいせめぎ合いは続いた。その一つが自動車部品の供給で、この部門は一九九〇年代初めにアメリカ人五〇万人の雇用を抱えていた。アメリカ側は自動車部品の対日輸出を拡大しようと圧力を強め、一九九二年のブッシュ大統領の訪日でもこの問題が取り上げられた。さらにアメリカは、差別的な国内税制や安全・環境基準、時間ばかりかかる通関手続き、排他的な国内の販売網など、日本の貿易障壁を緩めるように要求した。しかし対日輸出は一九九一年にわずか三万個と、ドルが安かった一九七〇年代のレベルにしか達しなかった。実際、ビッグ・スリーの対日輸出はドイツやイギリスの対日輸出額も下回り、フランスやスウェーデンにも負けそうなほどだった。アメリカの自動車メーカーは閉鎖的な販売網を言い訳にしたが、ビッグ・スリーが日本での販売に不熱心なことは、ちょっと見れば明らかだった。いずれにしろビッグ・スリーは日本の消費者へのアピールをほとんどしていなかった。アメリカのクルマは大きすぎる上に、左ハンドルばかりだったのである。

ブッシュの訪日は、米国車を一定台数輸入するという日本の同意を引き出した。日本側は政治的必要から同意したのである。いずれにしろ、日本の優位は変わらなかった。統計によれば、日本の国内市場は一九九〇年代中頃、消費者が欲望の飽和点に達したために伸びが鈍くなってきた。だが、いかにも見事に、日本の自動車メーカーは状況に適応した。「九〇年代を通じた、北米市場における新たな高級車市場のシェアをめぐる闘いの準備を整えた」のだと、評価する人もあるくらいだ。この「新たな脅威」はデトロイト得意の、利幅の大きい大型車・小型トラックの伝統的分野への「侵入」から始まった。ゼネラル・モーターズを初めとする米国企業は「外国との競争に立ち向かっていった」が、挑戦を真剣に受け止めなかったら、米国産業はまたしても敗北をなめることになっていただろう[8]。

九〇年代半ばになると、アメリカの自動車メーカーは蘇ったとデトロイトは誇らしげに言うようになった。日本との競争で痛手を受けたが、たとえばゼネラル・モーターズ社の人気車サターンなど新車を投入して充分、対抗してきた。このままなら無限の未来があるように思われた。ところが米企業はしばらくすると、組織の再編よりも短期的利益を追求する昔ながらの戦略に逆戻りしてしまう。日本車の輸入が一九九三年には一三〇万台に減ったと彼らは指摘するのだが、日本は一九八〇年代の終わり頃からアメリカの芝生で自動車をたくさん作っていることには目をふさぐのである。

自動車メーカーは日本のせいで衰退を体験したのだが、半導体メーカーは衝撃を味わった。一九八四年にはあたかも無敵に見えたこの部門も、日本の挑戦とアメリカ側に常に改革する姿勢が欠けていたために、一年後には混乱のるつぼに放り込まれてしまう。大手の一貫生産の日本企業が、レーガン政権の自由貿易政策ではほとんど保護の対象になっていなかった米国の半導体市場で製品をダンピング販売したため、いくつかの米国企業と数千人の労働者が路頭に迷う結果になったのである。一九八〇年に半導体市場の米企業のシェアは九五パーセントだったのに、八八年には一五パーセントと唖然とする減少ぶりを示した。レーガン政権が半導体企業の競争力を増すため特別措置をとる必要があることに気づき、一九八六年に半導体メーカーのコンソーシアム、セマテックを作った時には、事態は明るくなったように見えた。しかし国防支出頼りの技術振興策は、自由市場主義者にとって不愉快な事実を明らかにした。日本との競争には、政府の目立った働きが不可欠という事実である。

日本の半導体メーカーと米国メーカーとの組織上の違いが、日本の台頭をもたらしたのだった。ＩＢＭ、ＡＴ＆Ｔ、モトローラ、それにテキサス・インストラメンツは、自社販売のため、あるいは国内他企業に売るための生産をしていた。一方、日本企業は政府の支援を受け、さらに短期ではなく長期的利益を目標とした資本を後ろ盾に生産設備に投資した。日本企業の国内販売収益は総収益の三〇パーセント未満に過ぎない。その結果、日本は統一的な作戦を携えてグローバル・マーケットに参入する構えが整っていたのに対し、ワシントンは軍用の半導体メーカーを育成はしたが、民生市場はアウトサイダーに開放してしまった。日本企業は、投資家や政府と垂直的な統合体を作ってパートナーを組み、製造原価を下回る価格で販売する戦略によってアメリカに侵入した。

米企業は国際貿易委員会や商務省に反ダンピング訴訟を起こした他、日本はアメリカ製の半導体製品に市場を開かない、不公正貿易を行っていると３０１条項による訴えを起こした。一九八六年、国際貿易委員会は、日本企業に対する報復関税の実施を示唆した。この反動的措置は、反ダンピング訴訟や３０１条訴訟の取り下げと引き替えに日本における米国のシェアを一〇パーセントから二〇パーセントにまで引き上げる、という二国間半導体協定の成立につながった（その締結は、米国議会が独自の制裁を決議しようとした直前だった）。だが日本企業が他の市場でダンピングを行ったために、この合意は破られた。一九八七年三月、遂にレーガン大統領は、多くの家電製品、電気器具、コンピューターについて三億ドルに及ぶ制裁措置を発表したが、半導体は除かれた。アメリカのコンピューター会社や電子企業が値上がりを嫌がったからである。レーガンは日本に二、三週間の猶予を与えた。

半導体貿易戦争も渦中に入ったこの頃、日本は制裁が行われるなら報復措置をとると脅しをかけた。アメリカ側の不満は、「系列」と呼ばれる、下請け業者の配列による企業リンクに集中した。それが米国のメーカーに対する差別を強めていると言うのである。鉄鋼や自動車とは違って、米政府は半導体を防衛の見地から見ていた。高度技術品を外国に頼るのはリスクが大きい。日本の研究開発費が一九八八年の時点でアメリカを二〇億ドル上回っていることが注目の的となった。

このことが国防省にセマテックを作らせ、一九八七年から九二年までに毎年二億ドルの予算をつぎ込ませたのである。アメリカの技術的優位を取り戻す目的で作られた研究・開発コンソーシアムに、半導体メーカーは参集させられた。企業間にあった亀裂は政府の指導で乗り越えられた。それは半導体部門における組織革命を産んだばかりか、おそらくは競争というものに対するアメリカ人の考え方も激変させた。一九九一年に北米企業が、八七年の一二億ドルをはるかに超える二八億ドルの総販売実績を挙げたのも、一部はセマテックと、日本との半導体協定のおかげだった。半導体における迅速な対応と協調的な計画は、米国が市場第一主義を脇に置いてより強い国家を肯定すれば、闘うことができると証明したのである。一九九〇年代初めに米国の世界市場におけるシェアが少し落ち込んだ後に四〇パーセント以上も立ち直りを見せた時、専門家は、個別の企業が少しずつ前進したことが好結果を産んだのだが、それも政府の主導があってこそだと結論づけた。

米国は日本流の、民間部門と公共部門が緊密に提携したビジネス手法を採用すべきだとする意見はわずかだった。ジャーナリストのジェームズ・ファロウズなどは、アメリカはアメリカ流のやり方を見つけるべきだと確信していた。だがその彼さえも、日本によるアメリカ乗っ取りが避けられないように思われた一九八九年の「暗い日々」には、ある種の計画化を提唱している。日本は必ず破滅するといった非現実的な予言者は別にして、ほとんどの専門家が米国式の市場資本主義はテクノロジーの時代には不十分なことを認めた。アメリカ人には「新しい制度」が必要だった。でなければ最適者生存の哲学を原動力にアメリカが見捨てた市場を日本が奪い取ってしまい、米国の労働者は新技術や労働者の立場の悪化にただ反抗するだけになるだろう。国家的、社会的な何らかの措置を講ずる必要があった。さもないとアメリカはジャパニーズ・マシンの前に経済的敗北を被るに違いなかった。

日本からの挑戦に対する米国の対応は、総じて自身のためにならないものだった。アメリカは常に受け身で、守りの姿勢を崩さず、発展的拡大を図る積極策をとろうとはしなかった。市場原理の指示に従った調整を米国自身が説いた時でさえ、保護主義は米国産業の変化する能力を削ぐ結果になった。産業政策の欠如は、当初はバラバラだったものが後に小型車に生産を集中させたような、市場に狙いを付ける日本の戦略とは対照的だった。同じようなパターンがカラーテレビの競争でも見られた。最初日本はアメリカの大手販売業者を通じて小型の安いテレビを売っており、米企業は高価格の、収益の大きい市場で競い合っていた。そんな中、日本企業はオートメ化を進めてコストを下げ、品質を向上させて、次第に市場基盤をカラーテレビ部門にまで広げてきた。米企業は反則だと叫び、保護策として市場に秩序を持ち込む協定を結んだが、これは日本企業の生産拡大と販売網の拡大を促しただけだった——たちまち日本は、アメリカにとって到底敵わない相手になってしまう。一九六九年に米企業は国内市場向けのテレビの八二パーセントを製造していたが、八八年にはほぼゼロになった。

米国は、競争上の優位が変化するものであること、そして長期的に見れば政府の政策が競争力を左右することを理解する必要があった。日本はそのことを理解しており、だからこそ、国内市場を保護し、製造業者に対する融資を拡大し、輸出を支援する政策を作り上げた。歴代の大統領はアメリカにも産業政策はある、職業訓練の共同実施や、農業・通信・宇宙開発などの調査研究プロジェクト、関税や輸入枠などの保護策があると主張してきた。しかし、そのほとんどは個別的、散発的で、国家的な産業政策として統合されたものでも、優先的施策だったわけでもない。特定産業の成長を狙いとした戦略的政策というより、何かの危機や、利益団体に対する対応――政治的配慮――に過ぎなかったことが多い。一方、日本は、競争力の優位を作り出し、「テクノロジーと熟練労働を総動員して、予め選んだ産業の攻撃目標を見つけ、攻撃させた」のである。[10]

日本は産業スパイを活躍させたこともあった。また、市場を守るためなら何でもありの非関税障壁という小ずるい装置を押しつけた場合もある。アメリカの選択は自由貿易であり、市場の開放、それに民間と公共の分離だった。第二次大戦では、後者が圧倒的兵力と結び付いた。日本との貿易戦争では、産業も個々の企業も自主性を保っていることがアメリカにとって不利益になっている。日本の、そしてアジア中の自尊心の強い思想家は日本式のやり方を奨励し、アメリカ・モデルを嘲笑した。日本の石原慎太郎は、マレーシアのマハティール首相と一緒になって、日本もアジアも市場資本主義に「ノーと言え」と勧める本を書いている。愛国主義者たちが求めたのは、第二次大戦の敗北前に満州からインドネシアまで達した日本の大東亜共栄圏の新バージョンである。彼らの分析では自由競争は経済を窒息させる効果を持つ。政府と企業の連携による高度成長（物価と賃金それに企業収益）が国家の目標でなければならない、と言うのだ。自己陶酔も極まったと思わせる論理だが、その後も続いた経済戦争で日本はその代償を払うことになった。

アメリカは、自分は絶対負けないと自らに言い聞かせながら、現実を直視できない年老いたプロボクサーに似ていた。アメリカ人にとって、ビジネスは守るべきものであり、言い換えると、どんな犠牲も厭わない、傷ついた自由というイデオロギーを根拠にしているのである。一九九一年にウィリアム・ディートリクが書いた「自由市場、自由貿易、自由の国」は、市場と国家との闘いで「かつては誇り高かった企業が新たな競争相手の攻撃にボーリングのピンのように倒されていく」時でさえ、不変の教義なのだ。ヘビー級のチャレンジャーの日本は、一九九〇年代の後半には足がふらついてきたが、それでも上り坂の企業を抱えていた。日本は狙いをつけた産業は必ず支配してきたという事実は、今も変わっていない。[11]

貿易戦争の公正さとは？

一九七七年から九五年までの間、日本の競争力の優位は防ぎようがないものに見えたが、それは、日本の貿易政策がまるで本物の武器を手に闘っていると信じられていたからだ。米国の方は、輸入品については保護主義を基礎をおいている自由市場の思想（偽善とまでは言わないが難しいスタンスだ）に頼ったことで、消費者を除いてほとんど誰にも利益をもたらさなかった。一九七一年以降、アメリカは貿易赤字に苦しんだ。八三年には赤字は途方もない額にまで拡大した。この赤字の最大割合を占めているのが日本で、九四年には新車、通信機器やコンピューター関連品、オフィス機器、トラック、自動車部品や自動車アクセサリー品の対日赤字が全体の八七パーセント、六七三億ドルに達している。日本の貿易黒字の総額は八七年に八七〇億ドルだったが、九三年にはほぼ倍に増えている。その一方でアメリカは巨額の赤字を抱えていた。そんな中、アメリカは日本市場を開放しようと以前から努力を続けてきた。通信事業や通信機器、小売業、建設、銀行などの分野で、日本は外国の参入を限定的にしか許さず、自由貿易を阻害していた。闘いは経済のみに止まらなかった。日本に言わせれば、その流通システムの改善を目的とした日米構造協議は、「日本の文化まで変えろという要求に他ならない」という。[12]

それでもアメリカは、日本的商慣行に対する批判を穏やかなものに止めることが多く、自ら進んで対日貿易や日本の対米投資と米軍基地問題を交換条件にしたりした。米国国債の主な買い手である日本の投資家の機嫌を損なうことを恐れてもいた。一九八九年、大統領に就任直後のジョージ・ブッシュは、日本政府が木製品や人工衛星、コンピューター市場を開放すると約束したため、日本を不公正貿易国のリストから除外した。だがこれは日本の「手」に過ぎなかった。日本政府が貿易協定をきちんと守ることはほとんどない。いつものことだが結局日本は協定に違反していることが判り、その後、交渉はやり直されたが、辣腕の、集中力に優れた日本側代表が結論を先延ばしに延ばしているうちに、米国の半導体や通信機器、自動車部品、ミニバンのメーカーはにっちもさっちもいかない状態に陥ってしまった。九一年、アメリカ側は牛肉やオレンジ、スーパーコンピューターの輸入枠を廃止して輸入を増やすと日本に約束させたが、結果は日本の関税が引き上げられ、そのせいで日本の国内価格が値上がりしただけに終わった。七年間に及ぶ協議は米国製スーパーコンピューターの輸入を増やすという日本政府の約束を取り付けたが、もうその頃になると日本人はスーパーコンピューター製造のノウハウを身につけ、たちまち国内のスパコン民間市場の九五パーセントを手中に収めてしまった。

問題は、日本との実際の交渉過程が苛々と不毛な成果ばかりということだった。貿易の自由化を目的とした多数の施策を打ち出しながら、日本は新聞で報道された時しか行動に移さなかった。日本がアメリカの主要貿易相手国になった一九八〇年代には、日本市場への参入を求めて様々な手が打たれた。米国議会は相互主義を求める法律を成立させた——米国製品に対する外国の障壁を大統領が認知した場合、障壁をなくす二国間交渉を始めなければならないと定めたスーパー301条修正条項を盛り込んだ、包括通商・競争力法である。最大の狙いは日本であり、日本は一九九〇年に先に述べたブッシュ提案に同意した。八五年から続けられたMOSS（市場重視型個別）協議は、アメリカのメーカーが国際的には優れた結果を出しているのに日本ではふるわない分野の、米国製品に対する貿易障壁を低くすることが目的だった。また八九年から始まった日米構造協議は、競技場を水平にしようと、日本の社会構造や経済構造（金融、系列、カルテル、流通網、土地利用、プライシングなど）にまで踏み込んだ。

こうした協議はほとんど成果を挙げなかった。たとえば一九九四年から九五年の自動車協議の場合、日米双方が報復的貿易戦争の寸前まで突き進んだ。要するにアメリカは、日本に対してユニラテラリズム（片務主義）の立場をとることで自由貿易というアメリカ独自の信条を放棄していたのだ。クリントン政権の初期、それらの部門を管理貿易政策の対象にした時が特にそうだった。貿易で対立する二つの国を分けていたのは、基本的な経済の違い、哲学の違い、そして文化の違いだった。その違いのゆえにそもそも日本は、アメリカよりも巧みに通商競争に臨む用意ができていたのである。

日本の交渉のやり方そのものが、アメリカをしばしばブロックした。交渉に携わった者たちが例として挙げるのは、一九七〇年代後半、GATTの東京ラウンドでの日本代表との「過酷極まりない」交渉だと言う。一つの議題について議論が何時間、何日、何週間も続いた。あるアメリカ側の役人の証言によると、交渉は「中国式の水療法」のようなもので、合意に至る「ほんの一歩」にも「大変な努力と忍耐」が必要だったそうだ。それでも、東京ラウンドが終わってみると、明らかに日本は依然として「自分の手を縛られそうなことはなるべく避け」、どうでもいいようなことでしか譲歩しなかったように、アメリカ側には見えたのである。[13]

アメリカがそうした日本の態度をひとまず腹に収めたのは、貿易協議で日本を怒らせてはまずいという判断もあった。たとえばクリントン政権は、情報時代の産物である、国内で生まれたばかりの平面ディスプレー産業に補助金を出したが、商務省は日本製の、最新のアクティブ・マトリックス式平面ディスプレーに対する反ダンピング関税を撤廃した。IBMやアップル・コンピューター、コンパックなど大手のコンピューター企業が日本製品を安く手に入れたがったのである。日本は、米国ではまだ赤ん坊のこの産業にどっと押し寄せ、市場の九五パーセントを支配した。時には滑稽な宥め方がされる場合もあった。一九八八年、日本は、米国製の牛肉を消化できる胃袋が日本人にはないと主張して、牛肉の市場開放を迫る米国の圧力を控えるようアメリカ人を説得した。ピザについても同じ理屈を言ったという。機械器具や建設、その他前述の事例で自主規制の合意ができてしまったのは、アメリカ側に不屈の精神が欠けていたことを示している。

米国企業や政府の指導者が日本に譲歩するばかりで、少なくとも日本側と正面切って対決しなかったのは、自由貿易に対する信念のせいでもあるようだ。アメリカ人の経済教義では、貿易は戦争ではなく、商品の自由な交換から得られる相互利益のプロセスである。この考え方に従えば、日本が相互貿易からアメリカより多くの利益を得ていても、それは決してアメリカが損していることにはならない。日本の貿易黒字はアメリカの消費者を助けており、それは二国間関係の互恵性を証明する。またアメリカが誇りにすべきことでもある。なぜなら、アメリカの庇護が成功した証でもあるからだ。それを別にしても、米国は依然として最高の経済大国であり、第二次産業の衰退もサービス部門への自然な移行プロセスの一部なのだ。しかしアメリカの回復力や善意、それに経済理論に対する信頼は現実の試練を乗り越えられなかった。米国企業はビジネスができない状態に追いやられた。部門全体（たとえば家電製品）がほぼ消滅する事態が起きたのである。

理屈では日本を言い負かせない時に、アメリカ人はしばしば貿易が不公正だと不満をぶつけた。主に産業界で口に出される、こうした不満は一九七〇年代後半に公正論争を引き起こしたが、日本は、アメリカ自身のマクロ経済政策に責任があり、米政府は日本国内のことに干渉しすぎだと反論した。しかし、この論争で使われた用語そのものが、競争という戦場でしか対立は解消できないことを示している。なぜなら日本と米国は、公正という言葉を全く異なる文化的・社会的文脈で解釈していたからだ。

しかし、アメリカ側に貿易する意思、少なくとも輸出の意思が奇妙に欠けていたのも事実である。一九八八年、米国と同じ対GDP比六パーセントという低い輸出率を記録したのはインドとイエメンだけだった。これは米国の国内市場への参入が容易ということでもあるが、傲慢さや自己満足、それに短期的利益に近眼的にしがみつく姿勢の結果でもあった。アメリカ人は、日本の金融が崩壊し、アジアが経済危機に陥るとたちまち、アメリカの没落話をあっさり放り投げ、一九八〇年代日本の経済的優位を忘れ、情報技術とサービス産業の新時代への節目にただ一つの経済大国となったことを確かに自ら自慢話にし始めた。ポスト冷戦のグローバリゼーションの世界に、経済は高度な政策手段になり、伝統的な自由市場のイデオロギーが戻ってきていた。貯蓄率の低さや貿易赤字の大きさ、あるいは製造業の基盤の弱体化にも関わらず、楽観主義こそがルールに戻ったのである。

この楽観主義は主にホワイトハウスに存在した。歴代の大統領たちは、民主党も共和党も関係なく自由貿易のイデオロギーを採用したため、輸入に反対する原告たちは議会に訴えを持っていかざるを得なかった。一九七四年の立法に始まり、極めて強力な輸入規制体制が敷かれてきたにも関わらず、総じて貿易法は保護主義を禁じた。ＩＴＣ（国際貿易委員会）による有罪の判定を、政策責任者たちが輸入のために排除するのが通例だった。一九七五年から八五年の間にＩＴＣが疑いなく有罪と判定した三〇のケースのうち、フォード、カーターそしてレーガンの歴代大統領はほぼ半数を却下している。経済は日本のように官僚や政治に操作させるのではなく、市場に任せるべきだというのが、伝統的な知恵の絶対命令なのだ。

輸出の面では、日本で成功した米企業がいくつもあり、そのおかげで日本の不公平さに対する不満は弱まった。一九九〇年には、マクドナルドが日本のハンバーガー市場の四〇パーセントを獲得していたし、ＩＢＭの対日販売額は九一億ドルに達し、アップル・コンピューター社も日本で売り上げを伸ばしていた。他にも食品から映画やエレクトロニクス、化学まで様々な企業がシェアを拡大していた。しかし日本市場が開放されたという判断は依然として推測でしかなかった。外国企業に対する開放度を示す明確な指標がなかったからである。不公正な商慣行に関する議論は米国側の哀願じみてきていた。それでもとにかく、議論すべきポイントはあった。たとえばアメリカは一九八二年まで、高度技術品の世界最大の輸出国だったのだが、それ以降は日本に大きく遅れをとった。日本を含め、国内でも国外でも市場を支配したにも関わらず、である。

日本は一九八〇年代、レーガン、ブッシュ両政権による市場開放や輸入規制の圧力を受けながら、アメリカの要求に屈しない決意をしていた。また基幹産業を育成し管理することに集中した。さらに政治指導者たちは同盟関係を操縦することに長けていた。八七年五月、中曽根首相はワシントンＤＣで、日米安全保障条約は「日米関係の要石」であるが、米国の貿易赤字が二国間の紛争の原因となっており、赤字は「基本的に、何ともしがたい構造的要因によるもの」[14]と発言した。彼は正しかった。アメリカが貿易戦争で負けているのは、その経済構造が日本の統一的攻撃に対するには適さないからだし、安全保障を担う国という大戦後の役割から脱皮する用意がないからだ。そのことが、日本を相手にして自らの国内病を正すのに必要な、新しい重商主義的アプローチをとれなくさせているのである。

すなわち、自由貿易論者では事態は改善できないのだ。彼らは、多くの批評家や、米国特別通商代表のミッキー・カンターを初めとするクリントン政権の高官が「管理貿易」を要望したのに対し、さんざん毒づいた。管理貿易論者は、アメリカと日本の間の不公平に傾いているとされる競技場を水平にしたかったのだが、二つの国が輸出入をめぐって闘いに明け暮れている最中に、公正さを議論するのは馬鹿げていると自由貿易論者が言うのは確かにその通りだ。しかしそれでは、そもそもアメリカの対日競争力を根こそぎにさせたレッセ＝フェール（無干渉主義）政策を主張するのと変わらない危険を冒すようなものだった。カンターがクリントン政権の初期に、自分が関心があるのは自由貿易の「結果」であって「理論」ではないという有名な発言を残しているが、それは現実的にも正しかった。彼をこの仕事に就かせたのは自由市場資本主義論者（当時では、ジャグディッシュ・バグワティ等の学者）であり、自分たちの味方につけ好きなようにやらせようというつもりだった。ところがカンターは、リチャード・ゲッパートらの議員と一緒になって、アメリカの権益を守り、日本市場の開放を前提にアメリカを攻撃的な貿易国に何とか戻そうと、輸出の自主規制の拡大や、輸入の自主規制まで目指した。それにも関わらず、クリントン政権は結局、管理貿易からは手を引いてしまう。

クリントンは実際には貿易政策を強化した。閣僚レベルの国家経済会議を設立して、経済を安全保障政策の地位に引き上げたのである。そこへ、運も味方についた。一九九〇年代初めには日本経済の足元がおぼつかなくなっていたばかりか、九三年に自民党が政権の座から落とされたのである。細川政権が国内経済の規制緩和によって貿易黒字減らしを狙ったいくつかの施策を発表するにつれて、日本の堅牢な官僚と企業の結びつきが変わるのではないかという希望が生まれた。日本は依然として大幅な貿易黒字を出していたが、円高との相乗効果で国内経済が混乱していた。しかも黒字は実態を反映していなかった。円高のせいで日本経済は後退期に陥り、そのため輸入が減った分、黒字が増えたのである。クリントン政権が最初に唱え、九〇年代の景気後退やグローバリゼーション熱が拍車をかけた、規制緩和を求める声が一層高まっていった。

クリントンは困っていた。日本経済が停滞し、アメリカ製品の購入が増えないためにドルが安くなった。一方では、好景気の米国市場は日本からの輸入を増やした。クリントン政権は日本に市場開放を要求したが、それは経済的に容易ではなく、文化的にも適切ではなかった。自由貿易論者の言う、官僚主導の貿易政策という日本的な愚行がいつまでもつきまとうことになるという主張が、一九九〇年代には現実味を帯びてきたのである。クリントンは矛先をＮＡＦＴＡ（北大西洋自由貿易地域）とＷＴＯ（世界貿易機関）に変えた。ほどなく九七年のアジア経済危機により、日本に対する恐れの大半は解消する。またクリントンは九四年二月の日米会談でも細川首相に得々と言い聞かせたが、新首相は脅しに乗らず、大統領は国内では、ねばり強く話すがフォロースルーがないと揶揄された。カンターは貿易交渉の鬼だったが、日本は融和的ではなかった。九六年の再選時——したがってアメリカの驚異的な好景気の足を引っ張りたくはない——には、米国国債の売れ行きに日本が主導権を握っていることを認識もしていて（保護貿易や経済制裁によってドルが下落すると日本は米国国債を売りに出し、そうなれば米国の金利が急騰して景気に水を差すことになる）、クリントンは貿易戦争から手を引いた。貿易については結果重視の彼の対応は、日本にブロックされた。どんなに弱っていても、日本は圧力に耐えられるように見えた。

戦利品

日本の貿易面の成功が金融や投資にも拡大するのでは、という恐怖が一九八〇年代半ばに米国を襲った。日本の銀行一一三社の純資産は四七〇〇億ドルあった。アメリカのトップ五〇行の資産は一一〇〇億ドルである。日本は世界の一〇大銀行のうち四行を占め、カリフォルニアでは一九九〇年までに小口金融業の二〇パーセントを支配した。日本人所有の銀行がカリフォルニア州の融資残高の二〇パーセント以上を占め、新規住宅着工資金の半分以上に融資していた。一九五一年の日米安全保障条約を分析して吉田茂首相は、こう予言したことがある。「かつてアメリカはイギリスの植民地だったが、今ではアメリカの方が強大になっているのとちょうど同じように、日本がアメリカの植民地になるなら、最後には日本の方が強大になるだろう」[15]と。日本のアメリカ経済への進出が彼の言葉を裏書きしている。

アメリカが一九八〇年代に一兆ドルを超える経常赤字を記録し、一方日本は約六〇〇〇億ドルの黒字を出した後、このことは当然予想されてしかるべきだった。一九八六年になると日本は一八〇〇億ドルという、世界最大の純投資国になっていた。ほんの一〇年前には七〇億ドルに過ぎなかったのである。吉田茂の発言から四〇年後、日本は債権国にアメリカは超債務国になっていた。八五年九月のプラザ合意後の三〇パーセントのドル暴落を受けて、日本は「海外買い物旅行」に出かけ、輸出で得た利益を使ってゴルフ・コースから企業、工場、そしてホテルと、アメリカの資産を買い漁った。褒美は莫大だった。青木建設は八七年にウエスティン・ホテルを買い取った。三菱地所は八九年にロックフェラー・センターを買い、ソニーはコロンビア・ピクチャーをと後に続いた。ソニーは、アメリカのトランジスター技術をわずか二万五〇〇〇ドルで買い取った後、大企業にのし上がった会社である。アメリカ人の目から見れば、これは「ワールドシリーズを売るか、母親を売る」のに等しい。いや、こんなものでは済まなかった。ある日本の不動産会社が、インディアナポリス・モーター・スピードウェイの商標を買った。東京の近くにインディのオーバル・コースを作り、九四年にカーレースを開催するためだった。アメリカの不動産相場が下落している時に、日本人はマンションや一戸建て、農場をかっさらっていった。八五年から九〇年までの間で日本人による不動産購入額は六五〇億ドルに達した。その同じ期間に彼らはアメリカの証券を一七〇〇億ドル購入し、時には四半期毎に売りに出される国債を四〇パーセント以上も買うことがあった。絵画のオークションも日本人でいっぱいになり、オークション会場の一部を日本人が買い取ったりもした。スキー場も競馬場も買い占めた。日本人は米国経済のあらゆる部門、鉄鋼や自動車、音楽、エレクトロニクス、化学に進出していった。[16]

一九九〇年に日本の株式相場が暴落しても、アメリカとの貿易・ビジネス戦争で得られる利益は止むことがなかった。確かに「買い」は停滞したが、日本の年金基金は依然として米国証券に張り付いたままだった。次の年、三菱電機はＭＣＡ――巨大エンターテインメント企業――を六六億ドルで買い取った。過去最大の買収額である。この売買にはヨセミテ国立公園の独占的商業権も含まれていたためにアメリカ人をひどく怒らせた。そこで同社は企業イメージを上げるため、結局は極めて安く転売した。湾岸戦争の間、日本の進出は一休みになった。湾岸地区からの大量の原油供給を守る戦争の経費支援をめぐって、国内でもめていたからである。アメリカ主体の多国籍軍への支援を一〇億から四〇億、さらに九〇億ドルと次第に増やしていった日本だが、平和を導くパートナーとしてはケチだという批判を浴びることになった。特に、経費支援をめぐる交渉の真っ最中に、日本人がカリフォルニアのモントレーにある、あの有名なペブル・ビーチ・ゴルフ・クラブを買収したことが判った時の批判は厳しかった。

日本の進出は経済だけでなく、心理的にも戦時の様相を引き起こした。一九八七年、日本は米国債市場から大量の資金を引き上げ、金利の急騰を招いたが、それは一〇月の株価大暴落のほんの二、三日前だった。アメリカ人の多くは、唖然とするような日本の買いの連続をどうしようもないことさと諦めの気持ちで見守るだけだった――第二次大戦中に日本の植民地で被害を受けた人々が示した、相手は支配者だから仕方がないという感覚と似ている。浜企画・東京という不動産会社が、それまでの記録だったワイキキ・ビーチに面する大通りの土地の購入額の、倍以上の価格でセント・オーガスチン・カトリック教会の資産を購入した時、現地の人は自分たちのアイデンティティが侵略者によって奪い取られようとしていると嘆いたものだ。

対米投資国としてはそれでも英国が第一位で、日本は九二年にオランダをようやく追い越したに過ぎなかった。また日本の投資の多くは、開発や成長を促し、新しい経営スタイルの刺激にもなると歓迎されていた。

しかし、それはアメリカ人の戦闘意欲に逆に大きく火を付ける結果となり、日本の脅威を謳った報告書や研究書が溢れ、さらには映画まで登場した。中にはよくある普通の外国人嫌いもあったが、日本が垂直的統合や円ベースの利益を目標にしたことは、アメリカ人の独立心を呼び覚まし、反動を巻き起こしたのである。一九八九年にコネチカット州選出の上院議員ジョセフ・リーバーマンは、こう演説している。「今年、彼らがロックフェラー・センターのあのクリスマスツリーに灯をつける時、我々アメリカ人は、この偉大な国家的行事が実際には日本の土地で行われるという現実を直視せざるを得なくなるのである」と。[17] 多くの人が、アメリカは単に自身を安売りしているだけではなく、自国の文化や歴史を危うくしていると感じたのだった。

心理戦は米国に、ぞっとする気の滅入るような効果をもたらした。「臨時ニュースを申し上げます……たったいま日本が真珠湾を買い取りました……繰り返します、日本が真珠湾を買い取りました」真珠湾攻撃五〇周年記念式の際、こんな皮肉極まりないアナウンスが流された。一九九二年の大統領選の際には、大統領候補のポール・ツォンガスが、特に日本による多数の有名ホテルなどの買収に触れただけでなく、「冷戦が終わって」みると日本が勝利していたという考えを述べた。ベテランのコラムニスト、セオドア・ホワイトは、戦争用語を使って驚きを表し、通産省は東アジアではなく「全世界」を日本の共栄圏にする「貿易攻撃用誘導ミサイルを発射させた」などと書いた。[18] 要は「侵略」、支配、人種差別的な陰謀の話ばかりである。一九八〇年代後半から九〇年代前半を通じて、反日的な論議が何十も書店を飾った。そのほとんどが、間接的あるいは直接的に日米間の経済戦争に触れたものだった。パット・チョウトなぞは、アメリカの通商官僚は日本政府の掌で踊っているだけだと書き、日本の「回し者」と題する人物が数々の戦争犯罪を犯した――その人物は戦後数十年たってジミー・カーターの顧問を勤めた――とする写真まで載せている。あのクライド・プレストウィッツさえも、日米の貿易関係についての慎重な分析の中で、アメリカが日本の「植民地」化することに警鐘を鳴らしている。もっとも彼はアメリカ人の覚醒と適応を説いてもいるのだが。

九二年には、マイケル・クライトンの「ライジング・サン」が、経済書としては珍しくフィクションのべストセラーの上位に入った。映画化もされた同書は、日本の容赦ない経済力の前にアメリカ人が無力となり、あるいは闘いを諦めたように描かれている。日本は米国の不動産を買い占めたばかりか、米国の官僚をたちまち腐敗させ、さらにアメリカの法律を破るだけでなく、アメリカの女性たちまで犯したのだ。日本企業がスポンサーのパーティーにGATTの代表がハリウッドのスターたちをお供に連れて出席している。クライトンの見解はこう続く。日本が米国を食い荒らしているわけではないにしても、米国は不動産の売却や、労働者を日本人に雇わせ、大企業を売り払うという「経済的自殺行為」によって、だましだまし屈服させられている。国防も危うい。読み進んでいくと、東芝がソ連に潜水艦用の防音装置を売ったとかで、米国の沿岸警備艇では探知不能になるという。その一方、米国のハイテク部門のロビイストは、日本がコンピューター部品の供給カットという報復に出るのを恐れ、議会のボイコット法案を阻止している。半分気の狂った政治家が、アメリカは「戦争をしているのだ。敵に味方している奴もいる」などど叫ぶ。そうして最後に、主人公のアドバイザーである、日本人びいきで経験豊富な、勿体ぶった人物がこう言うのである。「恋愛と戦争では何でもありだ。日本人はビジネスを戦争だと思っている」

クライトンの書き方はセンセーショナルで、人種差別的口調もちらほら見えるが、それとは対照的に彼の放つ矢の狙いは、他の学者たちと同様、日本ではなく米国にある。非市場的商慣行が日本を有利にした、何もかも反則だと叫ぶことはできても、アメリカ人は、自分たちがビジネス戦争のただ中にあることまで否定してはいけない。デビッド・ハルバースタムが自動車をめぐる競争を描いた「ザ・レコニング」の中で書いているように、アメリカ人は、自分たちは依然としてナンバーワンなのだから、日本はいずれ天罰を受けるはずと信じたあまり、日本への対応が尊大でありすぎたのである。

休戦?

言うまでもなく、株価の下落は一九九〇年代の日本経済の避けようのない崩壊の兆候だった。九三年に日経平均は最高水準の五六パーセントにまで下がった。住宅地の価格が半分に暴落し、工業生産も落ち込み、倒産件数は三倍に増えた。不動産の推定損失額は約七兆ドルに達した。一〇年前には強さの代名詞に見えたもの——高い貯蓄率、閉鎖的で管理された貿易戦経済、貸出および投資——が、世紀の変わり目には弱点になったようにアメリカ人の目には写る。八〇年代半ばに始まった、チープ(安っぽく)でイージー(安易)な金融による悪名高き「バブル経済」はとんでもない土地高騰や株投機を引き起こした。バブルが九〇年にはじけた時、三年分の国民所得が消滅した。たちまち金融システムが混乱し、株価下落がそれに油を注ぐ。世界市場での生産過剰のせいで、あの強いトヨタや日産さえもが九〇年代半ばに本国の工場を閉鎖せざるを得なくなり、その一方でアメリカの自動車メーカーは利益を回復した。景気後退は続いた。二〇〇〇年春、日本の自動車販売額は一七年来の最低を記録する。三菱はロックフェラー・センターを安く売り払った。映画スタジオやハワイの不動産買収も結局は赤字に終わった。ソニーは九九年の収益を三二パーセントダウンと発表した。世界のエレクトロニクス販売は好調だったのに、である。日経平均は二〇〇〇年四月に七パーセント下落したが、これは一九九〇年八月二三日以来最大の下げ幅だった。

アジアの経済危機の発症も日本の貿易を害し、不幸はアジアからロシア、ラテン・アメリカへと広がった。九八年八月には、日本は破産寸前まで行った。銀行が次々と破産を宣言し、消滅したり、政府に買収されたりした。日本人は金融機関から資金を引き上げた。国全体で一兆ドルを超える不良・問題債権を抱えていた。政府は、金融部門の規制緩和により金融システムの革新と自由化を目指す「ビッグ・バン」政策に乗り出した。円が日本から逃げていく。二〇〇〇年になると日本の貿易黒字は激減し、一般市民のライフスタイルや経済的安定も脅かし始めた。その年の七月、沖縄で開かれたG8経済サミットは不安の雲に覆われていた。

円高が続き、不動産の下落傾向は止まる気配を見せず、失業率は記録的な高さに達し（雇用増が高齢者の増加に追いつかず）、そして外国人投資の急増（六〇パーセントは米国人）により、三菱や日産といった自動車会社の株の過半数を外国企業が買い取った。

九七年後半から新千年紀に続く金融崩壊や景気後退は、日本に批判と自己分析を急増させた。一〇年前にアメリカ人が自分たちの未来を危ぶんだのと良く似ている。特有の悲観主義と孤立主義とが日本経済をさらに半身不随にさせ、アジア経済の回復を妨げ、グローバルな繁栄も日本を素通りしてしまう恐れがあると、厳しく批判する人もいる。アメリカが日本の景気回復の負担を引き受けてくれるのを待つだけの受け身の態度を、馬鹿にする人もある。日本は確かに情報技術や金融サービスでは米国に遅れをとっているが、日本人が自力で自信を回復すれば、アメリカ人は進んでその分野で日本を支援する用意がある。財務長官ローレンス・サマーズは二〇〇〇年初め、さらに経済を開放するように日本に迫った（実際、閉鎖的な通信市場について継続中の論議はアメリカ人を苛々させている）。日本にはまだまだ余力があるからだ[19]。アメリカは再び、長期的に見て戦争に勝ったように思われた。

しかし基本的には、日米の貿易戦争は事実上、休戦状態にあるだけではないだろうか？　日本は依然として新千年紀にも対米黒字を持ち越し、二〇〇〇年春には記録を更新している。一九九〇年時点の資本金の額（株価暴落の最中）で見た世界の十大金融機関は、依然として日本の銀行ばかりだった。確かに日本人は多くの投資物件について払いすぎになっているが、それだけのお金を持っているということでもある。実際、米国は日本の不況を誤解している、あれは決して経済崩壊ではないと確信する学者もいる。そうではなく、以前と変わらぬ指標――日立のような情報企業による設備投資の増加、国内の純貯蓄高の大きさ、それに円高――は、日本が世界最大の経済大国として米国を追い抜く軌道に乗っていることを示していると言う。二〇〇一年までにはそれは起きなかったが、アメリカ人に対抗する力は再び備わった。だからこそ、日本の主要企業（特にソニー、トヨタ、ＮＥＣ、ソフトバンク、日本ＩＢＭ）の技術担当役員の集まった会議は森首相に対して、二〇〇五年までに高速の通信サービスで米国を追い越すべく規制緩和や投資、教育面の施策を行うよう勧告したのである。彼らは、インターネットの次世代への進化、具体的には携帯電話やブロードバンド・サービスでは主役になれるという自信を持っていた。森首相は二〇〇〇年初秋、情報技術に関する幅広い政策関与を定めた立法で、これに応えた。一九七〇年代、八〇年代の攻撃目標付きの産業政策が戻ってきたのだ[20]。クリストファー・ウッドなどは日本株式会社は終わったと言っているが、他の者はまだ確信が持てないでいる。

政府による民間投資や貯蓄、輸出の促進や組織的支援（教育制度の改革も含め）がなければ、米国が日本との貿易や競争に勝利を収めるチャンスはほとんどなかった。歴史家のウォルター・ラフィーバーが書いているが、クリントンの粘り強い対日交渉や産業政策を織り上げようした努力は、日本の緊密な組立ての国内政治経済やワシントンでのロビー活動を相手にするには適していなかった。アメリカの「手法は、包括的な長期的目標あるいは優先順位の感覚が欠けていた。そうした計画を実行する、政治的に隔離されたエリート官僚を持たなかった。さらにすぐに結果を求めたがる政治指導者や企業経営者の強力な圧力団体にいつも弱かった」。

アメリカが自由貿易の信念を持ち続けることはできるだろうが、それには日本のように政府の介入が競争力を作り出すことを国益として明確にしなければならない。学者の多くが、国家を政治的な身代わりではなく競争の刺激として利用する、企業と政府のパートナーシップにこそ答えがあると考えている。さもないとアメリカは「国家の存続が危うい」ジェローム・マッキニーの言葉である。アメリカの将来を市場に委ね、いったん危機が終わると消滅するような、その場しのぎの政府介入で危機に対処するのは、新世紀の始まる今、余りにも危険すぎる[21]。

経済戦争は終わったのではなく、一九九〇年代後半に戦況が停滞したのである。米国は勝利したように見えるが、それは第二次大戦の時のような、自らの働きによる、あるいは当然とさえ言える勝利ではなく、日本が自ら墓穴を掘ったに過ぎない。二〇世紀最後のアメリカ人にとっての教訓は、アメリカの資本主義イデオロギーが機能したということのように思われる。しかしイデオロギーがいつまでもプラグマティズムを負かし続けるとは、とうてい期待できない。

振り返ってみると、より論理的に言えるのは、世界経済の国際化、あるいはグローバリゼーションが競技場を水平にしたということだろう。大前研一の本の題名を借りると「ボーダーレス・ワールド」では、競争の準備が最も整っている国の企業が生き残り、繁栄する。したがって、トヨタのグローバル市場における供給過剰の問題でさえ、やがて他の企業に転嫁され、自身の正すべき課題ではなくなる。日本の金融部門のオーバーホールは、すでにグローバルな結果を生みだしている。二〇〇〇年六月、ナスダック・ジャパンで取引が始まり、日本人は世界の株式市場とリンクされた。その数ヵ月前には、三和銀行、あさひ銀行、それに東海銀行が合併して、総資産では世界最大の金融機関となり、日本はグローバル・アリーナで競争する位置に着いた。日本はアジアに巨大な経済的権益を持ち、多額の対外資産を抱え、経済が弱体化しても米国やIMFの「自由市場ファンダメンタリズム」に対抗する力を失わないと、マイケル・グリーンは分析する。故小渕首相でさえ、技術革新や金融ブームに取り残されないように英語を日本の第二公用語にすることを勧めた報告書を出させている。[22]

どちらの国がうまくグローバル化できるか——両国ともその点は得意のように見える——が今後の貿易戦争の行方を決めるだろう。日本は勝ち残れる素質があることを証明してきた——競争相手の弱点を見つけだし、見えざる手などというイデオロギーは無視し、市場を目的達成の手段として操作する、計算高い取引相手として。ピーター・ドラッカーの言葉によれば「敵意を持つ取引相手」として日本は「敵を破壊することによる市場支配」を目指した。それは、他の論者によれば、取引相手と協力するのではなく相手を攻撃する「技術・経済的軍国主義」を実践したのである。[23] 大げさかもしれないが、こういう戦争用語が実態を表すのも確かである。そして第二次大戦とは違い、この戦争は何年か先にまた始まるかもしれないのである。

脚注

1 Karen M. Holgerson, *The Japan-U.S. Trade Friction Dilemma: The Role of Perception* (Aldershot: Ashgate, 1998), p. 265.

2 Chalmers Johnson, *Blowback: The Costs and Consequences of American Empire* (New York: Metropolitan Books, 2000). Alfred E. Eckes, Jr., *Opening America's Market: U.S. Foreign Trade Policy Since 1776* (Chapel Hill: University of North Carolina Press, 1995) も参照のこと。

3 John Gray, *False Dawn: The Delusions of Global Capitalism* (New York: New Press, 1998), pp. 169–175.

4 Ezra F. Vogel, *Japan as Number One: Lessons for America* (Cambridge: Harvard University Press, 1979), viii–ix, pp. 11–16, 226–236.（エズラ・ヴォーゲル著「ジャパン・アズ・ナンバーワン」）

5 Holgerson, *The Japan-U.S. Trade Friction Dilemma*. p. 212. Jeffrey A. Hart, *Rival Capitalists: International Competitiveness in the United States, Japan, and Western Europe* (Ithaca: Cornell University Press, 1992), pp. 238, 248 も参照のこと。

6 Maryann Keller, *Rude Awakening: The Rise, Fall, and Struggle for Recovery of General Motors* (New York, 1989), p. 22.

7 William T. Ziemba and Sandra L. Schwartz, *Power Japan: How and Why the Japanese Economy Works* (Chicago: Probus Publishing Co., 1992), 88.

8 Maryann Keller, *Rude Awakening*, p. 257.

9 James Fallows, *More Like Us: Making America Great Again* (Boston: Houghton Mifflin, 1989), p. 209.

10 Jerome B. McKinney, *Risking a Nation: U.S. -Japanese Trade Failure and the Need For Political, Social, and Economic Reformation* (Lanham, 1995), p. 336, 334. Laura Tyson and John Zysman, eds., *American Industry in International Competition: Government Policies and Corporate Strategies* (Ithaka, 1983), 及び Paul R. Krugman, ed., *Strategic Trade Policy and the New International Economics* (Cambridge, 1993) も参照のこと。

11 William S. Dietrich, *In the Shadow of the Rising Sun: the Political Roots of American Economic Decline* (University Park: Penn. State University Press, 1991), 222.

12 Fred Bergsten and Marcus Noland, *Reconcilable Differences: United States-Japan Economic Conflict* (Washington, D.C, 1993), 159.

13 Alfred E. Eckes, Jr., ed., *Revisiting U.S. Trade Policy: Decisions in Perspective* (Athens, Ohio State University Press, 2000), 139 – 41.

14 Anthony DiFilippo, *Cracks in the Alliance: Science, Technology, and the Evolution of U.S.-Japan Relations* (Aldershot: Avebury, 1997), pp. 187, 128 – 131, 143 – 144. Roger Benjamin, Loren Yager, Michael Shires, and Mark Peterson, *The Fairness Debate in U.S.-Japan Economic Relations* (Santa Monica, 1991)も参照。

15 Brian Reading, *Japan: The Coming Collapse* (New York: Harper Collins, 1992), p. 1.

16 Ziemba and Schwartz, *Power Japan*, pp. 179, 180.

17 Ziemba and Schwartz, *Power Japan*, p. 231.

18 Michael Schaller, *Altered States: The United States and Japan Since the Occupation* (New York: Oxford University Press, 1997), p. 255.

19 Edward J. Lincoln, "Japan's Financial Mess," *Foreign Affairs* 77 (May/June 1998): 65; Kent Calder, "Japan's Crucial Role in Asia's Financial Crisis," *Japan Quarterly* 45 (April/June 1998): 5; Yoichi Funabashi, "Tokyo's Depression Diplomacy," *Foreign Affairs* 77 (November/December 1998): 26–27; Douglas H. Paal, "The United States in Asia in 1999: Ending the 20th Century," *Asian Survey* XL (January/February 2000): 2–5.

20 Eamonn Fingleton, *Blindside: Why Japan is Still on Track to Overtake the U.S. by the Year 2000* (Boston, 1995), p. 6; 二〇〇〇年九月一日付けウォールストリート・ジャーナルに、Robert Guth が書いた記事。

21 Walter LaFeber, *The Clash: A History of U.S.-Japanese Relations* (New York: W. W. Norton, 1997), pp. 393–394. Ryuzo Sato, Rama V. Ramachandran, and Myra Aronson, eds., *Trade and Investment in the 1990s: Experts Debate on Japan-U.S. Issues* (New York: New York University Press, 1996) 及び Leonard J. Schoppa, *Bargaining With Japan: What American Pressure Can and Cannot Do* (New York: Columbia University Press, 1997) も参照のこと。

22 Michael Green, "Why Tokyo Will Be a Larger Player in Asia," Bobby Hall Luzenberg Memorial Lecture on Japan, May 24, 2000, reprinted by Foreign Policy Research Institute email list, July 29, 2000. その他、Asian

News Digestの二〇〇〇年の各号を参照。

23 Drucker in Stephen D. Cohen, *An Ocean Apart: Explaining Three Decades of U.S.-Japanese Trade Frictions* (Westport, 1998), p. 60. William Greider, *One World, Ready or Not: The Manic Logic of Global Capitalism* (New York: Simon and Schuster, 1997), p. 115 も参照のこと。

運勢の逆転？　アメリカにおける「ジャパン・アズ・ナンバーワン」イメージの変遷　一九七九―二〇〇〇年

ロバート・A・ワンプラー

「ジャパン・アズ・ナンバーワン」というフレーズは議論を呼ぶ様々な日本イメージを生み、これらのイメージをめぐって論争が展開されたが、このことはハーバード大学の社会学者であるエズラ・ヴォーゲルの名前抜きには語れない。彼こそが、このフレーズの語源となった著作『ジャパン　アズ　ナンバーワン――アメリカへの教訓』（一九七九年出版）によって、このフレーズを最初に一般に広めたのである。このヴォーゲルの著作はアメリカでも成功し影響力を持ったが、日本ではそれこそ信じられないくらい人気を呼び、ベストセラーとなった。ヴォーゲルは――その経歴ではそれまで日本人の家庭生活、健康、ビジネス文化についての学術的な研究を中心としていたが――一般に知られる著名な人となり、日本の学者、政府官僚、ビジネス指導者たちは熱烈に彼の話を聞きたがった。これらの人々のほとんどは、第二次世界大戦の灰のなかから世界的な経済大国として台頭するに至った、日本の目を見張るような復興の原因を探るこのヴォーゲルの研究を大いに賞賛した。ヴォーゲルが予想したように、この本のテーマと主張は、白熱した議論を引き起こした。気力をくじきかねない一連の政治、経済、社会における難題に立ち向かっていたアメリカでは、議論は学術的なものから論争的なものまであった。その後の二〇年の間に、日本とアメリカの運・不運の度合いは大いに変わり、その過程でヴォーゲルを含めた多くの人々は、日本の長所と短所に関する評価を見直した。というのは、日本が一九九〇年代の経済崩壊を克服し、二一世紀の世界経済で競争するという新たな難題に直面しているからである。中心的な問題は、近代的な経済や社会を発展させて行くという課題に直面して――アメリカや他の国々、特に東アジアの国々が――日本に教訓を期待すべきであるか（あるいは期待できるか）ということであり、また、日本という事例は、有望な手本であるのか、警告となるものであるのかということである。

この論文は、このナンバーワンとしての日本という概念が、ヴォーゲルの本とその後に書かれたもので提示されたときから、一九八〇年代に慎重に検討され、一九九〇年代に見直されるに至るまで吟味する。一九八九年から九〇年にバブル経済が崩壊し、九〇年代には、日本の将来に明るい見通しを持つことがますます困難になり、新しいイメージが現れた。それは、景気後退、汚職、反応が鈍く効果のない政府の政策、新世紀が始まるときの社会的な沈滞といったものを特徴としている。ナンバーワンとしての日本という概念、あるいは「日本の挑戦」をめぐる議論は、本や記事で書架を幾つも一杯にしてきた（その過程は、多くの人々のキャリア向上を助けた）。そこで、ここではこの多量な文献を詳しく見直すことはしない（この論文の最後に、参考文献の短いリストがある）。その代わりに、ここでは「ナンバーワンとしての日本」の意味をめぐるアメリカにおける議論を特徴づけた主要テーマについて素描する。その過程において、この論争は日本人がいかに自身を見ているかということも、興味深いことに明らかにしてきたが、その様子についても特に触れる。

ヴォーゲルの著作が成功し、影響力を持った理由の多くは、その絶好のタイミングに帰することができるだろう。この著作は、アメリカが社会的連帯感を失い、分裂しているという感覚を残した激しい動揺の一〇年がまさに終わろうとしているときに出版された。当時、スタグフレーションはお定まりのことで、経済は低成長と高インフレの双子の悪弊に耐えていた。ウォーターゲート・スキャンダルの「長い国民的な悪夢」と、リチャード・M・ニクソン大統領の辞任は、アメリカ国民を二極に分裂させ、意気消沈させた。一方、ベトナム紛争の終結も、サイゴンから逃れようとするアメリカ人を乗せるために必死のヘリコプターというテレビイメージに彩られ、それに続いた共産主義の北ベトナムによる南ベトナム陥落とともに、国家が進路を見失ってしまったという感覚を深めるのみであった。長い人質のドラマの始まりであったテヘランのアメリカ大使館の占領とソビエトのアフガニスタン侵攻は、ジミー・カーター大統領が国民的な「停滞」の一つと特徴付けた時期に幕引きをする役割を果たした。

この爆発の危険を孕んだ混乱のさなかに、ヴォーゲルの『ジャパン　アズ　ナンバーワン――アメリカへの教訓』は登場し、アメリカが国家としての政治、経済、社会における健全さを取り戻す努力をするときに考慮すべき教訓を提示したのである。日本の何十年もの努力を用いて、ヴォーゲルの著作は、その驚異的な経済成長を支える鍵となったと彼が考えたスキルや組織について吟味した。それらは、現代産業国家のすべてが直面した主要な難題に取り組む力を持ち、その驚異的な経済成長を支えた。これらの鍵となるスキルと組織としては、意思決定とコンセンサスの基礎を形成する知識の獲得、国家と民間セクター間の政策と目標の密接な調整、十分訓練された官僚、会社とその従業員との忠誠心の強い絆、日本の教育システム、福祉システム、犯罪の取り締まりなどがあげられる。これらすべてをひとまとめにする共通のテーマとは、集団志向的で、共同体主義的な日本社会の原理である。

ヴォーゲルには、この著作が論争を呼ぶであろうことは分かっていた。というのは、アメリカの経済力に関するアメリカ側の懸念に特徴的であった部分は、日本が当時まるで無敵な経済的な怪物であるかのごとく勃興したことに根ざしていたからである。日本の造船、自動車、電子機器は、世界市場制覇にむけての意欲を持っているかのように思われる象徴であった。トヨタの自動車、ソニーのウォークマンがアメリカの至る所で頻繁に見かけられるようになり、増大する対日貿易赤字と高まりつつある日本との貿易における緊張関係の目にはっきりと見えるシンボルとなった[1]。

アメリカの経済的困難の根源的な原因は日本にあると注視していた人々には、ヴォーゲルの著作は傷口に塩をすり込むようなものと思えたであろう。日本の成功はアメリカの自信を深刻に揺るがしていた。それに応える形で、アメリカ人の多くは日本の成功の原因を後ろ暗い慣行に帰する傾向があった。たとえば、アメリカ市場を獲得するための日本製品のアメリカでのダンピング、アメリカ製品に対して不公正な輸入障壁を設けて自国市場を保護し日本企業の利益を確保することなどである。均質な「日本株式会社」のイメージが形成され、そこでは戦前の「財閥」が戦後の「系列」に置きかえられ、いまやそのダイナミックな輸出マシーンは照準をアメリカに合わせていた。一方、日本人はアメリカの不平に対して、ますます我慢ができなく、イラつくようになった。アメリカ人はアメリカ製品を競争させて日本市場に売り込むことに失敗し、そのため日本をスケープゴートとして利用していると日本人は感じていた。ヴォーゲル自身はこういった危険を理解しており、その当時、次のようにコメントしていた。「第二次世界大戦当時の感情の復活がある。アメリカ人は、二年前よりも、パールハーバーについて語ることが多くなった。日本人もそうである。人種差別的なものが双方の底にあると思う――腹の底に。というのは、一黄色人種が我々を競争でしのぐことは、西洋人にとっては精神的な傷である[2]」。

後から考えてみると、人々が彼の著書のタイトルを誤解し、とくにアメリカやほかの西洋産業国家をしのいで、世界経済制覇へと日本が勃興すると彼が予言していると信じてしまうのは、ヴォーゲルにとっても自明のことであった。日本も固有の問題と限界を抱えていることを指摘し、成功に自惚れて傲慢にならないように日本人に警告を発する努力を、ヴォーゲルがその著書でしたにもかかわらず、こうなってしまったのである。

ヴォーゲルはこの本を第一には、アメリカ人に日本とその経済的成功の根源について教え、アメリカを苦しめている経済的な病を克服するための教訓としてアメリカが日本に目を向けるべきであり、そうして世界市場で日本からの挑戦を受けて立つべきであると論じたものであると考えていた。ヴォーゲルは、日本的組織を変更を加えずにアメリカに取り入れることができるとは考えていなかったが、アメリカ人が日本的組織の価値や目標に目を向け、そのような価値と目標を独自にアメリカ流に追い求めることができると考えていた。それがどのようにしたらなされるか、あるいはなされつつあるかを実証するために、六年後に出版された彼の著作『ジャパン　アズ　ナンバーワン再考――日本の成功とアメリカのカムバック』（原題『カムバック――ケース・バイ・ケース』）では、両国において成功した経済政策とイニシアティブを比較している。日本について彼は、造船、工作機械、ロボットといった産業や、九州の経済的困難の解決、情報科学技術セクターにおいて政府が果たした役割を吟味した。アメリカのケースでは、住宅産業、農産物輸出促進、ノースカロライナ州のリサーチ・トライアングル・パークの設立、ＮＡＳＡ（アメリカ航空宇宙局）といった政府・民間セクター間の協力の成功事例に注目した。ヴォーゲルがここで示そうとした主要な点は、アメリカが政府・産業間協力を行う方法を発見したことであり、それは決してアメリカが日本のモデルを丸のみしたことを意味するのではないということである。

ヴォーゲルは『カムバック』を出版したとき、日本の挑戦に危険を察知しないアメリカ側の自己満足をますます心配するようになっていた。彼の信じるところでは、日本は世界強国の概念を自然資源や戦略的な位置という伝統的な地政学的な指標から、新しいパラダイムに変えてしまった。そのパラダイムでは、「国際的なパワーの基礎は、いまでは人的資源と組織にあり」、新しい挑戦に「すばやく効果的に対応する国家とその組織の能力にある」のである。彼は日本がアメリカの世界的リーダーシップに挑戦するとは考えなかったが、一九八五年が「日本が世界の最も有力な経済強国としてアメリカをしのぎ、アメリカが急降下の衰退を始める決定的な転換点」を明白に示したのではないかと思っていた。[3]

それでも、ヴォーゲルはその著書が、アメリカの姿勢に重大な衝撃を与えたことを認めずにはいられなかった。日本を手本として提示された教訓が大いに注目されたことに明らかなように、その著作は、ビジネス界、政府、教育において広範囲で永続的な変化を促進するのに役だった。ビジネス・スクールのカリキュラムでは、日本における経営慣行、製造業の技術革新、科学技術、会社組織、政府産業間関係について大いに議論されるようになった。日本ばかりでなく、世界的に見て最上の慣行について検討するために、大規模な研究が開始された。そのなかでも、世界の自動車産業に関するマサチューセッツ工科大学の研究は、おそらくもっとも有名なものであろう。この研究は、ベストセラーとなった著作『世界を変えた機械』の基となり、カンバン方式による製造、大規模製造業者と部品供給会社との親密な協調や、その他にもコストを下げ効率性と生産性を向上させる日本の技術革新などについて、アメリカの製造業者に重要な洞察を与えた。デミングの教えである品質管理は日本で実践され、数えきれないほどの著作のなかで誉めそやされた。ほかにもチャーマーズ・ジョンソンの『通産省と日本の奇跡』などの研究は、通産省の見え隠れする手（ノット・ソウ・インヴィジブル・ハンド）による内なる活動を吟味した。通産省は、基幹科学技術の製造業セクターを振興し、日本の産業における科学技術普及の道筋をつける産業政策を巧みに作り上げ、また日本企業における労使協調という美徳を築きあげた。

同様に、世論調査は、アメリカが競争力を失っているというアメリカ人の懸念が一九八〇年代を通して深まったことを明らかにし、アメリカの労働者の将来の経済的福利にとって日本は主要な脅威となるかもしれないと見られるようになった。ギャラップ社の一九八五年の調査では、調査に答えた八五パーセントのアメリカ人が、日本はアメリカの労働者にとって深刻な脅威となっており、そのように脅威と思われる国のリストのトップに日本をあげた。もっとも八四パーセントの人々は日本を好意的に見ていたが。その調査ではまた、四六パーセントがアメリカの貿易赤字の責めをアメリカ側に帰して、高賃金、規制志向の政府の政策、非効率的な経営と労働慣行を指摘している。二年後のローパー社の調査では、一〇人中九人のアメリカ人が、アメリカは日本とヨーロッパに対して競争力を失いつつあると信じていた。アメリカがナンバーワンで、世界最強経済の地位を維持すると思う人々は一一パーセントにすぎず、四一パーセントはアメリカは危機的に衰退しつつあると感じており、一〇パーセントの人々は長期の経済不況が間近に迫っており、アメリカは世界における支配的地位から陥落するのではないかと恐れていた。それにもかかわらず、五四パーセントの人々は日本人をその成功の故に称賛し、尊敬しており、七三パーセントの人々が日本に対して好意的な姿勢を示していた。[4]

日本が将来ナンバーワンとなる可能性を秘めており、それはアメリカにとって無害とはいかないかもしれないといったアメリカ人の日本認識は、このように二分されており、それは一般大衆文化にも現れている。たとえば、映画監督のリドリー・スコットは、一九七九年のＳＦスリラー映画『エイリアン』で用いる宇宙服をデザインする際に日本のサムライの鎧のモチーフを用いた。その映画の筋においては、秘密主義でごまかしをするハイテク貿易会社の陰謀が部分的に主題となっている。その会社の二枚舌の行動は、アメリカ人の多くが日本の貿易会社に対して不吉な疑いの念を抱いていることを反映しているようでもある。スコットはその後、一九八二年の『ブレード・ランナー』でもっと効果的に日本的（そしてアジア的）なモチーフを用いた。この映画では、思わず引きこまれる、騒々しい将来のハイテク・ロサンゼルスの姿が示された。そこでは、文化、料理、方言などの大部分が明らかに日本を着想の源としており、そこでの建築物のデザインは夜の銀座を彷彿とさせるものだった。また、『ブレード・ランナー』はスタイルにおいては「サイバーパンク」と名付けられたＳＦの主要な運動と関係しており、ウィリアム・ギブスン、ブルース・スターリングなどその運動の代表的な作家たちは、変容した未来社会を描く際に、しばしば日本とアジアのモチーフ、文化、情景を用いた――この未来社会は、多くの点で、ハイテクによって連結されると共に、疎外された社会であった。このような映画を観たり、このような小説を読んだりした人は誰でも、未来は明瞭に日本的な雰囲気、あるいは少なくともアジア化された雰囲気を帯びるという印象をはっきりと持ったであろう。これらの将来像が暗黒郷（デストピア）の要素を強く持っていたことを強調しておくことは重要である。この将来像には、アメリカ人の見方がばらばらで焦点がしぼりきれてないこともはっきりと示されている。というのは、アメリカ人は日本が成し遂げてきたことや、未来に向かうに当たって日本が優位に立っていると思われることに対して、驚きをもって日本を見たが、同時にアメリカの支配や価値基準にこのような未来がどのような結果をもたらす可能性があるか、深い恐れを抱いていたのである。

世論調査や大衆文化においては、このように種々雑多な日本イメージが生まれたが、日本が手本となるか脅威となるかという学問的・政治的な論議は、はっきりと目立って二派に分かれ始め、それにつれて、ますます刺々しくなった。この二派（派内では言われているほど、見方は一枚岩ではなかったが）は、さまざまな名称で活動した。日本と日米関係の価値に対して好意的でかばおうとするような見方をとる人々は、「菊クラブ」とか「親日派」といったあだ名で知られるようになった。一方、批判的な見地から議論をする人々は、「黒船」グループ（ペリーの黒船と一九世紀に日本が開国を強いられたことを反映している）とかリビジョニストと名付けられた。論争的な雰囲気は、各々の側がもう一方の側を特徴づけるために用いる呼び名からも伝わってきた。すなわち「日本弁護派」が「ジャパン・バッシャー」と対戦したのである。

批判者のなかでも際立っていたのは、貿易で日本に強硬に当たることを主要な政治課題としたリチャード・ゲッパード下院民主党院内総務、元商務省貿易交渉担当者のクライド・プレストウィッツ、中国と日本に関する専門家であるチャーマーズ・ジョンソン、元駐日アメリカ大使館員のケヴィン・カーンズ、後に雑誌『アトランティック・マンスリー』の記事で日本は封じ込められるべきだと論じることになるジャーナリストのジェームズ・ファローズである。一方、日本を弁護したのは、元上院議員で、多大な影響力を持った駐日大使で、日米同盟はアメリカにとって他にない最も重要な二国間関係であると述べたマイク・マンスフィールド、彼以前に大使であったエドウィン・ライシャワー、エズラ・ヴォーゲルであった。さらにレーガン、ブッシュ両政権における日本との外交・安全保障関係の責任者たちもそうであった。彼らは、貿易紛争が日米同盟のそれより重要な目標と彼らが見なしていたものを、台無しにすることを望まなかった。[5]

多くの人々にとって、両派を分ける決定的な論争は、ＦＳＸ次期支援戦闘機をめぐって繰り広げられた。この次期支援戦闘機は、日本とアメリカの共同開発合意に基づいて生産される予定であった。しかし、ブッシュ政権時代に、この提案済みの共同開発は、連邦議会議員、学者、ジャーナリスト、評論家といった多くの人々の政治的な反対にあって頓挫した。これらの人々は、この合意は、アメリカの最も重要な科学技術を日本にタダでやってしまうに等しく、日本はこれらの科学技術をスピンオフさせて、日本の民間航空機産業を築き上げ、アメリカに残された国際競争における優位分野の一つに攻撃をしかけるだろうと論じた。ある批評家が述べているように、アメリカ政府は「王国への鍵」をくれてやろうとしており、日本に対して強硬方針をとり、防衛関係を守るためにアメリカの経済安全保障を売り払うのをやめるよう望む人々にとって、共同開発合意は勢力を盛り返すきっかけとなった。結局、ブッシュ政権は、日本への科学技術移転を制限するために日本との合意について再交渉を余儀なくされた。当初の合意の支持者は、アメリカの国益はすでに十分守られていると証拠をあげて十分反論したのだが。[6]

これらの論争はまた、アメリカに関するもっと広範囲にわたる懸念という、より幅広い文脈から見る必要がある。いろいろな点で、アメリカは一九八〇年代に、早すぎる世紀末ムードのようなものを体験していたのである。その頃、第二次大戦後に現れたパックス・アメリカーナの運命を、同じように帝国主義的に拡張したかつての強国がたどった運命と照らし合わせて考察することは、流行となっていた。このような見方が具体的に現れたもので、もっとも知られているのは、歴史家ポール・ケネディの『大国の興亡』である。この本は、アメリカや歴史上の大国を取り上げ、それらが帝国主義的な目的を追求し、拡張しすぎて、経済的資源の管理を誤ったという、それぞれに共通する兆候を考察している。米国が冷戦においてリーダーシップをとったことからくる、避け難い、身から出た錆とも言える経済的帰結を考慮すると、アメリカに関する暫定的な予測はかんばしくなかった。一方で、日本のように、アメリカの安全保障の傘の下で成長してきた諸国は、競争力を有する通商経済を発展させることにそのエネルギーと資源を集中することができ、これらの経済はアメリカをすぐにも追い抜く用意がある、などという分析がなされた。

日本がアメリカを利用しているという意見は、リビジョニストの主要な教義——ナンバーワンへと突き進むために、日本はアメリカやほかの西洋の通商を行う産業国家と同じルールでやっていないという非難——によって高まった。このような批判は、アメリカの保守主義者が一九七〇年代と八〇年代にソビエト連邦は、日核戦争と核抑止についてのアメリカの論理に同意していないと論じたのと似ている。リビジョニストは、日本文化と日本政府に関する分析を展開し、それらが西洋の自由放任経済と異なる姿を描いた。ジェームズ・ファローズが、クライド・プレストウィッツの『日米逆転』とカレル・ヴァン・ウォルフレンの『日本／権力構造の謎』――リビジョニストによる攻撃の重要な二冊のテキスト――を書評したなかで強調したように、理解すべき重要な点とは、日本は我々のようではなく異なっているということであった。その主張の理解を促したのは、貿易の方法や経済の目標が日米では相違しているというプレストウィッツの分析と、日本は主たる支配的な政治権威が見当たらない権限分散型の国家であるというウォルフレンの論考であった。[7]

このような思想の一派をもっとも包括的に扱ったのは、ジェームズ・ファローズの『沈まない太陽』である。この本は、日本の経済思想と経済計画に関する基本的な初期の研究を多く利用して、日本の政治経済思想はアダム・スミスの自由放任経済モデルとはかなり異なる哲学的な基礎（たとえば、ドイツのフリードリッヒ・リスト）に拠っていることを示した。ファローズの論じるところでは、アメリカ人は、伝統的な西洋の経済モデルというレンズを通して日本の経済政策を理解し評価しようとするという誤りを何度も繰り返し、日本的アプローチに内在する論理を度々理解し損ねたのである。ファローズは、東アジアの経済発展にとって日本はアメリカより手本としてふさわしく、この地域では政治・経済・文化における発展パターンがアメリカよりも日本の経験の方に近いということも示そうとした。

だから一九八〇年代の終わりと九〇年代初め、リビジョニストたちは、日本の経済政策をあおっている過激なまでに異質な価値と目標と、経済超大国の地位を求める日本の国家的衝動を、アメリカは直視するようにと声高に要求し強いた。また、報告によれば軍事科学技術の共用のための諸々の合意は片寄っているので、それを見直す際や、アメリカの輸出品に対して日本を開放し、市場支配のためのアメリカにおける日本製品のダンピングをやめさせるよう通商交渉を行うときにも、日本に強硬に対処するように声高に要求し強いた。しかし、問題は、日本も同様にイライラし始め、意を決してアメリカに対して抵抗するようになったことである。日本経済の影響力が増大したため、日本人批評家たちは、かつての冷戦時代の良き指導者に対して日本がぞんざいな口をきいてもよいと思ったのである。このような決意を信奉する悪名高い著作の一つが明らかにしているように、日本国民はアメリカ国民やほかの西洋諸国民とは異なっており、このようなユニークさこそがまさに日本人の脅威的成功の根本原因であり、日本人を世界でリーダーシップを取るよう運命付けているのであるという考えに、日本人自身もまた喜んで同意しようとしていた。

一九八〇年代が終わりに近づいたとき、日本人はもっと批判的で、ときには軽蔑に近く、ときには遺憾の意をこめた見方をアメリカ人に対して持つようになり——しかも遠慮なく口にするようになった。それは、アメリカは明らかに衰退しており、一方で日本が次の世紀における重要産業、すなわち半導体、スーパーコンピューター、ロボット工学、バイオテクノロジーにおいて先頭に立つ用意を整えているというものである。ギャラップ社が一九九〇年一月に日本で行った世論調査によれば、六四パーセントの回答者は、アメリカの日本に対する否定的な感情は日本をスケープゴートとしているためで、アメリカの経済実績が低迷していることに対する怒りに原因があると感じていた。多くの日本人にとって、アメリカに対するイメージで何よりも強いのは、人種と経済の面での相克によって亀裂を生じた犯罪多発国というものであった。三分の一の人々は、五年前よりもアメリカを尊敬できなくなったと述べており、四五パーセントの人々が、日本とアメリカが再び敵同士となる可能性があると考えていた。しかし、日本人はアメリカの世論調査が発する種々雑多なシグナルの影響を受け、日本の経済力はソビエトの軍事力よりもアメリカにとっては大きな脅威であるという見方がアメリカ人に現れたことに当惑し傷ついていた。[8]

ここで進んでアメリカに対抗しようという意欲が、日本人に新たに見受けられるようになった。それを表したものとして、もっとも有名な（あるいは悪名高い）ものは、日本の右翼政治家である石原慎太郎とソニーの会長でコスモポリタンの盛田昭夫がその共著『「NO」と言える日本』[9]において行った論争による一斉攻撃であった。その著書は対外強硬派的な日本のナショナリズムの風潮を帯び、アメリカが注意深く行動しなければ、日本が米軍が必要とする最重要のハイテク製品の供給をやめるかもしれないというぶしつけなアメリカに対する警告も込めていた。この本はまた、「日本人らしさ」の理論、または日本人論として集約される一派の思想、すなわち日本人の特性やスキルをユニークであるとする考えを魅力いっぱいに極端に宣言したものであった。この思想の一派によれば、日本が統一された競争力のある社会として偉大な成功を成し遂げた要因は、日本人の特別でユニークな文化的、経済的、政治的発展、さらには生理学的発達にあるというのである。いくつかの点で、このような見方は、日本人が国家存在の必要条件を確保しようと苦闘しながら、自分たちの島国国家と社会がユニークな脆弱さと他への依存に悩まされてきたと感じていることの裏返しと思われる。その推測によると、日本的方法やモデルを西洋諸国に移し変えたり移転させたとしても、重要でユニークな日本的要素は常に失われてしまうから、そのような努力は失敗に帰する運命にある。この思想の主義に従い論理的な結論に至るならば、ナンバーワンとしての日本は、分析すればとどのつまり、唯一無二の日本から生まれたものであった。

　実情を言えば、いつもかなり多くの学者たちの代表が、政治、経済における組織と価値があまりに相違しているので、日本モデルはアメリカに輸出するにふさわしくないと、十分議論をしたうえで証拠をあげて論じていた。おそらく最も刺々しい論争は、産業政策の問題とそれと関連のある戦略的に管理された貿易をめぐるものであった。まさにこの分野こそが、長期的政策を確立するために日本政府が有していると思われる能力を根拠として、もっとも明白な主張がなされたところである。その長期政策は――初めは通産省を通して、さらに大蔵省やほかの経済機関を通して行われ――製品とサービスの開発、通常はハイテク関連の製品とサービスの開発に民間部門の活力を差し向け、日本の海外貿易の拡大を促進するものであった。一九八〇年代とそれ以降においては、次のような考えを持つ批評家には事欠かなかった。産業政策が日本において機能しているとしても（言われているほど産業政策が機能しなかったのではと思う根拠もあった――たとえば第五世代コンピュータ政策、磁気浮上式高速列車、高品位テレビなどが証拠としてあげられる）、官民セクター間で緊密に連携するよう求めても、アメリカ資本主義の特徴である多元的で、個人主義的で、反介入主義的なイデオロギーとぶつかり、確実に挫折するであろうと。[10]

一九九〇年代の初め、日米関係が衝突コースに乗ったのではないかと思うには、十分な理由があったろう。というのは、日本は――見たところではアメリカを追い越し、世界一の経済となるべく、止めることのできない前進を続け――いまやソ連の亡霊が消え失せたため、その地位と安全を脅かす新たな脅威にようやく目覚めかけていたアメリカに立ち向かったのである。日本人がロックフェラー・センターとユニヴァーサル映画（MCA）を購入したことは、日本がアメリカの経済と文化を買収したという印象を強く与えたようだった。プレストウィッツは、一九八七年一〇月一九日のウォール街での「ブラックマンデー」を、「アメリカの世紀の終焉」と宣言して、アメリカは再び意気揚々と立ち上がりつつあるとロナルド・レーガンが豪語したのを虚偽であると非難した。パット・チョートの『影響力の代理人』などの著作は、巧みな日本人ロビイストがワシントンのKストリートで、進んで協力するアメリカ人協力者を利用して、アメリカの政治、経済の諸々の機関に不愉快にも浸透したと実例をあげて示し始めた。ほかの本では、日本との来るべき戦争に関して警告が発せられた。自らの脆弱性と、真珠湾攻撃を生んだ輸入への依存というおなじみの日本人の強迫観念が、アメリカとの新たな戦いを引き起こすだろうというのである。両国は影の世界での戦いを、企業の役員室や政治の舞台裏で繰り広げていると伝えられたが、そのような姿をもっとも毒々しく描いたのはマイクル・クライトンのベストセラーとなった犯罪暴力小説『ライジング・サン』であった。この本は日本に関する学術書のリストを完備し、日本の脅威に対して、アメリカが「目覚める」ことを呼びかけた。『ニューヨーク・タイムズ』紙は、クライトンのこの著作を、ある時代の警世の物語として重要性を秘めており、『アンクル・トムの小屋』に匹敵すると述べた。これは、後にハリウッドでショーン・コネリー主演の巨額予算の映画となり、カッサンドラばりの凶事の予言のメッセージがスクリーンに映し出された。

しかし、日本が世界的に傑出した地位に勃興した本当の原因について補うような読み物をファローズやクライトンが出版していたまさにそのとき、現実世界で事態は転換しており、アメリカと日本に関する一般に行き渡ったイメージと将来予測は逆のものになろうとしていた。世界が二〇世紀の最後の一〇年に入ったとき、歴史的な政治上の変化が起こり、それは両国間の劇的な運勢の逆転と結びつき、ほんの数年前に予想されたものとは非常に異なり予想もつかなかった軌道へと両国は導かれた。

むろん、根底からの政治の変容は、一九八九年の共産主義とソビエト帝国の崩壊によるものであった。ベルリンの壁の崩壊、二つのドイツの再統一、ソビエトを継承したロシアに続いて起こった政治・経済上の苦難により、冷戦時代の二極支配のうちの一極は取り去られ、アメリカは非常に様変わりした世界に唯一の超大国として残された。一九九〇年から九一年の湾岸危機と湾岸戦争により、世界のナンバーワンとしてのアメリカというイメージは、さらに確乎としたものとなった。アメリカはイラクに対する戦争の戦費調達のために同盟国に資金負担をまさに懇願しなければならなかったのだが。アメリカを中心とする一極支配の世界という話はすぐにおさまったが、グローバルな政治危機や経済危機に対処する際にアメリカが重要な役割を果たすということは（とくに、日本側にこの戦争への支援を確実にするためになすべき努力をめぐって、ためらいや混乱があったことと対比してみれば）、一九八〇年代のように疑われることはもはやない。

同じように、アメリカ経済も顕著な回復を経験した。それというのも、アメリカ企業が、品質の重要性、むらのない管理、生産における柔軟性に関して、日本の教訓を肝に銘じたからである。さらに、技術革新と生産性の波が、研究開発の集積地帯から起こった。それは、シリコンバレーと、東海岸と西海岸のそれに匹敵する地域を中心としていた。いまや、二一世紀の経済を牽引する新興科学技術分野の創造力の真の中心は、アメリカのなかにあると思われた。そこでは、ベンチャー資本が絶え間なく雨のように降り注ぎ、技術革新の水源をはぐくむ――指導するのではなく――必要に新たに重点を置く政府と、学界と、ビジネス界の野心的な企業家という三者の新しい協力ネットワークが養分を与え、情報技術、バイオテクノロジーやその他のハイテク・ハイリスクな分野の仕事が花を咲かせていた。

日本の様子はまったく異なっていた。日本では一九七〇年代、八〇年代の栄光の日々は、突如として変わってしまい、その後に来たものは、結果的にはかつてない長さと深刻さをともなう重い不況であった。転換点は一九九〇年であり、その年、大蔵省と、より直接的には日本銀行がとった政策の結果、「バブル経済」ははじけ、日本の証券市場は暴落した。なかでも日銀の三重野総裁は、金融引締めによって資産価格の過剰インフレに宣戦布告した。結果的に、日本の実質国内総生産（GDP）の成長率は、一九八〇年代の年率平均約四パーセントから、一九九一年から九三年の間、年率で約一・二五パーセントまで低下した。日本の総資産価値は、一九九〇年から九五年の間で、一〇兆ドル近く減少し、一方日本の銀行と住宅金融専門会社は、八〇兆円近くの不良債権で体力を失った。バブル経済の根本原因が明らかにしているのは、誰がナンバーワンであるとかいう議論の理非がいずれにあるにしろ、今日の国民経済は新しいグローバル経済において互いに分かちがたく結びつけられているという姿である。批評家は、「バブル経済」の根本原因を一九八五年のプラザ合意まで溯った。プラザ合意は主要な産業国家による国際的な取り決めで、高金利と強すぎるドルに対抗すべくアメリカが巧みに画策したものであった。強すぎるドルはアメリカの輸出を阻害し、その結果、レーガン政権の政策によって生み出された保護主義に拍車をかけていた。プラザ合意は、ドルを切り下げし、他の通貨、とくに円を強くすることを意図していた。結果的に、日本政府は、円高により輸出で損害をこうむった日本企業を助けるために金融緩和政策を実行した。この金融緩和が、日本の海外での盛んな投資支出において重要な役割を果たした。そのような投資には、前に触れたロックフェラー・センターとユニヴァーサル映画の購入も含まれる。バブルは、天文学的に暴騰した日本の地価によってさらに膨れ上がった。というのも、「土地バブル」は、まず間違いなく、日本人に当時、世界で、もっとも好条件で割安な資本利用を可能にしたからである。[11]

日本経済が崩壊した後にすぐに続いて、さらに広範囲に亘るアジアでの経済崩壊が起こった。そのとき、タイ、インドネシア、マレーシアやその他のアジア経済は、巨額の損失が発生するであろう事態に直面した国際的な銀行と金融業者が、国家財政を強く下支えしていた投資と貸し付けを回収しようとしてとった行動により打ちのめされた。この地域や域外のアナリストも指導者たちも、誰もが、地域の経済復興の重要な先行条件は、日本が経済秩序を回復させることであると考えていた。しかし、時間が経つにつれ、それが日本政府には困難な仕事であることが分かってきた。従って、議論の論題は、どうして日本はこれほどまで成功したのかから、どこで道を間違えたのかへと変化した。アメリカをしのぎ、新世紀には東アジアをリードするとまで思われた日本経済は、いかにしてにっちもさっちも行かなくなってしまったのか。

日本の経済上の長所であり美徳であると思われていたものは、不況に促されて新しく見直された。その新しい見方では、弱点が明るみに出された。それは、その存在にうすうす気づいている人々はつねに何人かいたものの、かつての戦後復興の全面的な成功の陰に隠されてしまっていた。また、西洋に追い付くということにうまく政策を適合させた特別な要因が、新しいグローバルな市場で競争しようとする成熟経済を管理するには、それほど適切でも効果的でもなくなったことも明らかになった。新聞や雑誌は、「日の出の勢いのアメリカ」（『ウォールストリート・ジャーナル』紙）とか、「色褪せて行く日本恐怖症」（『エコノミスト』誌）と断言し、一方でもっとバランスのとれた微妙な日本観が現れた。それは、日本を落ちぶれ果てたと見なすことの危険性に警告を発すると同時に、二一世紀に日本がナンバーワンとは言わないまでも、競争力のある経済として繁栄するつもりであるのなら、根本的な改革を行う必要があることを強調している[12]。

すでに述べたように、日本の奇跡が終わった後の評価では、日本が戦後の経済目標であったキャッチアップの段階を過ぎたとき、新しい政策と戦略を採り損ねたことが指摘された。また、日本の政治制度と官僚制度に根源があると評論家が思う失敗も指摘された。これらの制度は、古くさい戦後の政策を非効率なばかりでなく逆効果にしてしまう新しい現実に真剣に対処できず、硬直化しているように思えた。エコノミストのロバート・サミュエルソンが一九九〇年代の初めに論じたように、日本は経済的な奇跡――貧しいが急速な成長――から、豊かであるが問題も山積みの成熟経済への移行をしている最中であった。さらにこの移行の特徴は、たとえば、輸出品のコスト競争を可能にした円の低い価値とか、活力に欠ける競争相手といった、これまで日本が享受してきた多くの特別有利な条件がなくなったということにあった。日本で政策形成に携わった人々は、輸出主導型の成長が永遠に続くことはないということを理解し損ね、そのために輸出による収益で活気づき、無理に投資支出をせざるを得なかったのである。財政指導部がバブル後の経済に対する計画において再び先見の明を発揮することができなかったため、金融緩和で煽られたバブルは、別の自らつけた傷となった。そのため、一九九〇年代に入ったとき日本は、不振にあえぐ株式市場と不動産市場、不良債権で泥沼に陥った銀行、あまりに過大な余剰生産力を抱えた企業を負わされていた。[13]

九〇年代が進んでも、事態は悪化するばかりであった。日本システムが常に守ると主張してきた労働者は、不景気の網の目に捕らえられ、賃金は低下し、年金は蚕食され、一九九八年までには製造業で何百万もの仕事が失われた。日本政府は、スキャンダルに悩まされ、不景気を退治しようとして一九九〇年代にへまをし続けた。そのために、保護主義、産業政策指導、協調組合主義による協力（いまや共謀という用語も使われている）、銀行中心の金融といった古い手法を放棄できない政府官僚に対するサミュエルソンの非難を誇張し、同時に現在の問題の根が一九七〇年代にあるとするアナリストも現れた。一九七〇年代に日本経済が成熟に達したとき、持続的な経済成長と生産性維持を達成するための新たな政策とモデルに移行することに失敗し、信じられないくらい強力な輸出業者と同じくらい非効率的な国内セクターを持つ、ある著者が呼ぶところの「二重経済」が生まれた。この頃、幼稚産業時代の自動車、家電、半導体には十分機能した保護政策が、鉄鋼、セメント、石油加工といった競争力のない産業に誤って適用された。政府は、一九七三年のエネルギー危機に対処しようとしたり、自民党が重要性を増してきたブルーカラー労働者の票を得るため、その要求に対処する必要があり、それを満たそうとして、この保護主義の泥沼に深くはまりこむばかりであった。日本における福祉の「護送船団方式」では、企業や個人が重要な役割を果たしたが、それは保護主義を勢いづかせることにもなった。七〇年代が終わりに近づいたとき、日本の経済実績の再評価における共通のテーマは、「大将ごっこ（リーダーのまねをする遊び）」の政策を遂行して日本が成功したことを力説することであった。この政策で何よりも重視されたのは、西洋の高成長産業を特定し、まねることにおいて政府・産業間で密接な連携をはかることであった。この見方からすると、日本の最も重要なスキルとは、海外で創造されたサービスや製品の生産において、より競争力のある方法を編み出すことにあり、技術革新や発明にあるのではなかった。[14]

このような批判の多くは、ヴォーゲルが元々提示したテーマの核心に一太刀浴びせるものであった。ヴォーゲルの論題で強調されていたのは、情報、組織技法、官僚のエートス、十分な理解に基づく経営慣行といったものを蓄積し総合するたぐいまれな能力と、彼の思うところでは戦後の日本社会とその成功を可能にした品質とコミュニティへのコミットメントであった。いまや議論を特色付けるフレーズとイメージは、闇に包まれた柔軟性に欠ける官僚制であり、それは世界における日本の経済的な地位が根本的に変化したことを認めることができず、認めたくもない「終身雇用の人々（ライファー）」で埋められているのである。これらの根本的な変化によって、新しい政策や新しい方法が——もっとも重要なのは、輸出主導型から消費者志向型の経済成長への転換である——政治システムにもビジネス文化にも一般市民にも求められた。しかし、政治システムは、スキャンダルまみれで、覇気に欠け、その指導者は経済改革のみならず政治改革への要求にも同じように鈍くしか反応しない。ビジネス文化では、企業への忠誠心が職業の流動性を拘束するものとなり、調和の「たてまえ」が燃えつき状態のサラリーマンの「本音」を覆い隠している。また、一般市民は他の国々では権威にとって深刻な危機を生むと予想できるような事態の進展にも、驚くほど無頓着に対応しているように思われる。著名なジャーナリストで日本に関する専門家でもあるパトリック・スミスが最近の研究で述べているように、日本は「無責任の文化」という病気にかかっているように思われる。[15]

エズラ・ヴォーゲルも日本に真剣な改革が必要であることを前から認めており、新しい経済の世界のニーズに応えるのに政府があまりにも緩慢であるという批判にも同意している。とくに政治家は、かかわっている問題の複雑さについてもっと学ぶ必要があり、あまりにも硬直化していて了見が狭いことが判明した官僚の専門的判断に従う必要はないと、ヴォーゲルは強調してきた。彼はまた日本の銀行システムがその慣行を改革し、資本が国境を越えてすばやく自由に移動するという新しい現実に臆せずに直面する必要がとくにあることにもまた言及していた。日本企業もまた、標準であった日本の低い投資収益率を上回る収益性の国際的な基準に適合しなければならないであろう。日本の金融市場を自由化し、グローバルな競争力のあるものとするために一九九六年に発表された日本の金融機関を改革する「ビッグバン」計画が、その前評判に見合ったものとなるか否かは、いまだに憶測の域を出ない問題である。[16]

このような批判や懸念は、西洋の評論家によるものばかりではない。以前マッキンゼーのコンサルタントをしており、後に日本の政治改革者へと転じた大前研一は、引用によれば次のように主張していた。「日本はすでに壁に突き当たっているが、じきにもっと強靭な壁に突き当たらなければならないだろう。……数年以内に、非常に不満な人々が現れるであろう。さらなる大混乱が起こる可能性がある」。このような大混乱の一部は、裕福さへの機会が減少することによって引き起こされる可能性がある。というのは、大前が信じるところでは、裕福さは第二次世界大戦の世代から彼の命名によれば「任天堂キッズ」と呼ばれる世代まで、戦後日本のそれぞれの世代の特徴であるからである。[17]もっと不安を抱かせる予測をしているのは、ロンドン・スクール・オヴ・エコノミクスの元教授の森嶋通夫が最近出版した著作『なぜ日本は没落するか』である。日本国内で激しい議論のテーマとなったのは、森嶋が本のなかで日本が二〇五〇年までには三流国家の地位にまで没落するだろうと予測したことであり、人口の減少、公共福祉の低下と経済生産性の減少、グローバリゼーションの要求にお粗末にも準備ができていない閉鎖的な金融システムなどによって衰弱するということである。日本が自慢してきた教育制度でさえも、創造性よりも学歴偏重により軽蔑の対象となっている。[18]

それゆえに、新千年紀の開始にあたり、顕著な運勢の逆転が起こっていたのである。米国が戦後には前例のない経済成長を享受しているのに対し、経済、政治、社会における病弊から生まれた「沈滞」にあえいでいるのは、日本の方である。東京に活動拠点を置くあるジャーナリストの表現によれば、「日本では沈滞は随所に広がっており、この沈滞はしらけであり希望がない。……この社会には悲観主義が跋扈しており、それは消え去りそうにない」のである。[19]

ごく最近の経済ニュースも、この世界で第二位の規模の市場の運命について、心配の種と不確実性を増大させるのみであった。二〇〇〇年九月、ムーディ投資サービスは、巨額の政府債務が増え続けており、この国が長引く不況から抜け出す能力に関して引き続き疑問があることを指摘し、日本政府が発行する国債や有価証券の信用格付けを下げた。これにより、日本の信用格付けは、最も信用度の高いレベルから二レベル下となった。さらに最近、メリルリンチは、日本に対してさらに悲観的見方を取るようになり、この国の政治的リーダーシップと改革のペースが不確実であり続けているということを引き合いに出して、日本の格付けを中立から標準以下へと下げた。この年の終わり、日本の経済企画庁は、民間消費が不活発で、政府支出——この年の前半の経済を支えた——が落ち込んでいるため、二〇〇〇年の第二・第三四半期の年率換算の成長率はたった一パーセントであると報告した。このことにより、アナリストたちは企業による投資が持続的な景気回復の希望の鍵となると見るようになったが、これさえも米国経済がスローダウンし始めたという点から見て疑わしくなり、グローバル化された経済の相互依存的な特質を再び強調するようになった。[20]

それにもかかわらず、このような現在の傾向がずっと続くと想定するのは愚かであろう。ちょうど一九七〇年代終わりの日本と米国を見てそのように想定したことが愚かであると証明されたように。現下の病弊を克服し、二一世紀に力強く競争をするというのなら、日本が根本的な政治改革と経済改革を必要としていることは否定できない。グローバリゼーションは柔軟性と透明性を重視しているようであり、それらが硬直化していて不透明な社会という一般的な日本認識とずれていることからすれば、これらの改革のなかには、長いこと保持されてきた文化的規範の核心部分に抵触するものもあるだろう。[21] それでもなお、新しい世代の日本人に、そのような根本的変化の希望を見出している論者もなかにはいる。新世代の人々は、経済界を変容させているインターネットと情報革命のおかげで、知識と他者の見解に接することが多くの場合、容易になり、そのような機会を多く持っている。[22]

さらに、ヴォーゲルを含む多くの人々が一〇年も続く不況の暗黒の日々にもかかわらず強調しつづけているように、日本経済と日本人が力量や潜在能力に欠けているわけではない。不況が永遠に続くと考えるのは、合理的でなかろうし、日本がひとたび経済・政治改革要求の急流を乗り越えて繁栄を始めたら、新しいモデルやルールを身につけて、その強力な生産基盤を新たな目標に振り向けるその能力——すでにこれまでに十分実証されている——によって、この国を再び米国の手強い競争相手とすることもできるだろう。経済危機からいずれは回復するであろう東アジアの新興市場では、とくにそうである。円高にもかかわらず、日本の輸出品は米国において競争力を保ち続けてきたし、それはアメリカの対日貿易赤字が続いていることに明らかである。ヴォーゲルが指摘しているように、日本は世界でいまなお二番目の規模の経済を有しており、開かれた民主的な社会を持ち、識字率は高く、言論の自由も普通選挙権もあり、多党制の政治システムを有している。多党制とは言っても、その政治システムにおいては、政治評論家が一九九〇年代にその死亡記事を書き続けてから長いこと経っているにもかかわらず、自由民主党が支配的な地位にとどまり続けているが。[23]

だから、ヴォーゲルがその一九七九年の著書で設定した基準からすれば、日本はもはや決してアメリカ人の見地からすれば、ナンバーワンとは見なされないと言わねばならない。しかし、一九七九年以降、両国がたどった道筋が明らかにしているのは、国の運勢が劇的に変化する様子であり、このような順位付けのゲームが危険をはらんでいるということである。ヴォーゲルの著作から生まれた論争は、結果的に有益で役に立った。とくに、ジェームズ・ファローズの別の著作のタイトルを用いれば「より我々らしく」とにもかくにもなりつつあった冷戦下の被保護国としてではなく、その言うとおりにその実力どおりに日本を理解するということ、そうするようにアメリカ国内で大いに注意を促したという成果があった。政治経済学の発展をめぐっては、アメリカ、ヨーロッパ、ラテンアメリカ、あるいは日本でそうであるように、異なる事情を考慮に入れる必要性を認めなければならないが、そのために不穏な人種主義的な含みを持つ「日本人論」思想の一派に同意する必要はない。ヨーロッパの戦後復興に関する研究は、アメリカとヨーロッパの政治経済学の歴史は異なり、それにより政府・経済界・労働界の関係をめぐる異なる優先順位と価値や、経済政策の目標が生じた様子を明らかにしてきた。共通の資本主義の遺産を引き継いでいる経済においてさえもこうなのである。まして日本とアメリカの政治経済学の発展が米欧よりも相違する点の多い歴史的なパターンと困難な問題によって特徴づけられるとしたら、死活的な経済問題に関するそれぞれの国の「合理的な人間」による決定が異なることは、驚くに値しない。それは先天的な相違によるものではないのである。すべての社会は、経済上の困難な問題に対して可能な対応策をかなり十分な幅で持っている。しかし、特定の歴史的状況下で、ある社会が直面する実際の困難な問題は、特別な不測の事態と制約条件を伴っており、実行可能なアプローチや解決方法の幅をより狭めたものとしてしまう。一九八〇年代と九〇年代に経済を再活性化するときに、アメリカは日本の事例から学ぶことができたし、解決方法の幅を広げることができた。過去に、日本は新しい知識やスキルを世界中から集め、日本の歴史的経験から形成された国家目標を追求するためにこれらを応用する驚くべき能力を示してきた。現在の問題とは、日本が同じ秘訣を再び用いることができるかどうかである。というのもそれが意味するのは、中核的な価値や原理のいくつかに再び戻り、それらを再構築することかもしれないからである。だがそれらは過去には機能したが、将来には現実的なものではないかもしれないのである。

参考文献・参考映画リスト

Michael Crichton, Rising Sun (New York: Knopf, 1992).（マイクル・クライトン、酒井昭伸訳『ライジング・サン』早川書房、一九九二年）

James Fallows, Looking at the Sun: The Rise of the New East Asian Economic and Political System (New York: Pantheon, 1994).（ジェームズ・ファローズ、土屋京子訳『沈まない太陽』講談社、一九九五年）

William Gibson, Neuromancer (New York: Ace Books, 1984).（ウィリアム・ギブスン、黒丸尚訳『ニューロマンサー』早川書房、一九八六年）

Peter Hartcher, The Ministry: How Japan's Most Powerful Institution Endangers World Markets (Boston, Mass.: Harvard Business School Press, 1998).

Callum Henderson, Asia Falling: Making Sense of the Asian Crisis and Its Aftermath (BusinessWeek Books, 1998).

Chalmers Johnson, MITI and the Japanese Miracle: The Growth of Industrial Policy, 1925－1975 (Stanford, California: Stanford University Press, 1982).（チャーマーズ・ジョンソン、矢野俊比古監訳『通産省と日本の奇跡』ティビーエス・ブリタニカ、一九八二年）

Akio Morita and Shintaro Ishihara, The Japan That Can Say "No": The New United States-Japan Relations Card (Washington, D.C.: U.S. Government Printing Office, 1989).（盛田昭夫、石原慎太郎『「ＮＯ」と言え

る日本——新日米関係の方策』光文社、一九八九年）

Clyde Prestowitz, Trading Places: How We Allowed Japan to Take the Lead (Boulder, Colorado: Basic Books, 1988).（C・V・プレストウィッツ、國弘正雄訳『日米逆転—成功と衰退の軌跡—』ダイヤモンド社、一九八八年）

Richard J. Samuels, "Rich Nation, Strong Army": National Security and the Technological Transformation of Japan (Ithaca, New York: Cornell University Press 1994).（リチャード・J・サミュエルズ、奥田章順訳『富国強兵の遺産——技術戦略にみる日本の総合安全保障』三田出版会、一九九七年）

Ridley Scott (Director) : Alien (1979) and Blade Runner (1982).

Ezra Vogel, Comeback Case by Case: Building the Resurgence of American Business (New York: Simon and Schuster, 1985).（エズラ・F・ヴォーゲル、上田惇生訳『ジャパン　アズ　ナンバーワン再考——日本の成功とアメリカのカムバック』ティビーエス・ブリタニカ、一九八四年）

Ezra Vogel, Is Japan Still Number One? (Petalin Jaya, Malaysia: Pelanduk, 2000).

Ezra Vogel, Japan as Number One: Lessons for America (Boston, Mass.: Harvard University Press, 1979).（エズラ・F・ヴォーゲル、広中和歌子・木本彰子訳『ジャパン　アズ　ナンバーワン』ティビーエス・ブリタニカ、一九七九年）

Karel von Wolferen, The Enigma of Japanese Power: People and Politics in a Stateless Nation (New York: Knopf, 1989).（K・v・ウォルフレン、篠原勝訳『日本／権力構造の謎〔上〕〔下〕』早川書房、一九九〇年）

James P. Womack, Daniel T. Jones, and Daniel Roos, The Machine That Changed the World: Based on the Massachusetts Institute of Technology 5-million dollar 5-year study on the future of the automobile (Rawson Associates, 1990).

脚注

1 この時期のもっと詳しい日米の貿易関係をめぐる論争については、本書のトマス・ザイラーの論文を参照されたし。

2 Robert J. Samuelson, "U.S., Japan Find Old Relationships Have Unraveled," *Foreign Policy* (Volume 11, No. 26), Lexis-Nexis.

3 Sam Jameson, "The Pacific Rim: Japan Seen 'Overtaking' U.S. in '85," *Los Angeles Times*, May 24, 1985. また次を参照のこと。"America vs. Japan: 'Copy the Japanese' but ' Do It the American Way'," interview with Ezra Vogel, *U.S. News and World Report*, September 2, 1985.

4 "Polled Sees Threat by Japan, Blame U.S. for Trade Woes," *Houston Chronicle*, May 18, 1985; Michael Doan, "The View from Main Street: America is Slipping," *U.S. News and World Report*, February 2, 1987.

5 "Taking Sides: Hawks vs. 'The Chrysanthemum Club'." *Newsweek*, October 9, 1989, Lexis-Nexis.

6 FSX紛争は、実に多くの著作を生んだし、なかには問題に光を当てるというよりも熱気を与えたものもあった。共同開発合意に批判的な基本的な文献としては、次がある。Jeff Shear, *The Keys to the Kingdom: The FS*

-X *Deal and the Selling of America's Future to Japan* (Doubleday 1994). もっと学術的にプロジェクトの歴史を評価したものとしては、次がある。Mark A. Lorell, *Troubled Partnership: A History of U.S.-Japan Collaboration on the FS-X Fighter* (Rand 1995). また本書のマイケル・チンワースによる日米技術協力に関する論文も参照のこと。

7 James Fallows, *The Real Japan*, The New York Review of Books, July 20, 1989, pp. 21－28.

8 Bruce Stokes, "Who's Standing Tall?" *The National Journal*, October 21, 1989; Bill Powell and Bradley Martin, "What Japan Thinks of Us," *Newsweek*, April 2, 1990; both Lexis-Nexis.

9 次を参照のこと。Ishihara and Morita, *The Japan That Can Say "No": The New United States-Japan Relations Card* (Kobunsha: Kappa-Holmes, 1989)(translation of "No" to ieru Nihon, taken from the "Extension of Remarks" section of the Congressional Record for Nov. 14, 1989); and Ian Buruma, *Just Say Noh*, The New York Review of Books, December 7, 1989. この記事の日付（太平洋戦争の開戦日）は偶然の一致と思えるだろうか。前者の著作には正式の翻訳がある。すなわち、Ishihara Shintaro, *The Japan That Can Say No*, translated by Frank Baldwin, foreword by Ezra F. Vogel (Simon and Schuster, c. 1991).

10 産業政策に関する議論は、たとえば次を参照のこと。Chalmers Johnson, ed., The Industrial Policy Debate (ICS Press, 1984); Joseph L. Badaracco, Jr. and David B. Yoffie, "Industrial Policy: It Can't Happen Here," *Harvard Business Review* (November/December 1983); Lexis/Nexis. 通産省に関する詳細な批判的な研究としては、次を参照のこと。Scott Callon, *Divided Sun: MITI and the Breakdown of Japanese High-tech Industrial Policy, 1975－1993* (Stanford University Press, 1995).

11 Ezra Vogel, *Is Japan Still Number One?* (Pelanduk, 2000), pp. 67－71; Robert L. Cutts, "Power From the Ground Up: Japan's Land Bubble," *Harvard Business Review* (May/June 1990) Lexis-Nexis; Callum

Henderson, *Asia Falling: Making Sense of the Asian Crisis and Its Aftermath* (BusinessWeek Books, 1998), p. 19.

12　これらの新聞の見出しは、以下で特に触れられている。Lawrence G. Franko, "The Japanese Juggernaut Rolls On," *Sloan Management Review* (Winter 1996), Proquest.

13　Robert L. Samuelson, "Japan as Number Two," *Newsweek,* December 6, 1993, Lexis-Nexis.

14　たとえば次を参照のこと。Richard Katz, "What Japan Teaches Us Now," *The American Prospect* (September /October 1998), Lexis-Nexis; Robert J. Crawford, "Reinterpreting the Japanese Economic Miracle," *Harvard Business Review* (January/February 1998), Lexis-Nexis.

15　Ibid. 最近の財務省（大蔵省）の失敗に関するまじめな暴露記事としては、次を参照のこと。Peter Hartcher, *The Ministry: How Japan's Most Powerful Institution Endangers World Markets* (Harvard Business School, 1998).

16　Vogel, *Is Japan Still Number One?*, pp. 71－75.

17　次を参照のこと。Kenichi Ohmae, "Letter from Japan," *Harvard Business Review* (May/June 1995); and "Twenty Years in Asia—Two Views on Japan," *The Asian Wall Street Journal*, September 2, 1996; both Lexis /Nexis.

18　次を参照。Morishima Michio *Naze Nihon Wa Botsuroku Suruka? (Why Will Japan Collapse?)*, reviewed by Louis W. Goodman and Hyung-Kook Kim, *Foreign Policy* (Spring 2000), Proquest.

19 Roger Pulvers, "Japan in Transition—Where Do the Japanese Stand Today?" *The Japan Times*, October 15, 2000.

20 "Moody's Downgrades Japan Bond Ratings," *The Wall Street Journal*, September 8, 2000; Craig Karmin, "World Stock Markets—As Japanese Stocks Continue to Post Declines, Investors Seem Divided on How to Play Market," *The Wall Street Journal*, December 6, 2000; Peter Landers, "Japan's Economy Could Be Headed For Yet Another Dip—Data Suggest a Slowdown Spurred by High Debt, Fading U.S.Expansion," *The Wall Street Journal*, December 5, 2000; all Dow Jones Interactive.

21 文化規範とグローバル化の観点から評価されるビジネス規範との関係については、次を参照のこと。Thomas L. Friedman, *The Lexus and the Olive Tree* (Farrar, Straus and Giroux, 1999), p. 335.（トーマス・フリードマン、東江一紀・服部清美訳『レクサスとオリーブの木――グローバリゼーションの正体（上・下）』草思社、二〇〇〇年）

22 次を参照のこと。Ohmae, "Letter from Japan;" and Frank Gibney, "Reinventing Japan...Again," *Foreign Policy* (Summer 2000), Proquest.

23 これらの点については、次を参照のこと。Vogel, *Is Japan Still Number One?*, p. 76; Glen S. Fukushima, "Underestimating Japan," *Tokyo Business Today*, June 1993, Lexis-Nexis; Samuelson, "Japan as Number Two;" Richard Alm, "Beware: Japan is Far from Down and Out, Author Says," *Dallas Morning News*, March 20, 1995, Lexis-Nexis; "Twenty Years in Asia—Two Views on Japan;" Franko, "The Japanese Juggernaut Rolls On;" "Japan Will Remain a Terribly Important Economy," interview with Ezra Vogel, *Business Week* (International edition), July 19, 1999, Lexis-Nexis.日本からの脅威を米国が懸念する必要はないという議論をしつこく批判しているのは、エーモン・フィングルトンである。たとえば、その著作　Eamonn Fingleton, *Blindside: Why Japan Is Still on Track to Overtake the U.S. by the Year 2000* (Houghton Mifflin,

1995).（エーモン・フィングルトン、中村仁美訳『見えない繁栄システム——それでも日本が二〇〇〇年までに米国を追い越すのはなぜか』早川書房、一九九七年）

CULTURAL INTERACTIONS
文化における相互関係

ジャーナリズムの五〇年、日本型とアメリカ型と

フランク・ギブニー

資源、方法、読者と視聴者の規模、それに活字と映像の量自体を加えれば、日本もアメリカも世界最大のコミュニケーション社会といわなければならない。コミュニケーション過剰といったほうがよかろう。毎日、明けても暮れても、——そして、深夜テレビ、徹夜ラジオ、至る所のインターネットのおかげで夜中でも——日本人もアメリカ人も、受け手めがけて押し寄せる言葉と声と映像の大波をかぶっている。情報、助言、講座、娯楽が提供され、それらの密度の濃淡も選ぶ余地は大きく、摂取、拒否、無視いかようにもなる。否応なしにその技術は進歩する。

異なった分野で統計が突出している——日本では一人あたり新聞（および漫画）購読が世界一で、アメリカは世界一のインターネット通信大国だ。両国民とも、メディア慣れという点では似たようなレベルに達した。つまり、絶え間ない広告攻勢の雑音に慣れ、大衆活字メディアの盛りだくさんのセックス・スキャンダル——多くは映画スターと有名政治家がらみ——に満腹し、そして自らの消費者としての購買（および拒否）力を承知している。両国民とも視聴覚をプログラムされている。幼い頃からブラウン管に多少ともくぎづけになっている。日米とも、テレビの視聴時間は平均四時間になる。好きな番組は欠かさずみて、大宅壮一の有名な苦言が思い出される。「一億総視聴者、一億総白痴」。とはいえ彼らは時事問題を表面的にはよく知っている。もっとも、その歴史や背景についてはそれほどでもないが。

日本人もアメリカ人も等しく技術を尊重し、また騒音に対し目立って寛容である。音を個人化したとはい

え、携帯電話やウォークマンの普及ぶりはいうまでもなく、ＣＤ、ＤＶＤ、またＶＨＳの売れ行きが伸びているのはそのせいだろう。我々はいずれも、同じ高度の都市文明の産物なのだ。

文化的には、話は違ってくる。「アメリカ製」のポップ文化の世界的流行を表面的には共有しつつも、日本人は独自の伝統的な偶像とタブーを強固に保ってきた。ほとんど単一民族社会に近い日本の文化的引力が世界一強いことに変わりはない。だがなお、「日本のアメリカの世紀」といってもよさそうなこれまでの五〇年間、多くのアメリカの考え方と風習が、憲法からコマーシャルまで、日本の風土に浸透を遂げた。半面、若干の日本の考え方や文物も、ソニーやニコンやトヨタと並んで米国に成功裏に輸出された。太平洋の両側でマスコミはこの種の異文化間移植の主たるチャンネルだったが、これは日本側で一層はっきりしていた。そこで、日米メディア関係を検討すれば、これまでの両国関係の縮図を得られよう。そこには対照的なことも、相似たことも、見える。

私は日本について五〇年以上も書き、研究し、そこで暮らし、暮らしを立て——両者には大きな違いがあるが——日本のマスコミを読み、観察し、それに寄稿し、またそれを好いたり、非難したり、それに教えられたりしてきた。私は自分の文化的国籍を完全に変えたわけではない。座禅、相撲、茶道の多文化趣味をてらうのは私は願い下げだ。だが私は日本を我が家と感じ、日本人の芸術と業績に感心し、彼らのすばらしい文学を絶えず読みふけり、そこでよい友達を作っており、その多くはマスコミと文学界の人々である。彼らの仕事に対する私の評価といえば、それは以前もいまも批判的賞賛といったものである。タイム誌が一九四九年に朝日新聞を取り上げた記事の中で私は次のように書いたが、その評価がいまも最も的を射ていると思う。「アメリカ人にとっては、それは良識ある進歩性と技術的効率に、堅苦しくて効力を失った日本的保守性を兼ねた、戸惑うばかりの組み合わせであるが、朝日が世界有数の新聞の中に入ることに疑問の余地はない」。

この関係を要約し、理解するためにはアメリカ占領体制の生成期にさかのぼらなければならず、それはまさしく明治維新に次ぐ「第二の開国」といわれるものである。私が朝日に関する自分のコメントを引用したのは考えあってのことである。同じことは、読売、毎日、日経またはその他すべての日本の大新聞についてもいっておかしくはなかったろう。あの記事の下調べに数週間をかけて、私は一大発見をした。私が仕事を覚えたアメリカでは記者個人が王様だった。どんな小さな記事にも筆者名がついていた――もっともタイム誌は当時「グループ・ジャーナリズム」の方針から署名記事はほとんど禁じていたが、後に常道に転じた。大見出しの特ダネこそが生きがいだった。昔からの報道記者の模範といえば芝居「フロント・ページ」[1]に登場する、特ダネねらいの大酒飲みの人物だった。記者にとってインタビューは多くの場合、勝負であって、相手から特ダネないしは具合の悪い事実を掘り出し、素早く活字にするために懸命になっていた。

　日本ではそうではなかった。アメリカの新聞からみれば社の財政を圧迫しそうな大勢の人員をかかえ、記者をグループで取材にあたらせていた。署名記事は前代未聞、有名コラムニストも然り、意見だらけの論説欄と「だれが、なにを、いつ、どこで」の報道記事との区別もまた然り。報道記者は競争試験に通って入社し、自分の職業を客観的な観察者ではなく、官僚支配層の一部であって、政府の役人と同様に、一般人に知らしめ、教えるものであると信じ込んでいた。記事の競争は「記者クラブ」制度により制限されていて、そこで主な新聞すべてから派遣された記者が、共通の分野を代表取材のように受け持ち、取材対象の政府部局や企業と総じて密接な協調関係を保っていた。「群れのジャーナリズム」と呼ぶのがまさにふさわしい。特ダネ報道も出ることは出たが、総じてよく按配されたものだった。どの日刊紙もニュース報道はあきれるほど一均質で、しばしば第一面の見出しまで同一だったのも驚くにあたらない。

　アメリカと違う特徴があと二つあった。記事のレベルは大抵のアメリカ紙より遥かに高かったし、文化、科学問題の取材はずっとよかった。大概のアメリカ人記者とは対照的に、日本の記者は知識人の読者を対象としていた。もっと大きな違いは、アメリカでは各市に個性的な――そして極めて独立的な――地元紙があるのに、日本の読者は、島国の英国の読者と同様、全国紙のほうを好んだ。朝日、毎日、読売の三大紙と経済紙の日経、それに幾つかの大きな地方紙——それがすべてだった。私は以前英国でタイム誌に勤めたことがあり、当時はそこでも似たような全国紙が盛んだった。しかし戦後全盛期にあったビーバーブルック卿[2]のデイリー・エクスプレス紙ですら、日本の新聞界の大恐竜たちとはくらべものにならず、後者はそれぞれ傘下に雑誌、ラジオ——そして後にテレビ局——を持ち、しかも東京から経営していたのである。

　これら一切はアメリカ占領軍が変えようとしたものだった。政府の検閲と軍国主義の攻撃に一九三〇年代初めから押さえつけられてきた——一九三六年の青年将校反乱で朝日東京本社は主な標的となった（二・二六事件）——日本の新聞をいまや自由にし、「民主化」しようというのだ。アメリカの模範のようにするのが一番ではないか、と占領軍当局は考えた。我々もそう望んだ。数年にわたり、占領軍新聞部は日本に強力な地方紙とブロック紙を作ろうと試みた。同部の部長ダニエル・インボデン中佐は民間にいた頃は米国でいくつか小さなローカル紙を発行していたが、その試みは成功しなかった。占領軍は自由、独立の報道の新たな気風を奨励することには成功した。だが、事実にせよ、そう思われただけにせよ、占領目的に批判的な論調を一切禁じることで、米軍の検閲官らは、自ら作ろうと決めた表現の自由の気風を汚さざるをえなくなった。

　韓国に対する一九五〇年の共産軍の侵攻は、マッカーサー司令部にみなぎっていた冷戦心理を激化させた。占領当局はマスコミ内部の共産党員その他の左翼の集中パージを命令、吉田茂の保守政権はこれを喜んで支持した。このいわゆる赤狩りは、アメリカの影響力に対し増大しつつあった新聞人の抵抗を深めるだけとなった。大抵の日本の記者の間では左翼になるのが時流となり、たった数年前に右翼が流行したのと軌を一にしていた。（面白いのは、五〇年代の毛沢東派の「マルクス・ボーイ」らが、四〇年代初期に大東亜共栄圏の熱烈な唱導者だったことである）。

　六年半の米占領下で、日本の新聞を「アメリカナイズ」しようとした、公然、直接の試みは失敗に終わった。記者クラブはいよいよ強くなり、朝日や読売などの恐竜は驚くほど元気で、部数も戦前の水準を超えていた。だが、日本の活字産業に対するアメリカの間接的な影響は引き続き強かった。翻訳がひとつの経路で、その影響は膨大だった。戦時中の日本政府の検閲のおかげで、外の世界からのニュース、論評、文学は、新聞に対しても、社会一般に対しても、控えめにいっても厳しく制限されていた。戦後になって、占領当局はあらゆる種類の英語の語学書や雑誌の翻訳を支援し、補助金も出した。日本の出版社も商売拡張に熱心で、すぐに独自に洋書の翻訳出版の手筈を整えた。タイム、ニューズウィーク、リーダーズ・ダイジェスト各誌もそれぞれアジア版を出すため東京に支局を開いた。一九五〇年代初めまでにリーダーズ・ダイジェストは日本語版を大部数売り、熱心に読まれた。

マッカーサー司令部の民間情報教育局、数百人の米軍政部将校、それに日教組傘下の教員が進んで手を貸し、三者の協力で何百万人もの小学生がたっぷりとアメリカ学習をした。私は若い記者時代の一九四九年に長野県を訪れ、小学校の先生にエイブラハム・リンカーンの生涯と功績について生徒に話をするよう頼まれ、即席の国際的社会科授業をしたことを思い出す。私の妻は日本人だが、小学生時代にアメリカのことをたくさん教わった。占領時代がアメリカの事情への好奇心を盛り上げたのは当然で、それが新聞報道に反映されたのも当然だった。

占領期間中、日本の記者は海外取材を制限されていた。朝鮮戦争初期の数ヵ月間、私は彼らの代理のようなことをした。週末ごとに、タイムとライフへ送稿を終えた後、週刊朝日と名古屋の中部日本新聞にその週の出来事を書き送ったのだ。自分の原稿の扱われ方の手際のよさに私は感心した。占領終了とともに日本の特派員は海外へ行くことを許された。当然、ワシントンが最も重要な支局となった。日本の新聞は引き続きアメリカ取材に重点を置き、それは今日に至るまで変わっていない。アメリカの新聞の日本取材はその比ではなく、増やしているとはいえ、遥かに薄い。

占領中に発足した東京の外国特派員クラブは——日本新聞協会クラブが一九七〇年に創設されるまで——二〇年近くワシントンのナショナル・プレス・クラブの日本版の役割を果たし、来日中の要人をもてなしては会見を行った。その席には日本の編集者や記者も参加し、こうした合同の集まりがアメリカの新聞人との関係を固めていった。

ジャーナリストの交換は占領時代に始まったが、一九五一年九月の平和条約締結後も長く続いた。日本のジャーナリズムにいる私の友人には米国の大学や大学院へ行った者が多い。彼らは必ずしも親米にはならなかったが、自分の視点を持ち、留学経験で視野を広げていた。東京や大阪に留まっていた先輩たちよりも遥かに、彼らはアメリカ事情の知識を具えていた。彼らの日本語ですら、標準的な散文のスタイルよりはきはきしていて、英語に十分に触れたことをうかがわせることもあった。

しかし五〇年代と六〇年代初めの極度に政治化された空気の中で、それまでの反動から反米主義がニュース面を支配し、それが親米保守政権への強い批判と重なった。当時、ジャーナリストやその他の労組員がデモで「吉田内閣ぶっつぶせ！」のスローガンを題目のように唱えていたのを覚えている。実際、反政府・反米感情の高まりは日本の主要七紙をして一九六〇年六月共同声明を出し、デモの暴力から議会政治を守ることを訴えさせるに至った。

それにもかかわらず、新聞のアメリカ報道重視は続いた。良きにつけ、悪しきにつけ、または無関心であろうとも、戦後アメリカ国民は日本人の思考に徐々に入り込み、吉田首相の息子でケンブリッジ大学で学んだ優れた評論家の吉田健一が述べたように「アメリカ人が手本になった」のだ。この傾向は日本のテレビジョンの始まりとともに頂点に達した。活字メディアが昔ながらの規範を温存したにしても、日本型視聴覚メディアは新しい、異なった世界を作ろうとしていた。発足した民間放送は視聴者の欲求を満たす材料を求めて、既に日本の映画館で盛んに上映されていたハリウッドのものとよく似た番組を提供した。戦後の日本映画の復活で黒澤らの作品が輸出され、ハリウッドに幾ばくかの教訓を与えたにもかかわらず、現在もなお都市の人々はハリウッド映画のロードショーに群がっている。娯楽のためには政治的偏見も忘れられ気味だった。（日本のインテリがこぞってアメリカのベトナム戦争を弾劾していた時、渋谷や銀座の映画館では映画

「グリーン・ベレー」でジョン・ウェインがモグックメ[3]を銃撃するのを見るため群衆が行列していた）。同様に、テレビでは「アイ・ラブ・ルーシー」「ローハイド」「アンタッチャブル」などの連続ものも放映され、視聴者は熱心に見たと思われる。

米国ではやっていたミュージカル・バラエティー・ショー、月並みの軽演劇、古い映画などの番組がそのまま意訳されて提供され、日本の視聴者をとらえた。占領当局の民主化の頑張り屋たちがもともと主宰したクイズやアマチュア番組は大人気を博した。のど自慢番組には参加希望者がひきも切らず、日本のテレビで早々とヒットになり――いまもそうだが――後年のカラオケ狂乱の不吉な前触れを告げた。しかし、もっと典型的なアメリカのショーである「ダラス」や「マンスターズ」[4]は日本の視聴者を捕らえられなかった。（サンプルを見た一部の戦後のテレビ・プロデューサーには「マンスターズ」の不気味な人物たちは典型的なアメリカ人家族に思われた）。六〇年代を通じ日本製のバラエティーや軽演劇番組――ドリフターズのどたばたは忘れられない――は多くの視聴者を引き付け、莫大な広告収入を集めた。日本のコマーシャルは、その凡俗さにおいてアメリカのそれに引けをとらない。

民間放送局はほとんどが発足当初から新聞の系列だったが、それと均衡させる公的なの手段として一九五〇年にＮＨＫが創立された。これは旧官営のラジオ局ＪＯＡＫの後継組織で、ラジオ局二つと、総合用と教育用の二つのテレビ・チャンネルを備え、英国のＢＢＣのように、国の声とするよう意図された。その経営委員会は総理大臣に任命され、支配層の著名なリーダーの集まりだった。同委員会に選任された会長たちも同様に著名人だった。プロデューサーは技術的能力から選ばれ、不偏不党のふれこみだったが、最初から日本の公式な立場を意識的に代弁していた。日刊紙の生え抜きの記者や編集者にも増して、ＮＨＫのプロデューサーやディレクターは自分を官僚支配層の一部と考えていたし、いまでもそうだ。

ＮＨＫは技術的に熟練していて、受信機の持ち主から視聴料を徴収して財政も大いにうるおったため、事業拡大を遂げてきた。主なスポーツ――大相撲、オリンピックなど――も、文化公演も、忠実に放送している。アメリカのポピュラー音楽も欧州のクラシック音楽もよく取り上げる。（今日ですら、たまたまＮＨＫのＦＭ局にダイアルを合わせてディートリッヒ・フィッシャー・ディスカウのおなじみのドイツ・リートが聞こえてきても、驚くにあたらない）。

一九六三年に朝日の往年の外国特派員で幹部だった前田義徳が部内の相当の反対を押し切ってＮＨＫ会長に選ばれた。前田はＮＨＫの報道局に対し、アメリカのエド・マロー[5]がＣＢＳに対し行ったのと同じことをし、その影響は彼の辞任後も続いた。ニュースは「放送の魂」という彼の信念に基づき、前田は会長在任中の九年間にＮＨＫを娯楽のメディアからニュースの報道と放送を主たる機能とすることへと転換した。彼は活字ニュース・メディアに対抗する特派員網を世界中に設置し、ＮＨＫの巨大な東京本部の用地を買収し、良質の客観報道の基準を決め、これはいまも健在である。ＮＨＫのニュース番組はまずまずの正確さを具えていたが、背景や解説はおざなりに過ぎなかった。派手なところがなく、視聴者を引き込む試みもなかった。終戦から何十年もの間、無表情のアンカーが政府の決定や経済ニュースや遠い外国の出来事を平面的に読むありさまは、日本人の儒教文化の温存ぶりをいやが上にも思い出させた。スポーツの結果は忠実に伝えられたが、軽いニュースは意図的に避けていた。

近年、ＮＨＫは少し明るくなったが、これは視聴者の関心に応じたためでもあり、またアメリカのテレビのニュース報道の影響を受けたためでもある。ここで、エド・マローの心酔者の磯村尚徳が先頭に立った。一九七〇年代からの彼の夜の番組は、知性あるニュース報道と分析を重視する姿勢を鮮明にした。もう一つの要因は民間放送との競争だった。一九九〇年代までにテレビ朝日のニュース・ステーションが人気を上げた。そのホストの久米宏、同じ局のサンデー・プロジェクトの田原総一朗らは、ニュース報道にあたって有識者の意見や違ったアングルを求めた。ＴＢＳは長年ＣＢＳとの関係を重視してきたが——後者のベテラン・アンカーのウォルター・クロンカイトが七〇年代に東京を記念訪問した際には、日本側から文字通り大物扱いを受けた——ここもニュース報道を質、量ともに大いに高めてきた。ＮＨＫのニュース・ショーにも話を扱っている。

広く国際取材をしているにもかかわらず、NHKのニュース放送は引き続き公式発表のように聞こえ、結局は政府を代弁しているのだからと、視聴者は決め付ける。その上、NHKの人々は自分らの番組をBBCのものになぞらえたがるが――私が確かめた限り、鳥の声を流す三〇分番組を全国放送するのは日英両国だけだ――NHKのほうが、ニューヨークはもとより、ロンドンのニュース報道よりも堅苦しく、形式ばっている。娯楽面ではNHKのプロデューサーたちは競争に負けまいと懸命である。彼らの資源は膨大で、スポーツ報道だけでなく、ポピュラー音楽番組の一部でも他の追随を許さない。年末の紅白歌合戦は国民的行事で、寺院の鐘が一年の終わりを告げてクライマックスとなる。この種の儀式的な演目のために全国の視聴者が国の声に釘付けになるのである。

しかし、歌番組やドラマを別にすれば、NHKは現在や近い過去の歴史的出来事について、長時間の、入念に調べたドキュメンタリーを特集している。これらは徹底して教育的で、取り扱うテーマについて広範な情報を提供している。その質はまちまちである。封建時代の立役者の織田信長や明治の近代化を進めた勝海舟らについて一九六〇年代末から七〇年代にかけて毎週日曜日の夜に放映された連続歴史ドラマは考証も綿密で説得力があり、意識下で国民的な誇りに訴えるところがあった。現代劇は概してそれほど成功していないように私には思える。

NHKのプロデューサーたちは、国民精神の守護者としての局の役割を意識していて、ドラマ番組が物議を醸さないよう懸命になっているといってよかろう。このため、そうした番組も、素っ気ないニュース・ショーに劣らず味気ない。半面、一部の日曜の夜の特別番組は芸術性もあり、人気も博した。外国のドキュメンタリーを放映する際にも、NHKの官僚はそれとなく検閲を加えることを辞さず、視聴者に不快と思われる個所を削ってはばからない。いつもながら「お父さんが一番知っている」のだ。第二次大戦の残虐行為にせよ、大会社の不正横行、また、失業、部落民問題、深刻な男女差別などの社会問題にせよ、NHKは視聴者を過度の露出から慎重に守ろうとする。

私は一九六六年に日本に戻ったが、こんどは記者ではなく、編集者、実業家としてだった。エンサイクロペディア・ブリタニカの会長が私を日本の子会社の社長に雇ったのだが、この子会社は英語のブリタニカ全集を異常に大量に売っていて――読めもしない人にもたくさん買わせていたことがわかった。私はこの仕事を、日本について自分の二冊目の本を書き上げるまで数年間だけ続けるつもりだったが、すぐに制作、販売、事業拡大に追われ、これが後に「日本経済の奇跡」と呼ばれることになる時期だった。私はまる一〇年間東京に滞在し、その後二〇年近く日本、韓国、中国、米国を往復して、日本とその他のアジアでブリタニカの活動を取り仕切った。この間に我々は大部の、新しい、完全改訂版の日本語の「ブリタニカ国際大百科事典」を作り、また中国語（北京用と台北用）版および韓国版もこしらえた。仕事の付き合いの多くはジャーナリストと出版経営者が相手だったため、私は別の角度から日本のジャーナリズムを見ることができた。

アメリカでは新聞は自社の独特の視点を重視する――たとえばニューヨーク・タイムズはリベラルときまっており、ウォール・ストリート・ジャーナルはまぎれもなく保守的――のみならず、自らのニュース報道を他社より抜きん出たものにしようと精一杯になるのに、日本の新聞はいずこも同じニュースの扱い方をするのに私は注目した。日本に住んでいた間もいまでも、訪日の度に、私は主な新聞はすべて毎朝配達してもらうようにしている。第一面が他紙と違っているときはその編集長に祝いの手紙を出したくなる。しかしほとんどいつも、各紙が大きな扱いをするのは同じニュースである。見出しすらそっくりだ。ニュース・ソースは、仮に言及されることがあっても、あいまいでしかない。これは主として記者クラブがはびこっている結果である。さまざまな記者クラブが政府の省庁や産業界ごとにあり、そこでクラブ員は常にいわゆるメモ合わせをして原稿を見せ合い、事実と意見を照らし合わせる。その同質化された結果は頭からつま先までどっぷりの「代表取材」型と形容してよかろう。

こうしてできた記事が焦点ぼけ気味で視野が狭いのはもっともで、外部の者にいわせれば全国的ローカルということになろう。しかし日本人の慣れた読者はそれでまずまずで、彼らは長年の経験から、要領を得ない説明やあいまいな結論の行間を読むことを知っている。日本の新聞を国際版に翻訳するのがなぜむずかしいかは容易に理解できる。だがなお、日本語を知らない他の外国人よりも、日本で何が起こっているか、私は新聞で遥かに多くを知ったのである。ジャパン・タイムズはよい新聞だし、大新聞の英語版も努力している。しかしそれらが掲載するニュースは大体日本人以外の読者向けになっている。知ってか知らずか、外国人読者は多くのことを見逃している。

もうひとつ気が付いた特徴は、日本の新聞が実践経済を重視することである。確かに、大抵のアメリカの新聞より総じて国際ニュースを多く載せ、特に米国ないし少なくともワシントン、ニューヨーク、ロサンゼルスのニュースに重点を置いてはいた。とはいえ、何より大事なのが経済ニュースだった。六〇年代半ば以降、新聞においても生産現場においても、経済が肝心かなめとなった。池田首相がタイミングよく打ち出した所得倍増案を国民は心に刻んでいた。全学連の先鋭的な学生の騒ぎを除いては、政治抗争は下火となった。自民党政権は揺るぎなく、至るところで売上が急増していた。新聞の見出しも雑誌の目次もこの明るいムードを反映していた。

アメリカの新聞では経済ニュースは中面にあるのに慣れていた私は、日本では至る所で経済や景気のニュースが第一面を埋めているのに興味を覚えた。為替レートの細かい変動も特集された。あの明るい時代に総じて上昇を続けていたGNPの最新の変化値が出ると、どこまでも分析がなされた。自分の会社の中で何が起こっているかなど、時勢に遅れないためには日本経済新聞は欠かせなかった。ジャーナリズムの支配層は政治から離れ経済ニュースに集中し、東洋経済や財界などの経済誌は広告で膨れ上がった。

とはいえ、日本の大企業が国際化して、世界の大都市に広がりつつあった特派員たちがそれに拍手を送ったのに、日本における外国人に対するニュース報道はますます対決的になった。外国企業の支店が日本にできると一般に「上陸」と表現されたが、これは前の時代に軍事侵攻に使われた言葉だ。外国企業が日本で事業の一部を閉鎖すると、その説明句に「敗退」が用いられるのが普通だった。実際、「外資」という語句自体、侮蔑的な響きを込めて使われた。その反面、日本側の対抗戦術には総じて糖衣がかかっていた。日本の厳重な輸入非関税障壁をめぐる交渉をアメリカの新聞は「structural impediments initiatives構造障害交渉」と呼んだのに対し、日本の報道は単に「構造協議」とあたりさわりのない言葉を使っただけだった。外国人に対する戦時中の政治的、社会的敵意が戦後は密かに経済的な文脈に転換されたように私には思えてならなかった。際限のないような両国の貿易交渉は「高度成長」花盛りの頃の日本の対米輸出の目覚しい成功の不可避の結果だったが、そこで日本の新聞は毎日のように、米側の非妥協的で強圧的な最新の事例を見出しにうたった。

七〇年代、八〇年代にはアメリカのメディアも確かに応分の「日本バッシング」をした。日本が米国の政治的、戦略的覇権を支持する見返りに米国務省は日本の経済的保護主義を大目に見るのだという交換条件をアメリカ人が十分理解するまでには長い年月を要した。だがアメリカの新聞の対日批判は経済面に限られていた。しかし日本では正常の政治本能と関心を経済的優越へと繋ごうと背伸びして、経済摩擦が軍事衝突のように報じられたのである。

ワシントンからの戦況報道とは対照的に中華人民共和国に関する日本の新聞の報道は奴隷のように無批判だった。「偉大な毛主席」とその政策への手放しの記事は最悪の土下座外交だった。というのは、自社の特派員を中国に入れるため、日本の主要紙は一紙を除いて――産経新聞が例外だった――六〇年代半ばに中国報道で「敵視政策に追随しない」、その副産物として台湾には特派員を置かない、という正式の協定を結んだからだ。このタブーは中国の悪名高い文化革命の一〇年間とそれ以降も続き、北京の共産党の新聞イデオローグにより取り締まられ、実行された。

土下座外交にもかかわらず北京駐在の九特派員中五人がさまざまな状況下で中国政府により追放され、日経の特派員は〝スパイ〟のかどで一年間投獄された。どの場合にも抗議はなされなかったし、他の場合ならすぐに「知る権利」を持ち出す新聞経営者も自ら調印した悪魔の取引を読者に知らせることはなかった。（読売の特派員二人が自分らの書いた記事のため一九七三年韓国から退去させられた際には、東京の新聞九社がこぞって同国政府に抗議した）。この自己検閲の結果、日本の読者は七〇年代のほとんどの間、中国についての本当のニュースはヨーロッパやアメリカの特派員から得なければならなかった――得たかどうかは疑問だが。毛沢東が死んで鄧小平が実権を握ると空気は一変した。それ以降、日本の中国報道は優秀になり、束縛はなく、しばしば批判的となった。朝日の船橋洋一の著書『内部』は日本の記者による優れた中国報道のほんの一例に過ぎない。とはいえ、あの時期に日本の新聞幹部が中国の圧力を甘受したのは、一国の新聞全体が公正なニュース報道の責任を放棄した不名誉なケースだったことに変わりない。

外の荒々しい世界に対する日本の島国的な好悪ないまぜの感情は、ヨーロッパとアメリカに対する英国の態度との類似を時として思い出させるが、これが日本のメディアにも反映されていた。一方では記者クラブという閉鎖社会がますます固くなっていった。他方では編集者、作家、また半ば学術的な評論家らがいわゆる日本人論を量産し、記事、テレビ番組、本などで日本のユニークな性格を考察した。しかし同時に日本の新聞も出版界も、読者に何らかの「国際的」な風味を提供するため、外国の刊行物の共同翻訳事業を模索し続けた。

こうした試みは種々の理由からほとんど成功しなかった。リーダーズ・ダイジェスト誌の日本語版は占領中とその後しばらくの間膨大な発行部数を達成したが、その視野の狭い「メイド・イン・USA」の態度と人を見下したような調子から、アメリカ人以外の読者にかえりみられなくなっていった。輸入候補としてもっと当然だったのは女性のファッション雑誌だった。一時はエル、マダム・フィガロその他半ダースほどのフランスの雑誌が翻訳されて日本の読者に供された。（今日なお、一〇年近く広告付録を成功裏に続けた結果、私の会社のマダム・フィガロは四〇歳以上の日本の女性購読者数千人にパリのオートクチュールと料理の楽しみを満喫させている）。その対極の男性用に日本語版プレイボーイ誌が七〇年代についに出現、これはアメリカの出版元が日本の模倣誌を告訴し敗訴した後だった。（模倣誌の「プレイボーイ」という片仮名のタイトルは英語のオリジナルと混同されることはないと東京の裁判所が判決した）。

だが、拡張をねらう日本の出版社は最初から国際的な経済誌をねらっていた。ここで日本人の創造的同化の才能が十二分に発揮された。初めはビジネスウィークの日本語訳を目指したと思われたものが、焦点をほぼ日本の企業ばかりに狭めて、日経ビジネスに変身、大成功を収めたのだ。同様に、プレジデント誌も、元はアメリカのフォーチュン誌の日本語訳を大体意図していた。これが低迷していたところ、編集者のひらめきでよろいかぶとをつけた徳川家康や織田信長を表紙にして特集記事を組むしきたりを始めた。（彼らなら今日の経済状況下でどうしたか、等々）。日本企業が国際舞台に躍り出ると、東洋経済や財界のような雑誌の内容もそれに応じて必然的に変わった。

アメリカのニュース雑誌も日本の教育ある（そして集中度もみごとに高い）読者層に羨望のまなざしを向けたと思う人もいるだろう。それは事実だった。タイム誌も日本語版の思惑を何度か抱き、ニューヨークの本社が一時は編集長とスタッフを雇うところまで行きながら、とうとう断念した。ニューズウィーク誌は八〇年代初めに日本語版発行に踏み切り、最初は僅かながら成功した。いまも毎週八万部ほど売れているが、これは日本の大発行部数の水準からは大したことはない。残念ながら、ニューズウィーク・ジャパンは日米双方の経営陣が小心のため、思い切って「日本化」して読者層を広げることがなかった。

外国勢の進出にはもっと大きな障害が横たわっていたのはもちろんで、それこそ日本の全国紙の一事に尽きる。アメリカには類を見ないものである。アメリカで全国紙に最も近いニューヨーク・タイムズ、ウォール・ストリート・ジャーナル、USAトゥデイの発行部数は二〇〇万に到底及ばないのに、日本最大の読売の部数は朝刊で一〇〇〇万を超え、これに朝日が肉薄している。両紙の夕刊も四七〇万で最大である。毎日、日経、産経はそれより小さいが、それでもアメリカの水準では大きい。これらの全国紙の読者は大体有償の購読者で、その毎日の紙面は権威ある情報と意見を盛り込んでいる。外国の全国ニュース雑誌には手ごわい競争相手である。全国紙は内容的にもレベルが高く、ニューヨーク・タイムズの古典的なモットー「印刷に適したすべてのニュース」を主張することもできよう。

印刷に適さないその他一切のニュースは、日本の読者は週刊誌に頼ればよく、これには何百種もあって、セックス・スキャンダル、経済不正、三文小説、政治ゴシップに星占い、旅行案内、さらに多数のページの消費者広告を混ぜ合わせたメニューを盛り込んでいる。こうした刊行物と全国紙および文藝春秋のような本格的月刊誌との関係——後者はすべて少なくとも週刊誌一誌を所有発行している——は、ゲリラやパルチザンなど不正規兵と通常軍部隊との間柄のようなものである。だが彼らにも存在理由がある。週刊誌は普通の読者なら通勤列車の中でざっと目を通す程度だが、政治がらみの貴重なニュースを載せることが多い。もっとも総じて意見が色濃く、根拠があいまいではあるが。こうした雑誌の記事は観測気球として使い、大新聞が詳しく(願わくは)もっと正確に追跡するのに便利だ。また週刊誌は、著名な執筆者の、真実ではあるが、記者クラブや大新聞が扱うには刺激が強すぎる見方をしたルポや評論を掲載することもある。

実際、新聞と週刊誌との関係は日本企業の二層のパターンによくなぞらえることができ、そこではトヨタ、松下、富士フイルムや三菱の、給料が高く身分も比較的安泰な労使が、下請けや納入業者など、下部の、遥かに多数の「二線級」の会社を、いわば仕切っている。これは取りも直さず、人類学者の中根千枝の著書の有名な「縦の階層化」の分析が、日本のジャーナリズムにも他の業種と同様にあてはまることを示している。技術的効率の進歩がいかに速かろうと、中根の「縦社会」の本質に変わりはない。

日本のメディアのもう一つ際立った特徴がある。漫画の流行である。日本で発行される二五〇〇以上の雑誌のうち、約三分の一がこうした漫画である。中には巨大な部数のものもある。週刊少年ジャンプはいまも最大で、週に四〇〇万部を売っている。漫画雑誌は質も内容も極めて多様で、大抵はスポーツ、セックス、暴力を大きく扱い、善玉が勝つことになっている。女性を対象にしたものもあり、主に日本の会社の「オフィス・レディー」目当てにロマンチックな恋愛を呼び物にしている。対照的に、一部の男性漫画はわいせつに近い。とはいえ、多くは教育的で、込み入った概念や問題を登場人物の相関関係を通じ説明するものである。

この中で最も有名なのが頭脳的な作家石森章太郎の「日本経済入門」で、若い日本人の「サラリーマン」の苦労を通じて国際経済問題をみごとに説明しており、主人公が職場のガールフレンドにひそかに慕われながら、会社のキャリア組の策謀やアメリカの大物の貪欲と戦うという筋書きだ。後者は洒落でアイアンコックと名づけられているが、クライスラー元社長のリー・アイアコッカに違いない。これは日本経済新聞発行の本を土台にしていて、一九八六年出版以来五〇〇万部以上を売った。あくまで教育的で、ごくわずかにナショナリスティックなところもあり――実は続編で主人公はハーバード・ビジネス・スクールに入学している――この本は矛盾することの多い現代日本の好みと関心の幅を理解するための良き案内書である。

こうした雰囲気の下で我々はエンサイクロペディア・ブリタニカおよびそのイヤーブックの日本語版を始めた。百科事典そのものが学問的な形のジャーナリズムだと定義してよいが、その創業社長および後に副会長を務めた三〇年間で、私は現代日本の学問とジャーナリズムのしきたりへの独自の洞察を得た。毎日の仕事で中村元、大河内一男、永井道雄、芳賀徹、猪瀬博諸氏の積極的な協力を仰げたのは幸いだった。国際顧問の中にはロバート・ハッチンス、アイゼイア・バーリン、ロバート・ペン・ウォレン、ニコライ・フェドレンコ、ダニエル・ブアスティン[6]氏がいた。エンサイクロペディア・ブリタニカの編集長サー・ウイリアム・ヘイリーとウォレン・プリースの両氏は二代続けて我々と緊密に働いてくれた。その成果は東西で蓄積された知識を合わせた、おそらく初の真の国際的な事典となった。編集の仕事を一〇年近く続けた後、私は日本の最高の学識とわが社の編集者の能力に深甚なる賞讃を抱いて去った。彼らの多くは日本のジャーナリズム——大新聞および中央公論など本格月刊誌の双方——の出身だった。

新しいブリタニカ国際百科大事典はおしなべて新聞の好評を博した。一九七五年に全二八冊が完成した時には毎日新聞から受賞した。反面、それ以前にはブリタニカの日本子会社も日刊紙と週刊誌で排外的な攻撃にあっていた。（ブリタニカに対する歪曲報道で私がある週刊誌の編集長に苦情を述べたところ、これからは心配しなくてよい、次はコカコーラ攻撃の記事を何本か載せるから、といわれたこともある）。

わが社の名はＴＢＳブリタニカといい、合弁企業としては極めて異例の待遇を受けた。最初の提携相手二社に恵まれたのは幸いだった。東京放送（ＴＢＳ）と凸版印刷で、事業を通じ建設的な役割を果たしてくれた。両社の技術上、経営上の支援から得るところが大きかった。特に今道潤三氏の助けと助言に私は感謝したが、氏はＴＢＳ会長で、合弁会社の会長も兼任した。（わが社の一九六九年の創立から百科事典の完成の一九七五年まで私は社長だった）。今道は部下に対しては気難しいワンマンで、一種の暴君だった。（日本の企業経営はボトムアップで、我々アメリカのようにトップダウンではないとアメリカ人の学者の友達がいうと、私はその顔をみてよく笑ったものだ）。だが彼はいつも私に扉を開いてくれていたし、よきパートナーだった。凸版の鈴木和夫氏も同様で、一九六七年に私から最初の印刷契約をとりつけ、後に同社の社長になった。

ブリタニカの日本語版は企業的にも書籍としても成功した。約一〇〇万セットを販売し、毎年優に一億ドルを超える売上から一貫して利益をあげた。八〇年代の初め、ブリタニカがＴＢＳの持株買取りに失敗——我々の主力銀行の三菱が外国企業による過半数取得に猛反対したため——ＴＢＳは持株のほとんどをサントリーに売却した。サントリーはこの取引で大もうけをしたが、出版面では助けにならなかった。その時までにＴＢＳブリタニカは日本の出版界の一角に確たる地歩を築いていた。コンピューター時代が激化し書籍の売上が低下した一九九九年、ブリタニカは編集権を買い戻して、インターネット上にブリタニカ・ドット・コム部門を開設した。

日米両国とも六〇年代と七〇年代に政治的、社会的激動を経験した。六〇年代は学生騒動と抗議が両国で吹き荒れ、日本の大学のほうがアメリカより早く回復した。七〇年代には政治スキャンダルが両国で火を噴いた。アメリカでは大統領リチャード・ニクソンがウォーターゲート事件とその余波の責任をとって辞任し、正式な弾劾による解任を辛うじて免れた。日本の首相田中角栄は金権政治とロッキード事件で辞任、結局刑事裁判で有罪となったが、服役はしなかった。

両国とも深刻な後遺症に悩み、それが米国では何年も党派的なしこりを残し、共和党によるビル・クリントン弾劾の企てとなった。だが私は日本が受けた傷のほうが大きかったと思う。田中の下で暴露された自民党の腐敗の黒い霧はその後も発生を続け、新たなスキャンダルが起こる度に政治の空気を毒しているからだ。これらスキャンダルへの両国の新聞の対処の仕方ははっきりと異なっていた。その時期に日本に住みながら始終米国と往復していた私は双方を経験することで、気が落ち着かなかった。

ショックはまずワシントンから来た。一九七一年六月ニューヨーク・タイムズがいわゆるペンタゴン文書を掲載――これはベトナム戦争におけるアメリカの政策決定の欠陥に関する政府の膨大な秘密記録だった。政府のファイルから反戦活動家により文字通り盗まれたものだが、タイムズ紙はこれを公表するにあたり法律は破らなかった。（米最高裁が、この問題に関する国民感情に同調して、そのように最終判断を下した）。しかしニクソンは激怒した。司法長官を通じ彼は隠密グループを任命して、エドワード・エルスバーグなる犯人およびその共犯者がだれだろうと、その人格をおとしめるような情報を何なりと掘り出させようとした。資金はニクソン再選委員会が出した。（七二年の大統領選が間近だった）。この隠密グループは、おそらく目的達成のため、七二年半ばにウォーターゲート・ビル群の中の民主党本部に忍び込み、盗聴装置を仕掛けているところをワシントン警察に逮捕された。

リチャード・ニクソンは一八〇〇万票の地すべり的大差で大統領選に勝った。だがその翌年、侵入事件は広がる一方のスキャンダルになり、新聞に大々的に書き立てられた。ワシントン・ポストの二人の働き者の記者、ボブ・ウドワードとカール・バーンステインが一九七二年六月に初めて犯行とホワイトハウスの関連をつきとめたが、この特ダネもニクソンの当選にかげりを及ぼすことはほとんどなかった。しかし犯人が連邦裁判所で有罪となった後、その翌年までに、上院委員会が調査に乗り出した。全米の新聞が一斉に事件を追いかけ、その先頭に立ったウドワードとバーンステインは編集主幹と社主の後押しでニクソンのホワイトハウスが動員したＰＲの猛砲撃に立ち向かって調査を続け、こんどは上院が出てきたのだ。

七四年七月までに閣僚二人と大統領補佐官数人が刑事告発され、下院はニクソンを弾劾裁判に付すことを可決した。彼はホワイトハウスの関与を隠蔽するため政府省庁を不正に利用したことを認めた後、八月に大統領を辞任した。公式の調査はあったが、彼を引き下ろしたのは結局マスコミだった。ここでテレビが活字報道に劣らず有力であることを証明した。七三年夏、上院が長々と聴聞会を続けた間、米国で病院に入院していた私は全米の視聴者の一人として権力乱用ぶりを目のあたりにしたが、その過程で奇妙にも楽しみもした――公開処刑に群がった中世の大衆のように。

偶然ではあるが、ニクソンの失脚劇の終わりとともに、田中のそれが始まった。粗野でタフで商才に長け、独学で建設業で大をなした田中角栄は月並みの東大法学部卒とは大違いで、戦後すぐに二〇歳台で国会議員になった。自民党内の出世の階段を閣僚レベルまで駆け上り、米国でニクソンが地すべり再選を果たした一九七二年、ついに党総裁、故に首相に選出された。政界入りしてからもずっと彼は建設業者として商売繁盛を続けていた。押しが強く、精力的かつ極めて有能で、「角さん」は「コンピューター付ブルドーザー」として親しまれていた。本人をインタビューした他のジャーナリストと同様、私も彼が率直で好感がもてると感じ、圧倒的な印象を受けた。

彼は巧妙な票買収と入札談合に腰までどっぷり漬かっていた。就任当初から彼の大規模な腐敗ぶりは盛んにうわさにはなっていたものの、大した記事にはならなかったが、一九七四年秋になって、立花隆という恐れを知らぬジャーナリストが田中の「金脈」に関する記事を月刊文藝春秋に発表した。立花の暴露は爆弾だったが、全国紙はまるまる一週間、それに何も触れなかった。全国紙が田中の不正に見出しをつけたのは、外国人記者クラブで大荒れの会見が行われ、その結果アメリカの新聞が書いた後に過ぎない。(首相官邸記者クラブがどれほど以前から同じ事実を知っていたか、憶測は遠慮しておこう)。

だが話はこれだけではなかった。次のニュースはワシントンから来た。一九七六年二月、米上院の調査小委員会で、ロッキード社の重役が同社の飛行機売り込みのため、日本の政界の黒幕に賄賂とリベート一二五〇万ドルを支払ったことが明るみに出た。この大贈収賄事件の捜査が進むにつれ、すべての道が田中に行き着いた。日本政治の「ミスター・クリーン」三木武夫が田中の後を継いで首相になると、検察に捜査徹底を奨励した。そしてこんどは、NHKを含めた日本のマスコミ全体が事件を余さずに取り上げた。

田中裁判は一九七七年一月に始まり、彼の秘書と何人もの共犯者も被告となった。有罪判決を受けたのは八三年になってからだ。(日本では司法の車の回りがのろい。我慢、我慢、死ぬまで我慢、なのだ!)それまでの期間に彼は国会に再選されて与党自民党内の自分の派閥の支配権を回復した。次の金権政治の大スキャンダルは八八年に発生、人材雇用の大会社のリクルート社が多額の株式を政界の黒幕に贈与したことが発覚した。ここでは大新聞の一社がついに先鞭をつけた。横浜で朝日の記者が地元の汚職を摘発したのが、大疑獄事件へと繋がった。

結局、何人もの財界人と政治家が職を追われ、スキャンダルの広がりは竹下内閣を崩壊させた。今回はマスコミの探索と追跡ぶりがウォーターゲートにおけるワシントン・ポストの活躍を思わせたが、日本の記者たちは本社に事件を追及するよう説得するのに苦労した。この点、アメリカの影響があったかもしれない。もっとも、他のスクープでは、九一年の佐川急便の贈賄事件のように、週刊誌が主導権をとった。しかし八〇年代までにテレビのニュースとインタビューの番組が重要性を増していた。米国におけると同様、政治家たちはブラウン管上で記者や解説者から根掘り葉掘り質されるようになった。重点が移っていったのは致し方なかった。

我々は新世紀に入った。一九五一年日米平和条約会議でアメリカの視聴者に臨場感を与えようとタイム誌の上司が制作したテレビの特別番組で、私が競争相手の記者を避けるためサンフランシスコのマーク・ホプキンズ・ホテルの裏階段を上って吉田茂とインタビューしてから五〇年が過ぎた。親父――と彼を多くの人が呼んでいたが――は私が戦時中に学んだ日本語に対し親切だった。（彼の英語は私のにひけをとらなかった）。私は平和的で経済重視の世界市民としての日本の将来について質問し、彼は予想の範囲内ではあったが、端的な答えをくれた。彼の前途には将来の超大国の基礎を築くための三年間が控えていた。その後は、後を継いで首相となる二人の弟子、池田勇人と佐藤栄作に対し顧問役を務める数年間が待っていた。彼はマスコミをあまり好きになったことがないが、サンフランシスコには日本人記者の部隊がいくつも、取材、解説、そしてごく遠回しの批判を加えるため、飛来していた。サンフランシスコ会議における彼らの存在自体が、国際舞台に日本のマスコミが復帰したことを宣言していた。

今日、日本のマスコミは何個師団も至る所に集結していて、その取材網も販売網も吉田の悪夢を超える。新聞とテレビを合わせると、その海外特派員数は他のどこの国のメディアより多いし、国内はすっぽりと覆っている。彼らは規模とともに質的にも成長したか？　よそのメディア、特にアメリカのメディアにくらべてどうか？

量的には日本のほうが上だし、記事の水準も平均してアメリカより高い。まともな情報が主力となっている。科学、芸術、文化に割くスペースが外国より大きい。新たな遺跡発掘の記事が第一面に載る国がよそのどこにあるか？　月刊誌は二〇〇〇種以上が売られており、中には優れたものがある。たとえば竹内均の「ニュートン」は、平均的な読者に科学技術をわかりやすく説明するという、立派な仕事をしている。「文藝春秋」と、それより小さい「中央公論」および「世界」は毎月識者の多彩な意見を読者に届けているが、これと競争すればアメリカの月刊誌はたじたじとなろう。毎年発行される書籍は六万点を超える。日刊紙の発行部数合計は七二〇〇万以上で、世界最大である。国民の九九パーセントもがカラーテレビを所有している。だが、物の見方の独立性となると話は別だ。世界を動かし、揺るがす人々が日刊紙とテレビのインタビューで発言を続けている。桜井よしこや本多勝一のような自由な精神の持ち主は日本の政治と社会に対する突っ込んだ評論でキャリアーを積んできた。しかし、批判の高まりにもかかわらず、記者クラブは日刊紙にはびこって安泰のままだし、彼らが産み出すニュース記事はますます画一的である。NHKの番組制作は、技術的に進んではいるが、自分らを国民統治の支配体制の一部とみなす局内官僚群に引き続き牛耳られている。

駆け出しの日本人記者ですら、自らをある程度しか客観的な観察者に過ぎないと思っている。一般社会が何を適量に知るべきかを伝える教育使節団はなお続いていて、彼はその一員でもあるのだ。ここにあるのは官僚的な儒教心理であって、それと反対の近代性と民主主義の引力に長年逆らってきた。彼らは特ダネを掘り出しては書く。だが、腐敗と汚職の裏に立ち入ってその原因を突き止めるのは彼らの手に余るようだ。自分が支配層の一部だと思っている者に、どうしてそれを批判することができよう?

日本駐在アメリカ特派員団団長のサム・ジェイミソンはポモナ大学の近刊のPBIフォーラム誌の中で次のように述べている。

「平均的な日本人記者は、自分が取材するニュースの観察者であるだけでなく、参加者だと思っている。記者が貴重な情報を得ると、それを発表せず自分が知っているだけで満足することが往々にしてあるようだ……

「政府が何をしているかの知識の全体を一〇とすれば、ワシントンの記者なら七を知り六を書くだろうが、東京の日本人記者は八を知っていて五だけ書くという印象を私はよく受けた」。

記者が知っていることと活字にすることの落差はもっと大きいという人もいる。テレビのアンカーだった桜井よしこは日本で最も権威があって束縛のない政治解説者の一人だが「日本の記者は二〇パーセントか三〇パーセントしか書かない」とジェイミソンに語っている。

週刊誌がたまに特ダネを書いたり、時に立花のような優れた暴露記事が出たりはするが、徹底した調査報道は少ない。ジェイミソンの記事はさらに次のようにいう。「八〇年代のバブル経済の間、メディアの中には批判もなければ、やがて厄介なことになるという意識もなかった。バブルがはじけた後になるまで、『バブル』という言葉はマスコミに現れなかった。同様に、銀行その他の金融機関を麻痺させ続けている不良債権の報道もわずかで散発的だったし、それが盛んになったのはアメリカの当局者が日本をつついて問題を前面に押し出した一九九七年末からで、問題発生から八年目のことだった」。

マスコミはオウム真理教の反社会的行動の重大性を暴くことでも遅れをとった。それどころか、一九九四年長野県の松本で同カルトが毒ガス攻撃の犯行に出た際、警察に間違って疑われた地元の夫婦を全国紙は文字通り魔女狩りの標的にした。この夫婦はあの犯行の最初の被害者だったことが後になってわかった。さらに悪いのは、ＴＢＳが、オウムの犯罪を調査していた坂本堤弁護士のインタビューの放送用テープを、警察に知らせずにオウムの代表者に見せたことだった。そこでオウム側は坂本堤とその家族を殺して遺体を運び去った。その結果世論の非難が騒然となって、ＴＢＳの幹部が何人もこの無謀な行動の責任をとって辞任に追い込まれたのは驚くにあたらない。

個々の勇気ある記者はもちろんいて、立花のように独自の報道を行っている。桜井もそのひとりである。テレビの仕事を辞めた後、九〇年代の大部分を通じ彼女は調査の行き届いた記事を週刊新潮に載せ、与党自民党の有害な裏政治を暴き出した。

昔のことになるが、毎日の大森実がアメリカのベトナム大爆撃を率直に記事にしたところ、当時の駐日米大使エドウィン・ライシャワーから、米軍が民間病院を爆撃したというのは「誤報」だと叱責された。（大森は神経質になった毎日の経営陣に解任されたが、結局は彼が正しかったことが証明された)。本多勝一も優れたジャーナリストで、数十年にわたり朝日の数少ない調査報道のスター記者の一人だった。ベトナムを七〇年代に取材して米国の戦争努力に内蔵された人種主義を厳しく批判した後、彼は中国に赴いたが、それは「わが日本軍の行為を調べるためだった」と彼は後に私に語った。南京大虐殺その他中国における日本軍の同様の残虐行為に関する本多の詳しい報道は被害者との広範なインタビューに基づいていて(後に二冊の本にまとめられベストセラーになったが)、この問題を平然と無視していた読者にショックを与えた。また、その報道は本多に対し日本の悪意ある右翼の代弁者の怒り(と脅迫)をもたらし、彼らの多くは山ほどある歴史的証拠を無視して、南京その他の残虐行為はなかったと言い張っている! 本多の自宅は襲われ、彼は身を隠さざるをえなかったが、その人気は絶大で、八七年の大学生の世論調査では彼が「最も読みたい」ライターとされた。

以上述べてきたことは総じて日本の新聞に批判的であるが、「個人的なものではない」と付け加えたい。つまり、日本のメディアとの半世紀に及ぶ付き合いで、私はそこの人々が総じて質が高いと思っている。彼らはアメリカのジャーナリストに少しも劣らず物がわかっていて、全体的に教育程度は若干高い。ニュースが何であるかわかっており、ほとんどの人は個人的倫理感も強い。だが彼らは「システム」——日本人はこの英語を使う——に手を縛られていて、これが表現の自由に有害な構造であり、記者クラブの集団、取材対象との間に内蔵された提携なのである。読者を幼児扱いし、自己検閲によってニュースをスプーンで食べさせるように与えるやり方はこのシステムに極めて固有であるため、彼らの多くはそのことにろくに気付いていない。政治、経済の支配層に対する彼らの忠誠はいじらしく——そのために、政、官の政治支配層に取り付いた癒着の同じウイルスに彼らも感染しているのだ。

このことは、政界派閥の親分らによる利権配分の哲学が国の政治経済の健全性をおびやかしている日本の歴史の現時点において、特にあてはまる。日本人はばかではない。お粗末な政治に対するその憤りをいつまでも封じ込めてはおけない。しかし危機が起きつつある現在、物のわかった政治的、経済的判断を下すために、彼らはニュースと意見の不偏不党のチャンネルを、これまで以上に必要としている。

近年、メディアの批判の質は向上している。テレビのニュースとトーク・ショー番組は、ニュースの出し手と視聴者を直接結ぶことができ、それは過去にはなかったことである。そして新聞は——ひとたび立ち上がれば——紙面の批判の力を一再ならず示してきた。全国紙も雑誌も、自民党派閥の老朽化した癒着関係がつまずく度に、それに襲いかかってきた。国民経済（と社会）の回復の道筋をつけるのはむずかしくない。もっとも政治評論家は選択肢をきめかねているようだが。

しかし読者も視聴者も不平を鳴らすことは少ない。コロンビア大学のフリーダム・フォーラムが一九九五年に行ったアジアの新聞の調査における次の判断に異を唱えるのはむずかしい。「日本人は新聞が政府に対するおとなしい番犬であることを期待し、政府がスキャンダルを起こせば不正を責め、政治家が権力を乱用すれば戒めることを求めるが、新聞が捜査員、特ダネ選手、改革者になることは期待しない」。法的には日本のメディアはアメリカに劣らず自由であるが、論評においてもっと自制している。政治的色合いは少なくとも日刊紙では識別できる。朝日と毎日は中道よりやや左寄り、読売はやや右寄り、産経新聞はもっと右だ。日経は経済記事専門で、その論説欄はウォール・ストリート・ジャーナルによくみられるような超保守的な説教を垂れることはない。

六〇年代の極度の左傾はなくなった。日本の記者の中に「マルクス・ボーイ」はまず残っていない。しかしかつての過激な左翼の代わりに、声高の、野放図に過激な右翼が現れている。文藝春秋とそのクローンの「諸君！」は他の面では評判がよいが、右翼ナショナリストの狂信者に居場所を与えている。彼らは日本の完全には死んでいない過去を思い出させる不気味な存在であり、目が離せない。

いまや高度技術とインターネットのお蔭で、コミュニケーションの経路はもっと多く、広くなった。だがこの点で日本は、法人でなく個人のコンピューター利用において米国に遥かに遅れをとってきた（日本の世帯のパソコン所有率が約三〇パーセントに対し、米国では六〇パーセントだ)。そして郵政省はケーブル・テレビを拡張するのでなく制限しようと大童になってきた。NTTによる回線接続の独占支配はついに緩んできたが、そのため情報社会の手段のEメールや携帯電話の利用において日本は米国に大きく水を開けられた。最近の博報堂の調査によれば、日本は他のアジア諸国にも遅れている。たとえばマレーシア人は一〇人中四人がEメールを使うのに対し、日本人では一〇人に三人未満だ。インターネット接続では韓国の世帯の三四パーセントがつながっているのに反し、日本では一四パーセントに過ぎない。ブロードバンドなど、それ以上のハイテクになると、格差はさらに広がる。韓国のコンピューター使用者の高速インターネット接続件数は三百万に上り——率にすればおそらく米国の六〇〇万より高い。日本では四五万件に過ぎず、これも官僚規制と政治的癒着のおかげである。

内外のプロバイダーがしのぎを削っている日本ではインターネット利用は今後とも増大するだろう。この人から人への横のコミュニケーションが拡大するほど、縦社会の古びた体制への圧力は強まろう。違った方向に動いている新世代の中で古いシステムはいつまでも生き残ることはできない。立花隆が最近のニューズウィーク日本語版で述べたように「個人の民主主義のセンス確立をめぐる老若対決において、若い者が勝つだろう」。

日米のメディアは互いにどこまで近づいたか? ある面ではインボデン中佐とその占領時代の一派の心を和ませるほどに近づいた。アメリカの大衆誌の翻訳は数多い。中央公論の読者はアメリカのフォーリン・アフェアーズ誌の高邁な記事に目を通すこともできる。現代アメリカのフィクション、ノンフィクションの洪水が広く、手早く翻訳されている。(いまやニューヨークの出版エージェントは自分たちの著者の作品に対する日本の印税に敏感になっている)。その半面、日本の小説の英訳も、昔と違って珍しくなくなった。三島や谷崎は異国趣味として扱われていたが、村上春樹、吉本ばななどの本は米国で書評の対象となり、買われるのが普通になった。日米のジャーナリストは様々の国際シンポジウムを行き来している。日本のメディアにおけるアメリカ事情の扱いは、米国のマスコミにおける日本のニュースのスペースにくらべ桁外れに大きい。だが後者も相当に増えていて、日常化しつつある。少なくとも日本人のピッチャーはアメリカのスポーツ欄で珍しくなくなったし、大相撲を放送することすらある。

日米両国におけるテレビ娯楽番組のレベルは似ている。総じて「白痴化」が起こっている。大宅壮一の一億総白痴の人数が三倍増したといってよかろう。ＣＮＮのようなニュース・チャンネルを別にすれば、ニュースの扱い量も両国であまり変わらない。しかし大抵のアメリカのネットワークのニュースは娯楽化し、主役が報道人というより演技者となっている。対照的に、日本のニュース番組は使命に依然忠実である。テレビ朝日の久米と田原のニュース・ショーはアメリカのものより活気があり、参考になる。その他のネットワークも、ＮＨＫはいうに及ばず、ニュースにインタビューを合わせた報道を増やしていて、かつてないほど立体的になっているのは見事だ。

日本の子供番組とアニメはアメリカの現在の同種のものより相変わらず進んでいる。教育テレビもそうだ。ＮＨＫの3チャンネルの番組はアメリカのＰＢＳ[7]よりはるかに教育的だし、もっと退屈でもある。もっと学ぶところがある（眠りさえしなければ）。よそのどこで碁の細かいことを調べられるか？ だがアメリカの「ディスカバリー」などケーブル・チャンネルの中には悪くないものもある。多様性が強みである。アメリカの視聴者は、階層を問わず、大人から子供まで、日本にはなく、思いもよらないほど広い選択の幅を持っている。アメリカでは衛星テレビも進んでいるが、比較すればやはりケーブルが提供する番組の多さは圧倒的である。

何年も前に評論家の吉田健一がいったことに戻るが、果たして「アメリカ人が手本になった」のだろうか？ 答えはイエスでありノーでもある。アメリカのテレビが多様な手法を駆使して娯楽、トーク・ショー、「シックスティ・ミニッツ」のような調査報道などに切り開いた道を追いかけるのを日本のプロデューサーは怠らなかった。日本の活字メディアも、新聞対大統領のウォーターゲートのドラマから何かを学んだ。全国紙の絶えざる攻撃と探求が検察を助けて田中やその後の者たちを退陣に追い込んだのは間違いない。新聞が警戒を怠らなければ闇取引を透明化し、皆の目にさらす事が出来るのだ。

だが透明性それ自体は長所ではない。どんなアメリカのジャーナリストも、ホワイトウォーター疑惑[8]を通じメディアがホワイトハウス周辺で繰り広げた狂態は自慢にならない。新聞、テレビ、ラジオとも、自制を知らないようにみえる。クリントンに対する不当で軽はずみな弾劾に至ったあのわいせつ暴露騒ぎで、彼らは嬉々としてインターネットになだれ込んで論評した。スキャンダルをアメリカの新聞が大々的に書き立てたのはホワイトウォーターとモニカ[9]が初めてではもちろんないが、今回の俗悪な記事と憶測の吹き荒れ方は米国史上最悪だった。

通常の新聞報道にドラッジ・リポート[10]などインターネットの〝ニュース〟番組やラッシュ・リンボー[11]の全米ラジオ放送などが加わった。かくて「メディア」が人々の疑惑と嫌悪の的になったのは驚くにあたらない。政治から気晴らしをしたい視聴者にはケーブル・テレビその他のネットワークが数多くの露骨なセックス番組を提供していて、たとえばショータイム・テレビの「セックス・イン・ザ・シティ」では二〇〇一年初めに新企画でずばり同性愛のセックスを放映すると約束している。

「国民の知る権利」を楯に麗々しく正当化されたこうしたどぎつい「娯楽」を見せつけられると、東京に戻って自分の子供とともに、ＮＨＫの保護者的な制作態度がもたらす、落ち着いた、入念に編集されてもったいをつけた番組を見たいと懐かしむアメリカ人もいるのだ。

脚注

1 フロント・ページ　米劇作家ベン・ヘクト Ben Hecht とチャールズ・マッカーサー Charles MacArthur 共作の舞台劇。一九二八年発表。当時のシカゴの新聞記者の生態をテーマにしている。七四年ビリー・ワイルダー監督、ジャック・レモン、ウォルター・マッソー主演で映画化。

2 ビーバーブルック卿 Lord Beaverbrook 英国の新聞王、政治家、男爵。一八七九—一九六四。カナダ生まれ。大衆紙デイリー・エクスプレス、イブニング・スタンダード、サンデー・エクスプレスを所有した。

3 グック gook 米卑語でアジア人への蔑称。同映画では主に「ベトコン」と当時呼ばれた共産ゲリラを指す。

4 「ダラスは」一三年間ヒット中の連続ＴＶドラマ、「マンスターズ」は六〇年代に放映。

5 エド・マロー Ed Murrow 米ＣＢＳ放送の花形アンカー。一九〇八—六五。第二次大戦中ロンドン駐在欧州総局長としてニュース・スタッフを組織、養成しラジオの戦争報道の先頭に立った。後に本社副社長、テレビ・ニュース解説者、プロデューサーを歴任、またＵＳＩＡ（米政府広報庁）長官も務めた。

6 ロバート・ハッチンス Robert Hutchins アメリカの教育者。一八九九—一九七七。シカゴ大学学長に一九二九年、三〇歳で就任、五一年まで在任。同時にエンサイクロペディア・ブリタニカ編集委員長を務め、後にカリフォルニア州サンタバーバラに Center for the Study of Democratic Institutions を創設した。

アイゼイア・バーリン Sir Isaiah Berlin 英国の政治学者。一九〇九—一九九七。ラトビア生まれ。オクスフォード大学教授。

ロバート・ペン・ウォレン Robert Penn Warren アメリカの作家、詩人。一九〇五―八九。詩集と小説で二度ピュリツァー賞を受賞。初代の米国桂冠詩人。

ニコライ・フェドレンコ Nikolai Federenko 旧ソ連の外交官、東洋学者。一九一二年生まれ。長く中国駐在の後、外務次官、駐日大使、国連大使。

ダニエル・ブアスティン Daniel Boorstin アメリカの歴史家。一九一四年生まれ。シカゴ大学教授、米議会図書館長を歴任。

7 PBS Public Broadcasting Service.アメリカの民営の公共放送会社。一九六九年創立。会員である全米三四〇以上の非営利局のため番組を制作、うち「セサミ・ストリート」は日本で知られている。

8 ホワイトウォーター疑惑　クリントン前大統領がアーカンソー州司法長官だった一九七八年以降、ヒラリー夫人とともにホワイトウォーター開発会社にからむ不正融資にかかわったと非難された事件。本人たちは無傷だったが、仕事仲間数人が有罪となった。

9 モニカ・ルウィンスキー Monica Lewinskyはクリントン氏の不倫相手となった元ホワイトハウス研修生。

10 ドラッジ・リポート Matt Drudge が主宰するインターネット上の赤新聞。

11 ラッシュ・リンボー Rush Limbaugh 右派のラジオ・アナウンサー。

風刺画のなかの日本人、アメリカ人
——日米関係における暗号化されたイメージ

ジョン・W・ダワー

一九四五年、それも第二次世界大戦末期のアジアの激烈な数ヵ月に、あえて時を遡ってみるとしたら、今日では異常としか言いようのない経験をすることになるだろう。そこでは、日本帝国の軍国主義指導者たちが、自暴自棄となって、何十万もの自国民を絶望的な戦いの犠牲にしようとしている。日本のイデオローグたちは、いかに「一億総玉砕」に備えるべきかを悲壮感をもって訴えている。アメリカ軍は、これまでに見られたよりもはるかに強力な戦争遂行マシーンとともに日本本土に迫っている——日米の戦死者の割合は、フィリピン戦ではアメリカ人一人当たりで日本人二〇人以上、沖縄戦での割合はさらにそれを上回った。沖縄では八二日間も戦禍が荒れ狂い、おおよそ一〇万の日本軍が徹底抗戦し、島の非戦闘員の三分の一が亡くなった。この間もずっと、アメリカ航空部隊は焼夷弾で日本の大都市を次々に破壊し続け、八月初めまでには六〇以上の都市が破壊され、とにもかくにも無傷で残されていたのは——広島、長崎を含めて——数都市に過ぎなかった。そうしておいて、そう、原子爆弾投下であった。

このような憎しみと激しい怒りの後に、日本——そして日米関係——に続いて起こったことは、言ってみればちょっとした奇跡のように思われる。現代の日本は、民主主義国家である、欠陥も有しているが（アメリカも含め、ほかのすべての民主主義国がそうであるように）。現代日本は近隣諸国に脅威を与えることはなかったし、将来もそのようなことはないだろう。それに最近はもがき苦しんでいるとは言え、世界で二番目の規模の資本主義経済である。さらに、これこそ何よりも驚くべきことであろうが、一九四五年に狂乱状態が最高潮に達した後には、日本とアメリカはずっと親密に抱きしめ合って、固く結ばれてきたのである。両国は、ぎごちない面があるにしても、友人同士であり同盟国同士である。誰もが、両国は今後も親密に協力しあうと予想している。

一九四五年の時点で、将来に注目していた人々のなかで、これ以上のものを望んでいた者は誰一人としていない。それは大切にすべき平和と友好である。

しかし、歴史が完璧に断絶するということはありえない。日米関係も、いまだに戦時中の傷跡――それも戦争勃発の一因となった緊張状態や偏見の傷跡を残している。戦後の日米関係を呼ぶ決まり文句は、太平洋を越えた同盟である。だが、同じように、それは人種の相違、文化の相違を超えた同盟である。このような両国関係が、何十年にも及ぶ不信と誤解の歴史の上に築かれた脆弱で壊れやすい橋のようなものであることは避けられない。

この後に続くページで、私はこのような偏見やねじ曲げられた認識が、一般大衆レベルにいかに作用しているかを示してみた。そのために、戦時中からの原型的なイメージの幾つかを取り上げ、その後、半世紀以上の間に、いかにそれらのイメージが展開して行ったか――あるいはいかに変容したかと言ってもよいが――を明らかにする。これはむろん、やりすぎになってしまうこともある。かりに私に素描家の目と腕があったなら、政治漫画家の道を選んだかもしれない。この文章の後に続くイメージの幾つかに含まれたウィットと技巧に感心させられていることも率直に認めたい。

しかし、若干の例外はあるものの、これらのイメージはパターンに従っている。さらに、また若干の例外はあるものの、これらのパターンは自民族中心主義的な傾向があり、人種差別的であることもかなり多い。

日米関係は平等な関係ではないし、そうであったことはいまだかつてない。私たちが私たち自身や他者を――視覚的な表現のみならず語句によって――表すために必要とするイメージ、比喩、言葉のあやといったものは、気まぐれなものであったり、でたらめなものであることはめったにない。一方、それらが完全に硬直化していて固定的であるということもない。

たとえば、一つだけ例をあげてみよう。アメリカ人には、戦時中、日本人を「猿人（モンキーマン）」とするイメージが生まれたが、この想像の産物は出し抜けに現れたものではなかったし、いたるところで見られたこの種の風刺は、日本軍兵士による凶暴で残虐非道な行為にたいして当時の人々が抱いた嫌悪感に触発されて生まれたもののみではなかった。これは、欧米の人種的文化的優越性という概念と深く結びついた品格を貶めるイメージであり――また進化論を似非「科学的」に敷衍することや、人類が類人猿から進化したという主張によって、西洋でこじつけが行われて強化されたものであった。戦後、二、三〇年してアメリカ人は、予想もしなかったほど競争力をつけたパートナー日本人を「エコノミック・アニマル」と評し始めたが、それは斬新な語句を造語したのではなかった。彼らはこれらの悪質な暗号化されたイメージを巧妙に利用していたのである。

ほかの認識パターンも、同じように執拗であったり、同じように順応性があったりすることが分かってきた。これは、パートナーシップ関係にある日米双方に当てはまる。だが、戦後の日本は、その理由は後で説明してみたいと思うが、辛辣な政治漫画の伝統をはぐくむのに失敗し、アメリカとは比較にならなくなってしまった。

以下のページに選ばれた挿絵は、終戦前後の二種類の「物語的な」挿絵――一つはアメリカ、もう一つは日本のもの――から始まる。これらは明らかに、両国民間の長い不信と人種的緊張の歴史に注意を促すものである。日本に率いられた「黄禍」というアメリカ人が抱いた不安と、アメリカの「白禍」という日本人の認識が、ここでは対峙している。「白禍」は、有色人種に対する残忍さと暴力のなかに、国際的のみならずアメリカ自国内においても表れた。その後に続く風刺画は、「西洋対東洋」とか「白人対黄色人」といったこの手の支配的な二項対立のなかで、最も人気があり暗号化されて組み込まれたイメージを浮き彫りにしている。そして、これらのイメージが、戦時にも平和な時代にも、いかに巧みに操作されてきたかを示している。

アメリカ側では、このことは、「下等人間」のイメージの永続化のみならず、日本人を、封建的なセピア色の過去のなかにがんじがらめにされた民族としたり、「小男」としたり、また（時には同時に）「超人」としたりする解釈が、変わらずに延々と行われてきたことも意味している。アメリカ人の目には、日本人は敵、味方、ライバル、そして「エキゾチックな他者」が、すべていっしょくたになったままなのである。

それに対して日本側の解釈は、いくぶん穏やかで、とくに戦後はそうである。その理由は、文化的観点からよりも、歴史や相対的な力関係から説明するのが一番よいであろう。「西洋」からあまりにも多くのものを取り入れてきており、あまりにも長いことアメリカとヨーロッパ列強の世界的覇権に従属してきたために、日本人が日本人でない人々を、下等

the Hearst Newspapers about JAPAN

In the 1890's the Hearst Newspapers first pointed out the "Yellow Peril" of Japan to U. S. aims and interests in the Pacific.

In 1898 the Hearst Newspapers urged the annexation of the Hawaiian Islands by the United States as a defense measure against growing Japanese power in the Pacific.

In 1905 the Hearst Newspapers published the startlingly prophetic cartoon reproduced at left, at the signing of the Treaty of Portsmouth which ended the Russo-Japanese War.

In 1912 the Hearst Newspapers focused national attention on Japanese attempts to colonize Lower California.

In 1916 the Hearst Newspapers warned that Japan had imperialistic designs on the entire continent of Asia and the islands of the Pacific.

In 1919 the Hearst Newspapers fought the League mandate which handed over the Carolines, strategic Pacific islands, to the Japanese.

In 1921 the Hearst Newspapers opposed the decision of the Washington Disarmament Conference by which our government sacrificed 32 ships of the line.

In 1933 the Hearst Newspapers warned that Japan was taking over industrial control of the Philippines.

In 1941 the Hearst Newspapers, right up to the time that bombs fell on Pearl Harbor, were still hammering for increased naval appropriations and for strengthened fortifications in the Pacific.

人間とか、エキゾチックで時代錯誤的で過去に囚われていると見くびることは、ほとんどできなかった。それゆえに、日本人の「他者」イメージにおいては、アメリカ人による侵略やその退廃を力説する傾向がある。しかし、これらすべてを凌駕しているのは、日本が無垢で攻撃されやすい国だ、という自国を善玉とみて対外的に小心翼々とする相変わらずの感覚である。

黄禍

一八九四年から九五年の日本の中国に対する決定的な勝利は、ヨーロッパ人やアメリカ人の間に「黄禍」の亡霊を呼び起こした。この言葉自体が示しているように、この見方は人種主義の影響を受けていた。キリスト教徒の観点からすれば、東洋民族は「異教徒」であるという特質を持っていたため、この見方はいっそうたちの悪いものとなった。しかし、本当に脅威として自覚されたことは、日本帝国が東アジアにおいて、ライバルの植民地主義の強国として急速に台頭したことであった。台湾は一八九五年に日本の植民地となった。日本は一九〇五年に帝政ロシアに対して勝利し、中国東北部（満州）におけ

る日本のプレゼンスを不動のものとし、一九一〇年の韓国に対する植民地支配への道を拓いた。同じ時期に、日本人はハワイやアメリカの西海岸に移民し、アメリカの白人の間に人種差別に起因する反発を引き起こした。ハースト系新聞チェーンといった強力なメディアの言論は、「黄禍」に対する腹の底からの敵意を煽り、経済や戦略や外交における深刻な諸問題をひどく悪化させ、これらの問題は一九四一年の戦争勃発に先立つ数十年間の日米関係を困難なものとした。上記の宣伝は、一九四五年九月一日号の『ビジネス・ウィーク』誌に載ったもので、日本の降伏を祝い、これまでの敵意への理解を示し、それは戦後に克服されるべきものとした。

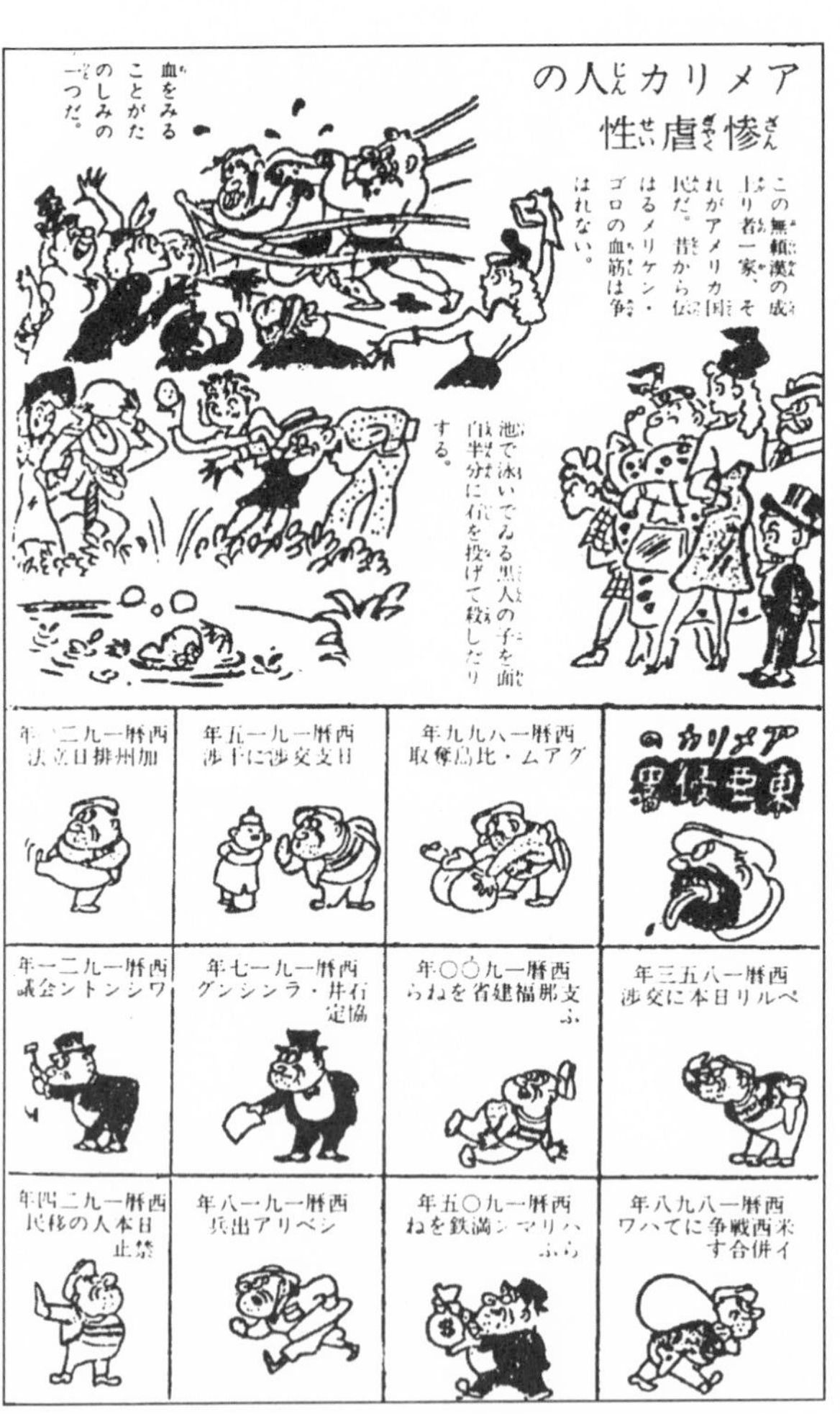

訳者補足

宣伝のタイトルは「五〇年以上も、ハースト系新聞は、日本に関してアメリカに警告を発し続けてきた」とある。

白禍

アメリカ人は「黄禍」を呼び起こしたが、日本人は独自に「白禍」を編み出してこれに対抗した。この見開きページ

は、人気を博した月刊誌『日の出』の一九四四年一一月号のもので、題名は「アメリカ人の残虐性」である。記事の上半分のコマ（右から左に読む）で、凶暴なボクシングの試合観戦に興じている白人の見物人の姿は、敵の流血欲を証明するものである。これに続くのは、おぼれている黒人の子供に石を投げつけている白人たちである（おそらく戦時中のデトロイトでの人種暴動を表すものであろう）。次いで、黒人はカーニバルの見世物で標的となっている。映画製作のシーンでは「映画は、殺人、私刑、怪奇ものでなければ受けぬ」という説明がなされている。この上半分のコマは、日本の病院船を爆撃するアメリカ人パイロットで終わっている。下部の欄では、「アメリカの東亜侵略」が年代順に示されている――一八五三年のマシュー・ペリー提督の来航に始まり、満州での「ドル外交」へと続き、敵性国家（アメリカ、イギリス、中国、オランダ）による「ＡＢＣＤ」包囲陣と一九四一年の最後のアメリカの数々の脅しで終わっている。

「猿人」とエコノミック・アニマル

軽蔑すべき他者を人間ならざるものとすることは、広く行われている。しかし、それは太平洋戦争の最中には独特な表現形態をとった。「鬼畜米英」は日本人が強力な白人の敵に対して最もよく用いた罵りの言葉——また、視覚的なイメージ——である。一方、アメリカ人やイギリス人、オーストラリア人は、決まっていつも日本人を下等人間として描いた。この種のもので、もっともいたるところに見られたのは、日本人を「猿人」として表現することであり、それは長い歴史を持っていた。表面的には、動物としてのイメージは、野蛮な行為と関係があった——そこで、占領地域や戦場で残虐非道な行為をおこなっていると罵られる敵にふさわしいと主張された。しかし実際には、類人猿のイメージは、白人優越主義と西洋の「科学的人種主義」の深層に特徴としてあるものを利用していた。そこでは、有色人種は「進化の段階」において下等なものであると表現されることがお定まりだった。猿とか類人猿というのは、白人のアメリカ人が長いことアフリカ系アメリカ人、ラテンアメリカ人、アジア人一般に当てはめて比喩的に用いてきた言葉であった（昔はイギリス人の挿絵画家が、アイルランド人を貶めるために日常的に用いた言葉でもあった）。戦後の問題の一つは、一般に浸透した相手を人間ならざるものとして描くこのようなイメージを打ち払うことができるか、どうしたら打ち払えるかであった。

ステレオタイプには、順応性もあれば、浮動性もある。か

3. この入念にあからさまに描かれた漫画は、『アメリカ在郷軍人会誌』の1942年11月号に登場した。

訳者補足：中央上のメッセージには「我々と日本人（ジャップ）とのいかなる類似点も、まったくの偶然の一致である」とある。

つての戦争のすぐ後に訪れた冷戦状況下では、敵と味方が入れ替わり、アメリカ人のアジア人に対するイメージはめちゃくちゃになった。共産中国は東洋の新しい野獣となり、一方日本は、か弱く、脆弱、もしくはエキゾチックな「女性」として描かれた——アメリカがそのかつての敵の非軍事化を放棄し、再軍備に動き始めたとき（一九五〇年に始まる）でさえも。図の5と6は、猿のイメージが、かつてのアジアの敵

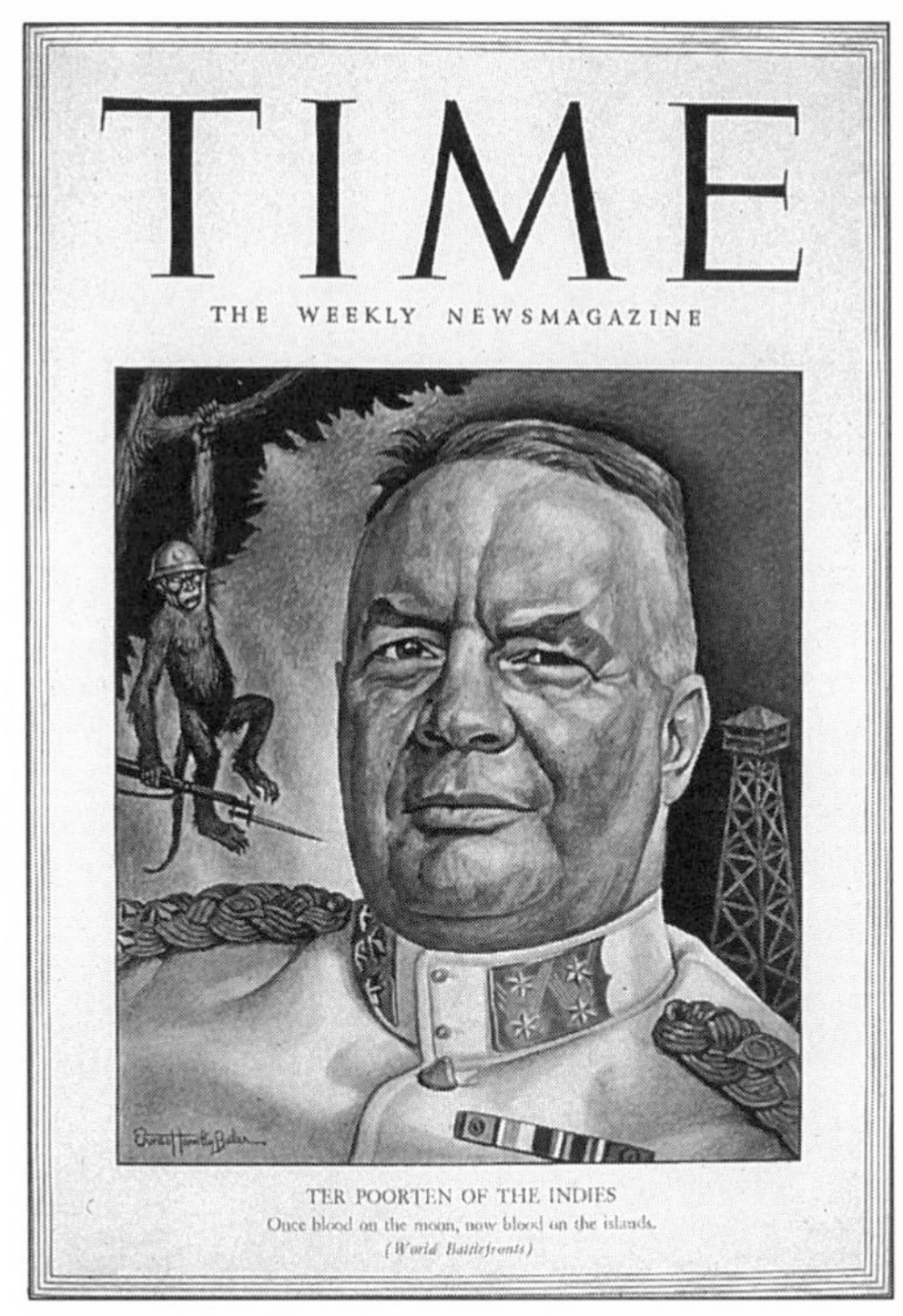

4. 真珠湾攻撃の数週間後、『タイム』誌は、その表紙に奇襲攻撃を計画した山本五十六大将が正面を向いている絵を呼び物として掲載した。肖像画は全体的にあざやかな黄色であった——「だまし討ち」攻撃により、半世紀間くすぶり続けてきた黄禍の憎悪は一気に解き放たれたが、その様子を想像させるような、生き生きとした挿絵であった。「猿人」をあしらったこの『タイム』誌は1942年1月26日号で、オランダ領東インド（現在のインドネシア）のオランダの司令官を特集している。日本軍はこの地を、東南アジアにおけるヨーロッパやアメリカ領の植民地に対する大規模な攻撃の一環として侵略した。

5. これは、シンジケートを通して作品を供給する漫画家デーヴィット・ロウによるものである。この風刺漫画は、『ニューヨーク・タイムズ』紙に1945年9月2日掲載された。この日に、日本は正式に降伏した。

から現下のアジアの敵へと、いかにいとも簡単に移行することができたかを示している。一九七〇年代になったときには、思いもしなかったことに、日本は経済的ライバルとして台頭しており、古いイメージを別の形で再生させた。日本人を「エコノミック・アニマル」と呼ぶこと（そして、このような非人間化のバリエーションとして、日本人労働者を「蟻のようだ」とか「ロボットのようだ」などと呼ぶものもある）は、珍しくなくなった。このような比喩は、文章表現としては非常に人気を博したが、大多数の風刺漫画家はこれを風刺画として表現することには尻ごみした。（その点からすると、図7は、異例の風刺画で、日米「貿易戦争」の時代の典型的なレトリックの風潮を反映している。）

6. これは『シカゴ・トリビューン』紙に掲載された1955年の風刺漫画である。ここでは、猿のような共産中国が、貿易を申し出て、か弱くて、ひときわ「人間的な」日本を誘惑しようとしている。

訳者補足：「乗らない？　おじょうちゃん」と共産中国が誘っている。

7. 日本の自動車メーカーのアメリカへの「工場移転（トランスプランツ）は、アメリカ国内のメーカーの脅威となると考えられた。そのため、1990年代の初め、このような「エコノミック・アニマル」の表現が誘発された。

訳者補足：吹き出しは「昔からの知り合いが忘れられるべきか……」。たすきがけには、「工場移転」と書いてある。

「小男」

下等人間とか非人間的であるといったイメージのほかにも、差別的で侮辱的である日常的なレトリックとしては、矮小化するという手もある――他者を、小さい、子供じみている、発達が遅れている、などと見なすのである。歴史的に言って、白人と日本人が対立するときには、その種の風刺画においては背丈の差がものを言った。戦後の食生活の変化が効果を表すまで、日本人は、ヨーロッパ人、アメリカ人と比べて目だって小さかった。人種主義的な観点からすれば、このことが意味したのは、肉体がひと目で分かるような人種・文化における劣等性、後進性、未成熟さ、関連性の欠如を適切に表しているということだった。戦争勃発前、日本人を表現した風刺画の大部分は、「小男」のモチーフを強調した（図8のように）。太平洋戦争当初の数ヵ月、日本は驚くべき勝利を重ね、大胆さと高度な技術を示し、アメリカ人やイギリス人は多大なショックを受けたが、その理由はこの高慢な態度から説明できるのである。日本の敗北と無条件降伏の後すぐに、アメリカの風刺漫画家は事実上一団となって、これまでと同じ「小男」のイメージに帰って行った――通常、

8. この1941年11月のデーヴィット・ロウの風刺漫画は、真珠湾攻撃のまさに数週間前に公刊されたものである。ここでは小柄な日本人の典型とも言うべき人物(東条首相) が、ローズヴェルト大統領やその政治家らしき相談相手の周りを、かんしゃくを起こしながら走りまわっている。東条は、西洋列強による経済的な「包囲」に抵抗しているのである。

9. この風刺画は、『フィラデルフィア・インクワイアラー』紙に掲載されたものが、『ニューヨーク・タイムズ』紙1945年８月26日号に再掲載されたものである。ダグラス・マッカーサー元帥が日本に到着し、占領の任務に就くちょうど数日前である。占領は、1952年まで続いた。

訳者補足：「忘れるな、『事変』はなしだぞ」と見出しには書いてあり（リメンバー・パールハーバーのもじり)、パイプ煙の吹き出しには「マッカーサーの占領指令」と書いてある。

さらなる効果をねらって、かつての敵を伝統的な非西洋的な衣類で包んで。

アメリカが初期の改革的な占領政策を放棄し、日本を再軍備し、その経済復興に精力を傾注し始めた後でさえも、「小男」のイメージは執拗に続いていた。図11が示唆しているように、一九五一年から日本が主権を回復した五二年において、日本の一般的なイメージは、ちっぽけでか弱く、旧習を墨守する人々と社会——アメリカと「自由主義世界」の資本主義の卓越した力に深刻な挑戦をすることはまずない国——というものにとどまっていた。真珠湾攻撃の前にそうであったように、このような傲慢な態度の結果、日本の能力は著しく過小評価されていた。日本が「経済大国」として認められていった一九七〇年代、八〇年代や、アメリカの庇護の下でアジアで最もお金のかかる常備軍を増強したときでさえも、「小男」のイメージは有効性を保っていた。図12と図13は、日米関係の基盤を揺るがしかねない緊張感と、日本の適切な軍事的役割をめぐる論争によりこれらの緊張状態が高まった様子を伝えている。

10. この「西洋対東洋」の表現は最高のできであり、ここでは占領下日本におけるアメリカの使命は非常に明瞭である。すなわち、完全に後れていて、エキゾチックで、非西洋的な環境で生活する子供じみた人々（花と刀を携えている）に「民主的生活様式」を教えることである。これは、『ニューヨーク・タイムズ』紙が1945年９月に『デトロイト・ニューズ』紙から再掲載したものである。

訳者補足：見出しには「長い時間がかかるだろう」と書いてある。

11. この風刺漫画は、戦争よりも和解という「新しいテクニック」を祝っている。これはサンフランシスコ講和会議の直前の1951年８月、『ニューヨーク・タイムズ』紙に掲載されたものである。

訳者補足：見出しには「新しいテクニック」と書いてある。差し出している手には「世界の自由主義諸国」と銘打ってある。

12.アメリカはより大きな軍事的な役割を担うように日本に対して圧力をかけた。それによって生まれたのが、この1989年の作品である。これは、シンジケートを通して作品を供給する風刺漫画家ジェフ・ダンツィンガーによるものである。ここでは、両国に対して批判的であるが、子供のような、あるいは青年のような「日本」というおなじみの風刺を思い起こさせる。

訳者補足：題名は「日本の再軍備」。老人（アメリカ）は、「さあ狙って、ゆっくりと引き金を引いて。それで扱い方の勘をとり戻せるはずだよ……」と言っている。

13.アメリカ主導の湾岸戦争（1990－91年）のとき、日本は軍隊を送ることを拒否した（派兵すれば日本国憲法に違反していたであろう）が、そのことによって、このような軽蔑的な反応がもたらされた。これは、シンジケートを通して作品を供給する風刺漫画家パット・オリファントによるものである。ここには、反日的なステレオタイプのほとんどすべての要素が見られる。小男、「一人を見れば皆を見るのと同じ」ような均質な米国企業を買収する資本家の群れ、間違った言い訳、おかしな英語――すべてが、まっすぐ立ち、率直で、勇敢な白人と鋭い対照をなしている。

訳者補足：先頭でお辞儀をしている人物は、「ああ、とても申し訳ない。どうか、極めて重要なアメリカにおける我々の利益を守るために行ってください」と言っている。日本人英語の特徴を表すために、わざと英語のスペルのＬとＲを間違え（PREASE）、文法的にも誤りがある。

「超人」

「他者」に対して否定的な見方を持っていると、軽蔑が恐れといっしょになってしまうことがよくある。そのため、「猿人」とか「小男」が、神秘的な能力と超人的な力を持っているとも——同時にすら——感じられるのかもしれない。太平洋戦争の当初の数ヵ月間、日本は勝利を重ねたが、それにより突然、貪欲で強欲な超人の日本人が描かれた。図14は、そのような様子を伝えるものである。この異常な能力というイメージは日本の敗戦とともに消え去った——そして日本が突如として「奇跡的に」世界第二位の規模の資本主義国として一九七〇年代に台頭したときに激烈に甦った。一九八〇年代には、日本の力（とその「野望」）が過大評価され、同様にアメリカの経済的衰退という見方が誇張され、それらがあいまって、図15と図16のような大げさに両国を対比する表現が生まれた。いま振り返ってみると、力のグローバルなバランスが崩れ、根本的に逆転するのではという警戒心を有するこのような見方は、笑ってしまうくらいばかげていると思われる。が、当時は、こういった見方が、実に非常に深刻に受けとめられていたのである。

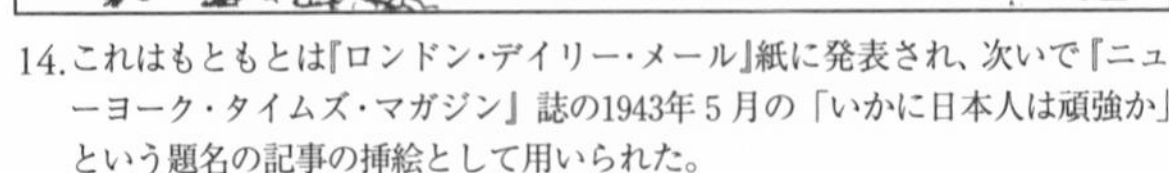

14. これはもともとは『ロンドン・デイリー・メール』紙に発表され、次いで『ニューヨーク・タイムズ・マガジン』誌の1943年５月の「いかに日本人は頑強か」という題名の記事の挿絵として用いられた。

15.この1989年4月の風刺画は、『ニューヨーク・タイムズ』日曜版のビジネス欄に掲載されたもので、強力な日本が地球規模のパイの大きな一切れをむさぼっているのに対して、みすぼらしく小さなアンクルサム（アメリカ）はテーブルから消えんばかりである。

16.やせたアメリカが恐るべき日本と対峙しているこの表現は、1987年9月に進歩的な雑誌『ネーション』に掲載された。

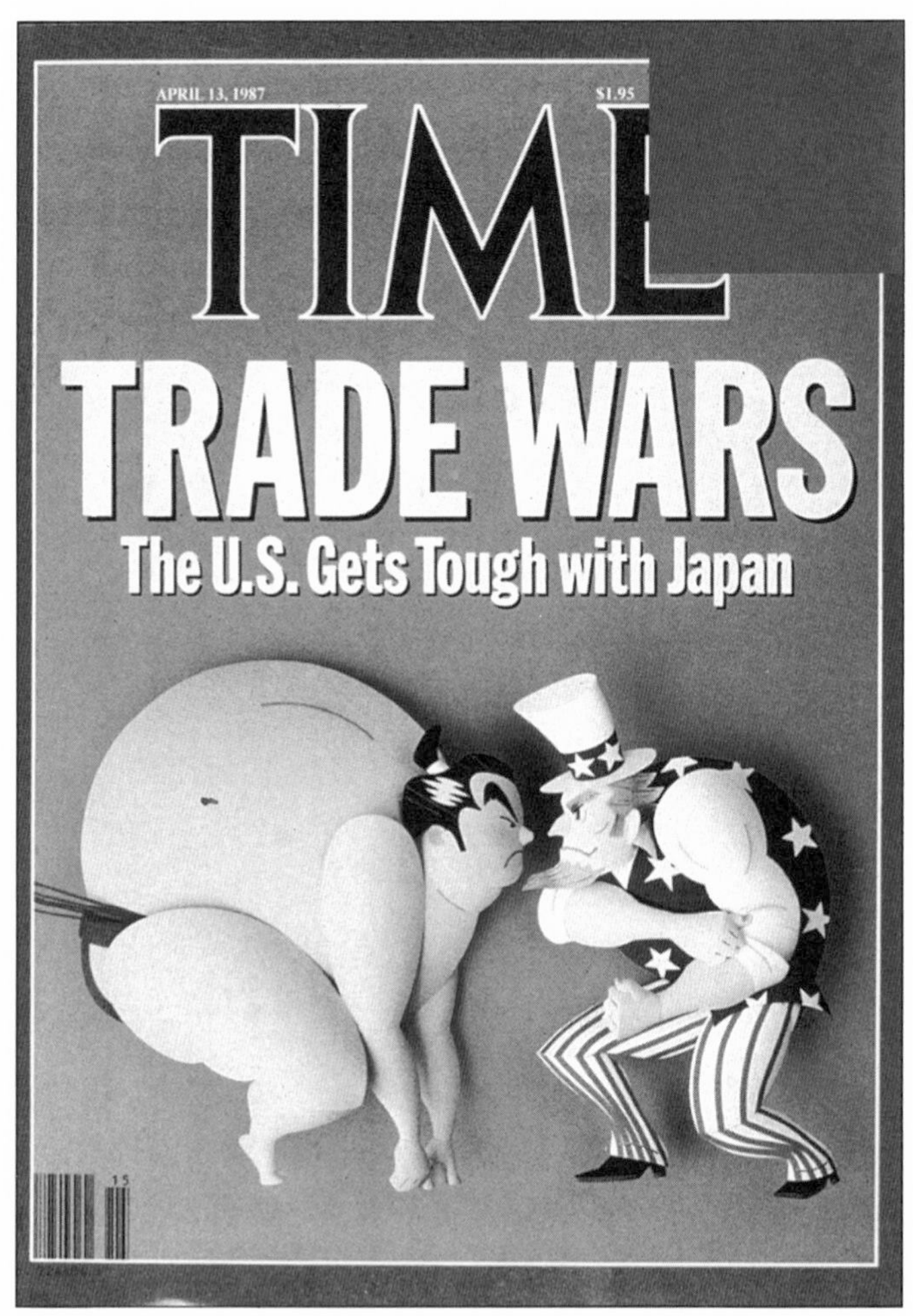

17. おおまかに対等の力を持つ敵同士として、日本とアメリカが風刺的に描かれたときでさえも、日本が実際にはいかに伝統的で「封建的」であるかを強調して日本をユニークとするのが支配的な風潮であった。英語メディアでは、肥満体の力士はこのようなイメージとして絶対に使わずにいられないものであった——そして、この1987年4月の『タイム』誌の表紙に見られるように、正真正銘ウィットに富んだ描写に役立った。同時に、このような視覚表現のしきたりの根底にあるメッセージは、疑いようもない。つまり、日本の資本主義は封建的で文化的制約を有するものだというのである。日本人は経済ゲームを「異なったルール」のみならず、アジア以外の競争相手は誰も会得しようとか模倣しようとは望まない方法でしていたというのである。

訳者補足：この表紙の題名は「貿易戦争——米国、日本に強硬にあたる」である。

18. 1990年代の初めに日本の「バブル」がはじけ、長引く、手に負えないようにさえ思える不況が続いたとき、日本の外での反応には二面性があった。グロテスクなまでに膨らんだ日本経済が試練に直面し、崩壊したと思われても、涙を流す人はほとんどいなかった。しかし、同時に、日本発の世界的な危機が起こるのではという懸念が残された――いまや皮肉なことに、かつての経済超大国は、その弱さに注目を集めて表現されるようになった。世界中で販売されているイギリスの週刊誌『エコノミスト』の1998年６月のこの表紙は、「スモウ資本主義」の不吉な崩壊という新しい見方――そして、それがアメリカ、欧州連合、中国の相互に絡み合った「正常な」経済に与えている恐るべき脅威を巧みに伝えている。

訳者補足：表紙の言葉は、「日本が落ちれば、世界も落ちる？」である。

封建的な文化、封建的な資本主義

日本人は封建的な遺物によってがんじがらめにされたままであるというメッセージは、戦時から平和な時代を通して、非常に執拗なものであることが分かる。戦争中には、西洋人は一般に世界全体を紛争へと突き落とした世界秩序の崩壊を考慮しようとせず、日本の軍国主義を「サムライ」特有の伝統のユニークな産物として描いた（図19を参照されたし）。戦後の日本で全面的な変化が起こっても、日本人にはほかの大多数の民族よりも、「伝統」の力が非常に強く作用しているという考えは払拭されなかった。日本が「宇宙時代」の最先端科学技術分野でリーダーとして台頭したときでさえも、その背後には脅威を与えるサムライ精神がはっきりと認められた（図20）。不適切な財政・経済政策によって産み出された「バブル」が最終的にはじけたとき、このこともまた現代資本主義の錯綜とした危機としてではなく、日本特有のジレンマとして——たいていサムライ・スタイルの殉死と自殺という故意の行為として——描かれた（図21）。

19. 太平洋戦争の勃発に呼応して、『シカゴ・トリビューン』紙は、古くからの虚言「東は東、西は西。両者、けっして出会うことなし」の芝居がかったもじりを掲載した。サムライの顔とその「龍」の盾は、この漫画のカラーのオリジナル版では、鮮やかな黄色であった。

訳者補足：「東は東、西は西。両者、けっして出会うことなし」は、イギリスの作家キプリングの詩の冒頭である。

20.これは封建的なサムライと未来のテクノロジーとをぞっとするような形でからみあわせたもので、1981年12月に、世界中で販売されている『ファー・イースタン・エコノミック・レヴュー』誌の読者の前に突き付けられた。

21.この『ワシントン・ポスト』紙の1994年１月の風刺画では、景気後退はサムライの儀礼に則った自殺（切腹）となった。

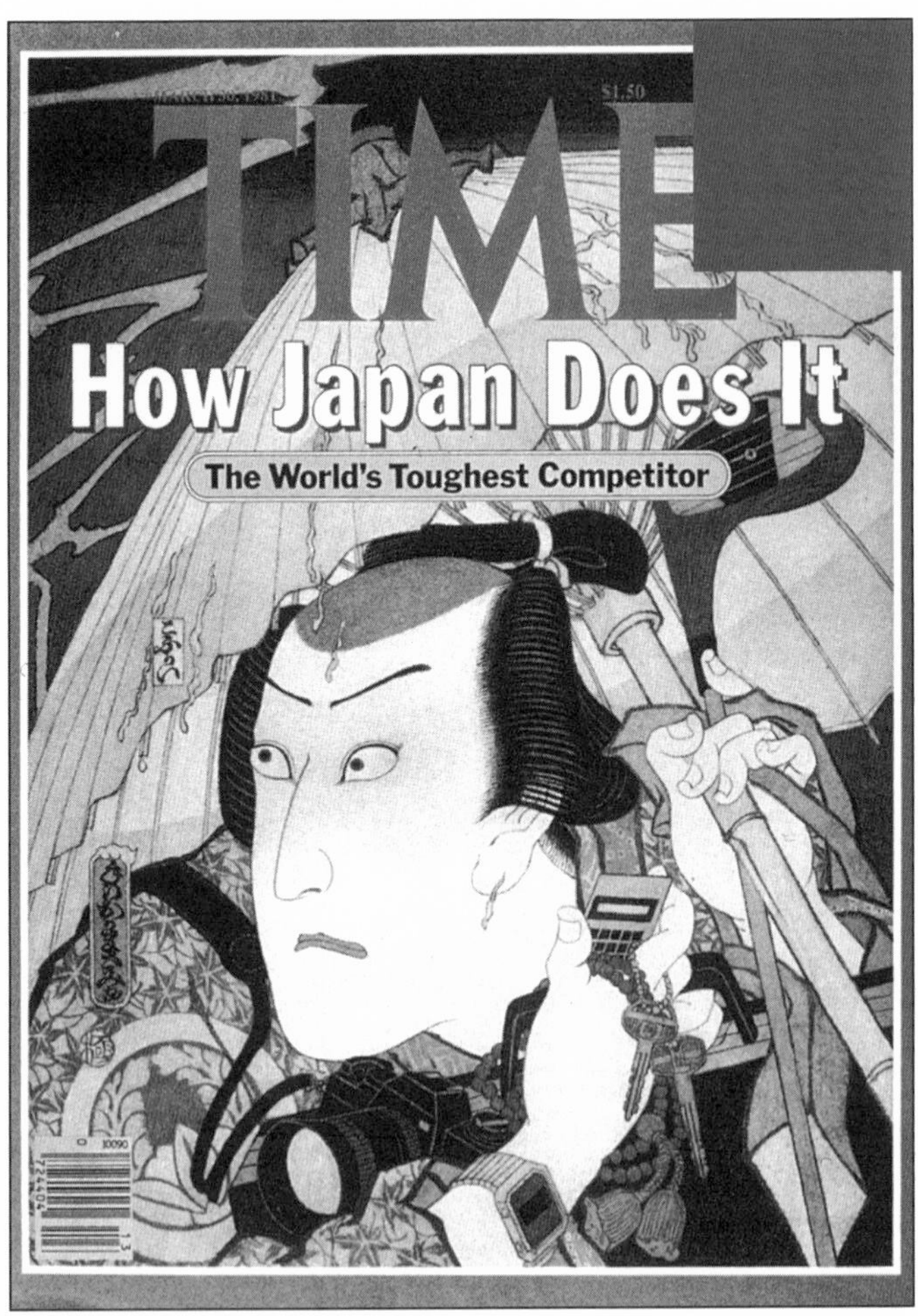

22. スモウ資本主義とサムライ資本家という想像力豊かな表現方法は、現代の日本社会には文化的制約が色濃く残っているという一般に普及した信念を反映している。しかし、封建時代の終わりの日本は、視覚に訴えかける生き生きとした力を持っており、アメリカ（そしてイギリス）の挿絵からは、そのことを楽しんでいることもひしひしと伝わってくる——そして、まさに、近代日本の製造業者を非常に際立ったものとしてきた職人芸の文化に対する賞賛も伝わってくる。この1980年代の『タイム』誌の表紙のような挿絵は、おどけた調子の着想を、徳川時代の木版画に描かれた「浮世」から得ている。

訳者補足：表紙のタイトルは、「日本のやり方——世界で最もタフな競争者」である。

23.1990年代の突然の不運とも思われる経済的なもたつきは驚きを生んだが、それは日本の「経済的奇跡」が1970年代、80年代に西洋人の間に生み出した驚きに匹敵した。この1998年の『エコノミスト』誌の表紙の言葉を借りれば、びっくり仰天させる驚嘆すべき能力だったものは、「失望させる驚嘆すべき能力」へと突然変わった。ここで風刺された歌舞伎風の一瞬は、「封建的資本主義」のジャンルにうまく合致するものである。しかし、この表紙そのものには希少価値がある。というのも、ひとたびバブルがはじけると、日本そのものがアメリカメディアにおいて、一般的関心を呼ぶ舞台から転がり落ちてしまったからである。

訳者補足：この表紙のタイトルは、「失望させる驚嘆すべき日本の能力」である。

黄禍の過去と現在

一九世紀後半から、アジアが興隆するという将来像は、ヨーロッパ人やアメリカ人の間に、正真正銘の警戒心を引き起こした。この警戒心は強調してもしすぎることはない。アジア人が人種的、文化的、宗教的に明らかに「他者であること」を別にすれば、このような恐怖はアジアの諸民族がいわゆる西洋の諸民族を数において圧倒的に上回っているという単純な理解に基づいていた。（これ以外にも、不安でたまらない観察者のなかには、アジア人はバラバラにならない神秘的な結合力も持っているようであり、非アジア人はそれを推し量ることも、真似しようと望むことも決してできない、と論じる者もいた）。西洋がその科学革命と産業革命によって得た卓越した富と力こそが、黄色人種の群れを寄せつけないものなのである、と議論は続いた。

24. 日本の真珠湾攻撃は、「黄禍」の恐怖を呼び覚ました。それは『シカゴ・トリビューン』紙の1941年12月21日号のこの風刺漫画で、文字通り旗に掲げられている。

訳者補足：鰐と化した日本の尻尾に掲げられた旗には、「黄禍」と書いてある。この風刺漫画の題は「復讐のために飛べ！」である。

日本は太平洋戦争で無

25.1993年11月の『ビジネス・ウィーク』誌は、アジアの新たなる富の増大がいかに「世界を変える」か特集した。

謀にも欧米のグローバルな覇権に挑戦したが、このことは西洋の東洋に対する恐怖が決定的に新しい段階に入ったことを示した。日本の戦争遂行マシーンが明らかにしたことは、科学や産業において熟達することは、欧米の独占物ではもはや決してないということだった。日本帝国自体が――支配地域や占領地域のアジア人協力者と具体的に政治的に結託して――プロパガンダを行い、「汎アジア」的連帯の可能性を強調した。アメリカが率いる連合国が一九四五年にジャパニーズ・ドラゴンの息の根を止めたとき、このような恐怖は一時的に払拭された。一九四九年に共産中国が誕生し、共産主義の猛威が北朝鮮、ついで（そう恐れられたのだが）東南アジアの大部分に吹き荒れるのではないかと考えられ、そのような恐怖が甦った。一九九〇年代までには――アジアの国々が次々と科学や科学技術の習得において日本を手本としたため――ドラゴンは経済的なものとなった。アジアの富が一つになれば、グローバルな力のバランスを変化させる恐れがあった。

敵／味方／ライバル

アメリカが日本と辿ってきた長いローラーコースターのような軌跡は、米独関係と似通っているのは明らかである。どちらの場合も、かつての敵が味方となり、そして以前の味方が経済上の競争相手となった。しかし、アメリカ人の日独両国民に対する見方には常に相違があった。図26が伝えているように、アメリカ人はヨーロッパで「ヒトラー」と戦ったが、アジアでの敵は、種族としての「日本人（ジャップ）」ではなく、もっと大ざっぱで、明確な形を持たない「黄色人種」の敵であった。敗北して、予想だにしなかった一八〇度の転換が起こった。マッカーサー元帥による厳格な父親的温情主義的（パターナリスティック）な支配下にあって、占領下の日本はアメリカの模範的な生徒であり弟子であることを証明した。一方、占領下のドイツは——アメリカ、イギリス、フランス、ソビエト連邦の占領地区に分割され——面倒ばかり起こし、不安定で、短い期間ではあったが、冷戦下の一大分裂紛争地帯でもあった（図27）。しかし、日本経済と西ドイツ経済がともにアメリカ経済を凌駕しつつあると思われた一九八〇年代頃までには、こういうことのすべては過去のこととなった。図28においては、二、三世代前（図26のように）には枢軸国の敵を排撃していた果断な若々しいアメリカが、自己満足にふける年老いたアンクルサムに変わっている——一方、かつての敵国は元気一杯で若々しい競争者として、いまやページのなかを飛び出さんばかりであり、アメリカは地面に置き去りにされて彼らの後塵を拝している。

26. 戦時中のこの一枚刷り楽譜の表紙に見られるように、ソングライターたちは超人的な耳を持っており、アメリカ人がヨーロッパの敵とアジアの敵に感じた相違を聞き分けていた。

訳者補足：題名には、「恐るべきアドルフ・ヒトラーも黄色い日本人（ジャップ）も、いなくなるだろう」とある。なお「ジャップ」は現代の標準英語では差別語に相当する。本稿では歴史的表現として使用した。

27. これは先生と生徒（あるいは大人と子供、指導者と追随者）の関係を表すものとしては、最高のできであり、1947年6月の『ニューヨーク・タイムズ』紙に掲載された。こういった関係は、日本の敗戦以降、日米関係の特徴であった。

訳者補足：マッカーサーが隣のクラスを見ている。「あの隣のドイツ人のクラス」という題名である。

28. これは『ワシントン・ポスト』紙に掲載された1990年5月の挿絵である。アメリカは好景気を目前にしていたが、日本経済や西ドイツ経済に凌駕されんとしているというアメリカの悲観主義がここには表されている。

脆弱な日本

世紀の変わり目から第二次世界大戦まで、日本においては社会、文化、政治を扱う時事漫画の輝かしい伝統が栄えていた。しかし、このような伝統は戦後、次第に消え去ってしまった。なぜか。答えるのは難しい（一九四五年から五二年の間、アメリカは占領政策について厳しく批判することを禁止してきた。このことは確かに、日本人の挿絵画家がほかの人気のある表現ジャンルへ移ることを促したろうが）。それにもかかわらず、戦後の日本の政治漫画は、戦時から平和、協調、経済的競争の時代をとおして、アメリカに対する——そしてまさに、もっと一般的には脅威を与える世界に対する——日本の立場について、変わらぬある種の認識がいかに執拗であるかを明らかにしている。そのような考えのなかで最も根深いものが、日本がほかと比して弱く脆弱であるという感覚——心理歴史学者ならば、劣等感と言うかもしれない——であることは間違いない。ほとんど倒錯的なことだが、これはアメリカ人の間に非常に普及した「小男」というステレオタイプを複製しているのである。

29. この挿絵は、真珠湾攻撃のすぐ後、1942年1月に雑誌『大阪パック』に掲載されたものである。これにはアメリカとイギリスの指導者（フランクリン・ローズヴェルト大統領とウィンストン・チャーチル首相）の二枚舌を詳らかにした記事が付いている。友好的なポーズの下で、二人の白人はこそこそと——そして悪鬼のように(だからかぎ爪のついた手で)——アジア支配を手中に収めるための「陰謀」に精を出していた。

30. リベラルな『朝日新聞』に載ったこの1990年３月の挿絵では、哀れで本当に小さな日本（おもしろいことに話をする富士山で表されている）が、軍国主義的なアメリカから発せられた「改革」要求にお辞儀をしている。富士山のおちのセリフは、右翼のスローガンを逆にしたもので、「ノーと言えない日本」である。

31. これは「小さな日本」というステレオタイプの日本原産の変種で、ブッシュ政権下の1980年代の終わりに公刊されたものである。ここでは日本の首相は、ドイツ、フランス、アメリカ、イギリスの指導者たちの戦略的な議論から、一人除け者にされた子供のように描かれている。

退廃的なアメリカ

日本人の「被害者意識」の裏返しとして、アメリカや他の西洋列強が退廃しており、それゆえ当然弱いはずだという感情むき出しの表現が断続的に表れる。図32は、一九四二年一月に刊行されたもので、日本帝国がいかに自身を過信してアメリカに対して戦争を始めたかを生き生きと伝えている。これは「嘆きの自由の女神」という題名で、悪魔のようなローズヴェルト大統領が「民主主義」の幟を振り、一方では「独裁」の杖をしっかりと握り締めている。アメリカの退廃は、女神の冠の周りに散りばめられた小人物たちによって示されている。すなわち、大酒を飲んでいる「反戦」水兵と口を塞がれた戦争支持者（両者とも「孤立主義」感情の強さを示している）、「ストライキ」と書かれたプラカードを振っている労働者、できの悪い生徒にかぶらせる紙帽子をかぶったユダヤ人（星条旗でもって愛国心を装って、もうけという風船玉をふくらませている）である。図33は、「現代用語」にかんする一般向け出版物（一九九一年）の「アメリカ問題」という項目の見出しページであり、ここでは自由の女神は海のなかに倒れている——かつての誇りに満ちた国の臨終に瀕した悲しい象徴である。そこではすべてが売りに出されている。この挿絵が掲

32

アメリカ問題
用語の解説

33

載されたときというのは、ほとんどまさに、かつての日本経済の奇跡が内側から崩れ、アメリカ経済が前例のない繁栄を始めたときであった。

アメリカの侵略に対する抵抗

「悪魔的な英米人」に抵抗するという第二次世界大戦のイメージは、どのような犠牲を払っても押しとどめるべき、とてつもなく強力なアジアへの侵略者という認識を反映していた。図34は、身の毛のよだつようなポスターで、最初に張り出されたのは一九四二年であり、「彼奴等の死が世界平和の誕生日だ！」という説明文が付いている。図35は、一九八〇年代の「貿易戦争」に対する日本側の反応を示している。ここではアメリカ人――スーパーマンに扮したロナルド・レーガン大統領によって象徴されている――が、「USA」産の輸入品による侵略でもって、反抗的な日本を脅かしている。このポスターは、経済的保護主義の継続のためロビー活動を行っている日本国内の利益団体によって発行された。ポスターには「農産物の輸入自由化・枠拡大阻止！　守りぬこう、日本の農業・林業・漁業」と書かれている。

34

35

不気味な世界と対峙して

すべての語り口やイメージがやわらいだとしても、二〇世紀の終わりにあってなお残る不朽の日本の自己イメージは、一世紀前、日本帝国が世界強国として登場したときに巷に広まったものとそう大きく変わりはない。それは、脅威を与える世界に対して自分たちは脆弱であるという根深い意識である。中国人やほかのアジア人たちは、日本帝国の帝国主義と侵略を記憶しており、このような「被害者意識」を当然愚かしいと思う――ここ何十年かの間、日本と経済競争をしている者たちもそう思うように。しかし、多くの日本人にとっては、一九九〇年代の経済的な失敗と試練は、この国が基本的に不安定であることを再認識させるものでしかない。この挿絵（オリジナルでは闇が静かに覆いかぶさるような色あいである）は、リベラルな雑誌『アエラ』（一九九一年発行）に掲載されたもので、いろいろなことを思い起こさせる。この挿絵はとくに、互いに殺し合う世界にあって、完全ではないにしろ軍事国家でありながら、しかもなおその自称するところでは「平和主義」国家である日本の変則的な軍事的役割を描こうとしたものである（それ故に、「小さな日本」は、皮肉をこめた有刺鉄線の光輪とライフルを背中にしょっているのである）。しかし、それ以上にこの挿絵が普通でない気迫をこめて伝えているのは、危険があり、征服されやすいという、ほとんど存在の根幹にかかわる感覚なのである。

36

引用

本書の出版社は、この論文に掲載された挿絵の著作権者と連絡をとるべく、最大限の努力を払ってきた。しかし、幾つかのケースでは、連絡がとれていない。それは特に、図7、10、14、18、22、24、26、28、35である。これらの挿絵の著作権者は、出版社に連絡をしていただきたい。

1 Hearst Newspapers, *Business Week*, 9/1/1945.

2 『日の出』一九四四年十一月号

3 *American Legion Magazine*, 10/1942.

4 *Time*, 1/26/1942.

5 Third Act—Curtain; David Low, *NYT*, 9/2/1945.

6 Lift, Babe?, *Chicago Tribune*, 1955.

7 Transplants, original source unclear.

8 David Low, "Japan Protests ... ," *Years of Wrath*.

9 "And Remember ... ," *NYT*, 8/26/1945.

10 “It Will Take a Long Time,” *NYT*, 9/30/1945.

11 “New Technique,” *NYT*, 8/12/1951.

12 Danzinger, Re-arming Japan, 3/8/89.

13 Oliphant, “Ah, so sorry ... ,” 1990.

14 “How Tough Are the Japanese?,” *NYT Magazine*, 5/1943.

15 *NYT Sunday Business*, 4/2/1989.

16 *Nation*, 9/12/87.

17 *Time* cover, 4/13/1987.

18 *Economist*, 6/1998.

19 The Twain Shall Meet, *Chicago Tribune*, 1/26/1942.

20 “Space-Age Samurai,” *FEER*, 12/1981.

21 Seppuku graphic—*Washington Post*, 1/1994.

22 How Japan Does It, *Time*, date unclear.

23 "Japan's amazing ability," *Economist*, 9/1998.

24 Out for Vengeance, *Chicago Tribune*, 12/21/1941.

25 Asia's Wealth, *Business Week*, 11/29/1993.

26 Sheet music: There'll Be No Adolph Hitler.

27 That German Class Next Door, *NYT*, 6/1/1947.

28 Uncle Sam, Japan, Germany; *Washington Post Weekly*, 5/28-6/3/1990.

29 『大阪パック』一九四二年一月号。

30 横山泰三、『朝日新聞』一九九〇年三月。

31 山井ノリオ、『アエラ』日付け不明だが、一九八八年から九二年（ブッシュ政権下）。

32 小野佐世男、『漫画』一九四二年一月号。

33 「アメリカ問題」『現代用語の基礎知識』一九九一年。

34 『大阪パック』一九四二年二月号、ポスター。

35 「農産物の輸入……」ポスター。

36 『アエラ』一九九一年四月九日号。

(日本語版) 日米戦後関係史

2001年9月7日　第1刷発行

編　者　入江 昭
　　　　ロバート・ワンプラー

監訳者　細谷 千博
　　　　有賀 貞

発行者　野間佐和子

発行所　講談社インターナショナル株式会社
　　　　〒112-8652 東京都文京区音羽 1-17-14
　　　　電話　03-3944-6493(編集部)
　　　　　　　03-3944-6492(営業部・業務部)
　　　　ホームページ　http://www.kodansha-intl.co.jp

印刷所　大日本印刷株式会社

製本所　牧製本印刷株式会社

Printed in Japan
ISBN 4-7700-2845-8